枯榮兩甲子

重庆近 120 年城市空间变迁纪事

郭欢欢 ◎ 著

重庆市规划和自然资源调查监测院
自然资源部国土空间规划监测评估预警重点实验室
联合资助

北京大学出版社
PEKING UNIVERSITY PRESS

图书在版编目(CIP)数据

枯荣两甲子:重庆近120年城市空间变迁纪事/郭欢欢著.—北京:北京大学出版社,2023.10

ISBN 978-7-301-33507-9

Ⅰ.①枯… Ⅱ.①郭… Ⅲ.①城市史—重庆 Ⅳ.①K927.19

中国国家版本馆CIP数据核字(2023)第197163号

书　　　名	枯荣两甲子——重庆近120年城市空间变迁纪事 KURONG LIANGJIAZI——CHONGQING JIN 120NIAN CHENGSHI KONGJIAN BIANQIAN JISHI
著作责任者	郭欢欢　著
责任编辑	王斯宇
标准书号	ISBN 978-7-301-33507-9
出版发行	北京大学出版社
地　　　址	北京市海淀区成府路205号　100871
网　　　址	http://www.pup.cn
电子邮箱	编辑部 lk2@pup.cn　总编室 zpup@pup.cn
电　　　话	邮购部 010-62752015　发行部 010-62750672 编辑部 010-62764976
印　刷　者	涿州市星河印刷有限公司
经　销　者	新华书店
	650毫米×980毫米　16开本　25.25印张　352千字 2023年10月第1版　2023年10月第1次印刷
定　　　价	89.00元

未经许可,不得以任何方式复制或抄袭本书之部分或全部内容。
版权所有,侵权必究
举报电话:010-62752024　电子邮箱:fd@pup.cn
图书如有印装质量问题,请与出版部联系,电话:010-62756370

序 //

  郭欢欢请我给他的新著写序，我非常高兴。高兴在于我一步步地看着这本书从研究设计、资料收集、阶段性成果发表、出站报告完成，最后又扩充为一部专著。

  2015 年 3 月，郭欢欢把他的学术经历、论文和参与的项目发给我，希望来我这里做博士后研究。我认真看了他的材料，发现这是个有想法的年轻人。他先后在西南大学获得学士学位和硕士学位，在北京师范大学获得博士学位。其间，学习了城乡规划学、地理学、土地管理学和生态学等多个学科的主干课程，在核心期刊发表论文多篇，论文引用量都比较高。参加工作后，仍笔耕不辍，在《中国土地科学》、Forest Policy and Economics、《地理科学》等期刊发表论文。交流中，他表示国家正在开展"多规合一"改革试点，希望在土地利用规划工作基础上，进一步拓展规划学的理论和实践。

  进站以后，郭欢欢将自己熟悉的重庆市作为研究案例，深入研究了重庆建城以来 2000 多年的城市空间扩展和特征，相关成果在《城市规划》《长江流域资源与环境》等期刊发表，并形成博士后出站报告《重庆市城市扩展与城市规划管理研究》。2017 年 7 月，在博士后出站报告会上，北京大学冯长春、李双成、赵鹏军、曹广忠及北京师范大学黄大全等诸位教授都给予高度肯定，鼓励他在研究广度和深度方面继续深化。

  书稿经过 5 年的沉淀，这次看到时，我很惊喜。书稿内容比出站报告丰富了很多，而且研究方法更是发生颠覆性变化。该书至少有三个亮点值得关注：第一，从过程视角研究我国城市的规划和建设历史变迁。从结果视角看，城市空间变迁就是空间外延和形态变化；但从过程看，涉及人口、军事、政治、商贸等诸多要素，且这些要素在不同时期、不同城市的影响力也不尽相同。第二，研究了国家大事件、大战略对一个城市的规划和建设的影响。重庆城市地位的"沉浮"和城市规划建设密切相关，本书刻画了相应时代的社会变迁。第三，通过两个甲子的比较，让读者更客观、公正地去评价政策的得失、城市发展的经验教训。尽管陪都时期重庆获得了诸多政治资源，但城市的建设始终没有取得进步。新中国成立后，随着时代的不断进步，让城市取得跨越式发展，一步步走向国家中心城市。总的来看，这本书不拘泥于学术著作的传统写法，尝试采用纪事手段研究城市空间变迁，在保留学术性的同时，平添了不少趣味性，相信能够吸引很多非专业人士的兴趣。

郭欢欢在本书创作的过程中，还曾经在自然资源部、重庆市规划和自然资源局等行政机关借调。这些经历也丰富了他理论和实践相结合的水平，在国土空间规划领域的学术水平不断精进，得到了学界的认可。他先后参与自然资源部多个文件和技术规范起草，担任《国际城市规划》《西部论坛》和《重庆理工大学学报》审稿人，获得国土资源科学技术奖和自然资源部高层次青年科技人才称号等。

这本书只是一个起点，我希望郭欢欢同志再接再厉，在学术和实践道路上勇攀高峰。

2022 年 11 月 9 日于燕园

前　言

中华文明上下五千年，悠久的历史造就了灿烂的城市文明。2002年，安徽省文物考古研究所发掘含山凌家滩原始部落遗址，表明我国早在5 500年前就出现了城市，使中国城市的历史向前推进1 000多年。城市起源、发展、成熟是一个逐步演变的过程。芒福德认为城市是村庄受到一种外来挑战而急骤扭转，脱离以饮食和生育为宗旨的轨道，追求一种比生存更高的目的而形成的①。但东西方城市的形成过程不完全一样。钱穆认为，"西方是由废除堡垒而成立新的都市，中国城市则由不动而永远在政治、经济上有其地位。"②

我国原始社会晚期已出现城垣，主要用于防避野兽侵害和其他部落侵袭。进入奴隶社会后，城垣性质发生变化，"筑城以卫君，造郭以守民"，城郭起着保护国君、看守国人的职能，同时进行社会管理、社会生产、社会教育。文献记载夏代从禹开始，曾先后在阳城、斟鄩、安邑等地建都③。《管子·乘马篇》记录了先秦建都的区位选择，"凡立国都，非于大山之下，必于广川之上。高毋近旱而水用足，下毋近水而沟防省，因天材，就地利。"秦自封建制转郡县制后，开阡陌而去封疆，于是鸡犬相闻，居民相望，农村散布，而原有的古城圈则逐渐增添而扩大，至秦汉时有1 000多城④。

---

① 刘易斯·芒福德. 城市发展史——起源，演变和前景. 北京：中国建筑工业出版社. 2004.
② 钱穆口述，叶龙整理. 中国经济史. 北京：北京联合出版公司. 2016. 248.
③ 侯幼彬，李婉贞. 中国古代建筑历史图说. 北京：中国建筑工业出版社. 2002.
④ 同②.

丰富多样的城市为国内学者开展城市研究提供了难得的素材，不同学科的专家围绕城市建设开展了大量富有成效的工作。历史学者主要研究城市扩展/发展历史，如傅崇兰以运河为中心，研究运河城市的历史风貌，出版了《中国运河城市发展史》；赵冈在《中国城市发展史论集》中从经济层面研究了中国城市的曲折发展。规划学者研究城市规划/建设史，如董鉴泓主编的《中国城市建设史》介绍了我国不同朝代、典型城市和城市规划建设思想发展等；李百浩团队研究了我国近代城市规划史的研究方法和理论，并开展了上海、天津、武汉、重庆、青岛等重点城市的研究。以吴良镛为代表的建筑学者从人居角度研究城市规划和建设，出版了《广义建筑学》《人居环境科学导论》和《明日之人居》等著作，创建了人居环境科学。地理学者重点研究了城市空间结构、城市空间形态等，如城市空间结构研究经历了起步期、研究积累期和多元化时期等三个研究期[①]。

笔者具有地理学、土地管理学和城乡规划学等多学科背景。结合学科背景，笔者采用空间分析、文献研究方法，研究了重庆主城区城市空间扩展脉络、扩展特征，并开展了城市规划编制、土地利用规划编制等研究，完成博士后出站报告《重庆市城市扩展与城市规划管理研究》。随着研究深入，笔者发现传统空间分析方法研究城市空间问题看到的结果是"死"的，再炫酷的研究方法也不能回答复杂的社会变迁投射在空间上的变化。因此，笔者决定跳出空间结果研究的桎梏，转入基于纪事的空间过程研究。

笔者发现无论是城市规划研究，还是城市建设研究，不能只关注结果，实际上过程比结果更精彩。在结果看来，城市扩展就是空间外延；但从过程看，涉及人口、军事、政治、商贸等方方面面，而一些偶发性事件可能引起空间巨变。而且，在不同时期、不同城市，这些要素的影响力也不尽相同。以重庆为例，她曾是国民政府

---

① 周春山，叶昌东. 中国城市空间结构研究评述. 地理科学进展，2013年第32卷第7期，1030-1038.

陪都,也曾是"三线建设"重点城市,这些历史为我们留下了丰富的城市历史资料、地图数据、笔记日记、回忆访谈等。通过过程研究发现,这座城市在国防建设中发挥了重要作用,最早可追溯到南宋的"钓鱼城攻防战",近代则集中体现在陪都时期,而陪都时期留下的工业基础又在一定程度上影响了后来的"三线建设"决策,"三线建设"又为后来的重工业城市、"中心城市"埋下了伏笔。由此可见,重庆的"陪都岁月""三线建设"和"中心城市"之间有一条"遗传基因链",一脉相承。发现这一点,我们就会更客观、公正地评价当时国家政策的得失、城市建设和规划的经验与教训,而不是基于今天的"上帝视角"或者"事后视角"草率评判。

从公元前314年张仪筑城算起,重庆迄今有近2 400年的建城史。囿于资料原因,笔者重点研究1891年重庆开埠后的城市空间变迁。从1891年到2011年,刚好120年——两个"甲子"的跨度。以1949年中华人民共和国成立为界,大致又分为前后两个甲子。第一个甲子中,重庆在屈辱中开埠,经历了军阀混战、国府西迁、重庆大轰炸、国府还都等一系列事件;第二个甲子中,重庆在欢呼中解放,经历了城市接管和改造、"大跃进"、三线建设、"文化大革命"、改革开放、成立直辖市、西部大开发等重要事件。两个甲子比较发现,重庆的城市变迁就是中国社会变迁的缩影,即前"枯"后"荣"。第一个甲子,有高潮,最终走向民生凋敝;第二个甲子,有低谷,正在走向民族复兴。通过纵向比较,我们更清醒地认识到今天中华民族的复兴之路来之不易。这也许就是历史的魅力,也是本书的价值。

本书撰写过程中参考了大量期刊、书籍、图集、文件汇编等文献资料和影像数据,尤其是纪事过程中引用了大量当事人的回忆录、访谈录等资料。笔者尽可能地将每个参考资料都引入参考文献,尤其是涉及当事人原话或观点性的话语都一一注明,但难免挂一漏万。作者毕竟不是事件参与者,个别内容可能会与历史真相不完全一致,不对之处,望读者海涵。

目 录

第一章 从远古走来（1891 年前） / 001
 第一节 无城时代：湮灭的巴国 / 002
 第二节 城墙修筑 / 007

第二章 重庆开埠（1891—1911 年） / 023
 第一节 传教、"救助"和考察 / 024
 第二节 开埠与租界 / 036
 第三节 开埠及其影响 / 045

第三章 艰难转型之路（1911—1935 年） / 063
 第一节 政治波动和艰难转型 / 064
 第二节 近代城市之路 / 078

第四章 陪都的繁荣与没落（1935—1949 年） / 093
 第一节 移驻重庆 / 094
 第二节 重庆大轰炸与城市外延 / 111
 第三节 从荣耀到落寞 / 166
 第四节 落日余晖 / 185

第五章 城市恢复和社会主义改造（1949—1964 年） / 203
  第一节 城市接管和城市建设 / 204
  第二节 计划体制与城市管理 / 221

第六章 三线建设和曲折发展（1964—1978 年） / 257
  第一节 三线建设 / 258
  第二节 城市发展和城市建设 / 272

第七章 从改革开放到重庆直辖（1978—1996 年） / 283
  第一节 经济体制改革 / 284
  第二节 城市规划和城市建设 / 308

第八章 中心城市之路（1997—2011 年） / 345
  第一节 重庆直辖与西部大开发 / 346
  第二节 城市转型与国土空间规划 / 354
  第三节 城市建设与城市发展 / 372

尾　声 / 391

后　记 / 393

第一章 从远古走来
（1891年前）

第一节 无城时代：湮灭的巴国

一、巴国起源

四川盆地犹如人之双手合璧，为盆地内早期人类繁衍生息营造了天然屏障。同时，由于双手之分工不同，盆地内出现了巴、蜀两个既相互独立、又相互影响的文明。巴、蜀两族进入四川盆地的时间前后不超过4 000年，在此之前，元谋猿人的后裔丹犁人、资阳人、僚人、鄨人等已经入居四川盆地[①]。巴、蜀两族在多族群竞争中最终胜出，在水草丰美、气候宜人的四川盆地分别建国，直到公元前316年为秦所灭，融入中华民族大家庭。

关于巴族的起源众说纷纭，有华族说，也有羌族说等截然不同的说法。邓少琴根据《史记·西南夷列传》《后汉书·西羌传》《汉书·地理志》等文献认为，"氐羌之族，从西汉水上源有龙之称，而为巴蛇之巴发源之地，……巴人出自氐羌。"[②] 任乃强则认为巴族是由巫载运盐工人起家的，但不是羌支民族，而是华族的一支。他认为巴人与华族是从桂林地区进入长江流域中游的云梦泽地区。云梦泽是今湖北省江汉平原上的古代湖泊群的总称，据传先秦时期湖泊群的范围周长约450千米。唐代孟浩然有诗云，"气蒸云梦泽，波撼岳阳城。"整个族群初期以渔业为主业，其后华族由神农氏始经营农业，并向中原移进，形成伟大的民族；而遗留在云梦盆地，从事渔业的部分，便是巴族。关于巴族的准确起源有待历史

---

① 任乃强. 四川上古史新探. 成都：四川人民出版社. 2019. 249.
② 邓少琴. 巴蜀史迹探索. 成都：四川人民出版社. 2019. 126.

第一章 从远古走来（1891年前）

学家继续考证，这里仅展示任乃强一家之言。

巴族在夏朝时尚未建成国家，自为独立部落，部落核心在云梦盆地巴丘。由于他们历史悠久，族性顽强，不易被其他民族征服。夏王朝占领云梦地区后，巴族从云梦盆地溯江进入四川盆地，逃亡巫载。云梦泽波高浪急，可能为巴族积累了丰富的行舟经验，因此，巴族到川东以后以为巫载运盐贩卖为生①。殷代中叶，由于巴族运盐功大，巫王允许后照率族定居在鱼国之西的古陵巴乡，在今重庆市云阳县故陵镇。载人把巴族安置在这个地方，是为了向四川盆地沿江诸部落运销巫盐的方便，让后照与行盐的功臣们，往来取盐有个适当的地点休息和停留。《山海经·海内经》载："西南有巴国。太皞生咸鸟，咸鸟生乘厘，乘厘生后照，后照是始为巴人。"大约从这个时候开始，"巴"正式实现地域概念和族群概念的融合，并广为人知。关于"巴"字的来源，《元和郡县图志》认为源自阆、白二水东南六，曲折如"巴"字，故谓之巴②。在有文字之前，后照因为带领巴人实现巴族形成这个伟大突破而被广为传颂。一如秦非子因养马有功受周天子赐封附庸国秦，开启一段伟大的历史，深刻影响了中国的历史进程。就这样，巴族承巫载文化而兴，其时间晚于巫载约一千年，比蜀文化的开展可能早几百年③。

巴人与世居在川东的濮人、賨人、苴人、蜑人等组建成为巴国。巴国强盛以后，开辟了涂井、㳌井两处盐利，于是更加强大，境域扩展到枳县（今重庆涪陵）附近。大约在殷代末叶，巴族将国都迁移至平都（今重庆丰都县）。《华阳国志·巴志》记载，"其先王陵墓多在枳。"枳为今重庆市涪陵区，位于平都的长江上游不远处。此处有两种可能，一种是巴族定都平都时间较长，因而有诸多先王陵墓修建在不远处的枳；另一种是巴族定都平都时生产经营方式发生转变，农业生产成为主要生产方式，墓葬形式也发生根本性

---

① 任乃强. 四川上古史新探. 成都：四川人民出版社. 2019. 264.
② 李吉甫. 元和郡县图志·卷三十三. 北京：中华书局. 1983.
③ 同①书. 362.

变化。《太平寰宇记·卷三十七》记载，"巴之风俗，皆重田神，春则刻木虔祈，冬即用牲解赛，邪巫击鼓以为淫祀，男女皆唱竹枝歌。"这些反映了古代巴族刀耕火种，祭祀神灵祈求农业丰收的场景。

商周之际，巴人帮助周武王伐商纣王有功，因有宗姬在巴，抑或巴人助周克商时冒名姬姓，故而被封为"巴子"。"巴"为国名；"子"为等级，"古者，远国虽大，爵不过子。"但此时的巴国并不是完整的国家形态。巴国上层具备了初步的国家形态，下层仍在部落制的状态，国家形态是一种典型的"半国家"[①]。春秋初期，巴国的大致位置在汉水中游与大巴山之间的今湖北省襄阳市附近。关于巴国边界，《华阳国志》记载"其地东至鱼复，西至僰道，北接汉中，南极黔、涪。"但这是一个总体控制版图的描述，而非巴国某一具体时期控制的版图[②]。任乃强认为，常璩用"至"说明巴国的东西界是因为"鱼复、僰道为巴与楚、蜀互争地"，用"接"表明"汉中属秦，与巴国隔大巴山脉，互不相犯"。

二、巴国迁都

巴国与楚国结盟多次联合出兵，但由于在周庄王九年（前688）一次联合出兵行动中发生楚国大夫阎敖污辱巴国士兵的事件，两国最终分道扬镳、兵戎相见。巴国在与楚国的交战中虽偶有胜绩，但终因实力不济，为楚国所败。此后，巴国多次迁都。关于这段迁都历史，《华阳国志》记载，"巴子时虽都江州，或治垫江，或治平都。后治阆中。"[③]《舆地纪胜·卷一百七十五》则参考《地理志》记载了作为巴国都城时的江州，"在巴县南五十步，东西十五步。〈地理志〉云：周武王克商，封同姓巴子，遂都此地，因险固以置城邑，并在高岗之上。"巴国建都江州时在沿江地区建立了

[①] 周勇. 重庆通史. 重庆：重庆出版社. 2014. 22.
[②] 同上.
[③] 垫江，今重庆市合川区.

第一章　从远古走来（1891年前）

一些行政中心和军事据点的城邑，形成重庆城市的雏形。大约在西周初期，巴族国都从江州（今重庆江北）迁至垫江，关于迁都的原因，任乃强认为巴族贵族羡慕周王畿和蜀国的富饶，决心大力发展农业。究其原因，巴王族长期养尊处优，逐步腐化。他们要求实物征用的范围扩大，需要它的属民农业有所发展。大约在战国初期，巴族国都从垫江再迁往阆中（今四川省阆中市）等地。主要原因有三：一是巴国贵族已经不再是经营水上商业和煮盐等生产劳动的奴隶主，而是巴国官吏，只顾管理土民，发展农业，以丰富他们的寄生生活，所以要迁都到红土丘陵的中心部分。二是为了贩卖奴隶的方便。三是为了与秦、蜀、楚国互争汉中之地。战国中叶，巴国曾乘汉中人民叛秦之际，据有汉中和苴国之地，后又为蜀国夺去。

巴国迁都原因应该是多方面的，除了上述任乃强的观点，赵冈提出的"游耕迁都说"或许对解释巴国迁都也有启发意义。上古时期，帝王都邑常迁徙不定，夏后氏十迁，殷人自称是"不常宁""不常厥邑"。究其原因，乃落后的农业生产方式使然："以当时的环境与农业生产技术来看，游耕说接近实情。上古时期人民没有良好的耕具时，只能用火焚林，开垦农田，以火焚之灰烬做肥料，点种农作物。因为不用耙或犁翻耕土地，只利用地表一层之肥力，生长农作物，不出几年地力就会耗尽，产量下降。古人不明原委，以为天降灾害，不得不迁地避灾，另辟新田。"① 重庆为山地丘陵地形，水土流失较华北平原、长江中下游平原更为突出。而且，古人生活在沟谷底部、江河湖畔，放火烧林难以控制火势，因此，有理由相信其对周边森林植被的破坏影响远甚于平原地区。此外，巴国以盐兴族，而后才逐渐转入农耕文明。煮盐需要消耗大量的薪炭，因此对植被的破坏十分严重。《舆地纪胜·卷一百七十四》记载，涪州武隆县因为不断砍伐林木供应盐场，以致"两山树木芝薙，悉成童山"；武隆县白马津附近，有400余盐灶，"由是两岸林

---

① 赵冈.中国历史上生态环境之变迁.北京：中国环境科学出版社.1996.6.

木芟剃童然"①。

　　由于巴国资料欠缺，关于社会经济方面的迁都原因难以准确推断。但是，根据史书上相似的情况，我们可以大胆推测巴国也有可能存在王权斗争导致的迁都。如《史记·五帝本纪》记载："尧崩，三年之丧毕，舜让辟丹朱於南河之南。诸侯朝觐者不之丹朱而之舜，狱讼者不之丹朱而之舜，讴歌者不讴歌丹朱而讴歌舜。舜曰'天也'，夫而后之中国践天子位焉，是为帝舜。"②《史记·夏本纪》记载："帝舜荐禹於天，为嗣。十七年而帝舜崩。三年丧毕，禹辞辟舜之子商均於阳城。天下诸侯皆去商均而朝禹。"③ 此外，更为人所熟稔的是周平王避犬戎之祸，迁都洛阳。由于早期人们还没有形成首都天下之中的思想，并且早期的都城建设规模小、成本低，因此迁都较为频繁。后来，随着王权思想的形成，都城建设的人力、物力耗费巨大，王朝迁都面临着心理和物质两项挑战，因而也成为一条不可逾越的鸿沟。宋太祖赵匡胤一直希望将都城由开封迁往洛阳，最终受各种势力和客观因素牵扯没有实现；明思宗朱由检在北京即将城破的最后关头也未下决心移驾南都南京，最终命丧煤山。除了王朝初创时期的迁都以外，成熟王朝的迁都更多成为走向没落的标志。

　　无论何种原因，正如任乃强所言，巴国都邑北迁，使其与蜀国、秦国的缓冲地带变窄，统治阶级直接暴露在冲突前线，最终在国力不济的情况下招致灭亡。《华阳国志·巴志》记载："周显王时，巴国衰弱。秦惠文王与巴、蜀为好。蜀王弟苴侯私亲于巴，巴、蜀世战争。周慎王五年，蜀王伐苴，苴侯奔巴。巴为求救于秦。秦惠文王遣张仪、司马错救苴、巴。遂伐蜀，灭之。仪贪巴、苴之富，因取巴，执王以归。置巴、蜀及汉中郡。"④

---

① 赵冈. 中国历史上生态环境之变迁. 北京：中国环境科学出版社. 1996. 76.
② 司马迁. 史记·五帝本纪. 北京：中华书局. 2014. 36.
③ 司马迁. 史记·夏本纪. 北京：中华书局. 2014. 102.
④ 常璩撰，任乃强校注. 华阳国志校补图注. 上海：上海古籍出版社. 2007. 11.

第一章　从远古走来（1891年前）

第二节　城墙修筑

一、张仪筑城

周慎王五年（前316），苴蜀相攻击，各来告急于秦。这为秦国南下巴蜀地区创造了机会。当时正逢韩国入侵，秦惠文王犹豫不决。张仪建议先讨伐韩国，但司马错认为讨伐蜀国可"得其地足以广国，取其财足以富民，缮兵不伤众而彼已服焉"。最终，秦惠文王采纳司马错的建议，派大夫张仪、司马错、都尉墨等出兵巴蜀。十一月，灭蜀国，后东进灭巴国。随即在巴、蜀等地设巴郡、蜀郡，共32县。秦巴郡初治阆中，兼领汉中九县。《史记·列国分野》记载，"秦地於天官东井、舆鬼之分壄。其界自弘农故关以西，京兆、扶风、冯翊、北地、上郡、西河、安定、天水、陇西；南有巴、蜀、广汉、犍为、武都；西有金城、武威、张掖、酒泉、敦煌；又西有牂柯、越嶲、益州。"① 巴渝地区设巴郡是中央政府对重庆地域实行一级行政管理机构的开始②。

秦灭巴两年后，即公元前314年，统帅张仪筑城江州，重庆成为秦王朝统治川东地区的军政中心③。《华阳国志》记载，"仪城江州"。但也有学者对张仪筑城表示异议，周勇认为张仪在攻下阆中后不久，至迟在次年返回咸阳，史称所筑的阆中、江州城至多可能有一处为其督造④。关于筑城江州的原因，他认为是争夺巴东盐泉（井）的需要，同时为伐楚做后勤准备⑤。公元前311年，张仪在说服楚国臣服秦国时提到，"秦西有巴蜀，大船积粟，起于汶山，

---

① 司马迁.史记·列国分野.北京：中华书局.2014.4078.
② 重庆市政协学习及文史资料委员会.回忆重庆直辖.重庆：重庆出版社.2017.160.
③ 隗瀛涛，沈松平.重庆史话.北京：社会科学文献出版社.2011.3.
④ 周勇.重庆通史.重庆：重庆出版社.2014.61.
⑤ 同上书.53.

浮江已下，至楚三千余里。"① 说明江州城可能从战略攻击便于粮草储备、屯兵角度来建设。筑城是一个浩大工程，原因也应该是多方面的。笔者还有一种猜测，那就是为了软禁部分巴国王族。首先，虽然张仪"执王以归"，但不可能带走所有王族。巴国和蜀国是秦国灭亡的比较有影响力的大国，对其王族的态度也可能影响后续关东国家的抵抗程度。《后汉书·南蛮西南夷列传》记载："*及秦惠王并巴中，以巴氏为蛮夷君长，世尚秦女，其民爵比不更，有罪得以爵除。*"徐中舒据此认为，秦灭蜀后，对于巴的统治阶级和部族，都采取了羁縻政策②。羁縻政策核心是"因俗而治"，即在少数民族承认中央王朝统治的前提下，中央王朝允许其进行有限度自治，保持本民族原有的社会经济制度、宗教信仰及风俗习惯、文化传统等③。其次，从后面秦始皇灭六国的后续安置措施看，将六国王族安置在咸阳与对巴国的处置是一脉相承的安排。江州城修好以后，秦可能将巴国王族远支安置于此。

无论何种原因，张仪筑城是重庆城市建设的发端。关于张仪所筑江州城的位置，学界也有争议。一种观点认为城址在两江半岛，中心位于今渝中区小什字到朝天门之间的台地上；另一种观点认为城址在今江北区的江北城，中心位于嘉陵江注入长江之处的江北嘴一带④。徐煜辉认为秦汉江州城有可能遵循了"北府南城"的规划布局，即整体格局上是一个隔江而治、城郭分置的城市——官舍居于"北府"，起到政治中心的控制作用；市井中心位于"南城"，便于长途商贸水运，是城市的经济中心⑤。李正权认为张仪建的江州城为土城，因为被雨水冲毁，需要修缮或者重修，才把江州州治

---

① 司马迁. 史记·张仪列传. 北京：中华书局. 2014. 2783.
② 徐中舒. 论巴蜀文化. 成都：四川人民出版社. 2019. 30.
③ 彭建英. 中国传统羁縻政策略论. 西北大学学报（哲学社会科学版），2004 年第 1 期，104-108.
④ 徐煜辉. 秦汉时期江州（重庆）城市形态研究. 重庆建筑大学学报（社科版），2000 年第 1 期，37-41.
⑤ 同上.

第一章　从远古走来（1891年前）

搬到北府做一个过渡，然后再迁回渝中半岛，契合《华阳国志·巴志》的说法，即"汉世，郡治江州巴水北，有甘橘官，今北府城是也。后乃［迁］还南城。"①

如果筑城江州是为了军事目的，那么与渝中半岛相比，江北嘴腹地开阔、地势较为平坦，更符合攻击准备的需求。史料记载，秦昭襄王二十七年（前280），司马错从陇西出发，率领巴蜀军队十万人，大船万艘，米六百万斛，攻取楚国巫郡和黔中郡②。而且，在攻取楚国前后的秦昭襄王二十六年至三十年（前281—前277）间，秦巴郡治所从阆中迁移到江州城。《太平寰宇记·山南西道》记载"（秦）以其地置巴郡，领县十一，理江州。汉因之。"此时的11个属县分别是江州、垫江、阆中、宕渠、江阳、符县、枳县、朐忍、鱼复、夜郎和鳖。

江州作为行政中心和镇守据点，按照当时郡治规模比较面积应在1平方千米以内。古代志书没有记录秦汉重庆城市建设的描述。考古发现，在渝中半岛尖端一带发现多处战国至西汉的古井、陶器和瓦当。秦汉时期，除今江北嘴的江州城外，今江北区刘家台、相国寺码头，渝中区渝中半岛、南岸区涂山脚下已有街市、村庄。1982年，有市民在嘉陵江边散步时拾得一枚金质"偏将军印章"，印章大致应为新莽建国初年至东汉初建武中元末年间物件③，说明在汉代这里曾经是居民密集区。另外，战争也可以侧面反映城市建设，"……建武十一年，岑彭讨伐公孙述，述将田戎败保江州，彭至城下，以城固粮多难卒拔……"④

二、李严筑城

秦代以郡县制代替分封制，巩固了中央集权，也使得中央政权

---

① 李正权.九开八闭重庆城.重庆：重庆出版社.2018.12.
② 顾颉刚.论巴蜀与中原的关系.成都：四川人民出版社.2019.109.
③ 刘洪辉."偏将军印章"金印简析.书法.2011年第2期，80.
④ 顾祖禹.读史方舆纪要·卷六十九.北京：中华书局.2005.3272.

对各地的区位和资源更为熟稔。因此，有战略眼光的政治家、谋略家更愿意去掌握地理、形势等信息。秦末，当各路起义军攻入咸阳竞相掠夺金银财宝之时，只有萧何进入秦王宫廷收集秦朝丞相御史所保管的律令、图书等档案资料。后来，楚汉相争时，萧何帮助刘邦掌握了各地的要塞、人口、物产等情况，为刘邦取得胜利奠定了基础。四川盆地自秦代被纳入中央直辖范畴后，其富庶为天下所知，"天府之国"从此也成为四川盆地的专属名词。

汉朝时期，多任太守比较有为，深得百姓爱戴。《华阳国志》和清乾隆《巴县志》记载，太守杜安"恤民礼士，政绩有声"；太守应季先"政尚宽仁"；太守吴资"政和民乐，屡获丰年，歌风颂德，遍及闾阎"；太守王堂"拨乱政治，进贤达士"；太守但望"运机布政，恤隐拯忧"；太守张汭"廉平，不苛，民用和乐"。也许因为政通人和，当时巴郡的人口得到大幅增长。《汉书·地理志》记载，平帝元始元年（公元元年），巴郡15.86万户，人口70.81万；东汉永和五年（140），有31.07万户，108.60万；到东汉永兴二年（154），户数增加到46.48万户，人口达到187.55万。

西汉继承秦代户籍登记制度，法律不允许人民脱离户籍，也不允许人民自由迁徙①。除汉初外，外界移民迁入巴、蜀等西南地区的很少，本地人口也基本没有外流②。因此，西汉人口增长基本源于自然增长。任乃强认为，"巴郡户口激增的原因，可以代表边郡逐步转变为腹地的过程。初期因为民习术语语言均与内地不同，生产落后，地利未开发，地不足以养民，故人口稀少。虽已开置郡县，斥为边郡，中原之人未肯迁住。待郡县开置，官吏、员役从职而至，觉其风土不恶，生活廉便，始陆续有就城邑附近住居落户、经营商贸者，皆获厚利，致富盛。于是逐世益增，次第向沿江水运便利之地垦拓成家，成为官府依恃之民户。其人亦恃官府保护，逐步向沿江稍远之山区开发产业。土著民族，受其带动，亦知采用进

---

① 葛剑雄. 西汉人口地理. 北京：商务印书馆. 2014. 139.
② 同上书. 226.

第一章 从远古走来（1891年前）

步方法进行生产，改变经济生活。由于长期政局安定，民族融洽，工商业一致发展不替，社会丰乐，人民富裕，又推动工商业发展。腹地狭乡人民，趋利而至，从而落籍者益多。"①

巴蜀地区人口众多、土壤肥沃。在群雄割据的年代，富庶的巴渝自然逃脱不了政治家的视野。东汉末年，诸葛亮与刘备坐而论道，提出"益州险塞，沃野千里，天府之土"②，建议刘备以益州为根基以成帝业。历史的发展正如诸葛亮所言。东汉建安十四年（209），刘备以关羽、张飞、赵云、刘封、黄忠为主要将领，诸葛亮、庞统、法正为主要军师，先后收复荆州各郡、迫降刘璋占领西蜀、击败曹操攻取汉中，进而建立了蜀汉政权。

但在建安二十四年（219），刘备为关羽报仇举全国之兵讨伐东吴，结果为陆逊击退，兵败退至白帝城（今重庆奉节县境内）。章武三年（223），刘备病重，在白帝城托孤给丞相诸葛亮和尚书令李严。世人因《三国演义》对诸葛亮比较了解，但对李严知之甚少，最近热播的《风起陇西》更让人对其产生误解。李严非常有才干，是蜀汉重臣，因而成为刘备托孤的唯二人选。《三国志》记载，"李严，字正方，南阳人。少为郡职吏，以才干称。"蜀后主建兴四年（226）春，李严移驻江州。此时，作为屏障的荆州已经被东吴据有多时，江州成为蜀汉东向的重要门户。李严驻守期间对江州城进行了大规模的扩建。《华阳国志》记载，李严筑城的范围比张仪筑城的范围要大，"周回十六里"。南线大致从今朝天门以南起沿江至南纪门；北线约在今新华路、人民公园、较场口一线，面积近2平方千米。

此外，李严还向诸葛亮建议在江州半岛的狭窄处挖一条渠道沟通长江与嘉陵江，使江州成为四面环水的江心洲，但诸葛亮以有伤地脉为由没有同意。在诸葛亮看来，李严有把重庆作为自己的势力范围的想法。他在《弹李平表》（注：李严后改名为李平）中写道，

---

① 常璩撰．任乃强校注．华阳国志校补图注．上海：上海古籍出版社．2007. 20
② 许嘉璐．二十四史全译·三国志（第二册）．上海：汉语大词典出版社．2004. 584.

"自先帝崩后,平所在治家,尚为小惠,安身求名,无忧国之事。臣当北出,欲得平兵以镇汉中,平穷难纵横,无有来意,而求以五郡为巴州刺史。去年臣欲西征,欲令平主督汉中,平说司马懿等开府辟召。臣知平鄙情,欲因行之际偪臣取利也,是以表平之子丰督主江州,隆崇其遇,以取一时之务。"①

虽然李严筑城主要出于政治目的,但也不排除其经济目的或者客观上对于城市经济发展的促进作用。吴刚认为我国从三国两晋南北朝开始,南方和北方城市有个分向,"由于其受到来自政治、经济等多方面的影响,出现了中国所特有的北方城市偏重政治,南方城市偏重经济的不同倾向。"②李严筑城前不久的建安十五年(210),曹操开始营建邺城。营建后的邺城为南、北两城的格局,冲破了原来"宫市"的传统,而将"市"与"里闾""坊巷"结合,其目的"既保证了宫城的安全,有利于管理和警戒,同时也不影响交易的进行"。③尽管没有看到相关史料,但笔者推断李严筑城或许是为了满足与东吴,甚至是曹魏的经济贸易需要,进而为军事防御、政治地位提供支持。

李严大城修筑后,巴郡及江州县即迁治于此,原为行政机关驻地的旧城(北府城)逐渐荒废④。李严之后,廖立被任命为巴郡太守,"练士卒,葺城堡,资保障焉。"⑤这一时期重庆城市是一幅什么景象呢?东汉永兴二年(154),巴郡太守但望上疏朝廷请求分郡时写道,"……郡治江州,时有温风。遥县客吏,多有疾病。地势刚(侧)险,皆重屋累居,数有火害。又不相容,结舫水居五百余家。承三江之会,夏水涨盛,坏散颠溺,死者无数……"⑥但望为让皇帝同意其分郡请求,对城市环境难免夸张。但其"重屋累居,数有

---

① 诸葛亮. 诸葛亮集. 北京:中华书局. 1960. 9.
② 吴刚. 中国古代城市生活. 台北:台湾商务印书馆. 1998. 173.
③ 同上书. 28.
④ 周勇. 重庆通史. 重庆:重庆出版社. 2014. 63.
⑤ 王尔鉴纂修. 巴县志. 乾隆25年(1760). 424.
⑥ 常璩撰,任乃强校注. 华阳国志校补图注. 上海:上海古籍出版社. 2007. 20.

火害"的描述与清末时期重庆城市照片和火灾报道十分相似,有一定可信度。城市逼仄,人口稠密容易导致今天所称的"城市病",具体包括:(1)流行性传染病。"温"古同"瘟"字。江州作为郡治,"时有温风",容易导致郡内来往客吏感染疾病。(2)城市环境比较逼仄,居民房屋上下左右交错,容易引发大面积火灾。(3)族别冲突/官民冲突。水居的居民为"蜑户",他们受官府歧视,只好在江中居住①。(4)居民背崖临江而居,地势低洼,涨水容易被淹。

与恶劣的自然环境相比,连绵不绝的战乱对城市的破坏力更为惊人。炎兴元年(263)八月,魏大将钟会、邓艾东西夹击,五路伐蜀。十一月,灭蜀。由于长期战乱,巴郡仅存约3万—5万人。晋太康初年(280),巴郡仅26 000户,不超过14万人②。十六国政权之一的成汉与晋拉锯期间,巴郡大量居民迁徙,流入荆湘,当地人口锐减,城邑空虚,村落萧条,郡县治所迁徙不定③。自东晋永和三年(347)成汉灭亡到公元581年隋朝建立,巴渝地区先后经历了东晋、前秦,南朝的宋、齐、梁,北朝的西魏、北周等七个政权的统治,其间还有多个割据势力。由于政权更迭频繁,政局动荡,巴渝地区人口持续减少自然在情理之中。

三、南宋筑城

隋唐时期,重庆称渝州。北宋崇宁元年(1102),统治者认为渝州之字不祥,取"恭行天罚"之意,改渝州为恭州。淳熙三年(1176)前后,宋朝诗人范成大离成都赴京(临安)经重庆作有《恭州夜泊》。诗云:"草山硗确强田畴,村落熙然粟豆秋。翠竹江村非锦里,青溪夜月已渝州。小楼高下依磐石,弱缆东西战激流。

---

① 常璩撰,任乃强校注.华阳国志校补图注.上海:上海古籍出版社.2007.20.
② 周勇.重庆通史.重庆:重庆出版社.2014.68.
③ 同上书.70.

入峡初程风物异，布裙跣足总垂瘿。"① 根据"小楼高下依磐石，弱缆东西战激流"可以想见，诗人夜宿船上，眺望近在眼前的重庆城，对映入眼帘的吊脚楼，奔流不息的江水感慨不已。诗人没有进城，无法窥见城内景象。不过，宋代是我国城市发展急剧变化的时期，重庆这一时期也应有巨大变化。

宋代较之唐代，采取了取消城中住宅区和商业区的严格划分、允许县治以下设市等相对宽松的城市管理手段。后世学者喜欢用"坊墙倒塌"这一典型特征来形容宋代时期城市空间发生的巨变。在这些政策推动下，宋代城市数量和规模急剧增加，南宋达到我国城市化历史的最高峰②。据学者推算，南宋有4 000多个集镇③，城市总人口占比大约在22.05%④。单是都城大临安城内占地面积45平方千米，城外郊区180平方千米，高峰人口250万，约45万户⑤。

重庆地处长江和嘉陵江汇流之处，是川东门户，具有发展工商业的独特优势。11世纪中期，重庆商业税额不过4万余贯铁钱（折合铜钱4 000贯），到熙宁十年（1077）州城税额已达到铜钱3.1万贯，数十年增长七八倍⑥。可见，重庆在宋代完成了从行政、军事功能城市向交通、行政、军事、经济、文化等多重功能城市的嬗变。虽然重庆城市内部景象无法窥见，但可通过学者对当时城市普遍性总结想见。李春棠归纳唐宋城市变迁时写道："严密封闭的街区结构的松弛、变裂，在唐代后期就开始了，这是一个缓慢的长过程，直到北宋中期，坊市制才彻底崩溃。从此，城市里所有通衢小巷都成了市场，而且夜市不禁。就连东京这条最庄严肃穆的御街，也变得熙熙攘攘，喧闹嘈杂，完全从冷漠中走了出来。这是我

---

① 周勇，傅德岷. 记忆重庆. 重庆：重庆出版社. 2017. 4.
② 赵冈. 中国城市发展史论集. 北京：新星出版社，2006. 79.
③ 李春棠. 坊墙倒塌以后——宋代城市生活长卷. 长沙：湖南出版社. 1996.
④ 同②.
⑤ 同②.
⑥ 周勇. 重庆通史. 重庆：重庆出版社. 2014. 115.

第一章　从远古走来（1891年前）

国城市发展史上具有里程碑意义的一次大变革。"① 更为直观的景象则是北宋末年画家张择端的《清明上河图》，它生动记录了北宋都城东京（今河南开封）的城市面貌和市民生活场景。

南宋淳熙十六年（1189）二月，宋孝宗禅位于赵惇，即光宗。当年八月，光宗升其潜藩之地恭州为重庆府。急剧提升的政治、经济地位和传统的军事功能交织，让重庆在南宋末期成为重要的防守支点。南宋末期嘉熙元年（1237），彭大雅出任四川安抚制置副使兼知重庆府，驻节重庆，经营东川防务。彭大雅，字子文，鄱阳（今江西鄱阳县）人，进士出身，官朝请郎。在彭大雅来之前，巴渝地区已经经受了蒙古大军多番侵扰，民生凋敝、土地荒芜。重庆的城墙大部分都是用泥土砌成，在蒙古铁骑下不堪一击。而且，城外较场口、大梁子一线地势平缓，城墙内侧陡峻，防御较为困难。

为强化重庆外围防御，彭大雅派遣都统甘润在合州城东的嘉陵江、涪江、渠江三江交汇之冲的钓鱼台上修建驻兵城寨，作为重庆北部屏障。城市防御方面，彭大雅令军民将所有的泥墙推倒，用条石和煅烧的大青石加固城墙。并将重庆城墙的西线由李严旧城的今大、小梁子、较场口一线北拓到今临江门、通远门一线，原城外西部的制高点（今打枪坝水厂遗址）筑入城内，城区范围较李严旧城扩大近两倍。由于工程量大、时间紧迫、资金缺乏，筑城的阻力很大。彭大雅毅然决然，他说，"不把钱做钱看，不把人做人看，无不可筑之理。"到嘉熙四年（1240）春，城垣基本建成。随后，彭大雅命人在四门立四大石，上刻"大宋嘉熙庚子，制臣彭大雅城渝为蜀根本"②。同时代的右正言刘晋之对彭大雅给予高度评价，他说"蜀祸五六年间，历三四制臣，无地屯驻，独彭大雅城渝，为蜀根本，不然蜀事去矣。"③ 宋元之际的史学家胡三省也评价说，"我朝自绍定（1228—1233年）失蜀，彭大雅遂城渝为制府，支持西

---

① 李春棠. 坊墙倒塌以后——宋代城市生活长卷. 长沙：湖南出版社. 1996. 17.
② 章创生，范时勇，何洋. 重庆掌故. 重庆：重庆出版社. 2013. 16.
③ 汪圣铎点校. 宋史全文·卷三十三. 北京：中华书局. 2016. 2750.

蜀且四十年。"① 遗憾的是，彭大雅本人并未得到善终。彭大雅去职致仕不久，宋廷以"贪黩残忍，蜀人衔怨，罪重罚轻"将其除名，贬往赣州②。

淳祐三年（1243）春，四川制置司治所由成都迁至重庆，接任四川防务的兵部侍郎、四川制置使兼知重庆府余玠设置制司于金碧山下的重庆府衙。余玠，1199年生，字义夫，号樵隐，浙江开化人，侨居蕲州，从军起家，有丰富的战争经验。余玠赴任重庆时，成都已经被蒙古大军攻破，南宋的西线防御形势已经岌岌可危。他将一副对联"一柱擎天头势重，十年踏地脚根牢"贴在重庆府戟门两边，壮志抒怀③。为巩固防线，余玠吸取彭大雅的经验，采取依山制骑、以点控面的方略，在四川各地建起了几十座或大或小的山城，包括青居城、大获城、钓鱼城、云顶城、多功城、龙崖城、天生城和磐石城等，形成完整的山城防御体系。城防方面，余玠不仅加固了重庆城，还增开城门，形成了重庆的九门结构④。新中国成立初期曾在太平门附近出土了一些有"淳祐乙巳东/西窑城砖"字样的宋代城砖，正是余玠增筑重庆城时所用，说明淳祐五年（1245）宋代城郭至少已延伸到太平门以西⑤。余玠对于南宋四川防务功绩斐然，明陈邦瞻在《宋史纪事本末》中写道："自富平之败，金人专意图蜀，微玠身当其冲，无蜀久矣，故西人思之，立祠以祀。"⑥

难能可贵的是，余玠在军备之余还留下了《觉林晓钟》这样一首极具生活气息和城市画面感的绝句。"木鱼敲罢起钟声，透出丛林万户惊。一百八声方始尽，六街三市有人行。"⑦ 可以想象，习

---

① 胡三省.《通鉴》注，卷一四六. 转引自潘玉光. 巴蜀砥柱——余玠. 北京：商务印书馆. 2016. 62.
② 宋史·卷三十二. 转引自周勇. 重庆通史. 重庆：重庆出版社. 2014. 122.
③ 潘玉光. 巴蜀砥柱——余玠. 北京：商务印书馆. 2016. 62.
④ 李正权. 九开八闭重庆城. 重庆：重庆出版社. 2018. 19.
⑤ 《母城渝中》编辑委员会. 母城渝中. 重庆：重庆出版社. 2013. 4.
⑥ 陈邦瞻. 宋史纪事本末·卷六十九. 北京：中华书局. 2018. 698.
⑦ 《渝州历代诗文选》编委会. 渝州历代诗文选. 重庆：重庆出版社. 2015. 21.

第一章 从远古走来（1891年前）

惯了战争的城市居民早上听到钟声还是会有一定的惊慌，不知是敌人侵扰，还是正常的报时。当钟声响尽，城市居民从睡梦中醒来，大街小巷渐渐恢复白天的人烟气息。"六街三市"的说法出自《资治通鉴》，本义指唐代长安城中的六条大街和早晨、中午、傍晚三时之市。余玠选用"六街三市"描写重庆，说明尽管重庆当时在战乱之下，但城市依然人口众多、交易繁忙。当然，也有学者认为这是一首抒情诗，表达其遭遇诬告、打击、陷害后的愤懑心情。"六街三市有人行"表达了余玠有烦恼欲求超脱，但又留恋生活的矛盾心情①。

四、明清筑城

元至正十七年（1357）十二月，农民起义军领袖明玉珍趁元朝重庆守军空虚，主将不和，一举攻下重庆。随后，以重庆为都城，建立了明夏政权。明夏政权存续时间不长，大约有8年。但他十分注意都城内的宫殿修筑、城防设施、道路交通和港口码头建设。《重庆府志》记载，明夏政权的皇宫就建在重庆南临长江的"太平门内，金碧山下"。当时重庆除面临长江的太平门、薰风门（今东水门），面临嘉陵江的洪崖门、千厮门以及通路的镇西门（今通远门）外，明夏政权还开通了朝天门②。

明洪武四年（1371），汤和攻克重庆，继续西征，留下戴鼎守卫重庆。1373年到1377年间，戴鼎在重庆旧址基础上筑石城，确立了明清重庆城的范围，城墙闭合面积约2.35平方千米。《巴县志》记载，"明洪武初，指挥戴鼎因旧址砌石城，高十丈，周二千六百六十丈七尺，环江为池，门十七，九开八闭，象九宫八卦。"关于明朝时重庆城市内部景观，明末巴县知县傅宗龙称："……龙

---

① 王利泽，王中格. 余玠诗词楹联初探. 西南师范大学学报（哲学社会科学版），1994年第4期，71—73.
② 龙生. 重庆港史. 武汉：武汉出版社. 1990. 36.

建铺舍集居，人商旅称便。又于山腰捐立凉亭，以休行者……"①这说明当时重庆商贸繁华，客商云集，一派繁忙景象。

明末清初，重庆成为明、大西军和清军争夺的焦点。清顺、康年间，重庆发生的战事多达16次，是清代嘉陵江流域战争发生次数最多的中心城市。正是由于各方势力对重庆战略地位的重视，重庆才成为各方势力反复争夺的对象②。清顺治十四年（1657），清廷专置四川总督，驻重庆，首任总督李国英。但直到1659年南明将领谭洪再袭重庆失败，清朝在重庆的统治才算稳定。

康熙元年（1662），四川总督李国英下令补筑城墙，修补长度达到6千米，约占戴鼎所筑城墙的70%以上。对于修筑的原因，李正权认为当时重庆城内只有几百户人家，但是清驻军达到十万多人，为防止士兵惹是生非，给刚打完仗闲下来的军人找点事做③。康熙八年（1669），清政府在紫金门内建重庆镇总兵署。重庆镇内辖三营十九汛，有马兵96人，战兵524人，守兵692人，共计1 312人。清代重庆绿营总兵官除了操练兵马、振扬威武、申明纪律、抚恤士卒、严明斥堠、防遏奸宄等职责外，还有城市建设和维护职责，包括修浚城池，缮治器械，相度地势险易，控制要害处所，责成该汛弁兵，力图保障④。

康熙年间，重庆人龙为霖记录了从南岸涂山观重庆的夜景。他在《月下登澄鉴亭观渝城夜景》中写道，"渝州形胜本崚嶒，向夜清幽觉倍增。欲揽全城露上景，宁辞绝巘晚来登。一亭明月双江影，半槛疏光万户灯。独惜鸣钟人尽睡，探奇何处觅高僧。"⑤ 此外还有一首名为《同人订于二月十三日登涂山澄鉴亭观渝城夜景，为寒风所阻，怅然有作》的诗同样描写重庆城市景观，"渝城之景

---

① 王尔鉴纂修. 巴县志·卷八. 乾隆25年（1760）.
② 马强，杨霄. 嘉陵江流域历史地理研究. 北京：科学出版社. 2016. 329.
③ 李正权. 九开八闭重庆城. 重庆：重庆出版社. 2018. 25.
④ 谯珊. 重庆：旧秩序中的精英与城市管理（1644—1911）. 成都：四川大学出版社. 2018. 47.
⑤ 周勇，傅德岷. 记忆重庆. 重庆：重庆出版社. 2017. 6.

第一章 从远古走来（1891年前）

本奇观,向夜何当更远看。灯火万象悬一叶,秀色重重真可餐。涂山绝顶凌天汉,孤城遥对好凭栏。"① 康熙十一年（1672）十月初八,王士禛记录了他见到的重庆,"抵重庆府,巴县治。江中遥望渝城。因山为垒,邈在天际。女墙阙阓,缭绕山巅。下被水面,山号金碧。濒江人家编竹为屋,架木为岙,以防暴涨。注谓江州地势侧崄,皆重屋累居,数有火害。……今渝城岁有火灾,盖地势使然也。"② 关于清中期重庆城市景象,乾隆年间编撰的《巴县志》有更为详细的描述,展现了山城江城、贸易繁忙、治安混乱等城市意象：

> 巴一叶云浮,万家烟聚,坊厢廛市傍壑凌岩。吴、楚、闽、粤、滇、黔、秦、豫之贸迁来者,九门舟集如蚁。陆则受廛,水则结舫。计城关大小街巷二百四十余道,酒楼茶舍与市闾铺房鳞次绣错。攘攘者肩摩踵接,而宵小究时潜伏于城隅閬閬间。纵严保甲以稽之,而朝迁暮徙,迄无定居。文武兵役,虽日供使令,保无悍蚌局赌囮娼。市井牙侩,虽日评物价,保无奸猾骗客屯商。至于附郭沿江之充募水手者,千百成群,暮聚晓散,莫辨奸良,此皆渝州坊厢可深为隐忧者。稽察稍疏,贻害滋大。职斯土者,警惰防奸,小惩大戒,坚以一心,始终罔逸,庶奸匪不至容足抵隙于以柔远宁迩俾肘腋之地,绥辑无虞厥道弗在,是与至于古昔筑城俱留有出水洞门,疏通城内沟水,俾无壅滞。固城墙、便行人、保屋舍,厥义至远,但日久淹塞,猝遭暴雨,难免横流,今附列于右,庶触目动心,以时饬修云。③

清雍正、乾隆年间,工部逐步规范了城垣管理。如《钦定工部则例·卷三》载,"各省城垣令该省督抚详细查勘,于岁底将是否完固之处修缮折奏明。其保固限外,城垣有些小损坏,令地方官随

---

① 蓝锡麟.涂山绝顶唤登临.重庆日报,2020-12-20,第4版.
② 王士禛.蜀道驿程记（卷下）.康熙年刊.
③ 王尔鉴纂修.巴县志·卷二.乾隆25年（1760）.

时贴补。责成该管道府直隶州等官留心巡视，报明督抚查核。如有贴补较多，办理妥协，分别奖劝；倘任其残损，不即补修者，即以玩愒参处，著落赔修，并将该管道府直隶州一并附参。统于年底将该省城垣有无坍损补修缘由开单具奏。"① 此后，重庆城墙维修较为频繁。乾隆二十五年（1760），巴县知县奉总督开泰令，将城墙改列为急工修理②。第二年，重庆开始重筑城墙，清军士兵、落业的外省移民以及返回的原籍重庆人皆参与城墙修建。修建后，有九个开门，分别是长江沿岸的朝天门、东水门、太平门、储奇门、金紫门、南纪门和嘉陵江沿岸的千厮门、临江门以及位于西南陆路上的通远门，另外八门闭③。乾隆三十二年（1767），重庆知府、巴县知县等地方官员带头捐资修建城墙。修补竣工后，重庆城周长二千六百一十八丈七尺五分，坍塌修补城墙共计六百七十丈二尺，城门九座。乾隆五十三年（1788），巴县县衙对东水门至元通寺段低矮城墙进行了增高补筑。嘉庆十八年（1813），巴县县衙要求各坊厢及各场"修建栅栏"，以司启闭，"各场每逢场期，轮流派人梭织巡查"，遇有流匪到场，随时拿获送究，晚上"定更后即应关锁，钥匙即交更夫巡查经管"。④ 此后，咸丰二年（1852），重庆知府鄂惠重修；咸丰九年（1859），川东道王廷桢重修；同治九年（1870）大水，川东道锡珮、知府瑞亨、知县田秀栗补修，其他均无大修。

　　杨宇振引用瞿同祖在《清代地方政府》一书中的观点认为，州县官怕承担责任，因而对修缮公共工程之事绝少主动提及，能躲就躲⑤。但从重庆的历史看不太一样，乾隆三十二年的修筑或许说明了原因。这次修筑由地方官员带头，筹集资金约 2.36 万两白银。

---

① 故宫博物院编. 钦定工部则例. 海口：海南出版社. 2000. 48.
② 向楚主编，巴县县志办公室选注. 巴县志选注. 重庆出版社. 1989. 65.
③ 谯珊. 重庆：旧秩序中的精英与城市管理（1644—1911）. 成都：四川大学出版社. 2018. 59.
④ 同上书. 116.
⑤ 杨宇振. 历史与空间：晚清重庆城及其转变. 重庆：重庆大学出版社. 2018. 650.

第一章 从远古走来（1891年前）

工程竣工后，通共需用工料银二万三千五百八十三两一钱二分零九厘。经费筹集和使用相差无几，或许能说明为什么地方官员并非躲躲闪闪，这也印证了美国学者罗斯对清末中国人的精辟总结："中国人有一种极难撼动的思想观念，那就是：无论干什么都要从中收取点酬金，或者'得到点什么'……在这种观念的引导下，中国就出现了这样的怪现象：不管通过什么渠道凑集到的投资款，总在毫无知觉的情况下就被用完了。"①

除位于今天重庆渝中区的主城以外，嘉陵江北岸的江北城墙也时有修建。清嘉庆三年（1798），川东白莲教起义进入江北厅境，同知李在文集江北城内居民兴筑四门土城；道光十三年（1833），同知高学濂劝渝本地绅民捐资修石城。不久离任，由继任同知福珠朗阿集议兴工，历十九月，建成八门石城②。咸丰十年（1860），同知符葆召集乡绅再筑外廓，增建嘉陵、永平二门，称为"江北新城"③。

清朝末年，《泰晤士报》驻华首席记者莫理循曾到重庆游历。他在《1894，中国纪行》一书中写道："重庆是一个富饶的城市。它建在'小河'和长江的交汇口上，而这样的位置，使它成为四川省的内河大港。……重庆建在离江面很高的地方，目前水位较之夏季要低六十英尺。它的城墙高不可攀。附近最高山顶上的巍峨宝塔象征着好运。此地庙宇众多，有各色宽敞衙门和富丽楼阁，其中最高耸的是文昌帝君庙。重庆道路崎岖，街道也是那么的陡峭而多坡，随处是一连串坚硬岩石凿成的台阶。"

此时，重庆已经开埠三年，莫理循没有看到的或者没有说的是，这座古老的城市已经在"千年未有之大变局"中悄然开始了又一次嬗变。

---

① E.A.罗斯.变化中的中国人.何蕊译.北京：译林出版社.2017.70.
② 重庆市江北区房管分局地产志编辑室.重庆市江北区房地产志（内部发行）.10.
③ 同上书.11.

第二章　重庆开埠
（1891—1911 年）

第一节 传教、"救助"和考察

传教、"救助"、考察、开埠、倾销似乎是西方列国入侵他国的成熟套路，在非洲、东南亚等地都屡试不爽。为了让侵略行为看起来合理化，西方殖民者更愿意将其包装成为一种先进文明形态的传播。1884—1885年，帝国主义国家齐聚柏林，商讨分割非洲的方案，它们承诺支持文明化改革运动，援助传教士及各种机构去有计划地教育土著，教他们理解和欣赏文明的好处[1]。

一、传教

（一）西教入渝

早期游历中国的西方传教士似乎更热衷于借助一个虚胖的中国叙述一种社会理想，以此作为促进西方社会开放进取的参照系，因为中国知识刺激了欧洲社会的危机感，催化了欧洲社会政治的改革和进步[2]。但是鸦片战争后，传教士眼中的中国又瞬间变得残败不堪，任人宰割。尤其是，清政府被迫与西方列强签订不平等条约，同意解除教禁，来中国的传教士如过江之鲫，鱼龙混杂，引起了中国社会的诸多波澜。

传教士在四川传教的历史比较久远。明崇祯十五年（1642），意大利人类思文、葡萄牙人安文思入川，先后到重庆设经堂、办学

---

[1] 约翰·博德利. 发展的受害者. 何小蓉，谢胜利，李旺旺译. 北京：北京大学出版社. 2011. 23.

[2] 施爱东. 中国龙的发明：16—19世纪的龙政治与中国形象. 北京：生活·读书·新知 三联书店. 2014. 87.

第二章 重庆开埠（1891—1911 年）

校等，开展传教活动。关于天主教早期入川的情形，天主教重庆教区大修院院长古洛东（Gourdon）在 1918 年刊印的《圣教入川记》有详细记载。康熙三十五年（1696），罗马教廷开始在四川设立宗座代牧区，法国人梁宏仁、毕天祥在重庆定远坊杨家十字建天主堂，但当时传教往来无定①。尽管后来清政府多次禁教，但是天主教和基督教在四川省还是得到很广的传播。1756 年，四川省教徒不过 4 000 人，到 1792 年增加到 2.5 万，1801 年更增加到 4 万多②。关于普通百姓入教的动机，1904 年《中外日报》的一篇报道认为"其初实由内政不修，吏治日疲凡，词讼之失中，捐税之苛累，胥役之骚扰皆足使小民不能堪命。而惟入教者可以恃神甫主教之力，以与官相抵制，于是入教者遂多。"③ 这说明洋教能够传播原因复杂，是一连串的社会经济问题综合作用的结果，核心是内政问题。内政不修导致内部管理混乱、民不聊生，同时对外又没有竞争力，外交困顿、任人宰割。

道光二十四年（1844），天主教主教博方济、徐德新等来重庆传教，在临江坊蹇家桥建真原堂。到 1872 年，该传教会在重庆就有信徒 3 000 人，有 10 位法国的和 40 位中国的神父④。光绪七年（1881），美国美以美会在重庆创立教会，后设总堂于此；光绪八年（1882），加拿大美道会入川；光绪十四年（1888），伦敦会在重庆设立教会，信徒增至六百余人；光绪十五年（1889），英美公谊会进入重庆⑤。1892 年，好博逊对四川省内的教会有较为详细的统计（见表 1）。到 20 世纪初，涌入重庆的教会有基督新教的伦敦会、大英圣书会、内地会、美以美会、美道会、公谊会、英圣公会、英

---

① 向楚主编，巴县县志办公室选注. 巴县志选注. 重庆出版社. 1989. 307.
② 隗瀛涛. 巴蜀近代史论集. 成都：四川人民出版社. 2004. 34.
③ 论教案之由来（上）. 东方杂志，1904 年第 10 期，52-54.
④ 费迪南德·冯·李希霍芬. 李希霍芬中国旅行日记（下册）. 北京：商务印书馆. 2020. 787.
⑤ 巴县志·卷五. 转引自谯珊. 重庆：旧秩序中的精英与城市管理（1644—1911）. 成都：四川大学出版社. 2018. 202.

美会,天主教的主母会、耶稣圣心女修会、加尔默洛女修会、方济各会等①。

表1 四川省各教会统计②

教会名称	成立时期	男女教士人数	现有信徒约数	医院药房救济院数
美以美会	1882年	8	教友35 受洗者40	医院1 药房1 救济院1
浸礼会	1889年	9	受洗者12	药房1
内地会	1877年	48	教友176 受洗者224	医院1 药房2 救济院3
公谊会	1890年	7	会员2 信徒11	药房1
伦敦会	1889年	2	教友9 信徒6	医院1 药房1
巴黎外方传教会	1696年	100	教徒100 000	
圣书公会	1879年	1	卖书人6	

客观地说,早期来中国传教的传教士忍受了很多精神和身体的挑战。1872年,李希霍芬在四川游历时记录了几个传教士的身体状态,"这个传教站有15个欧洲神父,他们个个罹患消化疾病,只有一个人活到58岁,绝大多数人英年早逝。莫雷先生的身体完全毁掉了。主教的身体也病怏怏的,从他发黄的脸色、发黄的眼睛和身体的虚弱上可以看出。"③ 因此,在生活在中国的西方人看来,这些传教士应该算得上是真正的"圣徒",他们拿着极为微薄的报

---

① 唐伯友. 近代重庆教会学校教育之初步研究(1886—1952). 西南大学,2009.
② 好博逊概述. 1892年9月26日. 周勇,刘景修译编. 近代重庆经济与社会发展(1876—1949). 成都:四川大学出版社. 1987. 70.
③ 费迪南德·冯·李希霍芬. 李希霍芬中国旅行日记(下册). 北京:商务印书馆. 2020. 732.

第二章 重庆开埠（1891—1911 年）

酬，用天主教教义去"唤醒"中国人。立德乐夫人曾发出这样的感叹，"一个中国劳工的生活费怎么能养活一个习惯了英格兰富裕生活的绅士呢？……如果这世上真有圣徒的话，那么我们在中国遇上的传教士中有一两个就是我们心中的圣徒。"① 也有一些传教士通过组织生产获利资助传教。李希霍芬在重庆游历时就记录到三个传教士尝试制作硬脂和明矾，但是都失败了，后来一个叫范寇的传教士发明了在白银中提炼黄金的方法而大获成功，这也是"我所想象的工业性质的传教会的第一个实例②。"

传教士群体对于在中国传教显示了足够大的耐心和信心，正如基督教公理会来华传教士明恩溥所言："基督教将花费多长时间来革新中国？……从中国于 1860 年全面开放算起，50 年时间将足够产生一个好的开端，接下来 300 年时间将用于基督教的全面传布，再有 500 年时间，基督教将明显地战胜所有其他的信仰。"③ 一位匈牙利传教士在给他的中国教友的信中写道："我永不停止的为中国工作，并恳切求会长神父，把我遣往中国越早越好；目下，我一心预备为将来传教一切紧要的才识：除竭力研究哲学，以备在中国，能便易阐明公教高深道理，或（若时事需要）教授哲学外，兼谈法文，中国史，……"④ 面对层出不穷的教案，重庆的传教士也显得异常顽强，有人写道："我在这个省里需要 10 位传教士……请给我派来这些人，我们很快就将有相当数量的能干的新教徒，他们将会使我们的敌人感到惶恐不安。"⑤ 在多重因素作用下，以重庆为核心的川东成为四川教务最发达的地区。1907 年，有人对四川各教

---

① 阿绮波德·立德. 穿蓝色长袍的国度. 王成东，刘皓译. 北京：时事出版社. 1998. 140.

② 费迪南德·冯·李希霍芬. 李希霍芬中国旅行日记（下册）. 北京：商务印书馆. 2020. 786.

③ 明恩溥. 中国乡村生活. 陈午晴，唐军译. 北京：中华书局. 2006. 277.

④ 杂俎：一位匈加利修士同中国某修士的通信. 天主公教白话报. 1933 年第 4 期，74—75.

⑤ 中国川东宗座代牧区的综合报道. 引自清末教案·第 5 卷. 北京：中华书局. 2000. 193.

区人口、传教士、教导员、学校、学生等信息进行了统计,川东地区各项数据都比较靠前①。

图 1　重庆主教和他的中国牧师②

（二）重庆教案

在传教过程中,文化冲突、民族矛盾、现实利益等诸多因素交织,教案与传教如影随形。清末代表性事件有天津教案、长江暴动和四川余栋臣起义等③。重庆所在的川东地区是教案高发区域。据统计,1860 年到 1899 年,全国 811 起教案,四川以 117 起居首位;另一项统计显示,1861 年到 1910 年,四川共发生 127 起教案,重庆府以 33 起居首位、酉阳直隶州 12 起、夔州府 4 起、忠州直隶州 3 起,川东两府直隶州共 52 起,而成都府、资州和打箭炉厅等其余

---

① 李重华. 教会发展对川东教案的影响. 重庆大学学报（社会科学版）,2014 年第 2 期,171-175.

② Bishop and priests of Chongqing, China, ca. 1920-1940.（2011-05-04）.[2022-11-27]. https：//digitallibrary. usc. edu/CS. aspx? VP3 = DamView&VBID = 2A3BXZ8ODP8Q&SMLS = 1&RW = 1872&RH = 909

③ 雷颐. 中国切片,1900. 郑州：郑州大学出版社. 2020.5.

第二章 重庆开埠（1891—1911 年）

18 个府直隶厅州 75 起①。川东地区教案之所以如此之多，是因为这里是外国人进入四川的门户，与西方交流最为频繁。

咸丰八年（1858），法兰西奉旨传教，在北京指索长安寺地改修重庆教堂②。同治二年（1863），重庆民众破坏了长安寺内天主教的财产和建筑，这是重庆发生的第一起教案，史称"长安寺教案"。1865 年，教案平息后，天主教用获得的约 100 万两白银，对教堂和房屋进行了重建。长安寺教案刚刚平息，今重庆境内的酉阳县又连续发生教案。同年 2 月，酉阳百姓将法国传教士邓司铎修建的天主教堂公信堂捣毁，不久后又将传教士玛弼乐殴打致死。1867 年，四川总督以处死 1 人，杖、徒、充军数人，赔款 8 万两白银结案。1869 年 1 月，酉阳再起波澜。民团首领何彩率民众将欺凌平民的法国传教士李国杀死，随后被酉阳知州派兵迫令缴械解散。但华籍传教士覃辅臣趁机报复，率教堂武装杀死群众 145 人，伤 700 多人。此时，晚清重臣李鸿章正在四川查办四川总督吴棠贪污受贿案，清政府命他处置酉阳教案。1870 年初，李鸿章在给同治皇帝的奏章中写道，"到渝后督同该道锡珮等，与梅西满往复开谕，几于舌敝唇焦。幸首犯何彩迅速就获伏诛，余犯分别惩究，并允赔补教堂。该主教输服无辞，地方亦相安无事。"③

六年以后，与重庆城一江之隔的江北厅再次发生教案。1876 年 4 月 8 日，江北厅数千团民在陈子春等人带领下，先后捣毁城内外教堂、医馆 9 处，教民房屋二三百家，戕害教民 26 条人命，3 000 多教民流离失所④。酉阳教案发生不久，江北再次发生教案绝非偶然。丁宝桢在奏章中写道，"再四川江北教案，迁延数年，民

---

① 李重华. 川东教案的运行态势研究. 重庆大学学报（社会科学版），2012 年第 6 期，158-165.
② 向楚主编，巴县县志办公室选注. 巴县志选注. 重庆：重庆出版社. 1989. 968.
③ 李鸿章奏章. 同治八年十二月初二日（1870 年 1 月 24 日）.
④ 李重华. 1876 年江北教案研究. 重庆大学学报（社会科学版），2011 年第 1 期，135-141.

教结怨成仇，枝节丛生；几于不可收拾。"① 1886年，重庆民众捣毁城内外教堂和从教富人房屋；1891年，发生清末四川地区规模最大的教案——大足县（今重庆市大足区）龙水镇教案，即前文提到的余栋臣起义。

对于长安寺教案发生的原因，《长安寺记》记载，"重庆为全川要害，而长安寺地尤全城要害之区，高亘城之脊梁，扑地闾阎，翼然俯跨，右抱岷江、金沙诸水，左环嘉陵、渠、涪，前有涂山屏列，言地利者所必争也。……民人以失险堪虞，因愤阻而交讧，打毁该教真原堂，酿成外交巨案。"② 地盘之争只是诱因，更为重要的原因是传教导致的底层民心分化。面对棘手的教案，地方政府往往以强力压制闹事之人，希望息事宁人。对于地方政府的这种做法，不同的民众有不同的看法。"自不入教者视之，则以为此必非。朝廷之本意特由外人逼迫使然，是入教者得保护之益，不入教者若不在覆载之列也，于是由畏惧之心积而成仇恨之心。又自入教者视之，则又以一经入教，即可得种种利益，入市虽皇帝亦无如我何。大有一人跳踉，万夫辟易之慨。于是，以依赖之心积而成狂恣之心。二者相结合，如冰与碳之必不相容，薪与火之有触即发而。"③ 这也应了清末的一句民谣，"未入教，尚如鼠；一入教，便如虎。"④ 正是由于清政府对普通民众合理诉求一味压制，不但没有缓解其与教民的矛盾，反而不断积累，导致教案持续不断，愈演愈烈。

二、以救助之名

（一）开设医院

为了传教的策略需要，教会在中国以"救助"之名，创办了不少以传播现代自然科学知识为主要内容的学校、医院和报刊等。重

---

① 向楚主编，巴县县志办公室选注. 巴县志选注. 重庆：重庆出版社. 1989. 707.
② 同上书. 706.
③ 论教案之由来（上）. 东方杂志，1904年第10期，52-54.
④ 袁灿兴. 困局·危局·变局：晚清裱糊史. 上海：东方出版社. 2017. 48.

第二章 重庆开埠（1891—1911 年）

庆开埠前，已有传教士在重庆开办小诊所或小医院。1863 年，在重庆第一次教案中，巴县居民打毁教堂设立的公所、病院、学堂。1877 年，美国基督教中华内地会传教士麦嘉利溯江而上，在重庆开办福音堂，设诊所。1883 年，美国美以美会派柯医生从上海至重庆，免费为居民诊治疾病，并宣传西医治病优点。1891 年重庆开埠后，西方教会蜂拥而至，争相开办医院。当年，美国美以美会国外布道中华基督教派遣詹姆斯·H.麦卡特尼（中文名马嘉礼）和一名英国传教士来重庆，选址临江门筹建医院，于第二年建成。医院名为重庆综合医院，中文名宽仁医院，设门诊部、住院部。1896 年，美国伦敦布道会派传教士樊立德来重庆，在木牌坊（今渝中区民族路）建私立仁济医院；1900 年，法国天主教会重庆郊区总主教苏福堂，在方济各玛利女修会的直接主持下，选址通远门金汤街（今渝中区山城巷）筹建私立重庆天主堂医院①。

1906 年，日本人山川早水在重庆游历期间，考察了当时几家传教士医院，"最大的一家医院就是美国医生玛卡杜诺所建立的。这位建立者十多年前赤手空拳来到此地，可能有些本事，博得内外官民之信任，完全以捐助的形式，占卜得到重庆一等景致之地，如图所见，建立起宏大的医院……仅次于玛卡杜诺医院者是法国天主教会设立的医院。该院有医生一名，护士五名。其势力可与玛卡杜诺抗衡。次之，有英国传教士所设立的医院。其规模虽不及前二者，据说以医术著称。明治三十八年（1905），由德国军医又设立一所医院，据说此医院，因由正规学习医学之军医所开，医术远远超过前三者，渐渐博得好评。医院政策之成就大致如此。"②

传教士创办医院自然不是发扬无私、博爱精神，其根本目的还是希望在思想和信仰层面影响普罗大众，为殖民者扩张消除障碍。山川早水发现，与日本人的急于求财不同，欧洲人似乎更加希望将医术作为长期扎根的手段。他写道："侨居重庆之西洋人的事业中，

---

① 李君仁.西医传入重庆史话.重庆地方志，1992 年第 5—6 期合刊，65—66.
② 山川早水.巴蜀旧影.李密，李春德译.成都：四川人民出版社.2019.211.

最引人注目，就是作为他们唯一手段的医院以及传教。……因为西洋人把施以医术大多用作政治手段，其志不单在于利上，而我们最初以绝对营利为其目的，而中国中层以上之辈决不会依赖外国医生。"① 当普通人对西医产生信任和依赖后，下一步就是信仰的改造。立德乐夫人在其著作《穿蓝色长袍的国度》中直言不讳地说，"或许她（指一个农村妇女）不相信医院（指教会医院）会给孩子饭吃，即使她相信医院会给孩子饭吃，她也会怀疑医院这么慷慨大方，一定有所图谋。当然，医院这么做事有所图的，那就是让病人改变信仰，让他们改信上帝。"②

（二）创办学校

创办学校是传教士影响中国人的另一个重要手段。基督教教育家狄考文 1890 年在上海举办的第二次在华新教传教士大会上说："真正的教会学校，其作用并不单在传教，使学生受洗入教。他们看的更远，他们要进而给入教的学生以智慧和道德的训令，使学生能成为社会上和教会内有势力的人物，成为一般民众的先生和领袖。……使他们能胜过中国的旧式士大夫，从而取得旧式士大夫所占的统治地位。"③ 基督教华西教育会总干事吴明竞 1915 年在成都的一次讲话中也直截了当地说，"教会欲强大，必首重教育。而教育之实施首推教会学校为最重要。"④

基础教育的供给不足，给传教士通过教育手段去潜移默化地布道施教提供了机会。清末流行一句谚语"家有几斗粮，不做孩子王。"尽管教书育人看起来比较体面，但是实际的收入少得可怜。除了个别有名望、有实力的老师外，大部分老师的收入是仅够吃饭的谷物、一些作为燃料的干柴禾和每年 10 个银元左右⑤。1839 年

---

① 山川早水. 巴蜀旧影. 李密，李春德译. 成都：四川人民出版社. 2019. 211.
② 阿绮波德·立德. 穿蓝色长袍的国度. 王成东，刘皓译. 北京：时事出版社. 1998. 174.
③ 陆志轩主编. 重庆市求精中学校志（含重庆第六中学）.（内部交流）. 1998. 68.
④ 同上书. 69.
⑤ 明恩溥. 中国乡村生活. 陈午晴，唐军译. 北京：中华书局. 2006. 51.

第二章 重庆开埠（1891—1911年）

底，英国人温施娣和美国传教士布朗在澳门开办了近代中国第一座传播西学的学校马礼逊学堂。

教会学校在重庆乃至全国主要开办两类性质的学校：一类是纯粹的神学教育学校，包括针对教民实施宗教启蒙教育的教理学校、经书学堂、主日学校和为培养中高级神职人员的神哲学教育的大、中、小修院；另一类是世俗文化教育学校，包括幼稚园、小学、中学、职业教育和大学[①]。重庆第一所神学教育学校是1844年四川宗座代牧助理范若瑟在重庆西郊马王乡深坑子创办的备修院（即小修院），主要培养神职后备人才。第一所世俗教育学校则是1886年美以美会传教士鹿依士在浮图关开设的圣公书室[②]。但正规的学校教育还是在五年以后，鹿依士在上清寺曾家岩创办求精高等学堂[③]。到1892年，重庆已有教会中学7所、小学5所。在教会影响下，重庆的新式学堂迅速增加（表2）。1911年辛亥革命前夕，重庆已有官、私立各类学校45所，成为四川省新式学堂最多的地区。

表2 部分教会学校信息表

序号	学校	创办时间	主办人	地点
1	求精高等学堂	1891年	美以美会	上清寺曾家岩
2	法文学堂	1898年	法国天主教会	七星岗杨家什字街
3	广益学堂	1894年	英国基督教公谊会	下督邮街
4	启明小学	1895年	美以美会	关庙街
5	仁爱堂女子学堂	1909年	重庆天主教	金汤街仁爱堂
6	精益中学	1912年	基督教英美会	南岸弹子石正街
7	文德女子中学	1921年	基督教英美女布道会四川分会	打铁街

---

① 唐伯友. 近代重庆教会学校教育之初步研究（1886—1952）. 西南大学，2009.
② 同上.
③ 欧阳桦，李竹汀. 学舍百年：重庆中小学校近代建筑. 重庆：重庆大学出版社. 2015.

（续表）

序号	学校	创办时间	主办人	地点
8	明诚中学	1912 年	天主教会	曾家岩天主教苦修院内
9	诚德女子中学	1925 年	天主教真原堂	体心堂街
10	育德女校	1926 年	美以美会女布道会	初设戴家巷，后迁中营街
11	德智小学	1927 年	教民罗德基	油市街
12	三育研究社学校	1930 年代	基督复临安息日会中华总会	沙坪坝井口镇松堡社区

注：根据文献《学舍百年：重庆中小学校近代建筑》《巴县志选注》整理。

三、刺探式考察

在与西方打交道方面，日本政府要比清政府聪明得多。1858年，日本与美国签订的《日美友好通商条约》规定外国人活动范围只限于住地及游览区，他们不能够到日本各地旅行。与之相反，清政府与列强签订的《天津条约》允许外国人在内地任意游历，其危害是显而易见的①。法国海军上尉武尔士在《长江激流行》一书中就写道，"在中国，有个省份，目前还没有人想要去占领，我们可以考虑合法地考察它，这可以为我们控制印度支那提供有效的帮助。"②

1882年，英政府派遣谢立山任英国驻重庆领事。谢立山原名亚历山大·霍西（Alexander Hosie），1853年生于英国苏格兰阿伯丁郡，是近代英国著名外交家和探险家。谢立山在就任后不久，分别于1882年、1883年和1884年对四川、云南和贵州进行多次考

---

① 加藤祐三. 东亚近代史. 蒋丰译. 北京：东方出版社. 2015. 65.
② 武尔士. 长江激流行—法国炮舰首航长江上游. 曹娅，赵文希译. 重庆：重庆出版社. 2019. 150.

第二章 重庆开埠（1891—1911 年）

察，并写就了《华西三年：三入四川、贵州与云南行记》一书。关于重庆开埠的潜在经济价值，谢立山在书中写道：

> 如果开放重庆，我们的工业品凭缴纳关税就可以运到重庆，然后，来自四川省主要城市以及来自贵州和云南的买主，凭入内地验单，只需缴纳通行税就可以从重庆运走他们的货物，到达最终目的地。不必缴纳其他的税费，比如厘金或货物入市税，使消费者不得不支付更高的货物价格，我毫不犹豫地说，在这个改善的规则下，四川将成为英国工业品的一个重要消费市场，在世界市场上占据很高的位置……我相信这一天并不遥远——到那时，英国国旗将在遍布中国西部的英国产品货栈上飘扬。[1]

1891 年，重庆开埠以后，各类考察团层出不穷。1896 年 1 月，一批日本商业考察团到达重庆；同年 3 月，法国里昂开发中国商业考察团 12 人也到达重庆，成员包括商会代表、蚕丝专家、采矿工程师等；12 月，英国领事署波恩率领的布拉克博恩考察团也访问重庆，停留 3 周，不停地收集情报[2]。在考察的基础上，欧美和日本人著书立说，谋划对四川的经济入侵。如日本人神田正雄著有《四川大势论》、法国人得让得勒著有《吞灭四川策》，这些著作"已有不肯让人独饱之意[3]"。正如周勇所言，外国人通过考察掌握当地的产业现状、产品需求等等，为后续大规模经济侵略做准备[4]。

除了以经济考察外，还有对四川城市、文化、农村、教育等方面的考察。1910 年左右，美国社会学家罗斯记录了在四川考察的

---

[1] 谢立山.华西三年：三入四川、贵州与云南行记.韩华译.北京：中华书局.2019.170，172.

[2] 周勇，刘景修译编.近代重庆经济与社会发展（1876—1949）.成都：四川大学出版社.1987.137.

[3] 蜀川为外人注目之地 异日铁路航轮告成 商战必愈形酷烈 本省商界宜如何预筹抵制以杜觊觎说.重庆商会公报，1908 年第 94 期，第 3 版.

[4] 周勇.辛亥革命重庆纪事.重庆：重庆出版社.1986.428.

石窟。他写道："我们还看到了著名的大石窟，石窟里有上千座神像石雕，它因此而闻名。虔诚的佛教徒，就着山势在悬崖上开凿了几百个壁龛。某位神仙或者某位圣人的画像，被放在壁龛里。有的画像与生活中的人一样大，有的会大上一些。"①

第二节　开埠与租界

一、开埠过程

（一）觊觎重庆

1875年3月，英国以马嘉理事件为借口，向清政府提出扩大开放中国内陆门户的要求。1876年9月13日，清政府与英政府签订了《烟台条约》。条约第三部分"通商事宜"规定：增开宜昌、芜湖、温州、北海四处为通商口岸；准许英商船在沿江的大通、安庆、湖口、沙市等处停泊起卸货物；各口租界免收洋货厘金；新旧通商口岸尚未划定租界者都要"划定界址"。关于开放重庆，条约写道："四川重庆府，可由英国派员驻寓，查看川省英商事宜。轮船未抵重庆以前，英国商民不得在彼居住，开设行栈。俟轮船能上驶后，再行议办。"

此时，交通始终是制约重庆与外界贸易的重要因素。货物从英国利物浦运到上海12 000英里②，平均每吨的货物成本只需2英镑，但从上海运到重庆1 500英里高达每吨10英镑③。尽管重庆没有开埠，但是《烟台条约》签订后，运往四川的外国商品明显增加。1875年，从汉口运往四川的外国货物价值40 000英镑，1876年当年运往四川的外国货物价值上升至160 000英镑；1877年，运

---

① E. A. 罗斯. 变化中的中国人. 何蕊译. 南京：译林出版社. 2017. 155.
② 1英里=1.609 344千米.
③ 谢立山. 华西三年：三入四川、贵州与云南行记. 韩华译. 北京：中华书局. 2019. 17.

第二章 重庆开埠（1891—1911年）

往四川的外国货物价值达到了290 000英镑①。宜昌开埠，非但没有吸纳相当份额的汉口过境贸易，相反，两个口岸与四川的过境贸易同时在增加。

正是意识到中国西部的财富和繁荣，看到巨大的经济诱惑，英国商人立德乐仔细研究《烟台条约》的措辞，策划带一艘轮船前往重庆，以履行条约中的"先决条件"。1887年，立德乐通过英国公使向清政府提出自制轮船试航川江的请求，虽未得到正式许可，他还是在次年2月驾驶固陵号抵达宜昌。清政府上下着急忙慌，立即通过英国公使、总税务司等多个途径阻止立德乐继续上行重庆，理由是防止激起民愤。经过两年的磋商，1889年11月22日，以清政府购买立德乐的固陵号及其公司在宜昌的地产、码头了断②，这就是"固陵号事件"。

固陵号事件后，中英双方开始对烟台条约修正展开商讨。1890年3月31日，英国与清政府在北京签署了《新订烟台条约续增专条》，该协议规定，"重庆即准作为通商口岸无异，英商自宜昌至重庆，往来运货，或雇佣华船，或自备华式之船，均听其便③。"该条约的始作俑者立德乐目鸣得意，他在给谢立山新著《华西三年：三入四川、贵州与云南行记》作序时写道："今年3月31日，在北京签署了一份重庆开放为通商口岸的协议，即不再包含先前规定的轮船应先抵达重庆的'先决条件'……由此，我们赢得了对重庆口岸的立即开放，而这原本可能会由于首航轮船在激流中发生的事故或碰撞，或者在抵达重庆后经过旷日持久的谈判而被无限期推迟④。"

1891年3月1日，海关总税务司赫德任命好博逊为重庆首任税

---

① 谢立山.华西三年：三入四川、贵州与云南行记.韩华译.北京：中华书局.2019.164.
② 周勇，赵正超.中英《新订烟台条约续增专条》签订始末暨重庆开埠再考.重庆社会科学，2018年第2期，101-111.
③ 向楚主编，巴县县志办公室选注.巴县志选注.重庆出版社.1989.721.
④ 同①书.12.

务司。重庆海关地址先是选定南岸王家沱，后因租房不便遂将办公处所暂寓朝天门附近的"糖帮公所"，而查验装卸之处选在狮子湾。海关地理范围上起南岸黄桷渡土地庙和北岸的城墙西端，下至南岸窍角沱铁厂和北岸的安溪石桥，全长3英里，还包括嘉陵江从江口上溯1英里的地区①。重庆海关成立，标志着重庆正式开埠。5月21日，英商太古洋行的挂旗船载运白蜡和黄丝出口，是为重庆关第一批出口货物；5月26日，英商立德洋行的挂旗船从宜昌载运煤油和海带来渝，是为第一批进口货物②。

（二）外国领事馆

重庆开埠以后，西方帝国主义国家陆续设置领事馆。1891年4月1日，清政府同意英国在重庆设立总领事馆，这是外国在当时四川省设立的第一个正式领事馆，馆址最初在方家什字麦家院。1900年，清政府将金汤门城墙内的上半段划给各国作领事馆用，下半段划给法国天主教会。这片区域清代中叶形成街巷，清末名为金家巷。由于紧邻城墙，沟沟坎坎较多，地理位置不佳，因而一直人烟稀少。1896年3月，法国首先将领事馆设于巷内；同年12月，美国设领事馆于紧邻的五福宫前。1900年划给各国领事馆后，英国领事馆当年便迁来巷内；1904年，德国领事馆迁入，驻节桂香阁旁。随着领事馆不断增多，原来的地名"金家巷"也被"领事巷"替代。由于各国领事馆入驻以及天主教活动，金汤门附近开始热闹起来。

关于选址在金家巷附近的原因，武尔士认为"为了尽量远离城里的恐怖气味，欧洲人几乎都聚集在城市的上游部分。那里，城墙十来米高悬垂而下；对面没有城镇，只有一道缓坡，上面是一座浅

---

① 周勇，刘景修译编．近代重庆经济与社会发展（1876—1949）．成都：四川大学出版社．1987．22．

② 同上．

草覆盖的丘陵。"① 武尔士所谓的恐怖气味指的是城市里混杂的哈喇油味、不新鲜的牛肉味等污秽的环境味道。但除了环境影响外，1900 年义和团围攻北京东交民巷使馆区长达 50 多天可能也有推波助澜的作用。在义和团"扶清灭洋"运动中，1900 年 8 月，英国领事慑于形势曾带领传教士、海关洋员和外国领事一众人等撤离重庆，后在英国兵舰护送下返回。对于这次撤离行动，重庆海关税务司花荪事后评价，"这次出走的唯一结果是稍损威望，还是可以庆幸的②。"

二、后来居上的日本

（一）日本侵入

从 15 世纪开始，日本的政治、经济开始从对东亚有决定性影响的中国模式中脱离出来，逐步从中华世界逃脱③。近代中日两国真正意义上的交流始于 19 世纪 70 年代。1871 年，中日两国政府在天津签订《中日修好条规》和《通商章程·海关税则》，约定互设使领馆，准许彼此商民来往贸易等。《中日修好条规》之所以称条规而非条约，在当事人李鸿章本意中是对"蕞尔小国"日本的不屑④。因此，相比清政府，日本政府对于两国交流更为积极。1872 年，日本率先在上海开设领事馆，而清政府直到 5 年后才派使团进驻日本。随后，大批日本人士开始进入中国，有外交官员、记者、作家、留学人员、军人、商人、传教士等等。这些人通过在中国各地考察，更加深入地认识到清政府的腐败无能，更加坚定了从中华世界逃脱的决心。1884 年 10 月和 1885 年 3 月，日本学者福泽谕吉

---

① 武尔士. 长江激流行—法国炮舰首航长江上游. 曹娅, 赵文希译. 重庆：重庆出版社. 2019. 82.

② 周勇, 刘景修译编. 近代重庆经济与社会发展（1876—1949）. 成都：四川大学出版社. 1987. 105.

③ 加藤祐三. 东亚近代史. 蒋丰译. 北京：东方出版社. 2015. 10.

④ 冯玮.《中日修好条规》真的是一个平等条约吗？（2017-08-27）. [2021-10-03]. https://cul.qq.com/a/20170827/020596.htm

先后发表了《东洋之波澜》和《脱亚论》，日本国内开始盛行"脱亚入欧"，并从思想上主导了未来的中日关系。

由于清政府反对，中日两国 1872 年签订的《通商章程》没有写上日本按"西人成例"，享受"一体均沾"的最惠国条款及其他在华特权①。因此，后来中英两国签订《中英烟台条约》时，日本不能享受欧美国家待遇，被排除在重庆开埠之外。当然，日本当时也不被欧美国家认同，直到后来参与镇压义和团时最卖力，才得到欧美认可。由于日本在中国还没有侵略特权，因此，它对中国的野心更大，威胁实际上超过了英、法、俄、美、德 5 个国家，但当时清朝举国上下无人看清②。日本民间人士也同样如此，要么是真不清楚，要么是佯装不知。滨田源在给冈千仞新书作序时写道，"然而汉土与我国，合则可以抗欧土，离则我国与汉土无以自立……而汉土未悉东洋大势之所在，观我县琉球，则曰此蕞大邦也；观我问朝鲜之罪，则曰朝鲜我所属也。互相猜忌，渐如不相容者。此欧人之所利，而东洋之不利莫大焉。"③ 实际上，在中国近代史上日本对中华民族的危害罄竹难书。中日从"友好"开始，此后近 100 年再无友好。

1872 年日本入侵我国台湾省、1875 年侵犯朝鲜半岛、1879 年吞并琉球王国，在这一系列操作之后，终于在 1894 年与清政府摊牌——中日甲午战争爆发。日本获胜后，逼迫清政府签订了丧权辱国的《马关条约》。条约规定："中国还增开沙市、重庆、苏州、杭州为商埠，并允许日本在中国的通商口岸投资办厂。"相对于欧美国家，日本第一个在重庆建立租界，在某种程度上也是对清政府之前傲慢态度的一种羞辱。1895 年，日本外相陆奥宗光在回忆甲午战争前后情形时耿耿于怀地写道，"此番极力压制我国权利之行为，

---

① 邵荣昌，吴家林. 勿忘百年国耻（上册）. 北京：中国人民大学出版社. 1992. 315.

② 于建胜，刘春蕊. 落日的挽歌：19 世纪晚清对外关系简论. 北京：商务印书馆. 2004. 138.

③ 冈千仞. 观光纪游 观光续记 观光游草. 张明杰整理. 北京：中华书局. 2009. 163.

第二章 重庆开埠（1891—1911 年）

难脱清国政府中李鸿章平素倨傲之常套，事到如今还未领悟日本政府已下定最后决心（入侵朝鲜）……""彼国（清政府）则视我轻佻冒进，嘲讽我国为模仿欧洲文明之皮毛的蕞尔岛夷，两者感情冰炭不洽，日后势必又会引发一大争论。"① 甲午战争让日本从中国攫取了巨额红利，也让艳羡的英、法、德、意等国改变对华策略，纷纷"将老资格、温和的'中国通'们调离驻北京公使的岗位，换上了清一色的非洲事务专家——他们最擅长的就是在地图上用直尺瓜分土地。"② 今天我们都熟知日本在中国人民抗日战争时期对中国的危害最深重，但其危害之深、之大肇始于甲午战争。

《马关条约》签订于 1895 年 4 月 17 日，不久日本考察团就急不可待地上路了。10 月 6 日，日本商业考察团来华进行考察，成员包括日本农务部官员、商业专科学校校长、轮船公司代表、新闻记者和日本商人等，主要考察了苏州、无锡、杭州、嘉兴、上海到汉口沿线港口（镇江港，芜湖港，九江港）、汉口港、宜昌港、重庆港、沙市港以及长江航道（图 2）。1896 年 1 月，考察团抵达重庆，主要调查项目有"银行当铺及其利率、当地邮局的工作情况、所采用的度量衡、运费、汇率、房租、地价、薪俸级差、火柴的生产以及对日货的一般需求情况"③。这次名为商业考察，实则为最有利的方式进行经济入侵打前站。

1896 年 3 月，考察团成员之一名古屋商业会议所特派视察员高柳丰三郎将全部调查经历写成《清国新开港场商业视察报告书》。报告书详细介绍了重庆的位置、地势和人口，重庆开埠由来，风土和气候，人情和风俗，城市概况，港口，外国人居留地，宜昌到重

---

① 陆奥宗光. 蹇蹇录. 赵戈非，王宗瑜译. 北京：生活·读书·新知三联书店. 2018. 25.
② 雪珥. 国运 1909：晚清帝国的改革突围. 北京：中国青年出版社. 2017. 8.
③ 周勇，刘景修译编. 近代重庆经济与社会发展（1876—1949）. 成都：四川大学出版社. 1987. 241.

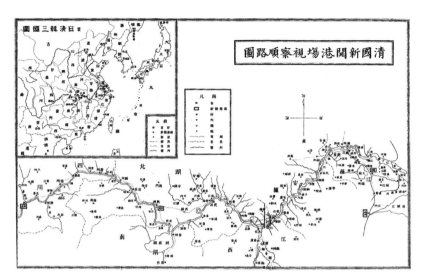

图 2 日本商业考察团考察路线①

庆间轮船航行情况，主要农作物，制造工艺品，纺织行业情况，主要输入输出商品，海产品及杂货价格，日常用品价格，蜀锦和川纺等产量及价格，畅销的输入棉纺织品类型和价格，劳动力工资，度量衡，地价、房租和税金，商业税金，保险法，民船及税金，金融情况和相关机构，邮电通信等②。在考察团行将结束之时，日本正就重庆开埠与清政府进行谈判。

（二）王家沱租界

1891年重庆开埠后，署理川东道张华奎与税务司曾议定将南岸王家沱作为海关地址，"虽定此议，因费绌未遽建新关，禀明俟关税收逾二十万再建关，为久远通商定所③。"张华奎，安徽省合肥县人，是民国时期文化界赫赫有名的"合肥四姐妹"的祖父。日本来谈判时，张华奎已离任川东道。但鉴于张华奎有办理开埠的经

---

① 高柳丰三郎. 清国新开港场商业视察报告书. 1896. [2021-05-25] https://dl.ndl.go.jp/info:ndljp/pid/804235

② 同上.

③ 川东道张华奎至李大臣（鸿章）电. 光绪二十二年十一月十一日（农历）. 转引自向楚主编，巴县县志办公室选注. 巴县志选注. 重庆出版社. 1989. 733.

第二章 重庆开埠（1891—1911年）

验，四川总督鹿传霖于1895年10月22日致电总署推荐张华奎办理日本租界事宜，"此次日本商务关系甚重，恐致贻误，拟请旨将该道送部引见，仍委张华奎接署，以期为甚。"①

1896年2月，日本指派其驻上海总领事珍田舍已为设租界事到重庆，向重庆地方政府索取某一地段作为日本租界。珍田舍已提出选址在江北厅，张华奎以非原约拒绝。清史馆《张华奎传》记录了当时交涉的一些细节，"（张华奎）……流急则不及避，触沉民船，溺中国人当奈何？（舍已）曰：人与五十金。（张华奎）曰：触沉轮船，溺外国人当奈何？舍已语塞，遂定合同而去。"② 3月，珍田舍已与张华奎谈判后，达成将日本租界设在南岸王家沱的原则性协议。10月19日，在日本威胁下，清政府与日本签订《中日公立文凭》，其中规定："添设通商口岸，专为日本商民妥定租界，其管理道路以及稽查地面之权，专属该国领事……中国政府亦允，一经日本政府咨请，即在上海、天津、厦门、汉口等处，设日本专管租界。"③《中日公立文凭》成为日本在中国开设租界的条约依据。

此后日本经过与清政府数年的交涉，1901年9月24日，日本驻渝领事山畸桂与川东兵备道宝棻签订《重庆日本商民专界约书二十二条》。其第一条规定："重庆府城朝天门外南岸王家沱，设立日本专管租界，所有划定四至：西界至江流，自岩坎接至江流长五十丈之处，画成直线以为限，幅宽百零五丈二尺；南界沿税务司地基界线，画成直线，向东至距西界深四百丈为止；北界至水沟注江中心，即距南界百零五丈二尺处，画成直线与南界直线并行向东，至距西界深四百丈为止；东界从南北界线尽处画成直角线以为限，丈尺与界西相同，再与日本地基相接。"④ 此外，条约还规定："所有租契，应以三十年为限，满后，仍应换契续租，以后永照三十年一

---

① 向楚主编，巴县县志办公室选注. 巴县志选注. 重庆出版社. 1989. 733.
② 同上书.
③ 靳佳萍，万鲁建. 试论郑永昌与天津日租界的设立与经营——基于日本外交档案的考察. 历史教学（下半月刊），2016年第14期，54-59.
④ 同①书. 734.

换契之例办理";"租界内警察之权,及其余界内一切施政事宜,悉归日本领事官管理";"界内地基,只准日本人民承租执业,但华人愿在界内居住者,准其居住,自行贸迁,只能居住营业,即不能在界内租地,各国人亦同一律办理"。就这样,日本在未掏一分钱的情况下就圈定了大片土地,王家沱也成为日本入侵中国内地的重要据点。直到1931年9月日本第一个租界期满,王家沱才在重庆人民的声讨声中收回。

王家沱得名于"湖广填四川"的王信文家族,与抗战时期国民政府外交部长王世杰同宗同族。道光初年,王信文看中南岸一个水陆码头有航运之利,商贸云集、市井繁荣,因而在附近开创盐贸生意,开"万茂正",建"慎德堂",发家致富,香火旺盛,1888年修建有标志性建筑"王家百岁坊"[1]。王家沱地势平缓,水域辽阔,扼重庆港长江中下游船舶进出的咽喉,位置十分重要[2]。但是,靠近长江的部分下等地,东西1212米之内、离河岸151.5米之间,因有夏季江水猛涨影响,不适合房屋建筑[3]。由于王家沱与重庆老城隔江相望,刚开始日本商人并不愿意到王家沱居住或经商。1902年,仅有日本在重庆成立的中日合办友邻公司承租,制造和贩卖黄磷火柴。

后来,日本利用租界内管理特权,通过批准使用"日本政府核准注册"执照享受交税纳税有关优待的诱饵,吸引了不少"外贸企业"。日本人发执照,中国人开办"日本工厂"如过江之鲫:如租界有电,弄个电磨磨面粉就是日本面粉厂;用化学方法催化制酱油就是日本卫生酱油[4]。1905年,中日又合办了惠利、东华、丰裕三家火柴企业;日商新利洋行大班宫版和华籍买办陈瑶章开设了名为

---

[1] 曹庞沛. 王世杰在重庆王家沱探宗访族记. 转引自罗茂才. 重庆文史资料(第十辑). 重庆:西南师范大学出版社. 2008.

[2] 龙生. 重庆港史. 武汉:武汉出版社. 1990. 61.

[3] 山川早水. 巴蜀旧影. 李密,李春德译. 成都:四川人民出版社. 2019. 212.

[4] 王德昱. 不能忘却的记忆——1901~1937重庆日本租界剖析. 文史杂志,2001年第04期,37-39.

第二章 重庆开埠（1891—1911 年）

日华合资的又新丝厂①。根据1921年日本外务省通商局报告《在重庆日本领事馆管内状况》显示，1919 年王家沱有日本人 10 人，中国人 950 人（其中，原住农民 352 人，工场职工 594 人，巡捕 4 人），企业只有又新丝厂②。

除了企业承租以外，还有日本个人承租，如宫坂九郎在 1913 年、1916 年和 1918 年共承租五六块土地，清水银次郎承租两块土地。个人承租土地的用途为何实在存疑。从他们的有关著作和报道或可看出端倪。1927 年，宫坂九郎以中支被难者联合会在京委员名义为《南京汉口事件真相：扬子江流域邦人遭难实记》作序，并详细介绍了重庆抗议英美军舰炮轰南京事件的有关情况③；清水银次郎则在1941年和1942年参与编纂了日本商业通信社编制的《中国工商名鉴》。可见，这些人很可能是日本间谍，以王家沱为据点收集中国的情报。王德昱在有关王家沱的回忆中写道，"利用'色情'搞情报是日本一贯重视使用的间谍手法，在租界里因受交通和所接触人士的限制收获不大。于是在（19）30年代初，日本人便从租界去到重庆总商会附近公开开设了一家富丽堂皇的日本妓院。"④

第三节 开埠及其影响

一、城市贸易和资本主义发展

（一）对内对外贸易

在介绍重庆开埠贸易前，有必要先简要回顾一下有关贸易的工

---

① 隗瀛涛，沈松平. 重庆史话. 北京：社会科学文献出版社. 2011. 18.
② 日本外务省通商局. 在重庆日本领事馆管内状况. 1921.［2021-05-21］https://dl.ndl.go.jp/info：ndljp/pid/957077
③ 南京汉口事件真相：扬子江流域邦人遭难实记. 1927.［2021-05-21］https://dl.ndl.go.jp/info：ndljp/pid/1191533
④ 王德昱. 不能忘却的记忆——1901～1937年重庆日本租界剖析. 文史杂志，2001年第04期，37-39.

商业税费,这也是重庆出现挂旗船、挂牌企业的直接原因。清朝后期,工商税已经超过地丁税成为清政府的主要收入来源。工商税的主要种类有盐课、商税矿课、茶课、落地税、关税及杂税等。除正税以外,咸丰三年(1853)清政府以镇压太平天国筹措军费名义开征厘金。厘金,即"值百抽一",种类包括百货厘、盐厘、洋药厘和土药厘(鸦片厘)等。其中,又以百货厘类别多、最为庞杂,具体包括出产地厘金、通过地厘金和销售地厘金①。厘金本是一种临时税收,但后来却成为全国通行的税种。各地还纷纷成立了专门的机构:厘金局、卡。重庆厘金局章程有一款称,"此次抽厘原为渝城团练防堵之用,系属商捐商办,应如八省客商所议,不必禀咨立案,以便本省军务告竣即行停止,以示体恤。"然而,太平天国起义失败后,川东团练在1878年到1879年间撤销,和平已恢复近30年,但这种征课仍然在继续②。

  关税,主要包括子口税、复进口税和洋药税厘三种。《南京条约》规定,"今议定英国货物在某港按例缴税后,即由中国商人遍运天下,而路所经过税关不得加重税例。"《天津条约》进一步规定,"惟英商已在内地买货,欲运赴口下载,或在口有洋货欲进售内地,倘愿一次纳税,免各子口征收纷繁,则准照行此一次之课。"外国商品进入内地或外商从内地收购土货出口,除在口岸海关(母关)缴纳5%的关税外,在内地经过的第一关(子口)缴纳2.5%的内地关税后,就可畅通无阻地在中国各地销售。复进口税又称"沿岸贸易税",是出口货物纳完输出税后转到另一口岸内销时缴纳的国内关税,税率是2.5%。洋药税厘是指海关在鸦片进口时所课的正税和厘金,税率为每百斤纳银三十两。

  对于洋商而言,重庆开埠使得重庆乃至四川的对内对外贸易形

---

① 国家税务局. 中国工商税收史(夏商周—清). 北京:中国财政经济出版社. 1990. 350.

② 周勇,刘景修译编. 近代重庆经济与社会发展(1876—1949). 成都:四川大学出版社. 1987. 46.

第二章 重庆开埠（1891—1911 年）

势发生巨大变化，"过去属于对内过境贸易的货物现在很大程度上被划归对重庆再出口类；过去通过对外过境渠道运到宜昌的货物现在全都在重庆装船，由挂旗船作为进口货物运到本港。"① 以进口货物为例，过去外商进口货物一般在汉口或宜昌出关，在重庆缴纳子口税，然后进入四川销售；开埠后外商进口货物可直接选择重庆出关，然后进入四川销售。外商享受固定且微弱的税收负担，而本土商人承受的税负恰恰相反。宜昌开埠到重庆开埠期间，挂旗船贸易并不多见，原因有二："（一）当地商人害怕被拘留，害怕途中厘金关所收的附加税；（二）对洋货在重庆靠岸可能征收的费用及土货在该港装船所收厘金的数量一无所知。"② 但在重庆开埠后，很多本土商人与外商合作本就驾轻就熟，重庆买办资本开始迅猛增长。

买办和洋商合作是一个两者互利共生的关系。因为中国各地经济情况十分复杂，货币、度量衡不完全统一，洋商在内地推销商品、购买原料、创办企业都需要中国"买办"③。《新订烟台条约续增专条》规定轮船不得上驶重庆，而且当时技术上也不允许，宜昌到重庆段只能用木船运输。重庆民船有近 50 种，名字千奇百怪，载重千差万别。承载超过 1 000 海关担的有贯牛舵、锅铲头、老鸦秋等 10 余种；承载 500—1 000 海关担的有千担哥、贵州麻秧子、大河船等 10 余种；承载 500 海关担的更多，如瓜皮船、马耳朵等；最小的乌江子、舵龙、扒杆船（竹筏）等仅可载 20—40 海关担④。相对于购买当地木船运货而言，外国商人发现租用木船，按照货包向船主支付运费更为便利，挂旗船应运而生。挂旗船指由外国商人雇佣，并向海关登记的民船。1891 年 6 月 17 日，重庆开埠后第一

---

① 周勇，刘景修译编.近代重庆经济与社会发展（1876—1949）.成都：四川大学出版社.1987.75.
② 同上书.78.
③ 余鑫炎.中国商业史.北京：中国商业出版社.1987.187.
④ 同①书.82.

个租船契约在英国领事馆注册,挂旗船贸易正式开始①。此后,重庆挂旗船长期维持在1 000艘以上(表3),对内对外贸易总值也节节攀升。

表3 重庆港贸易挂旗船统计表(1891—1911年)②

	进口船只		出口船只	
	船只数	吨位数	船只数	吨位数
1891	300	7 332	307	4 394
1892	1 203	33 518	676	9 776
1893	1 034	27 922	727	11 895
1894	1 180	34 134	813	12 945
1895	1 200	36 881	917	17 237
1896	1 279	36 500	779	16 114
1897	1 444	49 036	767	19 408
1898	1 435	48 305	681	16 877
1899	1 894	16 009	1 015	24 885
1900	1 847	62 478	835	22 715
1901	1 483	50 542	937	24 902
1902	1 465	52 206	876	26 343
1903	1 741	57 984	870	29 226
1904	1 743	50 623	947	35 615
1905	1 530	46 499	983	34 627
1906	1 684	52 209	960	27 200
1907	1 355	43 082	926	25 577
1908	1 563	51 871	1 004	27 837
1909	1 521	51 459	819	23 037
1910	1 269	47 998	787	24 751
1911	1 293	49 863	886	25 863

注:1891年为半年数;1909—1911年开始出现轮船货运。

---

① 周勇,刘景修译编.近代重庆经济与社会发展(1876—1949).成都:四川大学出版社.1987.82.

② 同上书.510.

第二章　重庆开埠（1891—1911年）

1891年，重庆对外贸易（含省际贸易）为648.1万海关两（1海关两约相当于1.1069两），到1931年增加到7 539.2万海关两，贸易量在全国对外贸易中仅次于上海、汉口两埠①。外商也不满足于单纯的交易环节，他们依靠强大的资本和特权，试图扩大产业链，以获取超额利润。如1893年，立德乐在龙门浩开设猪鬃洗制加工厂，后又购买了龙门浩"九湾十八堡"连亘数里的长江江岸扩建码头，兴建仓库，垄断重庆猪鬃经营②。他还一直试图将轮船开到重庆，摆脱对当地人的依赖。1901年，税务司花荪的报告写道，"此人（立德乐）在四川开辟商务努力不懈，并且坚决地要把这个省份，变成不依靠本地民船那样缓慢笨拙的运输工具。"③

在帝国主义经济势力入侵过程中，洋人把持的重庆海关起到了推波助澜的作用。1891年重庆开埠时，重庆海关税务司下只有1个帮办、2个税务员、1个文案、3个书办和5个录事等10余人，到1911年各类人员达到八九十人。尽管海关职员名义上由中国政府雇佣，但长期为欧美人把持，1911年前重庆海关税务司依次是英国人好博逊、德国人夏德、美国人吴德禄、挪威人佘德、英国人格卫龄、英国人韩卫礼、英国人花荪、英国人李华达、法国人谭安、英国人阿其荪和德国人斯泰老④。海关长期实行"进口税率低，出口税率高"的伎俩，如1883年进口税率接近5%，而出口税率高达进口税率的两倍有余⑤。除税率操控外，海关还不遗余力地收集中国的经济和社会情报，"各地海关既有按月、季、年向总税务司以及领事、公使报告，又每隔10年（1882—1931）作一次综合述评。"⑥报告内容涵盖贸易变动、海关税收、鸦片贸易、金融（银钱市）、

---

① 隗瀛涛，沈松平. 重庆史话. 北京：社会科学文献出版社. 2011. 22.
② 龙生. 重庆港史. 武汉：武汉出版社. 1990. 68.
③ 周勇，刘景修译编. 近代重庆经济与社会发展（1876—1949）. 成都：四川大学出版社. 1987. 102.
④ 同上书. 23.
⑤ 严中平 等. 中国近代经济史统计资料选辑. 北京：科学出版社，1955. 61.
⑥ 同③书. 3.

人口变化、制造业、农业、铁路、教育、市政、军队改革等。

面对帝国主义的扩张，清政府和民间或多或少都有抵制的需求。清政府更多地从统治的稳定性出发，不希望西方势力渗透到内陆。西方势力有治外法权，可不受地方官管辖，因此，各地对其持抵制态度。如面对欧洲各国领事申请垄断权和特许权的请求，时任四川总督不免发出感叹"如果我答应他们这么做，那些蛮子们不久就会成为中国的主人了。"① 民间则担心赖以生存的模式受到威胁，正如武尔士所说："欧风渐来，它引起的最微小的震荡都会带来灾难。在叙府（今宜宾），裁缝们无权使用缝纫机，这是制袜厂专用道。只要这里建了家置于欧洲人保护下的工厂，整个行业就毁于一旦。要是在主要的险滩都安置绞车，成千上万的人就连日常养家糊口的铜钱都挣不到。"②

事实确如武尔士所言，开埠前，重庆与外省区商品交换以粮食为主，兼有少量丝绸、夏布、药材和山货；开埠后，大量洋货入川，进口商品包括棉货、绒货、金属、杂货四大类。其中，尤以棉货类为主，包括原色布、白色布、丁字布、粗斜纹布、印花布及附料、英国面纱、印度面纱等很多品种。1906年出版的《重庆商会公报》详细展示了该年夏季重庆挂旗船进口货物信息：颜料6 300斤、洋纱1986担、原布羽绫（及洋缎斜文、大利布）11 419锭、洋伞32打、洋油570加仑、碱25担、海带和茅丝76担、洋酒155打、洋烛50箱又180斤、铁丝26担、洋杂货277件、药材6担③。在大量洋货的冲击下，重庆的自然经济几乎崩溃。民国《巴县志》记载，洋纱入川之前，重庆农村"纺花手摇车家皆有之，每过农村，轧轧之声不绝于耳"，但是（洋）"棉纱畅行，此事皆废④。"

1908年，有人就发出感叹："重庆商埠，虽为天府名区，然时

---

① 武尔士. 长江激流行——法国炮舰首航长江上游. 曹娅, 赵文希译. 重庆：重庆出版社. 2019. 198.
② 同上书. 153.
③ 厘税：重庆关挂旗船夏季入口货物表. 重庆商会公报, 1906年第46期, 23-24.
④ 巴县志·第十二卷. 转引自周勇. 辛亥革命重庆纪事. 重庆：重庆出版社. 1986. 4.

第二章 重庆开埠（1891—1911 年）

至今日，人满为患，生计日蹙，纵有大宗生意，半属东西洋货，我渝资本大家，俱代作销货店，而为异族奴隶，求以土产易他人之金钱，制造挽外溢之权利，已寥若晨星不可多见。"① 据不完全统计，重庆开埠至辛亥革命 20 余年共有外商洋行和公司 53 家。其中，英商 17 家，日商 12 家，德商 12 家，美商 6 家，法商 6 家②。

（二）资本主义发展

重庆开埠前，农民种植粮食之余，也发展副业，包括园林果蔬业、畜禽养殖业和家庭手工业等。单就家庭手工业而言，本土行业有酿酒、磨粉、榨油、制纸、织布、编制草帽、纺制丝线、织蒲，此外还有编笠、织履（草鞋）、编织竹器等③。这些手工制品大多在乡间销售，只有部分被商人贩卖到永川、璧山、铜梁、合川等省内区县，纺制丝线、织蒲等极少数商品远销两湖地区。重庆开埠后，传统手工业制品受到很大冲击，但也并非一无是处。虽然出口商品主要是猪鬃、白蜡、废丝、五倍子等原材料，也有手工制品引起洋商注意，"另一种商品，如果知者较多，也应当大有前途，即成都府华阳县制出的草帽辫。一个英国商人通知我说，送往英国的样品的质量大受重视，只须把辫法稍加改动，就可使出品处于竞争地位……"④

但是，传统的手工制品无论是制作效率，还是附加值都无法与新式工厂的产品抗衡。开埠以后，重庆最早的工厂就此创办。光绪十五年（1889），旅日川商卢干臣在重庆王家沱开设重庆最早的火柴厂——森昌泰火柴厂⑤。不久，又设立森昌正火柴厂，资本 3 万

---

① 论说：重庆商界宜崇节俭说.重庆商会公报，1908 年第 88 期，1-3.
② 隗瀛涛，周勇.重庆开埠史.重庆：重庆出版社.1983.
③ 向楚主编，巴县志办公室选注.巴县志选注.重庆出版社.1989.632.
④ 周勇，刘景修译编.近代重庆经济与社会发展（1876—1949）.成都：四川大学出版社.1987.106.
⑤ 王世雄.四川最早的火柴厂.火柴工业，2000 年第 02 期，31-32.

两，年产火柴6.3万箱①。为保护本地火柴厂，重庆当局给予两家火柴厂制售专利25年，并禁止中国商人从外地输入火柴（洋商除外），但火柴厂的全部产品必须按固定价格销售给火柴公所，由公所抽取10%的回扣再交给销售商。火柴虽然是较为简单的工业品，但它具备了资本主义生产关系的基本特征，即"以生产资料私有制为基础的雇佣劳动制度。"火柴匣和糊纸由妇女儿童在厂或在家制作，制成匣子每100付制钱40文，一个妇女每天平均可挣60文钱②。1892年，英国领事禄福礼在给索尔斯伯里侯爵的报告中写道，"重庆郊区兴建了两家火柴厂，这是西化发展的一个迹象，值得提及。"③ 本地火柴每盒售价只有制钱4文或5文，相对于进口火柴有绝对的价格优势。到辛亥革命前后，重庆已有东华、有邻、森昌泰、森昌正、丰裕和专利6家火柴厂，占四川的三分之二，仅次于天津和上海，成为中国火柴业初创期的生产中心之一④。工厂开办和人口集聚带动了城市的点状扩展。如1892年，朱元海在江北溉澜溪创办丰裕火柴厂，逐渐新建一些厂房和住宅，形成了后来的江北洋火厂街⑤。

随着西风东渐，重庆工业发展的水平也不断提升。关于重庆最早规模化工厂，陆思红有一条有趣的记载，"前清光绪三十三年（1907年），南岸觉林寺住持僧静悟，因六根未净，与当时名妓香香结不解缘，致被官府逮办，籍没寺产，今由商会创办幼稚工厂以收容贫寒子弟，教养兼施，虽系慈善性质之手工业，而重庆有规模具体之工厂，恐将以此为最早。"⑥ 1908年，第一家机器缫丝厂蜀眉厂由革命党人石青阳创办。以后又陆续开办了诚成丝厂、旭东丝

---

① 王笛. 跨出封闭的世界——长江上游区域社会研究（1644—1911）. 北京：中华书局. 2006. 319.
② 周勇，刘景修译编. 近代重庆经济与社会发展（1876—1949）. 成都：四川大学出版社. 1987. 103.
③ 同上书. 88.
④ 隗瀛涛，沈松平. 重庆史话. 北京：社会科学文献出版社. 2011. 31.
⑤ 重庆市江北区房管分局地产志编辑室. 重庆市江北区房地产志（内部发行）. 11.
⑥ 陆思红. 新重庆. 中华书局. 1939. 186.

第二章 重庆开埠（1891—1911 年）

厂、黻川丝厂等，到抗战前夕重庆有机器缫丝厂 10 家，缫车 3 176 部，分别占四川省全省缫丝厂的 50% 和 50.75%[①]。重庆玻璃业也有较大发展，特别值得一提的是鹿蒿玻璃厂。它位于江北刘家台，由 1906 年日本留学归来的何鹿蒿创办，能够生产花瓶、灯罩、玻璃以及彩绘玻璃器等，是重庆第一家使用现代机械设备生产日用玻璃和美术玻璃的工厂。除了民间资本开矿设厂以外，重庆官督民办的企业模式也曾做过尝试。1895 年间，四川总督刘秉璋试图设立一个大规模棉花纺织厂，原定官方认购股金 20 万两，公众认股 40 万两以上。前期筹集了 40 万元购买地皮、建设厂房，随后设股份认购办理处招股购买机器设备，但公众参与积极性不高。不久，户部复文反对官方出资赞助，禁止对商民胁迫，最后棉花纺织厂以失败告终。

在工商业发展的过程中，清政府采取的一系列改革措施和民间自发组织行业管理也值得关注。第一，成立专门的商业管理部门，如中央设立商部，地方成立商会。重庆作为当时全国七大商埠之一，于 1904 年 10 月 18 日成立重庆商务总会，并订立了《重庆商会章程》，并将总理、协理、会董报四川总督转商部备案。商会旨在"图谋工商业及对外贸易之发展，增进工商共同之福利"[②]。商会在大门和大厅等处悬挂的楹联也反映了其发展国内国际贸易的畅想，如大厅外两幅门联为"合五洲为大舞台看梯航毕集中外交通二十纪际会风云几辈英雄造时势 仗群材创新世局踞巴蜀上游轮流灌注四百兆富强基础中原元气在商情""美利擅东南为亚洲提倡商民不但鱼盐恢霸业 声气通中外愿蜀国阜成财货好张龙饰竞瀛寰"[③]。第二，开办实业教育。1903 年，官学大臣张百熙等奏定《学务纲要》，要求各省速设实业学堂。同年，清政府颁布《奏定实业学堂通则》，将实业学堂分为农业学堂、工业学堂、商业学堂、水产学

[①] 隗瀛涛，沈松平. 重庆史话. 北京：社会科学文献出版社. 2011. 31.
[②] 同上书. 41.
[③] 重庆商会楹联. 广益丛报，1907 年第 132 期，14.

堂等类。四川省内设立有四川中等工业学堂、四川实业学堂、四川官立实业学堂等。由于重庆在四川商业中占有突出地位，四川学务研究所致函重庆绅商筹办商业学堂，要求开办经费由渝商筹集①。1907年，重庆市商会制定了《重庆商业学堂之计划》，包括主旨、校名、地址、专业、名额、招生年龄、学期、学费、酬捐、学科（包括修身，习经，国文，算术，习字，历史，地理，计学，薄计，体操）等内容②。1909年底，重庆知府耿保煃提出先行筹办中等商业学堂事宜，翌年在机房街正式成立③。根据《广益丛报》的报道，商业学堂"专以发达商业作育商材为宗旨，学科完备，征费极廉，所有预科一年、本科三年之毕业，奖励概照部章办理。"④第三，组建劝业局。1907年，设劝业道以激励农业和工业，并且官、商双方都极力扶持现有工业和倡办新工业。第四，在会馆基础上，发展行业公会。公所（公会）是政府进行经济管理的重要市场中介。王笛认为，公所的主要作用是协调同行之间的利益，维护本行业信誉，应付官差官役和限制行业内部竞争等⑤。在重庆，与行业相关的民间组织除了前述火柴公所，还有省份会馆以及十余个同业公所。如棉花行业有八省公所、买帮公所、行帮公所，棉纱有同庆公所，食盐有盐帮公所，丝货有绸帮公所、杂货有河南公所等⑥。第五，举办展览会、赛会等。1910年，重庆开办第一次商业劝工会，征集川东地区的产品展览，实现销售收入28万余两⑦。

客观来看，重庆开埠推动了本地工商业的发展。在工业方面，

---

① 王笛. 跨出封闭的世界——长江上游区域社会研究（1644—1911）. 北京：中华书局. 2006. 493.
② 重庆商业学堂之计划. 重庆商会公报, 1907年第54期, 1-3.
③ 向楚主编, 巴县志办公室选注. 巴县志选注. 重庆出版社. 1989. 438.
④ 重庆官立中等商业学堂成立. 广益丛报, 1910年第225期, 12.
⑤ 同①书. 567.
⑥ 周勇, 刘景修译编. 近代重庆经济与社会发展（1876—1949）. 成都：四川大学出版社. 1987. 143.
⑦ 同①书. 271.

第二章　重庆开埠（1891—1911 年）

到辛亥革命前，重庆共兴办了 53 家企业，轻纺工业占 92%①。在商业方面，华商经过多年发展大有取代洋商之势。1896 年，法国商人感叹，"自重庆开埠通商以来，已阅五年，初唯有英商一人主持，而无官绅。如扬子各口岸进口之货，皆由华商经手，而洋商不得过问。"② 海关税务司花苏 1901 年的报告写道："重庆商业主要部分是在华商手中，目前仅有的外国公司为英商重庆贸易公司，法商柯芬立洋行和德商瑞记洋行分行；比较说来，他们的营业既不大也不占重要。"③

二、城市扩张与城乡二元结构

（一）城乡二元

在我国古代，城市与乡村之间有一个良性互动、互利共生的关系，与近一百多年的城乡二元结构截然不同。如北宋哲宗时殿中侍御史孙升所言："城郭、乡村之民交相生养，城郭财有余则百货有所售，乡村力有余则百货无所乏，城郭富则国富也。"④ 国外学者也发现了中国传统社会城乡关系的协调性。美国学者牟复礼在研究中国古代城乡关系时提出"城乡连续统一体（Urban-Rural Continuum）"的框架。他认为，中国城市没有城市大建筑，没有"市民"，没有与周围乡村分开的政府，乃至建筑样式、空地利用、服装样式、饮食方式、交通工具、日常生活等其他显见的方面，都未显示出城乡特有区分⑤。明恩溥也认为中国人在很大程度上要依赖于当地的市场，虽然中国的市场和其他国家没什么实质区别，但却

---

① 隗瀛涛.巴蜀近代史论集.成都：四川人民出版社.2004.320.
② 重庆开埠情形（采中法新汇报）.渝报，第 10 册，5-7.转引自隗瀛涛.巴蜀近代史论集.成都：四川人民出版社.2004.333.
③ 周勇，刘景修译编.近代重庆经济与社会发展（1876—1949）.成都：四川大学出版社.1987.108.
④ 续资治通鉴长编·卷 394.载哲宗元祐二年殿中侍御史孙升言.北京：中华书局.2004.9612.转引自夏炎.中古中国的都市与社会.中西书局.2019.210.
⑤ 施坚雅.中华帝国晚期的城市.北京：中华书局.2000.112-175.

比任何其他国家都显示出更高程度的协作①。

但是,近代西方势力通过倾销工业品,严重影响了城市和农村社会稳定的根基。正如人类学家博德利所言:"商业世界侵入部落社会,远比非商业的中央集权社会与部落世界的接触具有更大的破坏性,因为商业社会倡导个人主义和财富不平等。"② 外来工业品破坏了中国城乡之间良性的商业互动关系,导致城市虚假繁荣和两极分化畸形发展,农村则民生凋敝。1906年,四川留日学生蒲殿俊等人在《改良川汉铁路公司议》中写道:"四川虽以殷富闻。自咸同以后,地丁而外,津捐各款,名目繁多。近年来,兴学、练兵、办警察、筹赔款,竭泽而渔,势已不支。而外洋货物充塞内地,工徒失业,农商亦因此受亏。生计艰难,迥异昔日,疮痍满道,乞丐成群。节衣缩食,卖儿鬻女,而不足以图生活供丁赋者,比比然也。"

在城市,重庆开埠前,生产性用房一般都是简易手工作用,没有较大空间的厂房;商业用房是临街设店和前店后坊的传统格局;一般民房都是竹木捆绑的吊脚楼和木穿斗矮房、板筑土墙或竹编墙,砖石结构房屋不多。开埠后,奢靡之风也开始在城市蔓延,"恒见渝中商界,不惜重资,专求宫墙之美富,甚有制造西房洋楼,涂粉施丹,罄家产以从事,此真大惑不解者矣。"③ 重庆的开埠,赋予了这座古老的山城一个近代化的契机,封闭的大门被打开,重庆被迫进入了世界资本主义市场体系,这使得重庆这座自古因商而兴的城市的巨大潜力得以发挥,城市的经济功能日显突出,并开始取代政治功能成为重庆城的主要功能④。重庆开埠深化了重庆作为商贸城市的定位,随之带动人口的快速增加,也推动了城市的快速扩张。城墙还是那个城墙,但是城市不再是那个城市。

---

① 明恩溥.中国乡村生活.陈午晴,唐军译.北京:中华书局.2006.111.
② 约翰·博德利.发展的受害者.何小蓉,谢胜利,李旺旺译.北京:北京大学出版社.2011.8.
③ 重庆商界宜崇节俭说.重庆商会公报,1908年第88期,1-3.
④ 隗瀛涛,沈松平.重庆史话.北京:社会科学文献出版社.2011.20.

第二章 重庆开埠（1891—1911 年）

在农村，农民迫不得已，增加鸦片种植规模，戕害国人。一个传教士回忆说，他 28 年前刚到四川的时候，吸食鸦片的人只有 1%，肯定不到 3%，但是现在（1898 年左右）保守估计有四分之一①。与有钱人追求刺激和休闲娱乐吸食鸦片不同，许多穷人却是生活困顿、身体疲惫的无奈选择。罗斯为我们描述了他眼中的烟客："在乘轿旅行一个月后，我完全明白了中国苦力为何如此依赖烟枪。有一次，天气糟到了极点，苦力们在连绵不断的雨水中，艰难地行进了八天。他们既没有雨具也没有可以更换的干衣服，每天只能冒雨前行，湿哒哒的衣服上，汗水和雨水混杂在一起，让其痛苦至极。而行李和轿子的重量加起来达到七十至九十磅之重，他们要抬着这些东西，翻越坑坑洼洼的山路，淌过汹涌湍急的河流，可想而知，他们每走一步会有多么艰难，而一走就十二个小时。然而，他们辛苦劳作了一天，落脚的旅馆却也是简陋而冷清的，除了一个砖炕、一张破席子，那里既没有木床，也不提供毯子，甚至连用来取暖和烤衣服的炭火也没有……对于他们来说，鸦片是消除痛苦最好的方法。"②

有资料显示，1891—1898 年间，重庆鸦片出口比重由 4.17% 猛增到 38.83%③。但从综合经济效益看，鸦片种植实际上并没有给农民带来增收。英国驻重庆领事列顿在给英国外交部的报告中对此有深入分析，"对一个农民来说，在同一块土地上种植鸦片可比种水稻和小麦平均多得 15%—20%，实际上多得 20% 以上的现钱。但过去种植粮食的大片地区现在改种罂粟后引起生活费用提高……如果现在农民能比未种鸦片之前多得 20% 的现款，那他在食物上所花的钱至少要多出 20%。如果认为过多种植罂粟会使四川人民富裕起

---

① 阿绮波德·立德. 穿蓝色长袍的国度. 王成东，刘皓译. 北京：时事出版社. 1998. 146.
② E. A. 罗斯. 变化中的中国人. 何蕊译. 北京：译林出版社. 2017. 82.
③ 隗瀛涛，沈松平. 重庆史话. 北京：社会科学文献出版社. 2011. 22.

来，那将是一个错误。"①

1906年12月20日，清政府颁布诏书，宣布用10年时间彻底禁止鸦片的种植、销售和吸食。彼时，重庆登记在案的瘾君子有2.2万，涵盖社会的各个阶层②。1908年，川督赵尔巽将十年禁绝缩短为两年，次年下令完全禁种鸦片，"如有违犯，地主和农民一并治罪。"③ 宣统三年（1911），重庆知府和巴县知县联合发布禁烟告示："照得鸦片禁种、禁运、禁吸，三者并重。禁种、禁运业已实行，现在认真禁吸。官膏不久裁撤，凡有私熬烟膏，私开烟灯，卖人吸食者，余饬城乡巡警、监保一体严拿处，合行示仰军民诸色人等赶紧戒断，立图自强，幸无自罹法网，后悔无及，切切此示。"④ 随着禁烟政策的推行，包括重庆在内的整个四川地区的罂粟种植有较大幅度的改观。四川的罂粟种植面积一度占到全国的三分之一，到1911年前后有80%的罂粟被铲除⑤。

（二）城乡分治

1907年9月28日，重庆各界人士在道署旁的府庙开会，提议成立议事机构——重庆自治会。根据会议决议，重庆各学堂监督校长为固有组合员，再从各学堂内公举二人以上为特别组合员。当选组合员包括川东师范学堂杨霖、杜芬、冉献琛、李长谟，重庆府中学堂梅际郁、李时俊、王德椿，法政研究所李成章、刘天佑，民立中学堂许云龙、刘德燊、张应庚，巴县预备中学堂曾纪瑞、李滋生、文寿昌，巴县高等小学堂何光祖、杨朝杰、龚德昭，正蒙学堂邓德林、陈輗、李成元，开智学堂兰廷英、孙重熙、陈恕、杜鸿烈

---

① 周勇，刘景修译编. 近代重庆经济与社会发展（1876—1949）. 成都：四川大学出版社. 1987. 274.
② 同上书. 301.
③ 王笛. 跨出封闭的世界——长江上游区域社会研究（1644—1911）. 北京：中华书局. 2006. 187.
④ 四川省档案馆藏《巴县档案》：6-7-0225. 转引自竹添进一郎. 栈云峡雨日记并诗草（一）. 周勇，黄晓东，惠科整理. 重庆：重庆出版社. 2018. 12.
⑤ E. A. 罗斯. 变化中的中国人. 何蕊译. 北京：译林出版社. 2017. 90.

第二章 重庆开埠（1891—1911 年）

等①。重庆自治会成立之初，将"安置游民"作为自治的首要任务。为筹措解决游民问题所需的大量经费，自治会颁布的简章十二条规定："拟收居民捐以为专办以上各事之用，其法仿照房捐，略微变通，将各户捐数分为五等。头等每月捐钱八百文，二等每月捐钱六百文，三等每月捐钱四百文，四等每月捐钱二百文，五等每月捐钱一百文。以各户善念之轻重为等级，不以家资之多寡为高下。如有始愿多捐，继欲减少或本可少捐，情愿多输，咸听其便。"②

1908 年 12 月 27 日，清政府颁布《城镇乡地方自治章程》，从法律层面对城乡分治予以确认。第二条规定："凡府、厅、州、县治城厢地方为城，其余市、镇、村、庄、屯、集等各地方，人口满五万以上者为镇，人口不满五万者为乡。……城镇乡之区域，各以本地方固有之境界为准。若境界不明或必须另行析并者，由该管地方官详确分划，申请本省督抚核定。"③ 此外，还规定城镇乡自治事宜包括学务、卫生、道路工程、农工商务、善举、公共营业等。《城镇乡地方自治章程》标志着我国"城"与"乡"分置发轫。

城乡分治初期并没有指定区域界线，主要以警察设置的警察岗巡为准④。早在光绪三十一年（1905），为强化城市的治安管理，光绪皇帝谕："巡警关系紧要，迭经谕令京师及各省一体举办，自应专设衙门，俾资统承，著成立巡警部，其各省巡警，并著该部督饬办理。"⑤ 在此背景下，重庆保甲局改组为警察总局，负责城市公共安全事务⑥。重庆警察办理之初，《广益丛报》给予高度评价，"渝埠警察自开办以来，风行雷厉，卓有可观，如禁除观花婆也、考验宣讲生也、严拿拖神也、禁打麻雀牌也、修理毛厕也、密查私烟馆与窝盗窝娼也。合城居民无不乐沾便利，其尤快人意者，惟严

---

① 重庆自治会之报告.广益丛报，1907 年第 151 期，13-14.
② 重庆自治会成立.广益丛报，1908 年第 187 期，8-10.
③ 城镇乡地方自治章程.湖北自治公报，1910 年第 1 期，57-61.
④ 陆思红.新重庆.中华书局.1939.
⑤ 向楚主编，巴县县志办公室选注.巴县志选注.重庆出版社.1989.697.
⑥ 同④.

考委员一事,将各局委员悉数轮流关闭数日以验有无食烟及他项嗜好等事,且连环具结申明并无食烟。如一员有犯,具结诸员同坐,似此振饬。重庆警察不难压倒成都矣。"① 宣统元年(1909)冬,重庆警察总局改名为重庆巡警总局,主要职责包括调查户口、加强社会治安、办理消防、改良风气等,"可以说超越了现代意义上的警察职能,更类似近代城市政府,也可以说是传统官衙门向近代城市政府转变的一种过渡型管理机构。"② 次年,重庆巡警总局又改名为重庆府城巡警总署。1910年5月,重庆水陆巡警由王道组织成立,共分一至五总区③。巴县知事管辖的旧式团防仍然存在于城市和乡下,但作用已大大缩减④。

1910年前后,四川省结合自身的情况对城乡界线划定进行了细化。《四川地方自治筹办处拟定城镇乡地方自治章程暂时施行办法》规定:"第二条 城镇乡之名称,城以府厅州县现在名称定名曰某城,镇乡以现在情形酌定名曰某镇某乡;第三条 地方官署所在地向无城垣者,须就本地情形酌定区域,仍定名曰某城;第四条 本章程第二条所谓市、镇、村、庄、屯、集即四川所谓场、市、乡、团、里、保之类,应查照本章程第三条第一项第二项分定镇乡区域;第五条 凡城镇乡境内有经过之河川及以河川为界者,其管辖之区域及使用之权利得以惯例行之。"⑤

城市和乡村管理机构分设、管辖范围分割是我国近代"城"与"乡"划界而治的重要标志和依据。城乡分割是中国传统经济模式对西方经济入侵的被动响应,而城镇乡地方自治是清政府维护基层统治的无奈之举,本意自然是巩固基层管理。但从实施效果来看,

---

① 四川:重庆警察开办之严厉. 广益丛报,1908年第178期,10.
② 何一民. 变革与发展:中国内陆城市成都现代化研究. 成都:四川大学出版社. 2001. 329.
③ 重庆水陆巡警成立. 江南警务杂志,1910年第6期,119.
④ 周勇,刘景修译编. 近代重庆经济与社会发展(1876—1949). 成都:四川大学出版社. 1987. 344.
⑤ 四川地方自治筹办处拟定城镇乡地方自治章程暂时施行办法. 广益丛报,1910年第233期,1-3.

第二章 重庆开埠(1891—1911年)

在城乡协调的经济基础不复存在的前提下,城镇乡地方自治非但没有双向促进城乡之间的矛盾缓和,反而从行政管理角度对因外部冲击导致的城乡二元结构予以确认,因而更加强化"城"与"乡"的割裂。在城市内部,以巡警为主的新管理体系,在短时期内并不能完成城市控制的重任,新式精英群体倡导的革命,遂在官绅政治失控的地方爆发[1]。城乡经济割裂的恶性循环不断下探,基层社会的稳定性受到极大挑战。最终,以保路运动为引线,由四川牵扯到湖北,由湖北蔓延至全国,动摇了清政府的执政根基,也改变了中国几千年的封建统治。

---

[1] 谯珊. 重庆:旧秩序中的精英与城市管理(1644—1911). 成都:四川大学出版社. 2018. 258.

第三章 艰难转型之路
（1911—1935 年）

第一节 政治波动和艰难转型

一、政治波动

1911年5月,清政府为向英法德美四国银行团借款镇压革命,宣布"铁路国有"政策,将已归商办的川汉、粤汉铁路收归国有。四川各阶层强烈反对,掀起了轰轰烈烈的保路运动。为镇压四川人民的反抗,湖北新军奉调入川,进而造成武昌空虚,这为辛亥革命爆发创造了绝佳机会。10月10日晚,湖北新军革命党人打响了武昌起义第一枪。不久,湖北军政府成立,改国号为中华民国。武昌起义胜利后,湖南、广东等十五个省纷纷宣布脱离清政府。辛亥革命以摧枯拉朽之势,终结了清王朝的统治,也推翻了统治中国2000多年的封建君主专制制度。

武昌起义成功的消息传到重庆,重庆革命党人首先在清政府统治薄弱的区县发动起义。11月18日,长寿起义,建立军政府;11月20日,革命党人高亚衡宣布涪陵独立,建立涪陵军政府;随即发兵,攻下丰都、忠县。武隆、彭水、酉阳、秀山也相继起义,即告光复。11月22日,杨庶堪、张培爵等出动同盟会控制的中营城防游击队、商勇、川东道防营、水道巡警及炮队、民团等武装力量,召集重庆官、绅、商、学各界代表二三百人在朝天观开大会,围观群众达二三千人。慑于形势,川东道朱有基弃印逃跑,重庆知府钮传善、巴县知县段崇嘉被迫到会,缴印投降。随后,重庆蜀军政府成立,驻原巡警总署。蜀军政府公告称,"蜀军于本日午后三时由重庆举义,道府县及印委各官一体投诚,市面平静,外人安堵。

第三章 艰难转型之路（1911—1935年）

但兹事体大，以后尚望互相匡助，时通消息，同人公感。"①

11月27日，进入四川的湖北新军哗变，署理四川的端方被杀，四川境内的清军主力也土崩瓦解。因此，四川境内的革命并未经历太多腥风血雨。关于端方被杀，当代史家雪珥认为，"革命党早欲除去端方，就因其突出的能力与号召力，如'使其久督畿辅，则革命事业不得成矣'。在'壮烈'的革命恐怖行动之中，被列入暗杀对象的都非贪腐而民愤极大者，而是有能力乃至有操守的官员。"②这或许也能解释动荡的清末经历了辛亥革命为何并未迎来海晏河清，而是持续的政治动荡。

由于资产阶级的软弱性，全国革命成果最终被北洋军阀首领袁世凯窃取。革命尚未叫日月换新天，就已黯然失色，重庆也概莫能外。重庆革命之时，军政府大部分领导人都风华正茂。正都督张培爵1876年生人，时年35岁，副都督夏之时1887年生人，时年24岁，蜀军政府管理经验不足在所难免。加之革命过程较为顺利，对强大的封建势力认识也不足，最终导致革命失败。美国英美会执行秘书派尔克在1911年12月9日给成都同事的信中就预料到了这一点，"在这城市最大的威胁是开支太大，新派掌权的人很快就要把城里的金库动用一空。……现在城市的政权都在大多数的青年手里。他们是官学堂的学生，毫无经验。我们祈祷一切事情顺利进行，但不能不对未来有点忧虑。"③ 后来的事态发展也证明了派尔克的判断。

1912年1月27日，成渝军政府全权代表张治祥、朱之洪在双方边界荣昌县谈判，签订《成都四川军政府、重庆蜀军政府协议合并条约》。2月2日，经双方盖章生效，通告成渝合并。在合并的关键时刻，蜀军政府正都督张培爵主动提议成都四川军政府领导人尹昌衡为正都督，其为副都督，并多次表达让贤归隐之意。3月3

---

① 周勇. 辛亥革命重庆纪事. 重庆：重庆出版社. 1986. 104.
② 雪珥. 国运1909：晚清帝国的改革突围. 北京：中国青年出版社. 2017. 84.
③ 同①书. 424.

日，他在发给孙中山的电报中写道，"一俟大局平定，仍赋遂初，为民国自由之民，以观郅治之盛"；① 3月4日，在成渝两地军政府合并文告中又袒露心声，"培爵一俟大局平定，即当召集公民，举贤自代，退归田里，为民国自由之民，以领略共和幸福之乐趣。"② 和他几乎同时，原副都督夏之时（时任重庆镇抚府总长）也表达了功成身退之意，"且交朱君携去之条件，原有川事稍定，到可以辞职之时，其游历留学各条仍为有效……思维至再，惟有电请宣布此意，立见允辞退，达我游历留学之目的。"③ 3月11日，蜀军政府正式被四川军政府合并，统称中华民国四川都督府，尹昌衡任正都督，张培爵任副都督。与重庆军政府倾向革命不同，成都四川军政府中混杂着旧军人、立宪派等多支势力。

　　幼稚的重庆革命政府向守旧的成都四川军政府让步，导致整个四川省一直笼罩在混沌状态。重庆镇抚府被取消就是这种混沌状态的最好注脚。1912年3月，四川军政府成立，在重庆设立重庆镇抚府。成都为全省政治中心，重庆为全省军事中心，这是川渝两地军政府合并协议内容。但是，新政府成立后，重庆镇抚府总长夏之时认为天下太平，提出辞呈。随后，尹昌衡任命袁世凯爪牙胡景伊接任。4月12日，胡景伊就任四川全省军长兼重庆镇抚府总长。上任伊始，胡景伊就开始谋划取消重庆镇抚府事宜。6月10日，胡景伊通电各地，"本月初十日实行取消镇抚府以促全川统一之进行，川东南置宣慰使，按临各属，重庆设府知事，执行政务……"④ 6月11日和12日，胡景伊连续致电袁世凯、黎元洪等人，报告军队裁撤情况。12日的电文写道，"团长已照前议办法，一律令于本日解

---

① 张培爵致孙中山等推举尹昌衡为四川正都督电. 民立报，1912-3-19. 转引自周勇. 辛亥革命重庆纪事. 重庆：重庆出版社. 1986. 254.

② 蜀军政府都督张培爵关于成渝两地军政府合并文告. 国民报，1912-3-11. 转引自周勇. 辛亥革命重庆纪事. 重庆：重庆出版社. 1986. 255.

③ 重庆镇抚府总长夏之时要求辞职留学至四川都督府副都督张培爵电. 国民报，1912-3-19. 转引自周勇. 辛亥革命重庆纪事. 重庆：重庆出版社. 1986. 262.

④ 重庆镇抚府总长胡景伊宣布取消重庆抚镇府通电. 1912-6-8. 转引自周勇. 辛亥革命重庆纪事. 重庆：重庆出版社. 1986. 287.

第三章 艰难转型之路（1911—1935 年）

散，毫未紊乱秩序，并即由营动身回籍，一无逗留，地方安谧如常。"①

重庆镇抚府撤销，重庆同盟会革命党人丧失最后阵地，重庆政权落入拥戴袁世凯的胡景伊之手，标志着重庆的辛亥革命失败②。随后，四川和重庆的军阀统治进入"走马灯"时代。1912 年 7 月，尹昌衡领兵西征，平定康藏叛乱，胡景伊被任命为护理四川都督。1913 年 6 月，胡正式接替尹昌衡担任四川都督。1915 年 2 月，胡被召入京，陈宦接任四川督军。1916 年 6 月，蔡锷任四川将军兼巡按使，独揽四川军政大权（7 月，改称省长）。9 月，蔡锷因病离川，罗佩金任督军，戴戡任省长。1917 年 11 月到 1918 年间，张澜、但懋辛、杨庶堪等短暂任省长。1918 年，云贵军阀占领四川，熊克武就任督军兼省长。1918 年，熊发布《四川靖国各军卫戍及清乡剿匪区域表》，实行"防区制"，即主客各军按驻防地区就地划款，以充军饷。1920 年 8 月，四川爆发"靖川之战"，云贵军阀退出四川。12 月，刘存厚任督军，熊克武任省长。1921 年到 1924 年间，刘湘、向楚、刘存勋、杨森、邓锡侯都或兼、或任、或代理省长。1924 年 6 月到 1935 年间，在重庆设立四川省长公署，赖心辉、杨森、刘湘、刘存勋、刘文辉等又轮番登场。刚刚脱胎于府治的重庆，在这样的政治生态下，转型发展难度可想而知。

二、城市转型

（一）艰难转型

开埠以后，重庆逐渐从一个传统城市向西南的商贸中心转型。革命以后，假若河清海晏，则重庆城市腹地不断扩大，商贸中心进一步巩固，区域性政治中心、金融中心、文化中心地位开始凸显。但是历史没有假设。革命没有成为城市转型发展的助推器，反而导致重庆在内的四川旋即陷入无休止的军阀混战和政治波动，城市转

---

① 重庆胡景伊致大总统暨黄留守等电（六月十二日）. 政府公报, 1912 年第 52 期, 8.
② 周勇. 辛亥革命重庆纪事. 重庆：重庆出版社. 1986. 145.

型雪上加霜。

民国初年,美国游记作家哈利·弗兰克从泸州坐船来到重庆。弗兰克在《百年前的中国》一书中记录了他从朝天门码头下船进入重庆的情景。"透过浓浓的晨雾终于见到重庆出现在眼前。我很快发现自己正置身于一条望不到头的台阶之上,路上满是淤泥和死去的动物,一直通向巨大的城门……城里的不少街道修着台阶,和通向江边的长长台阶一样,常常可以把你带到那些风景如画的地方,也会通向某些偏僻的角落,那里几十年来不管雨水还是人为,从来没有被清洗过。有些外地人不愿坐轿子,顺着这些阶梯,爬上那数不清的石级,结果发现走错了道,来到死胡同里的破烂屋子跟前。每一间房子都又小又脏,里面总能见到孩子在不停哭闹,黄狗在门口游荡。重庆的街道高低起伏,熙熙攘攘,不少地方连挤都挤不过去,到处很嘈杂,一如中国的其他地方。"① 重庆人宁达蕴在1923年从京返渝,没有见到他心目中的"巴国胜景",看到的却是人民精神萎靡、政治腐败不堪、军人祸国殃民、教育界钩心斗角、学生界不务正业、商业凋敝萧条等,整个城市"日趋愈下,真不堪回首之慨!②"

第一,商贸中心黯然失色。革命爆发后,重庆到各地的商道不通,导致进口的商品和出口的土货都滞留重庆,"相当一部分已抵渝的煤油直到年底仍贮存重庆,尽管内地煤油奇缺,终因商道不靖而无法运输。"③ 尽管1911年的直接进口和复进口洋货比1910年略有增加,但内部贸易额明显下降。1910年为76.49万海关两,而1911年只有48.33万海关两,减少36.82%。1912年,内部贸易不畅进一步传导到对外贸易。1912年,重庆海关直接进口和复进口洋货共值781.54万海关两,比1911年减少高达474.40万海关两。

---

① 哈利·弗兰克. 百年前的中国:美国作家笔下的南国纪行. 符金宇译. 成都:四川人民出版社. 2018. 596.

② 达蕴. 三年不见的重庆. 佛化新青年,1923年第1卷第5期,1-2.

③ 周勇,刘景修译编. 近代重庆经济与社会发展(1876—1949). 成都:四川大学出版社. 1987. 384.

第三章 艰难转型之路（1911—1935年）

内地贸易额下降更为厉害，1912年仅12.23万海关两，较1911年下降36.10万海关量，下降74.69%。无怪乎重庆关帮办毕洛关于重庆1912年的报告开篇就写道，"新年一开始，前景就十分暗淡。三个敌对的省政府并存，一个在成都，一个在重庆，一个在泸州，彼此争夺霸权，致使市场不稳，商人不愿投资于任何不能立即取得利润的商业企业。"①

此后，偶有好转，但动荡仍是主流，重庆海关对此描述比比皆是。1918年报告写道，"1916、1917年报告中所提的妨碍贸易发展的各种情况本年更加严重了"②；1919年写道，"尽管政治上的障碍已经消失，起码是暂时消失，但贸易条件仍处朝露未晞之状，远不能令人振奋精神开发新事业"③；1920年写道，"年初，贸易前景令人乐观，……但结局并非理想，人们的希望也没有实现"④。更为致命的是，云南、贵州、陕西、甘肃等省的多种物产本来从重庆销往全国，但由于捐税盛行，这些贸易都不再经由重庆。"例如以前经由重庆输出的一种云南红茶名叫'沱茶'，自1925年以来即运往越南转海路到上海，现时在重庆，沱茶成为由上海来的输入品了……现时内地和临省商人日渐趋于直接从上海其他处订购货物由邮政包裹递送——诸如格花呢、人造丝织品、棉织品等。"⑤ 1912年到1926年间，重庆的进口洋货的总值忽高忽低，但基本没有超过1911年的水平；出口总值个别年份有所下降，但总体呈上升趋势；进内地货值在1919年达到顶峰，但随后急剧下降；出内地货值与前三者相比，微不足道。

第二，防区制导致城市间交流割裂，重庆城市腹地不断萎缩。1918年，熊克武发布《四川靖国各军卫戍及清乡剿匪区域表》，四

---

① 周勇，刘景修译编.近代重庆经济与社会发展（1876—1949）.成都：四川大学出版社. 1987. 374.
② 同上书. 423.
③ 同上.
④ 同上.
⑤ 同上书. 353.

川的防区制开始形成。防区制导致军阀间弱肉强食，城市当局频繁变更，增加了城市间经济往来的成本，导致简单的经济行为变得不经济。1919年，熊克武发起重庆电力炼钢厂的创办，但因政局生变，建厂计划无疾而终，所购设备任其锈蚀，后来又或建或停，原本一年半建成的项目拖延近20年仍未完工[①]。熊克武本人最终也被防区制反噬，1924年4月被迫带兵出川自保。1921年7月2日，刘湘通电，经各军将领推举，在重庆就任四川总司令兼省长。虽然名义上统一了全省政治，但他的军事实力不足以实现真正的统一。1924年，重庆出版的《商务日报》在回顾重庆清末民初10年间商业变迁时就直言不讳地点出战乱对于商业的影响，"重庆商场为长江上游巨埠，开放以来，日见发展，最近十年间，以战事频仍，进步不免稍滞，然处此交通艰阻、金融枯竭之四川，一般商人乃能于戎马仓皇、脧削无已之际，特开生面，揩住危局，亦云幸矣。"[②]

第三，军阀开启卖、卖、卖模式，导致城市功能分区模糊。1913年2月，袁世凯施行道管县体制，废除省、府、州、厅建制，四川全省置7个道，其中重庆置川东道，至此重庆府也成为历史。重庆府撤销后，重庆府署被当作官产拍卖，重庆商会集资组织大同公司承买。1914年4月，《字林西报》报道《过度拥挤的重庆：房屋激增》谈到重庆商会购买旧重庆府及周边土地，可能用于建造新街和公园，"应尽可能鼓励修建公园，它们有助于城市的健康。但如重庆这般拥挤的城，可能更倾向于拆除城墙和迁坟，因为那儿有大量土地适合建造现代化的街道和公园。"[③] 但是在商言商，提升城市品质从来不是商人的使命。重庆商会将重庆府署及所属行台、经历署等辟作商业场，修建完成后重庆商会从县庙街三忠祠迁到原府署[④]。1926年，刘湘重新占领重庆。由于经费困难，刘湘将官产

---

① 隗瀛涛. 巴蜀近代史论集. 成都：四川人民出版社. 2004. 309.
② 十年来重庆商业之变迁. 田星五. 重庆商务日报十周年纪念刊. 1924年纪念刊. 1
③ 杨宇振. 100像：文字与图像间的重庆城（晚清—民国）. 重庆：重庆大学出版社. 2020. 67.
④ 彭伯通. 古城重庆. 重庆：重庆出版社. 1983. 94.

出卖，原道署被辟为第一模范市场（图3）。过去重庆的官署包括道署、府署及府署各署、县署及县署各署，还有文庙、府城隍庙、县城隍庙，从东水门一直排到太平门，这一带长期是重庆城的政治中心。但是，随着这些官产被出售，这里也逐渐成为商业中心。

图3　重庆模范市场一瞥①

第四，城市管理缺位，火灾频发、传染病失控和鸦片交易陡升，偶有的城市建设计划终因政局动荡而束之高阁。1912年7月31日，重庆城内商业中心发生火灾，有1/5的区域被毁坏，造成的损失估计100万两；1913年5月31日，重庆一条商业街发生大火灾，大批房屋烧毁，数人丧生；1917年，江北县城因居民焚烧纸

---

① 新都重庆市之鸟瞰. 远东摄影新闻, 1938年第1卷第5期, 22.

钱失慎，引起特大火灾，烧毁民房千余家①。1920年，重庆城及郊区出现严重的霍乱病疫，每月死亡千余人，疫病经过4个月才得到控制。

尽管有诸多的艰难，还是有一些企业和商人在夹缝中求生存，勉力支撑重庆的内外贸易。重庆关署理税务司葛尼尔情不自禁发出感叹，"它再次显示出中华民族具有非凡的复原能力，他们具有在非常困难的条件下进行贸易的决心。"② 这一时期最为典型的代表就是卢作孚。卢作孚，1893年生于四川省合川县（今重庆市合川区），自15岁离家以后就孜孜不倦地寻找救国图存之路，历经革命救国、教育救国，最终在1925年走上实业救国的道路。1925年，他成立了民生公司，开通合川到重庆的定期客运航线，并一步步做大做强，最终统一了川江航运，收回了丧失了数十年的川江内河航运权，后来更是在中华民族最危难的时刻指挥完成了中国的敦刻尔克大撤退——"1938大撤退"③。新中国成立以后，毛泽东主席谈到中国近代历史时说，有四个人我们万万不能忘记，他们是搞重工业的张之洞，搞纺织工业的张謇，搞交通运输业的卢作孚，搞化学工业的范旭东。

（二）初办商埠

第一次鸦片战争后的半个多世纪里，在一系列不平等条约的胁迫下，清政府开启一批又一批通商口岸，这些口岸被统称为"约开商埠"。这些约开商埠体系的实质是，"外国进口商缴纳低价的子口半税以获取运照，使他们的货物豁免随后所有的内地通过税，进而免除所有的厘金（内地通过税）和其他阻碍中国内地贸易的地方税。"④ 在约开商埠的影响下，清末民初各地兴起了自办商埠的高

---

① 重庆市江北区房管分局地产志编辑室.重庆市江北区房地产志（内部发行）.12.
② 周勇，刘景修译编.近代重庆经济与社会发展（1876—1949）.成都：四川大学出版社.1987.382.
③ 莫玉.民国一代船王：卢作孚.北京：中国财政经济出版社.2014.
④ 鲍德威.中国的城市变迁：1890—1949年山东济南的政治与发展.张汉，金桥，孙淑霞译.北京：北京大学出版社.2010.5.

第三章　艰难转型之路（1911—1935 年）

潮。1906 年 1 月，在袁世凯多次提议下，济南自办商埠区正式开埠，这也是中国人办的第一个商埠。到 1908 年，中国水陆商埠有广州、汕头、琼州、北海、三水、拱北、江门、甘竹、香港、九龙、澳门、广州湾、天津、秦皇岛、张家口、芝罘和济南等①。与此同时，还有绍兴、郑州、齐齐哈尔、关东、梧州等地或初办，或议开商埠。面对日益增多的自办商埠管理需要，清政府拟定了开设商埠办法，要求"凡中国自行开放口岸，一律仿照日本官制。由外务部、农工商部慎选娴悉外交通商律人员，专充商埠大臣。"② 另外，清政府还采纳农工商部尚书溥仲璐绘制全国商埠地图的建议，"须由详细地图，俾得考核商务。因特通饬各督抚派员查明各属商埠。按现今地界，详绘地图。每方寸一中里。如有沿革更改等处，用线分色为记。其商埠左近山岭、大地、镇市、水陆运各路，一并标注附入。"③ 到 1910 年，全国共有商埠 30 多处④。

民国以后，北京政府更是将商埠作为一种富国强民的手段，要求各省对境内可开商埠地区进行调查上报，以便择要开办⑤。1913 年，袁世凯一次性下令开设归化城（今呼和浩特）、张家口、多伦诺尔（今内蒙古多伦县）、赤峰、兆南（今吉林省洮南市）、龙口和葫芦岛七处商埠。时人对此评价："此举殆欲诱致列强之势力缓和……日俄关系较密，或不能无怏怏。然所开各埠如葫芦岛外大抵皆为农村。市场非旦夕所可繁荣，虽经开放，欧美之来者，一时未必遂盛。日人人穷而地狭，取道甚便，而谋利不远。此正其用武之地也。"⑥ 在全国如火如荼的自办商埠之时，深居内陆的四川略显冷清。1905 年左右，曾有国外势力要求在四川省开设商埠，时任

---

① 调查：中国水陆商埠一览表. 农工商报, 1908 年第 33 期, 22-23.
② 拟订开设商埠办法. 广东劝业报, 1909 年第 77 期, 45.
③ 饬绘全国商埠地图. 广东劝业报, 1909 年第 58 期, 41-42.
④ 实行商埠新官制之先声. 广东劝业报, 1910 年第 93 期, 41.
⑤ 商界：广开商埠. 交通丛报, 1913 年第 4 期, 2-3.
⑥ 新开七商埠记. 时事汇报, 1914 年第 3 期, 1-3.

四川总督锡良致电外务部请求拒绝国外势力的要求[1]。民国初年，工商兼农林总长针对川汉铁路兴建向国务院提出修建沿线商埠的计划，其中四川境内提议"资州为川省货物辐辏之区，亦应开为自由商埠，以扶植铁路之营业。"[2] 但由于四川陷入军阀内战，每个军阀都没有较为稳定的根据地，自然无暇顾及商埠事宜。

1921年11月，刘湘设重庆商埠督办处，委任第二十军军长杨森兼任督办，开启了重庆第一次自办商埠的尝试。杨森，原名淑泽，号子惠，1884年生，四川广安人。1906年从顺庆府联合中学堂毕业后入伍，曾加入同盟会，历任川军第二十军军长、贵州省主席、重庆市市长等职[3]。杨森素有"基建狂人"之称，从后来他陆续执政的南充、成都、万县（今重庆万州区）、贵阳等看，都有或大或小的城市建设。11月12日，重庆商埠督办处在重庆商会成立，杨森在任职仪式上表达了对城市的看法，"重庆地势据长江上游，为蜀川中枢，商务之盛，物产之丰，人口之众，已达极点。只因地势太狭，无由发展。各种事业，无人整顿。如街道之不整齐、交通之不便利、卫生之不讲究、消防之不得力、公共娱乐场之未设备、马路之未修筑、轮渡之未兴起、电灯电话之未扩张、自来水之未安置，皆为重庆最大缺点。"[4] 与此同时，他还抨击了国人办事徒尚空谈、遇事铺张和有始无终的三大弊病，并表达了自己建设重庆的决心，他表示"务望办事同人，互相勉励。立除以上弊病，庶不负总节刘公之委托，及各界来宾之盛意。"[5] 刘湘也在成立大会上表达了对重庆市政建设的支持和对杨森的期待，他说："今以本埠一区筹办市政，凤至子惠军长在泸创办斯举，成效既彰。特嘱其以治泸者治渝，将见整齐尽一，耳目俱新。推之而马路也，下水道也，

---

[1] 交涉汇志：要求四川商埠未允.之罘报，1905年第12期，19.
[2] 路事纪闻：川汉沿路商埠之计划.铁路协会会报，1913年第15期，123.
[3] 李新 总编.中华民国史（人物传），第7卷.北京：中华书局.2011.
[4] 重庆商埠督办处成立纪.钱业月报，1921年第1卷第11号.
[5] 同上.

第三章 艰难转型之路（1911—1935年）

船坞也，安见其不如与津汉沪宁媲美哉？"① 此外，参加成立大会的还有日本领事代表、美国领事阿乐满、德育社社长陶维持、东川道尹叶秉诚、省议会议长李少甫、商会会长汪云松、学界代表温少鹤等。

随后，杨森制订了宏大的"重庆新商埠之大计划"，涉及新机构的组织架构，管辖范围，电灯、轮渡、汽划、路政电话、机械所、电车的计划和财政来源等②。商埠督办处内设"五局一厂"，包括自来水局、电话局、电灯局、江轮局、工程局和机器厂③。根据市政计划，新商埠重点建设区域突破原有的旧城格局，"其扩张区域之范围，大河南岸至龙门浩、海棠溪等处；北岸至相国寺、江北城治等处。上迄鹅项颈，下迄唐家沱。"④ 为了争取广大市民对于重庆商埠建设的支持，重庆新商埠工程局发布通告，解释重庆为什么建商埠，为什么在旧城外建商埠⑤。理由包括：第一，中国已经开办了很多商埠，重庆开办商埠并不算稀奇。第二，重庆是通商码头，如果不办商埠很多利权可能被外国人攫取。第三，重庆水陆交通便利，有建商埠的天然交通优势。第四，重庆是四川的商务中心，具有比较好的经济基础。第五，重庆建设商埠可以拓宽市民收入途径。在说明原因之外，通告还劝告市民购买入股奖券、放远眼光、打破城市建设劳民伤财的成见，全身心投入城市的建设当中。

1922年5月，德国工程师施贺斯比较了三河坝、曾家崖［岩］和江北三个地方，最后推荐江北作为重庆商埠重点建设区⑥。《时兆月报》报道了重庆新商埠工程建设情况，"商埠之形势：自江北打鱼湾为起点，至唐家湾为终点，计延长三十里，中间坡度高下不

---

① 重庆商埠督办处成立纪.钱业月报，1921年第1卷第11号.
② 杨宇振.100像：文字与图像间的重庆城（晚清—民国）.重庆：重庆大学出版社.2020. 86.
③ 渝埠市政之规划.申报，1922-1-7，第2版.
④ 重庆新商埠之大计划.钱业月报，1921年第1卷第11号.
⑤ 重庆新商埠工程局通告.道路月刊，1922年第1卷第1期，76-83.
⑥ 重庆商埠之计划.京报（北京），1922-5-20，第6版.

一，现开工修筑者为自打鱼湾江北嘴至头塘之一段，约长五里。滨江岸筑堤，其高度须以春夏水涨不能淹没为限，故新堤之高，略与江北旧有城垣相等，砌石在六十余级以上。工程亦颇浩大也。铁桥之建筑，据工程局图式，由江北嘴与重庆朝天门外朝天嘴之间，架一铁桥，已由工程局长王建模携工程师贝克尔（美国人）、杨承棠连日勘测，桥长约一里半，朝天嘴及江北嘴两地先建桥工基础，预计费用约在二十万左右，则异日全桥之筑成，所费自当更巨。"①除江北以外，《巴县志》记载，"民国十年（1921），杨森为重庆商埠督办，主拆临江门，发展城市交通。"临江门成为重庆旧城最早被拆掉的一座城门②。

遗憾的是，杨森并没有给重庆市政带来根本性改变。《钱业月报》曾经预言，"倘将来成功，重庆市面，十年内必大有一番变化，城内冷落，热闹地方必在停轮一带。"但是不到一年，随着杨森在川内军阀争斗中失败，所有计划化为泡影。《时兆月报》对重庆商埠工程的预测一语成谶，"成功之预测：自江北嘴至头塘一段之工，最速亦须两年方能竣事，至唐家沱修筑成日又至少须待十年，用款总计在三千万以上。此十年中，川省能否不发生他变，是在新商埠之命运如何耳。"③1924年《道路月刊》一篇文章回顾了杨森时期的重庆建设，肯定了杨森开创重庆市政建设的先河，但是效果差强人意："重庆为中国通商巨埠，自昔本无所谓市政也。溯自民国九年，刘湘任川军总司令兼省长时，始注意及此。委杨森为商埠督办，专办重庆市政……当时轰轰烈烈，颇为炫世骇俗，未几遂销声匿迹，停止进行。"④

杨森去职后，川军三师师长邓锡侯来渝，改商埠督办为市政公所，邓自兼督办。其后，川军七师师长陈国栋、川军七师十四旅旅长朱宗懋继任督办。三任督办，三年时间，除发行市政奖券及小钱

---

① 重庆商埠之工程. 时兆月报，1922年第17卷第5期，4-6.
② 《母城渝中》编辑委员会. 母城渝中. 重庆：重庆出版社. 2013. 20.
③ 同①.
④ 渝埠之市政. 道路月刊，1924年第11卷第2-3期，90-92.

第三章 艰难转型之路（1911—1935 年）

兑换券，恃此收入以作经费外，建树未遑也①。不过，市民仍对市政建设充满期待。1923 年，申输挥发表文章认为改良重庆市政最主要的方法就是增大城区，首要任务就是便利交通，其中尤以跨江交通最为重要②。关于重庆与长江南岸的交通，他建议："此南岸交通虽有木船，然以所载人数甚少，速度甚缓，需费又多；且常有意外危险，甚不便利，其便利方法一是建筑桥梁，然建筑桥梁，为费甚巨，似非今日所可能。一是在此两岸多筑码头，多置小火轮，如此则需费较少，轻而易办。盖两岸坚石甚多，人工亦贱。码头之建筑为费甚少，其小火轮每只不超过二三千元，若有七八只，往来轮载，则亦已足。"关于重庆与江北的交通，他建议"此两处之交通若建筑桥梁，需费固较长江两岸筑桥梁之费为少，但现刻重庆兵匪充斥，人民穷困，亦颇难筹此巨款，闻前杨子惠（注：杨森）曾欲兴办，恨终未果。为今之计，亦莫若建筑码头及置小火轮之为便也。"除了跨江交通，申输挥还对城内交通、警察、自来水、电灯、电话等方面提出了一系列改良措施。

总的来看，政治波动导致城市转型举步维艰。时人茹玉写道，"自四月六日杨森入重庆后，商界中人以为交通可以恢复，轮舟可以开驶，商业可以复兴矣。不意此种希望，竟成泡影。全省战争，迄未宁息。匪乱四起，商务停滞。"③ 邓大鸣对于重庆的"商"和"埠"发出这样的感叹：关于"商"，"须得工业发展，商业才有根据，因为须先要有成品，然后才有交易，而重庆之交易，则仅以原料品之输出为大宗，同时承销外货之力亦甚强……可惜本地商人，都无远大之志，重要营业悉操于少数洋行之手"；关于"埠"，"重庆街市之肮脏，居民之密度，交通之不方便，凡我所经之城池，无有出其右者。"④

---

① 向楚主编，巴县县志办公室选注. 巴县志选注. 重庆出版社. 1989. 800.
② 申输挥. 对于重庆市政改良的管见. 冬青杂志，1923 年第 1 卷第 1 期，16-19.
③ 茹玉. 匪乱与商业：重庆. 总商会月报，1922 年第 3 卷第 12 号，38-39.
④ 邓大鸣. 对于重庆"商""埠"的感言. 渝声季刊，1925 年第 6 期. 转引自杨宇振. 五十章：文字空间中的重庆城（晚清—民国）. 重庆：重庆大学出版社. 2020.36.

第二节 近代城市之路

一、城市管理机构诞生

(一) 潘文华主政

经过民国初年的战争袭扰、经济困顿、社会混乱，1927年初南京国民政府建立，名义上统一全国，中国也进入一个相对稳定的时期。四川省在1926年到1927年交替之际也相对安定下来，究其原因，"不过那时毕竟已经出现一批地位稳定的军事将领，省内地盘分配问题也得到初步解决。民国初年引起混乱的政权合法性问题，也部分解决了。"① 在此大背景下，重庆的城市管理由梦想照进现实。

1926年初，刘湘重新占领重庆，改市政公所为商埠督办公署，任命第三十三师师长潘文华兼任重庆督办，重庆进入较为稳定的发展期。7月19日，潘文华正式兼任重庆督办，重庆进入"潘文华时代"。潘文华，1886年生，四川省仁寿县人，历任川军教导师师长兼重庆市长、国民党第7战区23军军长、28集团军总司令兼川陕鄂边区绥靖公署主任、西南长官公署副长官等。潘文华任职后，旋即召集专门人才研究商埠督办公署（下文简称"公署"）组织机构和职能职责事宜，并请本地绅商名流组成参议会。公署设督办1人，会办2人，下设总务处、财政处、公安处、工务处、收支局、新市场管理局和江北办事处，同时参事会作为议事机构。公署行政职责包括：商埠内各项规则的制定、修正、公布；公共财产的维持、取缔及处分，房屋土地的调查、登记及使用，规定房屋土地等级及其租赁；街道、桥梁的建设，新市场的开拓及其土木工程等项；交通、电力、自来水、车船、肩舆及其他公用事业的经营管

---

① 罗伯特·A. 柯白. 四川军阀与国民政府. 殷钟崃，李惟健译. 成都：四川人民出版社. 1985.

第三章 艰难转型之路（1911—1935年）

理；航务、码头及保险、堆栈事项；征收各项税捐及国家或地方税费的收支；水陆警察和保安团的监督指挥及其他保安事项；教育及自治事项。从机构设置和职能职责看，公署在城市巡警职能基础上职权扩大，成为实施城市全面管理的一级行政机构。重庆商埠督办公署的建立，标志着重庆建制的诞生，使重庆城市成为一个区域性的自治团体①。

1927年2月到11月，商埠督办公署组织出版了10期《重庆商埠月刊》（下文简称《月刊》）杂志，详细记载了重庆市城市规划和建设情况，为我们研究重庆城市规划和建设留下丰富的史料。正如《月刊》第一期简章所言，"**本月刊系登载商埠督办公署办理市政之近事，以供研究市政者之参考为宗旨。**"《月刊》记载内容包括城市建设、政府收入（税，捐，费）、法律法规、人员工资、民事纠纷、刑事案件、人事任免和社会管理等诸多内容。可能受重庆市的影响，周边区县都出版有类似刊物，如璧山县的《璧山县县政公报》（1931年创刊）、奉节县的《奉节县政月刊》（1931年创刊）、涪陵县的《涪陵县政周刊》（1931年创刊）、铜梁县的《铜梁县政公报》（1932年创刊）等。这些刊物为我们研究重庆近代城市转型留下了丰富的史料。

1935年6月16日，根据蒋介石武官不兼文职的要求，潘文华卸任重庆市长②。同年，重庆市政府编制了《九年来之重庆市政》，从市政组织和区划、工程建设、公用建设、社会建设、教育建设、土地建设、公安建设、卫生建设和团务等方面总结了1927年到1935年重庆城市建设的成效。尽管潘文华作为地方将领引领了这场轰轰烈烈的城市建设，但它并非一个孤立的事件，而是我国近代城市改良运动的一部分。在这场运动中，各地采取的模式大同小异：整修街道以改进交通，重建城市空间以创造"现代"的城市景观，规定卫生标准以防止疾病，清除街头乞丐以推进"进步"的城

---

① 潘夕潮.抗日爱国名将：潘文华将军传.成都：巴蜀书社.2007.48.
② 潘文华辞渝市长.申报，1935-6-17，第5版.

市形象，设立各种规章以维持公共秩序，改良休闲娱乐以"启蒙"大众，发扬爱国精神以培养新的国家认同，强化政治以推动国家控制等①。经历潘文华领导的城市改良运动不久，重庆就迎来了国民政府军事委员会委员长行营参谋团入驻，随后正式进入中央政府的管理体系，这也印证了王笛的观点，"一个城市如果采取了全部这些措施，则反映了整个国家政治、经济、文化一体化的趋势。"②

（二）城市建设

关于公署成立前的城市状况，《月刊》第1期开篇就写道，"惟因本埠地形，三面环水，一面负山，以致建筑不良，街道狭隘，交通梗阻，市面秽污，居是邦者，咸有恶劣污浊之叹……"按照潘文华的设想，重庆市政建设分三期进行，"第一期'以整理旧市场为要义，所有铺面之整齐、街道之清洁、消防之联络、厕所之改良，与夫小贸如何安置，贫民如何救济，教育如何普及，旧有之公园及电灯、电话、自来水如何规划整顿，凡属有关公益，皆当次第举办'……；第二期'注重于新市场之筑建'，重点有附近河岸之码头和通达曾家岩、菜园坝之马路；第三期拟对江北、南岸开展扩充新区建设。"③

针对制约重庆城市发展的突出问题，公署成立伊始开展的工作有开辟新市场（即城市新区）、整理旧街道、建设公共基础设施、改善公共服务机构等，为重庆市现代城市格局形成打下坚实的基础。这里有必要先介绍一下重庆现代城市格局设计人——傅友周④。傅友周，又名傅骕，原籍江西金溪，1886年出生于重庆府陕西街。1910年9月，傅友周与竺可桢、胡适等人同赴美国留学，1914年毕业回国。1929年2月，重庆市政府成立后，傅友周任首任工务局

---

① 王笛. 走进中国城市内部：从社会的最底层看历史. 北京：北京大学出版社，2020. 97.
② 同上.
③ 舒莺. 重庆主城空间历史拓展演进研究. 北京：中国建筑工业出版社. 2018. 88.
④ 重庆市文史研究馆. 新编文史笔记丛书（第四辑）：巴渝故实录. 北京：中华书局. 2005. 78.

第三章 艰难转型之路（1911—1935 年）

局长、重庆市建设期成会顾问、重庆电力公司总经理。新中国成立后，历任重庆地区电管局、重庆电业局副局长。1927 年，他遵照潘文华"革新重庆"、建设现代城市的要求，按照重庆江城、山城和半岛的特点，经过充分调查研究，拟定了城市发展规划①，并通过组织一系列城市建设活动推进规划实施。

第一，开辟新市场。规划的新市场包括南纪门到菜园坝、临江门到曾家岩、曾家岩经两路口到菜园坝、通远门到菜园坝、南岸玄坛庙和龙门浩、江北城到香国寺等共 6 个区域。为推动区域建设，公署成立了重庆商埠新市场管理局，任命郭勋为管理局局长，并拟定《重庆商埠新市场管理局暂行简章》。为加快推进新市场建设，公署对新市场管理局和工务处人员进行混合编制，制定了《新市场工程规划临时办法大纲》。建设过程中，公署也参考了国外城市规划和建设的先进做法，如《重庆新旧市场之改建》提到"……*苟财力充裕者，则不妨仿华盛顿都市之城规，而为大规模之建筑，一面修街，一面筑路……*（《月刊》，第 3 期）"。公署规划中区干路、南区干路和北区干路三条主干道。围绕主干道，公署根据《中央政府土地收用法》制定了《重庆商埠督办公署土地收用规则》对土地进行征收，规则规定了不同权属土地收用手续、民有土地收买价格和收买流程等。同时，公署制定了《重庆商埠新市场第一期招领地皮暂行条例》进行土地出售。根据土地位置、地势、交通和环境等分为三等，价格分别为每丈方 30 元、20 元和 15 元。为鼓励市民请领，规定在条例颁布 2 个月内招领土地按七折交费，要求承领人按照新市场建筑规则修建房屋，并在马路完工前修建完成。对于马路建设涉及民房征用的市民，公署规定市民到指定地点暂住，待新市场完工后专门划定地点进行等面积安置。到 1927 年 7 月，由于公署办公经费紧张，决定撤销新市场管理局，成立新市场迁坟事务所，集中推进新市场坟茔迁移工作。是时，重庆通远门外的坟茔连绵不绝，据统计有 43.7 万多座，占地面积大约有 90 万多平方米

---

① 邓颖.傅友周：重庆现代城市建设开拓者.红岩春秋，2016 年第 02 期，49-53.

（八万数千方丈）①。1927年8月开始，到1934年3月结束，政府共迁徙无主坟43.59万座，耗资2万多元。

第二，整理旧街道。公署初期拟定对旧城内全部街道进行整理，修建马路，但遭到城内百姓强烈反对，因此决定缓修马路，将整理范围缩减至"马路经过之街道"。为此，公署出台《本署整理马路经过街道规则》，具体建设内容包括：①针对交通繁荣差异规定各种街道宽度；②沿街铺房及临街楼廊一律折退与门柱平齐；③街面设置的柜台与货架移退到铺门内；④沿街梯坎改修成缓斜坡道；⑤沿街火墙门洞一律撤销。1926年8月到次年7月，公署在旧街道整理方面，两期共整理普通街道64条，整理马路经过街道61条；查勘市民改建房屋方面，公署早期规定比较烦琐，1927年7月采用四联请勘书形式大大提升批建效率；改修街面方面，通过颁布《重庆商埠修改街面暂行规则》，详细规定了街面整理程序、整理资金来源、街面材质和工艺、地下排水、街面维护；安置沿街电灯方面，拟定守置全城市街电灯计划，由于烛川公司推诿未实现；取缔电杆线及迁移电杆方面，制定取缔电杆规则十条，将妨碍交通电杆全部迁移。《月刊》记载了大量市民关于街道整理事宜的请求，如有市民请求保留过街火墙、美孚洋行请求折退赔偿、市民租佃纠葛影响整理等。针对这些问题，公署根据实际情况做出不同裁决。

第三，建设公共基础服务设施。①自来水厂。在1908年，重庆商会就曾建议修建自来水厂②，但最终由于资金过大加之政局动荡未能兴办。公署拟定采用官督商办形式，设置股份有限公司建设自来水厂。选取长江水作为饮用水源，给水站选址在旧城地势较高的打枪坝，预算投资68万美元。初期规划满足30万人用水量，计2万吨。同时，对未来城市发展的用水需求也进行工程规划，为满足重庆陪都时期用水需求打下基础。②电灯电力。1927年前，重

---

① 新市区迁坟. 九年来之重庆市政. 1935. 118.
② 论重庆自来水之宜亟办. 重庆商会公报，1908年第98期，1-2.

第三章 艰难转型之路(1911—1935年)

图 4　1927 年 9 月 24 日建成的朝天门码头①

庆开办有烛川公司。烛川公司由刘熊曾(沛膏)等人于 1908 年发起②，采用股份公司的形式创建，创建之初还制定有《重庆烛川电灯股份有限公司章程》。但在公署办公时，该公司已经支不抵债。因此，公署规划将烛川公司收购为市有，分两期进行改造，分别供电给下半城附近区域、上半城新市场和南岸一带，预计投资 14.4 万元。③电话所。公署对原供警政用的电话设施进行改造，由于招商不顺，因而采用自办形式，预计投资 7.7 万元。1927 年 1 月，公署附设电话局，委派经理进行管理。1930 年，总机和各区线路安装就绪，全城次第开始通话。1934 年，潘文华再次拨款购买交换机 6 台，每台 120 号，到年底扩充安装完成。④码头。公署以码头为水路枢纽，以堤路为码头的脉络进行总体规划，并在对水面水平高差、地面形势、码头形势和码头路线规划基础上确定建设了嘉陵码头和朝天码头。到 1933 年，又先后修建了江北、千厮门、太平门、飞机坝、金紫门、储奇门码头，为重庆工商业进一步繁荣创造了条件。同时，通过新开街工程和半边街工程连通了码头和旧城。

---

① 邓颖. 傅友周: 重庆现代城市建设开拓者. 红岩春秋, 2016 年第 02 期, 49-53.
② 重庆电灯烛川公司开会演说. 重庆商会公报, 1908 年第 108 期, 1-3.

第四，改善公共服务机构。①学校。公署仿照抽收红庄捐（注：以房地价格为基准）形式筹措创办市立模范小学的经费，并选择城内寺庙或道观作为校址。另外，公署开办十二所平民学校，通过白话布告宣传平民学校是知识饥荒的发赈处、接受民权的大好工具、改良职业的唯一策略等，劝失学市民入读。商埠江北办事处为提升辖区平民教育水平，拟定七所平民夜读学校，并拟定《重庆商埠江北办事处设平民学校简章》。简章规定了修业时间、课程设置、招生对象、免除学费和毕业证书等内容。大学方面，1929年10月，重庆大学在菜园坝杨家花园建校，刘湘被推选为重庆大学校长。1933年10月，重庆大学各院系全部迁往沙坪坝新校址。②公园。鉴于旧城人口稠密、空气污浊，市民缺乏休憩场所，公署决定在旧城扩建中央公园（今人民公园）、新建文庙公园和中山公园；在新市场区域选址曾家岩农业试验场和菜园坝修建两处公园，在江北城修建江北公园。③通俗阅报社。为增进一般市民普通常识，公署在江北市区内设立七所通俗阅报社，并制定了相应章程。

第五，其他社会管理。①人口统计与管理。为加强人口管理，防止瘟疫或犯罪影响市民人身安全，公署实行居民死亡报告登记制度，要求"……无论市民之老幼男女死亡，均须报请该厅验明病症，给予病死登书，并制发尸棺出城证据……（《月刊》，第8期）"。②保险管理。公署出台《取缔保火险规则》，要求签订保险合同必须经被保险人左右邻居核实和公署核准才能生效，以防止被保险人骗取保险和危害四周邻居。③食物营业管理。为保障市民食物安全，公署要求所有经营食物的店铺登记并补领营业执照。但40家应补执照的店铺中，只有13家主动到公署领取执照，为此，公署发训令要求警察厅督促其他店铺领取执照。④药品管理。鉴于戒烟药品为特殊商品，警察厅拟定《取缔戒烟品章程》，要求所有药商在规定时间内呈报立案，经警察厅核准发照后才能营业。⑤救助贷款。由于埠内贫民众多，生计维艰，公署成立重庆商埠因利局，性质为营业兼慈善。《重庆商埠因利局简章》规定以零星银钱形式

第三章　艰难转型之路（1911—1935年）

贷款给有谋生计划或谋生能力之人，借贷人采用分期摊还方式，年利率约为8.69%。

第六，城乡分界与区划调整。如前所述，清末城乡分界以后，城区范围没有明文规定，主要以警察岗巡范围为准。1926年，潘文华上任后认为明确城区范围较为重要，因此"暂定重庆上下游南北岸城各三十里为市政区域①。"1930年2月，21军军部明令召集审定市县权限委员会办理划界事宜。随后，重庆市政府与江北县、巴县政府组成的市区测量委员会根据《省市县勘界条例》，利用山脉、河流为界线，从巴县划入272.5方里，从江北划入252.5方里，划入总面积525方里（约131.25平方千米）。但因为江北县和巴县士绅的反对而作罢。1932年冬，21军再次召集重庆市与巴县、江北县有关方面会议共同踏勘，至1933年始确定辖区，巴县划入的场镇有两路口、姚家场、南城坪、海棠溪、弹子石及县城全部；江北县划入市区的有江北县城及附近的刘家台、廖家台、简家台和溉澜溪、香国寺两码头。最终，巴县划入172方里，江北划入115方里，共计287方里（约71.75平方千米）。关于此次划界，1940年巴县县长干煜对巴县部分有更为详细陈诉，"查市县划界自民十九年一月倡议后，中几经波折，殆至二十二年五月始将经界划清，以巴县姚公场、南城坪、海棠溪、龙门浩、弹子石、两路场等地，划归市区，其界线自嘉陵江岸红岩嘴一号石标起，经黄沙溪、千金岩、赵家湾、石灰窑、真武山、沙田坎，至大江南岸苦竹林33号石标止，面积约172方里，当时二十一军部及江（北县）、巴（县）、重庆市各方均认为妥善。"②

二、人口、产业发展和城市问题

（一）人口和产业发展

四川省政府和潘文华领导下的重庆市政府为促进工商业的发

---

① 市区勘划之经过. 九年来之重庆市政. 1935. 28.
② 重庆市档案馆, 重庆师范大学. 中国战时首都档案文献：迁都 定都 还都. 重庆出版社. 2014.

展，开展了一些积极的工作。第一，制定产业发展规划。潘文华主政时期，胡光麃制定了《开发华西计划书》呈报刘湘，并得到了刘湘的支持。《开发华西计划书》虽然涵盖川康滇黔四省内容，但重点是重庆建设。关于重庆的经济发展就设计了很多产业和企业，包括：1. 发展电力工业：兴建电厂，以重庆为重点。2. 设立机器制造厂：厂设重庆。3. 创办新兴煤矿：在重庆附近建立机械化生产的煤矿。4. 建立炼油厂：设厂于重庆附近之煤矿区。5. 建立钢铁厂：厂设重庆或威远。6. 建立纺织厂：厂设重庆。7. 建立化学工厂：厂设重庆或自流井。8. 建立水泥厂：厂设重庆。9. 兴建成渝铁路。10. 市政建设：在重庆兴建或改建马路，整理或新设自来水厂、电灯厂、电话局。11. 设立建筑材料制造厂：厂设重庆。[①] 第二，举办产品博览会。1928年10月10日，重庆市政府在文庙组织了国货展览，由于筹备期短，展览的主要是本市和附近地区的商品。1936年5月，市政府在市商会又组织第二次展览，展览了四川省内各地和云贵等省的农产品和工艺制品等[②]。

到1933年，重庆共有工厂415家，工人数12 938人，资本734.5万元，生产净值1049.6万元[③]。重庆的工厂数、资本额和工人数均占四川近代共有的2/3，为四川工业最集中的城市[④]。以纺织业为例，一些电力织布厂陆续投产。裕华印染厂成立于1927年，具有资本3万元，设备100架铁机和120架木机。铁机使用的机器由上海和德国制造，以柴油机为动力，按照德国式技术指导。年产染色布3万匹，约值24万元。到1933年达到极盛，各类棉质工厂达1 300多家[⑤]。这一时期，重庆面粉业也有发展。1926年开办的

---

① 重庆文史资料工作委员会. 重庆工商史料（第二辑）：华西兴业公司始末. 重庆：重庆出版社. 1983. 61-62.
② 国货展览. 九年来之重庆市政. 1935. 91.
③ 严中平 等. 中国近代经济史统计资料选辑. 北京：科学出版社. 1955. 106.
④ 隗瀛涛. 巴蜀近代史论集. 成都：四川人民出版社. 2004. 321.
⑤ 隗瀛涛，沈松平. 重庆史话. 北京：社会科学文献出版社. 2011. 31.

第三章 艰难转型之路（1911—1935年）

信丰厂，集资15万元，月产38斤制面粉600袋；1928年开办的先农厂集资8万元，月产38斤制面粉200袋；1930年开办的日商朝华厂，集资10万元，月产38斤制面粉250袋。

但此时，重庆工业发展水平总体较低，重工业缺失，轻工业刚刚起步。1933年，铁昂认为，"（重庆）也有了新式的金融机关和新式企业——交易所，信托公司、面粉公司——然而我们不能说它已走进了现代资本主义的阶段，连资本主义的雏形都还没有完全具备，所具备了的只是一点气氛……现代资本主义的根本基础是在轻工业和重工业，尤其是后一样，重庆不但没有重工业，不但轻工业也不过萌芽，就连工业的原动力——电力——都还没有。"[①] 次年8月，重庆军、政、商、金融各界头面人物发起成立了官商合办的重庆电力股份有限公司，在大溪沟设立电厂，当年开始发电。稳定的电力也带动了钢铁工业和机器制造业等重工业的发展。1934年，熊克武在1919年发起创办的重庆电力炼钢厂起死回生，华西兴业公司创办华联钢铁厂，两厂均在1936年投产。机器制造业方面，华兴机器厂在1934年建成投产。

产业发展也带动了城市人口的稳步增长。潘文华主政初期，城市人口为20.83万（1927年）。潘文华离任前一年，1934年10月，重庆市警备司令部根据内政部规定对重庆市人口进行了详细调查。调查数据显示，全市总户数6.085万（含寺庙和公共处所，不含江北片区），人口30.99万，具体如下[②]：

（一）普通户口。全市户数60 358户，人口总数，男164 518，女111 727；现住男160 805，女110 717，他往男3 713，女1 010；学童男20 163，女15 569；壮丁，74 651；有职业男，

---

① 铁昂. 两种形态下的重庆市的经济. 读书月刊，1933年第3卷第6期. 转引自杨宇振. 100像：文字与图像间的重庆城（晚清—民国）. 重庆：重庆大学出版社. 2020. 145.

② 社会一瞥：廿三年度重庆户口总调查. 四川月报，1935年第6卷第1期，193-194.

10 246，女 6 790；无职业男，9 306，女 69 683；废疾男，146，女 90；曾受刑事处分者，男 30，女 20；素行不正者，男 75，女 39；形迹可疑者，男 257，女 222；非家属杂居者，男 4 132，女 1 235。

（二）外国寄居中国户口。全市户数 50，人口总数，男 80，女 40，现住男 80，女 40；有职业男 72，女 26；无职业男 5，女 14；国籍之区别，（英）男 19，女 6，（美）男 15，女 16，（法）男 10，女 8，（德）男 14，女 4，（俄）男 2，女无，（日）男 14，女 4，其他男 5，女 2。

（三）寺庙户口。全市户数 114，人口总数男 370，女 191；现住男 368，女 190；他往男 2，女 1；宗教区别，佛教男女 62，4 124（注：原文如此，疑似有误）；道教，男 35，女 12；回教男 3，女无；耶稣教无，其他男 45，女 10。

（四）公共处所，总数 378 户，男 30 594，女 7 230。

(二) 城市问题

重庆市实施大规模的新市区建设和旧城改造极大改善了城市面貌。新市区主要向西建设新市场带动城内商业外迁，旧城改造主要是拓宽公路、整理市容、改造公用事业等。1930 年代中期，重庆市新市区开辟和旧城改造告一段落，重庆市城区由临江门、通远门、南纪门一线向西扩大到曾家岩、两路口、兜子背一线。从 1927 年到 1935 年中央军进川，重庆建成区由 1927 年约 4.4 平方千米增长到约 12 平方千米，城市基础设施取得较大进步。

当然，囿于各种情况限制，城市的建设还有很多不如意之处，普通市民和专业人士都对市政建设提出了自己的批评和建议。1932 年 8 月，刘郁樱评价重庆市徒有其表，他在文章中写道："曾记十年前，他不过是封建社会里一个普通的市镇，因为水陆交通的原故，不过商务比较繁盛一些，然而拿欧美的各大都市来比较，简直是望尘莫及；而今呢？它已披上了资本主义的外衣，俨然成了一个新兴的都市，其实下细窥探，它只是虚有其表，好像讨口子（乞

第三章 艰难转型之路（1911—1935年）

丐）穿着绸衣，终脱不掉一个可怜的样子。"① 从刘郁樱具体的抱怨内容看，既有中央公园人满为患、"在马路上吃灰"等基础建设方面的问题，也有鸦片烟馆众多、车辆管理疏漏等社会管理问题。1935年，陈叔华以《倘若你住在重庆》为题，以自己的亲身经历阐述了重庆各类城市问题，包括公共绿地空间不足、空气污染、房租畸高、火灾频发、看病巨贵、商业投机倒把等。对于这些城市问题，陈叔华反讽道："高坎坡可以练习脚劲；没有游览地方，可在家里多用思想。医生索价昂，一年到头可多讲卫生，正不必'山僧结夏期'才'我辈服食谨'呢。商人气更好，他可以教给你名誉不足惜，美人不必爱，佳酿无须尝，唯独一养［样］东西最有价值：那便是金钱。这种'金钱万能'的学说是四年的大学课程所不能教的。这是重庆城给人的好处中最大的一种，我敢说。"②

1934年，上海东亚建筑工程公司总经理钱少平有针对性地提出了三条城市改进的建议：第一，市区方面，建议开展功能分区，协调各区关系。"若能将现有城内地方，作为商业区域，通远门外一带，作为居住区域，既可免人多之患，又能得身体健康。再将江北划为工业区域，本市工厂，完全迁居于此。"第二，交通方面，建议完善交通系统。包括"将各街马路，完全修齐。并于嘉陵江上，建造铁桥一座，使江北工业区内造成之货物，直达商业区。复于扬子江面，仿南京至浦口之轮渡办法，置大轮一双，浮于江面，车马可以直达南岸。更进一步，由上半城至下半城，修隧道二三路。由朝天门至曾家岩，建电车道一路。"第三，码头方面，建立完善的码头若干，"其建筑之方式，可先在嘉陵江岸，筑横堤数座，由岸边伸向河心，成海港形势，港内水深而静。堤旁泥沙，可用掘泥机，将泥掘去，随时保留水之深度。"③ 1936年，王治裳也从专业角度提出了重庆市政建设的问题，"重庆的街道因地势高低不平

---

① 刘郁樱.在重庆城里.道路月刊，1932年第39卷第1期，1-8.
② 陈叔华.倘若你住在重庆.论语，1935年第78期，25-28.
③ 社会一瞥：重庆之改进计划.四川月报，1934年第4卷第3期，127-128.

的原故，街道无甚系统，交通大受障碍，自来水供给并未普遍，住宅无若何划分，公园则仅中央公园一个，规模既小，游人又众，至于谈到分区，未见实行……在分区未见实行以前，当注意于消防与卫生两方面的整顿和设备。"①

较之以上问题，苛捐杂税、战争、滥发货币、汇率波动、通货膨胀等经济问题更为突出，严重影响重庆的内外贸易。以苛捐杂税为例，从来没有一个较为固定、规范的管理。根据官方统计，公署的主要收入是统捐附加、土叶附加、瘾民附加、煤气油附加、卷烟附加等附加税②。1927年，民间统计重庆商埠督办公署抽取的杂税费有戒烟执照捐、违警训金、消防捐、妓捐、牛捐、席桌捐、茶棹捐、妓女从良执照捐等13种。1928年，《银行周刊》直接以《重庆苛税层出》为题痛诉刘湘在重庆横征暴敛，"重庆二十一军军长刘湘自令重庆筹款一百万元后，复令辖区各县出二三十万元不等。催收迫切，民怨沸腾。今复以军款为名义，又在重庆征收山货、药材之护商费……今不派军队，亦须缴款。而设立局卡，俨成一正税机关。"③1929年10月1日，重庆地区的各种捐税归并于重庆税捐总局。到1931年6月间，重庆税捐总局收到的税款高达570多万④。1933年，中行调查发现将重庆100元的杂货由小川北路送到成都，税捐要100多元，其中在重庆要交的税费包括：重庆军队护商税1.5元、渝北护商税1元、江防捐0.5元、马路捐0.1元、自来水捐0.5元、印花税0.5元、统捐10—20元、城门验票六仙⑤。文人墨客对重庆税捐之多瞠目结舌，"税捐总局位于城中会府，最小之物像窗纱铅皮亦要抽税，从黄沙溪沿岸一带关卡无数。犹幸军长能体恤民情，除每年筹备军款借垫数百万元之外，不若另一军长

---

① 王治裳.改进重庆市政之刍议.现代读物，1936年创刊号，4-6.
② 杨宇振.100像：文字与图像间的重庆城（晚清—民国）.重庆：重庆大学出版社.2020.182.
③ 重庆苛税层出.银行月刊，1928年第8卷第9期，188.
④ 重庆捐税情形.四川月报，1932年第1卷第1期，5-7.
⑤ 同②书.182.

第三章 艰难转型之路（1911—1935 年）

之暴敛横征，也算重庆老百姓得着这慈眉善目、顶礼佛门之唯一善人了！"①

1935 年，中央军入川，建立了统一的四川省政府，内陆地区和主要贸易干线的各种名目的杂税才逐步规范。从 1936 年开始，重庆"全年更加稳定的政局和更加令人满意的金融条件对贸易产生了普遍有利影响。"②

---

① 松山．重庆印象．星期三，1933 年第 1 卷 25 期，390-391．
② 周勇，刘景修译编．近代重庆经济与社会发展（1876—1949）．成都：四川大学出版社．1987．460．

第四章 陪都的繁荣与没落
（1935—1949 年）

第一节 移驻重庆

一、国府西迁

（一）统一川政

1932年到1933年间，四川爆发刘文辉与刘湘叔侄争霸的"二刘之战"。尽管刘湘取得了最后的胜利，但元气大伤，兵困财乏，同时也需要蒋介石政府对其地位的确认。因此，1934年11月，刘湘与蒋介石达成协议，蒋介石授权刘湘统一四川军政，刘湘则开放四川门户，允许蒋系中央军入川。12月21日，南京国民政府明令四川省政府改组，任命刘湘、邓汉祥、甘绩镛、刘航琛、杨全宇、郭昌明、谢培筠为四川省政府委员，刘湘兼任省政府主席，并授以统一四川军事、政治、经济的特权。在任命刘湘的同时，蒋介石派贺国光监誓四川省政府成立仪式。蒋介石在电文中写道："刘总司令甫澄兄勋鉴：鱼电悉，永密，成立川省府，已派贺主任国光监誓矣。中正佳酉秘牯印。"① 1935年1月12日，贺国光率国民政府军事委员会委员长行营参谋团抵达重庆。2月10日，在贺国光的监誓下，刘湘主导的四川省政府在重庆正式成立。成都原是刘文辉的地盘，刘湘根基不稳，也不愿离开重庆这个老巢。因此，关于将四川省政府设重庆的原因，刘湘在咨文中解释称："查四川省府，历系设置成都，近因剿匪关系，先行就渝成立，一俟军事粗定，仍即迁回成都，以符定制。"②

在铺平统一四川的道路后，3月2日，蒋介石抵达重庆（图5），

---

① 蒋委员长为成立四川省府派贺主任监誓电. 四川省政府公报，1935年第1期，64.
② 咨各部会及各省政府先行在渝成立四川省政府暨就职日期由. 四川省政府公报，1935年第1期，44.

第四章　陪都的繁荣与没落（1935—1949年）

开启长达半年的西南之行。有媒体记录了蒋介石抵渝情形："蒋氏即从机中步出，衣黄色中山服，头戴青色呢帽，发现班白，蓄一字胡须，面虽较前清癯，而神采奕奕，精神丰满，刘主席、贺主任及各欢迎人员，即趋前敬礼，表示欢迎，蒋氏一一回答后，当即分乘预就之汽船三艘，向朝天门直驶。"① 蒋介石来渝除了公开的反共目的外，还带有更重要的目的："一是统一四川及西南诸省于国民党中央势力的直接控制之下，其二是为即将到来的中日战争寻觅、策定一个中华民族与国民政府的最后根据地。"② 为此，3月4日，蒋介石在重庆做了题为《四川应作复兴民族之根据地》的演说，引经据典，说明四川物产丰饶，在国家治理中具有重要作用。此后，蒋介石在贵州贵阳、云南昆明和四川成都等地又陆续做了《新贵州之建设极易成功》（贵阳，5月6日）、《建设新云南与复兴民族》（昆明，5月12日）、《建设新四川的根本要道》（成都，10月6日）、《四川治乱为国家兴亡的关键》（成都，10月8日）等一系列讲演。11月1日，重庆行营（全称国民政府军事委员会委员长重庆行营）正式成立，行营主任顾祝同，参谋长贺国光，秘书长杨永泰，驻地在原重庆镇守使署。

图5　1935年蒋介石抵达重庆的场景③

---

① 蒋委员长莅渝纪实.四川省政府公报，1935年第2期，101-102.
② 唐润明.衣冠西渡：抗战时期政府机构大迁移.北京：商务印书馆.2015.46.
③ 蒋委员长之莅渝：由囤船渡过棹板［照片］.四川省政府公报，1935年第2期，2.

重庆行营成立后旋即参与到了重庆乃至四川的行政事务中。1936年初,重庆行营督促重庆市政府加快修建渝筑路(重庆至贵阳),公文写道:"重庆张市长勋鉴,据本行营路监处工务员孙炽富微代电称,该府对于此次整理渝筑公路,工程进度极慢,内部组织,毫无条理,各级负责人员,希图敷衍了事,迄现刻止,工程仅完成十分之二,乞转电催促,等情,查该路完工限期在即,似此玩忽,殊属非是,兹限于二月十五日完竣,如再延误,定予严惩不贷云。"① 此外,《四川月报》还有重庆行营核准培修重庆城墙办法(1935年)、重庆行营核准渝市所拟房屋租佃规则及契约细则(1936年)等报道。就这样,重庆逐步成为蒋介石控制四川和西南的主要军政中心,为抗日战争时期重庆成为国民政府的驻地铺平了道路。

(二)衣冠西渡

1937年7月7日,卢沟桥事变爆发;8月13日,上海八一三事变爆发;8月14日,国民政府发表自卫抗战声明。随着抗日战争全面爆发,迁都已经迫在眉睫。但是,迁往何处在国民党高层中仍有分歧。早在1932年,国民党中央曾经通过《确定行动与陪都地点决议案》,明确长安为陪都,洛阳为行都,当时四川尚未取得实质性统一。此一时,彼一时。随着重庆行营入驻,四川自然已经纳入蒋介石的视野。

1937年8月29日,蒋介石在日记中明确表示,"如迁都则应在重庆。"② 11月15日,国防最高会议第31次常务委员会会议讨论通过了《非常时期中央党政军机构调整及人员疏散办法》,决定"国民政府及中央党部迁重庆,军事委员会迁移地点,由委员长决定;其他各机关或迁重庆,或随军委会设办事处,或设于长沙以南

---

① 行营令渝市府限期修竣渝筑路. 四川月报, 1936年第8卷第2期, 194.
② 潘洵. 抗日战争时期重庆大轰炸研究. 北京: 商务印书馆. 2013. 56.

第四章 陪都的繁荣与没落（1935—1949年）

之地点。"① 11月16日，蒋介石在国防最高会议第五次会议上做题为《国府迁渝与抗战前途》的演讲，"……到了二十四年进入四川，这才找到了真正可以持久抗战的后方。所以，从那时起，就致力于实行抗战的准备……现在中央已经决议，将国民政府迁移到重庆了。国府迁渝并非此时才决定的。而是三年以前奠定四川根据地时所早已预定的，不过今天实现而已……"国民政府主席林森在会上致辞称："我不愿离开南京，不愿先有举动，现既众意决国民政府迁移是为战略关系，且只可迁移一次。故本人今晚乘军舰上船……自战事开始以至于结束以前，所有党政一切，均交给大元帅，故无甚不方便，迁移重庆办公宣言就电知，当即下令。"②

11月17日，国民政府主席林森西上，行政、立法、司法、监察、考试等五院随迁，拉开了国府西迁的序幕。11月20日，国民政府以林森名义正式发布《国民政府移驻重庆办公宣言》，称"国民政府兹为适应战况，统筹全局，长期抗战起见，本日移驻重庆。"林森来渝正值长江枯水期，因为乘船吃水不足多次换船，一路颇费周折。他从南京乘军舰"永庆舰"逆流而上，抵达沙市以后，改乘军舰"永绥舰"到达宜昌。21日到宜昌后，因川江水浅，"永绥舰"吃水过深不能上行，林森率要员16人换乘民生公司"民风轮"继续西行，其他人员和物资另乘"民贵轮"随行。26日抵达重庆后，因"民风轮"不能直达储奇门码头，林森一行又在人和码头（邮政码头）换乘"民律轮"。当然，从长江下游西上多次换船并不罕见。在1 000多年前，陆游入蜀就先后在镇江、荆南、沙市等地换乘了4艘船③。林森抵渝当天，重庆各界举行了隆重的欢迎仪式，从朝天门、小什字、督邮街、七星岗、两路口到大溪沟沿线显眼位置都布置松柏五彩牌坊和"欢迎国民政府林主席"的红字横幅

---

① "中研院"近代史研究所. 王世杰日记·第一册. 1990. 140. 转引自唐润明. 衣冠西渡：抗战时期政府机构大迁移. 北京：商务印书馆. 2015. 92.
② 唐润明. 衣冠西渡：抗战时期政府机构大迁移. 北京：商务印书馆. 2015. 94.
③ 张聪. 行万里路——宋代的旅行与文化. 李文锋译. 杭州：浙江大学出版社. 2015. 125.

白布标语。

为迎接国民政府来渝办公,重庆地方当局还做了充分准备。11月20日,国民政府军事委员会委员长重庆行营向四川省立重庆高级工业职业学校校长顾升騕发布密令,下令借用该校校址作为国民政府办公场地。随后,重庆市政府工务科奉令会同基泰建筑公司对场地进行改建,建成后的国民政府,"内部房屋壁涂黄色,地板加染褐色,空地栽植羊柏及成熟之四季柑各种。大门一座,宽宏巍峨,尤显庄严伟大。"①

12月1日,国民政府行政院通知各地称:"本院依照中央决议,兹经移渝办公"②;同日,国民政府宣布在重庆新址正式开始办公。12月6日,国民党中央执监委员会宣布在重庆开始办公。到1938年底,国民党中央、国民政府及其所属各院、部、会大多迁到重庆。南京国民政府移驻重庆,在当时看来宣誓了坚持长期抗日的决心。时人平生评价:"国府之移驻重庆,是很有意义的、很有价值的,证明了政府有坚决抗敌的一贯政策,值得吾人拥护。同时,我们不要认为这是消极的退守,也希望这是长期抗敌的步骤之一。"③另一篇报道也写道:"在未移都以前,一般人常怀疑到政府没有长期抗战的决心,深恐敌人一旦兵临城下,政府即为畏葸的屈服,现在已明白了。"④

由于国家机关为城市注入新血液,美国《时代》周刊在这一年对重庆的称谓逐步向好,由原来的"鸦片之都"更新为"政府的官方所在地"(officially the seat of the government)、"中国的内陆首都"(China's inland capital)、"官方首都"(the official capital)和国际化都市等⑤。关于迁都重庆,时人赵授承提出,"而它(重庆)

---

① 国府改建将竣. 国民公报,1937-11-29. 转引自重庆市档案馆,重庆师范大学. 中国战时首都档案文献:迁都 定都 还都. 重庆出版社. 2014. 135.
② 行政院通电移渝办公. 国民公报,1937-12-2.
③ 平生. 国民政府移驻重庆的认识. 川东文艺半月刊,1937年第1卷第4期,7-8.
④ 斐烈. 国民政府移都重庆. 中山周报,1937年第156期,第2版.
⑤ 张瑾. 陪都岁月:重庆时期的宋美龄研究. 北京:东方出版社. 2018. 146.

第四章 陪都的繁荣与没落（1935—1949 年）

利于建都的最大可能性，为附近之山石，多为岩石。筑为防空洞后，可以抵御最重磅之炸弹。加之半年时光，常在雾气蒙蒙之中。两者皆为防空利器。又有四川及其邻省，山河险阻，物产丰饶，人口众多为之后盾。是守攻之资俱已齐备。"①

二、工业转移

（一）民国工业

我国的近代工业肇始于清末洋务运动。从 1862 年到 1895 年间，奕䜣、李鸿章、张之洞等洋务派打着"求强""求富"的旗帜，积极创办机器工业、钢铁工业、纺织工业等，推动了官僚资本主义发展。甲午战争后，帝国主义国家获得了在华设厂特权，对中国的经济侵略也从以商品输出为主转到以资本输出为主，帝国主义投资企业从重工业到轻工业无所不包，垄断了中国工业发展②。第一次世界大战期间，我国民族资本主义有过短暂辉煌，但总体发展层次不高，空间分布也不均衡。

1927 年，南京国民政府成立后对工业发展做了很多有益改革。第一，完善工业组织管理机构。1928 年 2 月，成立工商部，1931 年改组为实业部，主管经济建设。此外，还成立有国民政府建设委员会、资源委员会和兵工署等工业管理机构。第二，制定出台了一系列鼓励工业发展的政策措施，如《特种工业奖励法》《工业奖励法》《奖励工业技术暂行条例》等，促进了机器、化学等重要工业发展。第三，制定了一系列工业法规，如《公司法》《工厂法》《矿业法》等。第四，建立国家资本工业③。1928 年 8 月，工商部长孔祥熙在国民党二届五中全会上提出兴办国家资本工业方案，把钢铁、机器、水电、纺织、化工、制盐和造纸等工业列入由政府投

---

① 赵授承. 迁都重庆. 上海：大成出版公司. 1948. 5.
② 范西成，陆保珍. 中国近代工业发展史（1840—1927 年）. 西安：陕西人民出版社. 1991. 143.
③ 邱松庆. 南京国民政府初建时期工业政策述评. 中国社会经济史研究，1998 年第 04 期，89-92+64.

资创办范围；1929年3月，国民党第三次全国代表大会通过决议案，制订了国民政府经济建设方案。第五，优化工业空间布局，促进地域均衡发展。1930年7月，国民政府建设委员会专门制定了《西北建设计划》①。第六，实行裁厘。1930年底，国民政府发电全国，要求在1931年1月1日实行裁厘，裁撤范围有厘金及厘金变名之统税、统捐、特税、货物税、铁路货捐、邮包税、落地税及正杂各税捐中含有厘金性质者，以及海关五十里外常关税及其他内地常关税，子口复进口税等②。第七，提高进口关税。从1929年逐年提高进口税率，到1935年，进口税率已经高达27.2%。

在这些举措下，民族资本主义在20世纪30年代迎来第二个"黄金时期"。资料显示，到1937年9月全国具有动力或工人超过30名以上的各类工厂共有3 849家，其中上海有1 290多家，占全国总数的三分之一以上③。时任经济部长翁文灏将全面抗战爆发前我国工商业发展特点概括为三点：第一，在工业构成上，是轻工业比率的庞大。重工业工厂数量仅占比14.72%。第二，在工业分布上，是沿江海地区密集度的过高。沿海六省三市一特区工厂数量占比高达76%。第三，在企业组织上，旧式企业成分较大。合伙和独资两种企业占比61.16%，而公司组织性质企业占比不到1/3。④

(二) 工厂内迁

1937年7月7日，卢沟桥事变爆发后，国民政府有组织、有计划部署工矿企业内迁的速度开始加快。9月中旬，翁文灏从欧洲回国，拉开了中国"工业总动员"的序幕。关于厂矿内迁，他回顾

---

① 方光华，梁严冰. 抗战前后国民政府的西北建设战略. 南开学报（哲学社会科学版），2014年第3期，44—59.
② 袁成毅. 评1931年南京国民政府的"裁厘改税". 杭州师范学院学报（社会科学版），1989年第4期，37—44.
③ 袁梅因. 战时后方工业建设概况. 1944. 转引自重庆市档案馆，重庆师范大学. 中国战时首都档案文献：战时工业. 重庆出版社. 2014. 153.
④ 翁文灏. 中国工商经济的回顾与前瞻. 1943. 转引自重庆市档案馆，重庆师范大学. 中国战时首都档案文献：战时工业. 重庆出版社. 2014. 136.

第四章 陪都的繁荣与没落（1935—1949年）

说，"抗战初起的时候，我曾到过俄国莫斯科、英国伦敦，回来的时候，大战已在进行。委员长（注：蒋介石）说，我们必须同生共死，共患难，一心一德，共同来挽救这个危局。我们虽然没有工业基础，还是要持久抗战，争取胜利。既然要持久，沿海沿江一带，必须放弃，内地必须建设。所谓内地，就是指平汉、粤汉两路以西地带而言。他这种见解，实在值得钦佩。从此，我们就加紧西迁，将沿江沿海的物资、机件、人才，搬迁到内地，着手建设西部的经济基础。"①

国民政府为激励国有和民营企业内迁，制定了一系列激励政策措施和规划。1937年10月，蒋介石核准厂矿迁移原则及监督迁移办法，迁移厂矿主要分为两种：军需厂矿和普通厂矿。相对于普通工矿而言，给予军需工矿的补偿奖励措施更为丰厚，包括"补助奖励费；迁移时免征各种转口及落地捐税，并得按军用品减收迁费及优先运输；拨给建厂地亩；由政府担保或介绍银行息借低利款项；发给奖励金。"② 1938年，经济部制订了"西南西北工业建设计划"，其中"属于工业调整者"部分专门列出工业内迁计划，"凡生产有关军事与民生所需物品之工厂，例如化学、五金、机械、燃料、纺织、食料等工厂，均分别督令迁入内地。新设厂地点，就该地区之交通情形，安全程度及原料、动力之供给量等，妥为分配。"③

1937年9月开始，济南兵工厂、上海炼钢厂、金陵兵器厂等兵工署所属军工企业首先内迁，也拉开了抗战时期厂矿内迁的大幕。随后，航空委员会所属的中央杭州飞机制造厂、韶关飞机制造厂、中央南昌飞机制造厂，资源委员会和国家行局所属的工矿企业陆续内迁。与此同时，民营厂矿企业也在国民政府资源委员会的动员下

---

① 翁文灏. 科学与工业化——翁文灏文存. 北京：中华书局. 2009. 643. 转引自张守广. 筚路蓝缕：抗战时期厂矿企业大迁移. 北京：商务印书馆. 2015. 19.
② 重庆市档案馆，重庆师范大学. 中国战时首都档案文献：战时工业. 重庆出版社. 2014. 70.
③ 同上书. 73.

陆续开始内迁。彼时，卢作孚创建的民生公司有运输船只46艘，总吨位1.87万吨，职工近4 000人，承接了长江上游70%的航运业务，是当时长江流域最大的运输企业。1938年1月，蒋介石任命卢作孚为交通部常务次长，负责战时全国水陆交通运输工作。民生公司参与了首批沿海工矿内迁任务。卢作孚曾回忆说，"去年（1937年）战事发生，民生公司的轮船集中在两个地方，一是芜湖，一是镇江。在芜湖的是装运兵工器材，在镇江的是装上海的迁厂机料，这些器材、机料运送后方，都是为了加大抗战的力量。"① 由于战事初期应急需要，很多军事厂矿企业搬迁到中部的湖北武汉、湖南辰溪等地。但是到1938年8月，日军逼近武汉，武汉吃紧，很多厂矿企业又面临二次搬迁。

1938年10月25日武汉沦陷前，经由武汉或从武汉起运内迁的厂矿有304家，机器设备等项物资超过5.1万吨，技术员工万余人②。面对巨量内迁任务，经济部工矿调整处制定了四条主要迁移路线：第一，经宜昌入四川。主要是规模较大的重要厂矿，共计134家，机器32 328吨，技工1 532名。第二，循湘水至湖南，亦可再由湘南入桂。第三，经常德进入湘西。这两条线路共迁入湘南、湘西工矿企业118家，机器5 913吨，技工148名；迁入桂林工矿企业21家，机器2 511吨，技工58名。第四，由铁路迁至陕西宝鸡。主要是棉纺织厂和铁厂、染厂，共计20家，机器10 199吨，技工58名。③

宜昌素有"长江咽喉，入川门户"之称。在四条内迁线路中，宜昌至四川线路挑战最大。首先，工矿企业的重要性最高，且数量、机器重量和人员都是最多的。而且，除工矿企业外，还有来自

---

① 凌耀伦，熊甫.卢作孚文集.北京：北京大学出版社.1998.494.
② 张守广.筚路蓝缕：抗战时期厂矿企业大迁移.北京：商务印书馆.2015.19.
③ 工矿调整处关于办理工矿内迁的报告.1938.转引自重庆市档案馆，重庆师范大学.中国战时首都档案文献：战时工业.重庆出版社.2014.79.

第四章　陪都的繁荣与没落（1935—1949年）

华南、华东和华北的各类物资，总运输量超过9万吨①。其次，战争的威胁最为严重。武汉陷落后，日军紧接着开始向西进攻宜昌。再次，面临长江低水位自然条件的挑战。每年从10月起，长江将迎来枯水期，长江上游只有40天左右的中水位。这个重任再次交到民生公司卢作孚手上。为加快内迁速度，卢作孚实行了"三段航行法"，"将整个运输分为三段航行，宜昌至三斗坪的特枯段为第一段，马力小、吃水浅的船只航行；三斗坪至万县的水流湍急河段为第二段，用大马力船只航行；万县至重庆的枯水段为第三段，采用小马力船航行。"② 1938年10月24日，第一艘满载货物的轮船离开宜昌码头，宜昌撤退正式开始。经过40多天的奋战，民生公司不辱使命，实际转移9万多吨工业物资设备和3万多人，圆满完成内迁任务。

东部工厂顺利内迁与当时四川本地当政者的支持是分不开的。四川虽然深处内陆，但是思想比较开明。林继庸回忆工厂内迁时谈道，"刘湘虽是军人出身，但很重视工业，与广东的陈济棠同是注重工业发展的军人，他心念四川工业的将来，特电邀四川工业专家胡光麃先生于（1937年）12月18日由川飞汉，向我们解说四川的资源及设厂的环境。12月28日，四川建设厅长何北衡先生亦由川来汉，继续敦劝……何北衡先生的辞令当时很给厂家一番感动。"③用地方面，为满足内迁工厂购地需求，刘湘在病榻上向四川省政府邓汉祥秘书长发电，"务必尽力协助迁川工厂购地，万勿任令地主刁难。"④ 为此，四川省务会议决定成立迁川工厂用地评价委员会，委员包括重庆市市长、江北县县长、巴县县长、市公安局长、市商会会长、建设厅驻渝代表、建筑专家关颂声、工业专家胡光麃、军

---

① 周凯，张琴，王晓磊，赵宇航.悲壮的"中国敦刻尔克大撤退".新华每日电讯，2014-08-31，第003版.
② 贾杉.中国物流近代化研究（1840—1949年）.西北大学，2009. 71.
③ 刘凤翰.民国经济：亲历者口述实录.北京：中国大百科全书出版社. 2016. 36.
④ 同上.

委会代表林继庸等九人。税收方面，四川省政府省务会议决议，"凡迁川工厂厂地印契准免收附加税三成。"① 除此以外，重庆社会各界也为工厂内迁积极准备。1937年9月前后，为应对大量工厂内迁重庆的情况，四川省建设厅重庆办事处主任范英士，邀请热心建设人士宁芷邨、宋帅度、胡子昂、郑璧城、吴晋航、周钦岳、卢子英、蔡家彪等在民生公司开会，成立后方建设咨询会，以备移川厂家咨询②。

从1937年9月到1940年底，有大约40家国营厂矿和647家民营厂矿完成内迁。国营厂矿分别是17家兵工厂、3家飞机制造厂和18家资源委员会所属工矿电厂，还有裕丰纱厂等一些股份制国营企业；民营厂矿方面，有钢铁工业2家，机械工业230家，电工器材工业41家，化学工业62家，纺织工业116家，饮食品工业54家，教育文化工业81家，矿业8家，其他工业54家③。大量成熟工业企业内迁推动重庆的重工业比例开始超过轻工业。到1940年，重庆拥有159家机械厂、17家冶炼厂、23家电力厂、120家化肥厂、62家纺织厂；其他行业40家，共429家，成为大后方唯一的门类齐全的综合性工业区④。厂矿内迁形成了重庆、川中、广元、川栋、桂林、昆明、贵阳和宁雅八个工业中心区。但对于抗战时期的西南地区工业发展而言，厂矿内迁带来的实体贡献只是一小部分，更多厂矿是在带来的先进管理方法、经验、资金触动下发展起来的⑤。

三、学校内迁

1937年，国民政府教育部所属高等学校108所，除此之外还有党、政、军所属高校和教会高校、省属等各类高校。1937年7月7

---

① 刘凤翰. 民国经济：亲历者口述实录. 北京：中国大百科全书出版社. 2016. 36.
② 渝各界人士组后方建设咨询会. 四川月报，1937年第11卷第4期，157—158.
③ 张守广. 筚路蓝缕：抗战时期厂矿企业大迁移. 北京：商务印书馆. 2015. 123.
④ 潘洵. 抗日战争时期重庆大轰炸研究. 北京：商务印书馆. 2013. 65.
⑤ 同①书. 5.

第四章 陪都的繁荣与没落（1935—1949年）

日，卢沟桥事变爆发后，中央研究院院长蔡元培、北京大学校长蒋梦麟、清华大学校长梅贻琦、南开大学校长张伯苓、北平研究院院长李煜瀛、同济大学校长翁之龙、中央大学校长罗家伦等102人联合发表声明，揭露日本侵略军破坏我国教育事业的罪行，提出"教育为民族复兴之本"的口号，倡导采取果断措施，将部分高校迁往内地坚持办学[①]。

8月11日，国民政府行政院发布了《总动员时督导教育工作办法纲领》，为随时可能被战火波及的学校提出管理要求，如"比较安全区域内之学校，尽可能范围内，设法扩充容量，收容战区学生。"随后不久，国民政府教育部签发《战区内学校处置办法》，要求各级各类学校根据所在区域战况情形酌情采取应对措施，"一、于其辖境内或辖境外比较安全之地区，择定若干原有学校，即速尽量扩充或布置简单临时校舍，以为必要时收容战区学生授课之用，不得延误；二、受外敌轻微袭击时仍应力持镇定，维持课务，必要时得为短期休课；三、于战事发生或迫近时，量予迁移。其方式得以各校为单位，或混合各校各年级学生统筹支配暂时归并，或暂时附设于他校；四、暂时停闭。"9月29日，教育部又下发《战事发生前后教育部对各级学校之措置总说明》。

此后，随着日本侵华的阶段性发展，高校向内地迁移先后经历了三次高潮：第一次是在1937年到1939年间，全部或部分内迁的高校有50多所；第二次是1940年下半年到1943年春，太平洋战争爆发后，华南地区和东南地区部分高校内迁，约21所；第三次是1944年4月到1945年初，豫湘桂战役爆发促使豫西、粤北、湘西等地高校再次迁移，约26所。[②]

抗战前，位于重庆的国民政府教育部所属高校只有重庆大学1所，其他还有四川省立教育学院、西南美术专科学校等地方大专院校。抗战爆发后，内迁重庆的高校既有中央大学、复旦大学、交通

---

① 王杰，张磊. 西北联大的兴学强国精神. 博览群书. 2016年第3期，66-71.
② 贺慧霞. 抗战时期高校内迁对中国文化的保存与传承. 阴山学刊，2016年第29卷第2期，98-102.

大学等综合性大学，也有军政部陆军大学、海军学校、兵工专门学校等军事院校；有国立艺术专科学校、武昌艺术专科学校、江苏医政学院等专业类学校，还有徐悲鸿等社会人士筹办的中国美术学院。2005年，学者张成明和张国镛对抗战时期迁渝高校进行了比较全面的考证①。总体来看，高等学校和文化机构的内迁完成了中国文化教育中心的西移，重庆因此被誉为战时中国的"齐之稷下"。

除了高等学校以外，还有很多中小学适龄儿童需要解决入学需求。为此，国民政府决定成立一些中小学或令市内各小学接收难民儿童。如1938年7月20日《国民公报》报道，"经市府派员与该会（战时保育会四川分会）会商结果，介绍为学徒，在事实较为困难，至于就学一事，决定令饬市内各小学，本期余出三分之二之免费名额，专收难童云。"②除政府组织的以外，也有社会各界知名人士以及当地人将现有的学校、宗祠等建筑借用给难民作校舍。1939年7月，陶行知先生在北碚邻近的草街子创办育才学校，校址就坐落在一个农村的古庙——古圣寺，学生多是抗战时期流落到后方的苦难儿童③。著名历史学家、教育家章开沅先生当时也流落重庆，他回忆说，"回想在那国破家亡之际，是当地老百姓满腔热情接纳了我们这批流离失所的小难民，他们把最尊贵的宗祠建筑提供给我们作为校舍。"④

学校内迁带动了沙坪坝、磁器口、青木关、北碚、歇马场、江津白沙镇等重庆周边小城镇的发展，尤其是重庆沙磁区和江津区白沙镇成为著名的文化区。吴锡泽在1939年8月写的沙坪坝颇有趣味，"沙坪坝原来不过是重庆城北乡下一个小小的市镇。说它是小市镇，实在未免有点过分。因为两年前，当我初到这来的时候，它

---

① 张成明，张国镛. 抗战时期迁渝高等院校的考证. 抗日战争研究，2005年第1期，169-169.
② 《国民公报》关于渝市各界安置难童的报道. 1938-7-20. 转引自重庆市档案馆，重庆师范大学. 中国战时首都档案文献：战时社会. 重庆出版社. 2014. 404.
③ 北碚区政协文史资料委员会. 北碚文史资料. 第一辑. 陶行知在北碚专辑. 1984. 34.
④ 重庆市档案馆，重庆师范大学. 中国战时首都档案文献：迁都 定都 还都. 重庆出版社. 2014. 总序.

第四章　陪都的繁荣与没落（1935—1949年）

一共只有几十户人家，还有摆摊儿似的寥寥几间小杂货店，和一两间灰尘满目的小吃店……然而，今日的沙坪坝却非往昔可比了。旧的房子大部分已拆改为崭新的建筑物，高楼大厦一座一座在空广荒芜的地方涌现了出来，一条街道已扩充得很宽敞，两旁的商店密密的排列着……夜里到了，金碧辉煌的电灯，照耀得全市如同白日，越显出它的繁华热闹。"①

由于重庆城市地价房价都比农村贵，因此很多大学内迁重庆之初都选址在城市近郊或远郊。日军对重庆实施大轰炸以后，已经在渝的高校和随后迁渝高校又进一步向周边扩散。高校星罗棋布地散落在广大农村区域，为大学师生与周边的农村互动创造了条件，也为我国乡村建设实践提供了地理便利。1926年和1935年，平民教育家晏阳初分别在河北定县、湖南衡山县举办乡村建设实验；1931年，梁漱溟在邹平举办山东乡村建设研究院。但这些实验都因为抗战爆发而被迫中止。1939年，晏阳初领导的中华平民教育促进会迁至重庆巴县歇马场（今北碚区歇马镇），次年创设中国乡村建设育才院，以重庆璧山为中心建立了华西实验区②。陶行知也在育才学校周边推广文字普及和抗日救亡宣传工作。甘烈君对此回忆道，"他（陶行知）组织育才学校学生当小先生，每周抽1—2次下到农村做家庭访问，成立识字班，扫除文盲，教唱抗日歌曲，宣传抗日救国道理。"③

但是在日军轰炸重庆期间，这些教育机构也没有幸免于难。1940年5月27日，日军对复旦大学所在地——黄桷镇（今北碚区东阳街道）进行了四次轰炸。在第四次轰炸中，孙寒冰教授等七人遇难，孙寒冰遇难时年仅37岁。此后，日军又在6月24日、7月31日和10月10日对高校密集的北碚进行了三次轰炸，国立重庆师

---

① 吴锡泽.沙坪坝.今日评论，1939年第2卷第14期.转引自杨宇振.五十章：文字空间中的重庆城（晚清—民国）.重庆：重庆大学出版社.2020.142.
② 陈启江，罗杨.晏阳初与华西实验区.中国档案，2017年第06期，82-83.
③ 北碚区政协文史资料委员会.北碚文史资料.第一辑.陶行知在北碚专辑.1984.34.

专损失最为严重,"日机在体育科门前掷一硫磺弹,顷刻间大火漫天,皇后照相馆、建国书店、亚洲饭店,一座座房屋顿时被烈焰付之一炬。"① 曾就读南开中学的齐邦媛也对日军轰炸和国军空战记忆犹新,她在《巨流河》中写道:"天晴时,可以看到两翼漆着红太阳的日本轰炸机,看它机翼一斜,肚子里落下一串串银色的尖锥形炸弹。有时,看到我们的驱逐机从反方向迎战,机关枪的声音在空中响起;有时则看到冒烟的飞机,火球似地向地面坠落。"②

四、人口膨胀和城市问题

国民政府迁都前,重庆新市区的骨架已基本完成,南区、中区两条干道相继通车,城市建成区面积由民国初年的5平方千米增加到约12平方千米③。1936年初,根据重庆市公安局精密调查,重庆市总户数为7.44万户,人口33.92万④。1936年11月,重庆市达到9.38万户,人口达到44.90万⑤。大量人口涌入重庆,每日无事可干,只好在街上穿梭闲逛。1936年,王治裳发现重庆市上闲人多俨然成为一个通常惯有的现象,"趁了午饭或晚餐后的休息时间,你沿着马路溜得溜得,无论你走到督邮街、小梁子、商业场、县庙街或陕西街,两边人行道上的过客,总是川流不息地挤来挤去的,且在人丛中夹着了许多闲人。"⑥ 1937年7月7日,全面抗战爆发以后,东部迁移到重庆的难民更是有增无减。一项统计表明,从1937年8月28日到10月2日,30多天内就有2 620人来渝,主要是学界和商界人士⑦。

---

① 北碚区政协文史资料委员会. 北碚文史资料. 第四辑. 抗日战争时期的北碚. 1992. 74.
② 齐邦媛. 巨流河. 北京:读书·生活·新知 三联书店. 2011. 72.
③ 张瑾. 陪都岁月:重庆时期的宋美龄研究. 北京:东方出版社. 2018. 146.
④ 七个统计:重庆人口. 磐石杂志,1936年第4卷第2期,52.
⑤ 渝十一月份人口统计. 四川月报,1936年第9卷第6期,184—185.
⑥ 王治裳. 重庆市上闲人多. 现代读物,1936年第5卷第13期,1-2.
⑦ 战区到渝难民统计. 四川月报,1937年第11卷第4期,184-185.

第四章 陪都的繁荣与没落（1935—1949 年）

1936 年后，特别是国民政府迁驻重庆后，大量人口和产业内迁刺激了工业用地、高校用地和居住用地等用地需求。重庆旧市区、新市区和化龙桥、小龙坝、沙坪坝、海棠溪、龙门浩及江北老城一带，建起了各种简易的房屋和厂房、工棚。市区扩展到上清寺、两路口，郊区扩展至磁器口、歌乐山一带。笔名川客的作家描写了此时的城市面貌（图 6），"重庆市的几条冲要马路。建筑得也还不错，有两条冲要的路，都铺了柏油，路面也还光滑，不过因地势的关系，有多处是很高的坡度……马路两旁的建筑物，表明上看起来，全是四层西式楼房，也颇美观，不过全是些木头和水泥做成，虚有其表而已。"① 到 1938 年底，建成区面积已扩大到近 30 平方千米②，城市人口达到约 50 万，加上流动人口则有 60 多万。

图 6　重庆市容外观③

人口膨胀带来的直接问题就是生活基本物资供不应求，物价持续上涨。有人统计了 1937 年 11 月到 1942 年 11 月五年间重庆市四口之家最低生活费的变化情况。1937 年 11 月，费用为 28.70 元；

---

① 川客.重庆市的建筑物.海王，1936 年第 8 卷第 24 期，405.
② 隗瀛涛，沈松平.重庆史话.北京：社会科学文献出版社.2011.91.
③ 吴□作.重庆市容外观［照片］.现代读物，1936 年第 10 卷第 21 期，1.（原文献作者姓名不清。）

1938 年 11 月，费用略有上涨，为 33.18 元；1939 年后增幅开始加速，此后四年 11 月份的费用分别为 62.86 元、263.23 元、637.82 元、1 686.92 元①。

由于人口蜂拥而至，城市的各项基础设施又不能及时跟进，供需冲突和矛盾导致城市问题重重。邓纯一口气指出了重庆市政存在的五个问题：第一，交通方面。落伍的轿子和滑竿残留在现代化的都市，缺乏安全便捷的渡江交通工具，邮寄业务迟滞。第二，卫生方面。老鼠大行其道，公共厕所奇缺，街道垃圾成堆。第三，市容方面。鸦片烟店、娼妓盛行，街道和门牌不齐，广告乱贴乱画。第四，救济方面。流浪儿童难以收容，路毙人员横尸街头。第五，治安方面。人口众多又没有详细调查，火灾安全隐患大量存在。②

城市拥挤不堪，普通人的生活也无品质而言。陈克文在 1938 年 11 月 6 日的日记中就记载了他当天的糟糕经历："到七星岗换乘轿子，中间经过许多小街小巷，湫隘曲折，阴湿污秽，臭气熏天，老幼男女，瑟缩其间，毫无人色，这些都是道地的重庆街道。这样的市民生活，真是和粪堆里的蛆无异。重庆市政，今后唯一急务，应该是改进公共卫生几个字。"③ 记者亚士在一篇报道中穿插介绍了重庆拥挤不堪的公共交通，"故公共汽车成为民众唯一之新式交通工具；但因车辆太少，平时即拥挤不堪，每逢例假，停立街头，不得其门而入者尚大有人在，而公司方面，徒知增价，不谋补救，对于民众时间经济之损失，不可数计。"④

但不管怎么说，重庆站在了当时中国的政治核心，城市的地位是过去任何时期都无法比拟的。正如学者潘洵所言，重庆由一座偏处内陆的商埠小城逐渐发展成为一座具有现代化工业的经济重镇，

---

① 重庆市四口之家最低生活费. 中农经济统计, 1943 年第 3 卷第 1 期, 37.
② 邓纯. 谈谈重庆市政问题. 国魂, 1938 年第 22 期, 9-10.
③ 陈克文日记（1937—1952）（上册）. 转引自张瑾. 陪都岁月：重庆时期的宋美龄研究. 北京：东方出版社. 2018. 123.
④ 亚士. 四川的上海：重庆. 上海人, 1938 年第 1 卷第 13 期, 197-198.

第四章 陪都的繁荣与没落（1935—1949年）

由偏居西陲的一座古老城市一跃成为国民党统治区的政治、经济、军事、文化、外交和社会活动中心①。

第二节 重庆大轰炸与城市外延

一、无差别轰炸及人口疏散

（一）无差别轰炸

1899年7月29日签订的海牙第二公约《陆战法规和惯例公约》及其1907年修订版都规定"禁止以任何手段攻击或轰击不设防的城镇、村庄、住所和建筑物。"② 日本于1900年10月6日加入了该条约。此外，日本参与的华盛顿限制军备会议专门委员会1922年讨论并通过的《空战法则草案》也规定，"为使平民发生恐怖、破坏或损坏非军事用性质的私人财产或伤害非战斗员的目的而进行的空中轰炸，应予禁止。"但所有这些都没能阻止日本帝国主义发动无底线战争行为的步伐，日本学者前田哲男认为日本是新式杀戮之开先河者③。

早在1931年10月8日，日军就第一次组织12架飞机组成的编队对我国东北的锦州城进行无差别轰炸。臭名昭著的石原莞尔甚至还亲自乘机侦查轰炸效果。事后美、英、法、意等国对于日本无视国际规则的行径也提出了抗议，但没能阻止日本帝国主义随后更为丧心病狂的无差别轰炸。因为，日军的目的就是要"飞行团以主力攻击重庆市街，务使敌政权上下感到震撼。"④ 在国民政府移驻重

---

① 潘洵.抗日战争时期重庆大轰炸研究.北京：商务印书馆.2013.58.
② 陆战法规和惯例公约．［2021-09-03］．https://www.icrc.org/zh/doc/resources/documents/misc/hagueconvention4-18101907.htm
③ 前田哲男.从重庆通往伦敦 东京 广岛的道路——二战时期的战略大轰炸.王希亮译.北京：中华书局.2007.2.
④ 日防卫厅防卫研修所.战史丛书·中国方面陆军航空作战.朝云新闻社.昭和58年版．122.转引自前田哲男.从重庆通往伦敦 东京 广岛的道路——二战时期的战略大轰炸.王希亮译.北京：中华书局.2007.

庆后不久，日军就开展了两次试探性轰炸。第一次是 1938 年 2 月 18 日，轰炸了重庆下游的广阳坝，损毁 3 间房屋和致伤 3 人；第二次是 1938 年 10 月 4 日，日军 15 架飞机在重庆牛角沱等地投爆炸弹 3 枚，造成 6 人伤亡，损毁房屋 3 间①。

1938 年 12 月 2 日，以日本天皇名义发布的最高指示——大陆命第 241 号明确下达了战略轰炸重庆的指令。当天，日军参谋总长闲院宫载仁亲王下发"大陆指第 345 号"命令，指示"攻击敌战略与政略中枢须抓准时机，集中战斗力，特别要捕捉最高统帅及最高政治机关，一举歼灭之。"② 1938 年 12 月 26 日 13 时，日军飞行第六十战队和第九十八战队共 22 架日机从汉口代号"W"的基地出发飞临重庆上空，主要攻击重庆市街的中央公园，包括督军公署……公安局、县政府地区，第二目标是重庆飞机场③。

早期面对日机突如其来的轰炸，国民政府积极应对措施不足，普通市民则没有意识到问题的严重性。国民政府在城市周边和城市内都部署了一些防御措施，但整体上防御效果差强人意。环市中区山岗上部署的 6 门高射炮有效射程只有 1 500—2 000 米，威力小、数量少，对 4 200—5 000 米高空中的轰炸机完全构不成威胁。1939 年 5 月 3 日，日军组织 45 架飞机对位于靠近长江人口稠密的上半城进行轰炸，许多市民还露天观看炸弹落下的情景。日军轰炸以后，从朝天门到中央公园西侧约 2 千米的市街完全被烈火吞噬，导致死亡人数约 1 000 人。5 月 4 日傍晚，日军又对靠近嘉陵江的下半城小梁子、督邮街、夫子池、七星岗一带进行轰炸，导致约 4 400 人死亡。正是市民的麻木，放大了日军轰炸的效果。对此，雪人写道，"'七七'以来，市民始终浸融在和平的氛围里，过着闲适的生活，难民们是把它认作了新的天堂，群趋着求快乐的生

---

① 唐润明. 衣冠西渡：抗战时期政府机构大迁移. 北京：商务印书馆. 2015. 357.
② 前田哲男. 从重庆通往伦敦 东京 广岛的道路——二战时期的战略大轰炸. 王希亮译. 北京：中华书局. 2007. 55.
③ 同②书. 62.

第四章　陪都的繁荣与没落（1935—1949 年）

活，抗战在重庆，好像没有多大关系，但可惜半月前，太阳牌的铁鸟，终也送来了十多个铁蛋，使百多人鲜红的血染污了平宽的马路，警惕了迷糊的人心，于是政府忙于疏散，百姓急着下乡，淫奢的情形，是大煞了。"① 重庆城市建筑以木质为主，且建筑距离近，极易引发火灾。根据重庆市警察局 1939 年 7—10 月的火灾统计表显示，受灾户数 564 户，导致 383 间房屋受损，死亡人口 33 人，房屋价值损失 89.76 万元②。关于日军发动"五三""五四"重庆大轰炸导致人员伤亡的惨状，今天看到许多当事人的回忆仍会感到毛骨悚然。左作桴回忆，"有的人肚子破了，肠子吊在外面；有的人整条腿的肉被弹片划开，肉翻出来。"③

1940 年，日军对四川省展开规模更大的"百一号作战"，主要攻击目标"首先是重庆、成都及其附近的敌航空势力，其次是重庆、成都市街周围潜在的敌战略和政略重要设施，第三是重庆、成都市街内所在的敌战略和政略重要设施，最后是重庆、成都以外的敌航空势力或军事设施。"④ 但实际上却是惨无人道的无差别轰炸。5 月 18 日到 9 月 4 日，进行了长达 112 天、72 次的连续不断的空袭。其中，5 月 26 日到 8 月 23 日对重庆市街、工业区进行了高达 32 次轰炸，造成了"闹市为墟，伤亡山积"的惨状。仅 1940 年 6 月，轰炸就造成 802 人死亡，1 171 人受伤，损毁房屋 5 783 栋⑤。

1941 年，日军改变对重庆的轰炸策略，将先前密集的、大规模的政略战略轰炸改为小规模、多批次的骚扰性轰炸⑥，这也导致重庆发生最惨烈的六五惨案。当时，市民习惯了日军白天轰炸的节奏，一般晚上从郊外回到市区购买日用品。6 月 5 日傍晚，狡诈的

---

① 雪人. 战时首都的重庆. 时代生活. 1939 年第 5 期. 杨宇振. 五十章：文字空间中的重庆城（晚清—民国）. 重庆：重庆大学出版社. 2020. 140.
② 重庆市警察局火灾统计表. 重庆市政府公报. 1939.
③ 谭松. 血火与堡垒：重庆大轰炸采访录. 广州：暨南大学出版社. 2015. 27.
④ 唐润明. 康心如与重庆市临时参议会. 重庆：重庆出版社. 2014. 172.
⑤ 前田哲男. 从重庆通往伦敦 东京 广岛的道路——二战时期的战略大轰炸. 王希亮译. 北京：中华书局. 2007. 200.
⑥ 同④书. 207.

日军去而复返，突然对重庆发动长达三个多小时的空袭，大量市民在毫无防备的情况下涌入较场口隧道，远远超过了最大定员，导致防空洞内人员拥挤踩踏、窒息死亡，史称六五惨案。时任重庆市长吴国桢在向惨案审查委员会做的报告中描述当时的情形时说，"洞门之内（难民）手持足压，团挤在一堆。前排脚下之人多已死去，牢握站立之人，解之不能，拖之不动，其后层层排压，有已昏者，有已死者，有呻吟呼号而不能动者，伤心惨目，令人不可卒睹。"① 事后，为平息市民怒火，蒋介石将防空司令刘峙、副司令胡伯翰和重庆市长吴国桢革职留任。

7月27日到8月31日，日军又发动了"百二号作战"，包括此前发动的22次轰炸，累计轰炸36次。投入陆上攻击机2 050架次，舰载攻击机、舰载轰炸机201架次，舰载战斗机99架次，陆上侦察机39架次，总计2 389架次②。8月8日到17日，在重庆出差的罗常培记录了日军轰炸的情形："据敌人宣称，一共轰炸了一百五十小时，飞来一千架飞机，投过一万个炸弹。简直把陪都附近的民众搅得夜不安枕，日不得食。它们管这种恶行为叫做"疲劳的轰炸"！……有一阵敌机隆隆恰好从头上飞过，因为听众仍然很镇静的坐着不动，我也就不好意思'见机而作，入土为安'了。"③ 8月30日，日军远藤三郎少将亲自带队对蒋介石黄山官邸进行精准轰炸，当时蒋介石正在南山防空洞附近召开军事会议，听见敌机来后立即进入洞内。敌机连续轰炸，炸起的崩土将洞口堵塞，造成多人死伤，蒋介石幸免于难。蒋介石在随后的日记中写道，"因住室当时被震，夜雨方知其漏，几不能寐，以此推想重庆全市之同胞，乃至全国各城市被炸受难之同胞，其精神与体力之苦痛艰难，更不

---

① 林川. 重庆大隧道惨案. 国防, 1995年第08期, 45.
② 前田哲男. 从重庆通往伦敦 东京 广岛的道路——二战时期的战略大轰炸. 王希亮译. 北京：中华书局. 2007. 200.
③ 罗常培. 蜀道难. 北京：中华书局. 2020. 182.

第四章 陪都的繁荣与没落（1935—1949 年）

堪设想矣。"①

日本大轰炸不但没有把我们的斗志击垮，恰恰相反，国民在心理上更加团结。重庆市民专门创作民谣表达对轰炸的轻蔑，"任你龟儿凶，任你龟儿炸，格老子我就是不怕；任你龟儿炸，任你龟儿恶，格老子豁上命出脱！"有市民在一堵只剩门洞的残垣断壁上写下"愈炸愈强"的宣言。1984 年，汪曾祺老先生回忆西南联大日机轰炸的往事，写就了《跑警报》一文。他在文中就表达了中国人对日机轰炸、恐吓的不屑，"我们这个民族，长期以来，生于忧患，已经很'皮实'了，对于任何猝然而来的灾难，都用一种'儒道互补'的精神对待之。这种'儒道互补'的真髓，即'不在乎'。这种'不在乎'精神，是永远征不服的。"1941 年 12 月 30 日，国民精神总动员会等单位在重庆督邮街广场修建的"精神堡垒"竣工（注：今解放碑的前身）。全高七丈七尺，象征七七抗战。

国人永远不惧征服的精神，赢得了在华外国人的尊重。美国驻华大使詹森在旧金山对当地记者谈论日本轰炸重庆的功效时就表示，"日机恣意轰炸中国民众居住中心点，徒使中国人民对日敌忾愈益增高。"② 傅安娜在回忆录中生动叙述了父亲眼中坚强的中国人，"他握紧拳头，身体在书桌边，低头超前看了一会儿，又语气坚定地接着说：'我从来没有见过哪里的人比重庆人更勇敢坚强、更勤劳。他们面对那么惨烈的轰炸，从不放弃，誓死也要保卫自己的城市，一次又一次，从废墟中站起来重建家园，用自己的血肉之躯，抵抗日本人的狂轰滥炸。'"③

中国人的坚强和倔强也让日军逐渐失去了信心。参与重庆大轰炸的日军第三飞行团团长远藤三郎在回忆录中写道，"我曾连续多次乘坐轰炸机空袭重庆，从重庆上空看到两江怀抱的重庆市中州被

---

① （台湾省）抗战历史文献研究会整理.蒋中正日记.民国 30 年（1941）9 月.2015.
② 轰炸的功效.时事半月刊，1939 年第 2 卷第 15/16 期，24—25.
③ 傅安娜.汉娜的重庆.海娆译.成都：四川文艺出版社.2020.93.

破坏的面目皆非，但被大江隔开的两岸地区，特别是右岸地区广阔的范围内渐现发展趋势，真不知如何轰炸才能给他们以沉重的打击。"① 1941年9月，为做好对英美作战准备，日军中央部向派遣军下达了停止对中国内地轰炸的决定。12月8日，日军突袭珍珠港，太平洋战争全面爆发。从此，针对重庆城区的空袭基本结束，此后偶有零星轰炸。1943年8月23日，日军最后一次空袭重庆城区；1944年12月19日，日军轰炸梁山（今重庆市梁平区）、万县（今重庆市万州区）、开县（今重庆市开州区），此后对重庆及周边的轰炸彻底结束。

从1938年到1944年，日军对重庆的轰炸大致经历了三个阶段：试探性轰炸阶段（1938年2月到1939年1月）、大规模轰炸阶段（1939年5月到1941年8月）和零星轰炸阶段（1941年9月到1944年12月）。在长达6年零10个月轰炸中，日军共空袭重庆达218次，出动飞机9 513架次，投弹21 593次，炸死市民11 889人，伤14 199人，焚毁房屋17 608栋，损失资财难以计数②。生活在和平年代的人们，很难想象我们生活的城市出现过如此血腥、残暴的场景。我们可以忘记仇恨，但是我们绝不能忘记历史。时至今日，重庆每年6月5日上午10时30分至10时42分，在全市范围内进行防空警报试鸣放，警醒市民勿忘国耻、居安思危。世界上的其他民族同样如此，正如齐邦媛在世界各地战争纪念馆探寻的那样，"珍珠港海水下依然保留着当年的沉船，爱丁堡巨岩上铁铸的阵亡者名单，正门口只写着：Lest ye Forget!（勿忘!）——是怎么的民族才能忘记这样的历史呢？"③

（二）人口疏散

在日军对重庆实施大规模轰炸前，重庆市政府和国民政府已经

---

① 日中十五年战争和我. 转引自前田哲男. 从重庆通往伦敦 东京 广岛的道路——二战时期的战略大轰炸. 王希亮译. 北京：中华书局. 2007. 256.
② 潘洵. 抗日战争时期重庆大轰炸研究. 北京：商务印书馆. 2013. 12.
③ 齐邦媛. 巨流河. 北京：读书·生活·新知 三联书店. 2011. 2.

第四章 陪都的繁荣与没落（1935—1949 年）

认识到防空形势的严峻性。1938 年 6 月 15 日，时任重庆市长李宏琨给重庆防空司令部发函，建议尽快划定防护区以供市民疏散，并考虑防护区的治安、居住、粮食、卫生、教育、行政等问题①。10 月 19 日，国民政府军事委员会委员长行营抄发重庆防空改进办法给重庆市代电显示，"现在时局日益紧张，重庆防空愈形重要，亟应加紧进行，以备非常。"② 10 月 28 日，重庆防空司令部专门召集江北县、巴县等部门研究保障人口疏散的治安、居住、粮食和灯火管制等各项工作③。12 月 26 日，日军对重庆实施了首次轰炸。

重庆地处岭谷之间，地形封闭，风速小，静风频率高，空气湿度大，加之嘉陵江和长江提供了充足的水汽，造就了重庆"雾都"特色④。关于重庆的气候特征专门有一段俗语，"春早气候不稳定，夏长酷热多伏旱，秋凉绵绵阴雨天，冬暖少雪云雾多⑤。"冬季雾日最多，因而也被称为"雾季"。日军首次轰炸正值雾季，难以达到轰炸效果。因此，短暂轰炸后日军不得不暂时停止，这为国民政府组织人口疏散赢得了时机。

1939 年 1 月 13 日，国民政府军事委员会要求重庆防空司令部着手尽可能将各机关学校疏散于邻近各县，为避免"仅布告命令徒属空文"⑥，严令军委会办公厅及重庆市政府办理。2 月 14 日，军委会办公厅向重庆市政府发函，要求重庆市政府尽快报告办理人口疏散情形及办法⑦。由于人口疏散工作涉及面广、矛盾冲突多，重庆市政府单独办理难度较大。从当时国民政府的机构设置来看，卫戍总司令部也有人口疏散的职责，《重庆卫戍总司令部组织暂行条例》（1936 年 3 月 6 日）规定，卫戍总司令部在戒严时要执行"寄

---

① 唐润明.中国战时首都档案文献：反轰炸（上）.重庆：西南师范大学出版社.2017.556.
② 同上书.2.
③ 同上书.558.
④ 刘敏.重庆地理.北京师范大学出版社.2020.307.
⑤ 唐润明.康心如与重庆市临时参议会.重庆：重庆出版社.2014.145.
⑥ 同①书.4.
⑦ 同①书.559.

住卫戍地区内之中外居民，必要时得分别令其疏散或退出①。"因此，国民政府行政院秘书长魏道明3月11日向重庆市政府发文要求人口疏散，"应以警备司令与市政府负责主持"，② 强化了重庆市人口疏散事宜办理机关。3月15日，国防最高委员会秘书厅向重庆市政府发电，提议成立重庆市疏散委员会，以重庆卫戍司令为主任委员，警备司令及重庆市长为副主任委员，另设委员若干人，指派各有关机关人员担任。3月17日，蒋介石正式任命重庆卫戍总司令刘峙任疏散委员会主任委员。此后不久，可能考虑到防空疏散区工程建设工作需要，疏散委员会更名为疏建委员会。3月31日，行政院通过了重庆市政府呈报的《重庆疏建委员会组织规程》。疏建委员会主持重庆市疏散人口及减少空袭损害工作，设置主任委员1名、副主任委员3名、委员若干，还设置有总务、警卫、交通、工程、经济和调查等6个组。

4月，疏建委员会在疏散前对重庆市城区人口进行摸底调查，全市共计54.05万人。随后，疏建委员会分别制订了《疏建方案》和《重庆疏散人口实施计划》。《疏建方案》对城市人口疏散区域作了总体安排，"以重庆现有50余万人口之总数，以20%向重庆近郊30里以内地区，以30%乃至35%向扬子江、嘉陵江两岸，以25%乃至35%向成渝、川渝两公路两侧，以及疏建区域内之长寿、巴县、江北、合川、铜梁、璧山、永川、江津、綦江等县境内较大乡镇。"③《重庆疏散人口实施计划》则规定了人口疏散的具体流程，拟先在重庆附近各县建造住房和摊派周边县政府指定原住民腾让住房，然后再开展人口疏散。但是，由于"五四""五五"空袭对市区人员造成巨大伤亡，因此，疏建委员会只得采取先行疏散的

---

① 重庆卫戍总司令部组织暂行条例（1936-3-6）．重庆市档案馆藏档案：0053全宗，4目，129卷．转引自唐润明．衣冠西渡：抗战时期政府机构大迁移．北京：商务印书馆．2015．415．

② 唐润明．中国战时首都档案文献：反轰炸（上）．重庆：西南师范大学出版社．2017．7．

③ 同上书．659．

第四章　陪都的繁荣与没落（1935—1949年）

办法。从5月5日到5月7日，有25万人从重庆市区疏散到郊外。

5月11日，重庆卫戍总司令部印制调查表、居住证和出入证等表格，为市区内人口调查和人口甄别、疏散做准备。5月26日，疏建委员会对全市户口进行总调查，以确定留住人数和疏散人数。为保障人口顺利疏散，蒋介石5月31日还要求重庆周边的巴县、江北、长寿、合川、璧山、江津、綦江各县受重庆市长兼卫戍副总司令指挥，不久又增加永川和铜梁两县。6月15日，重庆卫戍总司令部发布疏散布告，"查重庆市户口经本部派队调查后，其必须留居市内之人数，已填给居住证，分发各居民领用完毕。凡未经核发居住证之市民，应即一律依照左列之规定施行疏散"①，并要求6月底前疏散到沿长江和嘉陵江及各公路一带。

除强制疏散措施外，国民政府希望一直通过宣传手段促使市民自动疏散。如1939年3月8日拟定的疏散人口标语，"一、公务人员的眷属要做一般市民的榜样，首先疏散到乡间去。二、一般老弱妇孺赶快疏散到乡间去。三、不必要留在都市的团体、住户、商店、工厂、堆栈、仓库，都疏散到乡间去。四、乡里的生活既廉价又安全，快去、快去、快快去。五、乡里的房屋稀疏，不怕敌寇的投弹、燃烧与轰炸……"② 同期，重庆市社会局还拟定了《疏散人口告民众书》，"……积极在附近的县份及乡村建筑很多的住宅，劝导乡民腾租空房让疏散的民众居住，其他如交通、卫生、教育、经济等事，都有通盘的筹划。总之，每一个疏散到乡村去的人，无论在衣食住行的任何一点绝不会感到不便或困难的。"③ 1939年10月，重庆市政府发布《布告市民加紧自动疏散案》，"查本市为战时首都，敌机轰炸在所难免，所有不必要居住市区内之市民、机关、学校等，亟应尽量地疏散，减少无谓牺牲，借以保存国力，迻

---

① 唐润明.中国战时首都档案文献：反轰炸（上）.重庆：西南师范大学出版社. 2017.601.
② 同上书.560.
③ 同上书.561.

经本府布告周知，并饬本市警察局挨户劝导各在案。据报今日市区民众又复渐形麇集，值此敌寇惨败之余，难免不日暮途穷，倒行逆施，设遇空袭徒增损害，为此布告，仰市民一体加紧自动疏散，免作无谓之牺牲，除令饬本市警察局转饬长警及保甲人员，再为剀切劝告外，合再布告周知。此布。①"

图7　1939年人口疏散情景②

尽管四川省和重庆市有关方面制定了《四川省重要城市人口疏散办法》《四川省重要城市人口强迫疏散办法》《四川省重要城市限制人口迁入办法》《重庆市户口迁入限制标准》等一系列文件，重庆市疏建委员会也针对无居住证人员制定了警告、勒令出境、拘留、劳役、罚款等诸多严厉处罚措施③，仍有大量市民不愿外迁。从《重庆市疏散人口比较表》（见表4）可以看出，疏建委员会5月到8月疏散人口都有明显成效，但到9月份人口出现反弹，实际减少仅16.09万。9月底，重庆城区人口37.96万，人员构成分别

---

① 重庆市政府公报，1939年第1期，70.
② 中央电影摄影场摄. 重庆在烈焰下（摄影）. 展望，1939年第7期，7.
③ 唐润明. 中国战时首都档案文献：反轰炸（上）. 重庆：西南师范大学出版社. 2017. 607.

第四章 陪都的繁荣与没落（1935—1949年）

为：有居住证者共18.18万，其中，普通市民居住证13.97万，各机关团体学校及公务员眷属居住证4.21万①；无居住证者15.71万，其中，有特殊技能人才及其家属3 696人，无职业及其他应疏散者1.59万，确系正当工商业有居留之必要者10.72万，贫苦无力疏散者3.03万②；另有约4.07万人应为进入城市但未详细调查人员，根据重庆市疏建委员会交通组工作报告显示，9月下旬进入市区人口27 961人③。

表4 重庆市疏散人口比较表④

月份	四月份未经疏散人口数	疏散以后人口数	较四月份减少数	附记
五月份	540 518	256 127	284 391	本统计四月份与九月份比较减去160 904人
六月份		306 782	233 736	
七月份		301 570	238 848	
八月份		301 249	239 269	
九月份		379 614	160 904	

9月中旬，疏建委员会向行政院呈文称，新成立的重庆郊外市场营建委员会负责城市周边建设任务，疏散任务又由重庆卫戍总司令部和重庆市政府分别执行，加之办公经费预算到10月9日终止，希望予以裁撤。在裁撤之际，疏建委员会也反映了人口疏散工作的管理失当问题，"而疏散部分，尚有未完工作，如居住证之有效期间仅规定为六个月，并未确定统一之起讫月日，本会依据法令之执行，六个月有效期间，自应以填发之日起算，最初核发者为本年六月，其失效之期，应在十月十二日，故填发有先后，失效自无整一之定时。且六个月届满之后，是否即行废止或另行换发，尚未规

---

① 唐润明.中国战时首都档案文献：反轰炸（上）.重庆：西南师范大学出版社. 2017. 27.
② 同上书. 31.
③ 同上书. 645.
④ 同上书. 30.

定。依其重要性言之，其效力应与抗战其相终始。"① 9月19日，行政院照准裁撤疏建委员会，并对疏建委员会结束后的后续事宜进行了安排，"居住证及水陆空检查哨事宜，请重庆卫戍总司令部接办，所需经费在该会节余经费项下开支，据实报销；调查组事宜，由重庆市政府接管，该市政府接收疏散工作，不得增加人员与经费，其每月所需经费，亦不得再向本院请领。"②

10月7日，国防最高委员会秘书厅向重庆市政府发电，宣告重庆市疏建委员会结束，要求卫戍总司令部和重庆市政府继续推进后续事宜③。随后，重庆市政府令重庆市警察局接替疏建委员会，继续办理疏散④。为此，重庆市警察局研究了一系列工作方法。12月，制定《重庆市警察局执行疏散人口工作简则》，要求各分局严格执行人口疏散任务，将管辖区内无证居民肃清，办到凡居民皆有证⑤；12月15日，警察局在市政府第28次市政会议建议："为加紧疏散人口起见，已拟定重庆市警察局疏散人口工作简则并制定重庆市警察局各分局疏散人口日报表，按旬统计，月终统计各表，令饬分别填报"。⑥

在疏散普通市民的同时，国民政府也及早安排了各级行政机关、公务人员及家属的疏散工作。1939年1月13日，国民政府军事委员会给重庆防空司令部下令，要求尽可能将各机关学校疏散于邻近各县⑦。在听闻政府机关疏散消息后，翁初白建议当局先成立一个辅助机关疏散的组织，负责调查疏散区各县房舍状况、离渝历

---

① 唐润明. 中国战时首都档案文献：反轰炸（上）. 重庆：西南师范大学出版社. 2017. 624.
② 同上书. 625.
③ 同上书. 641.
④ 令知无居住证或通过证者不得任其停留市内案. 重庆市政府公报，1939年第2-3期.
⑤ 重庆市政府公报，1939年第2-3期，52.
⑥ 同上. 37.
⑦ 唐润明. 中国战时首都档案文献：反轰炸（上）. 重庆：西南师范大学出版社. 2017. 4.

第四章　陪都的繁荣与没落（1935—1949年）

程、运输价格、人口状况、匪患情况等，以便各机关参考①。3月15日左右，行政院组织成立了中央各机关迁建委员会，负责办理各机关迁移和建造事宜②。对于留守的驻渝各机关团体、学校职工人员及其眷属，由重庆卫戍总司令部直接发放居住证。3月31日，为确保中央机关能够相对集中办公，行政院向重庆市发文，明确将沿成渝公路从老鹰岩到北碚一段指定为中央各机关迁建区域，要求不得向该区域疏散普通市民，区域内的建设必须经中央机关迁建委员会同意方可施工③。此后，国民党中央各机关陆续搬迁到歌乐山、歇马场、青木关等地。但公务人员似乎并不愿意被疏散，为留渝不惜动用各种手段。如陆军某团向重庆市政府发公函，希望对其团副家属"在可能范围内免于疏散，并希依法予以关照为荷！"④

1939年10月到1939年12月，重庆市警察局一手核发居住证，一手疏散人口。截至11月21日，核发市民居住证16.33万张⑤；截至11月30日，核发市民居住证19.11万张，公务员居住证4.98万张，合计24.08万张⑥。人口疏散方面，10月份疏散1 661户4 880人，11月份疏散891户2 545人，12月份疏散564户1 773人，累计疏散3 116户9 198人⑦。

1940年伊始，重庆防空司令部就催促重庆市政府从速推进人口疏散工作，"若按现有公私防空洞之容量，仅为14万余人，一遇空袭无处避难者则有30余万人之多。"⑧ 1月20日，重庆卫戍总司

---

① 翁初白. 论当前的政府机关疏散. 新经济，1939年第1卷第9期，11-13.
② 唐润明. 中国战时首都档案文献：反轰炸（上）. 重庆：西南师范大学出版社. 2017. 562.
③ 同上书. 568.
④ 同上书. 583.
⑤ 重庆市政府公报，1939年第2-3期，31.
⑥ 同上. 35.
⑦ 唐润明. 中国战时首都档案文献：反轰炸（下）. 重庆：西南师范大学出版社. 2017. 671.
⑧ 同上书. 665.

令部讨论通过《二十九年春季渝市人口疏散计划》，计划开展两个批次的人口疏散①。随后，重庆市政府根据人口疏散计划制定了《重庆市警察局执行疏散任务实施办法》，要求各局对辖区应疏散人口进行调查、公示，以便按期疏散②。主要疏散线路有七条：（1）重庆至长寿线——回龙镇、唐家沱、鱼嘴沱、洛碛场、广兴场；（2）重庆至江津线——大渡口、鱼洞镇、珞璜场、铜罐驿、顺江场；（3）重庆至合川线——磁器口、井口场、童家溪、悦来场、水土沱、黄桷树、北温泉、澄江镇；（4）重庆至北碚线——高店子、青木关、歇马场、北碚；（5）璧山至永川线——来凤驿、丁家镇；（6）璧山至铜梁线——虎峰场；（7）重庆至綦江线——土桥场、温泉场、杜市、海棠溪。③

1940年间，重庆市警察局在重庆市政府市政会议上多次报告人口疏散事宜。1月3日，第31次会议上报告："疏散人口困难原因，上次市政会议时已详细报告，而疏散娼妓，尤为困难，因有居住证者，既无法疏散，而无居住证者，亦以政府已收捐，殊难强其出境。"④ 3月6日，第40次会议上报告："2月下旬，全市疏散出境计617户，775口。"3月13日，第41次会议上报告："2月份，全市户口计96 968户，（略），本月上旬疏散出境计2 397口，3月6日至12日申请领居住证1 212张，撤销724张。"3月20日，第42次会议上报告："……7. 关于疏散其应疏散之机关、团体、学校、工厂、堆栈汇册呈卫戍部核定。8. 无力疏散市民现已调查计3 483户，9 169口，携带必要生活工具14 040件，遵卫戍总部令规定廿小市镇分配完竣……"3月27日，第43次会议上报告："本月中旬全市疏散户口计1 160户，共3 590口。"4月24日，第46次会议上报告："本月上旬全市疏散户口计916户，共2 873口。16

---

① 唐润明. 中国战时首都档案文献：反轰炸（下）. 重庆：西南师范大学出版社. 2017. 676.
② 重庆市政府公报，1940年第4-5期，54.
③ 同①书. 2017. 715.
④ 同②. 28.

第四章　陪都的繁荣与没落（1935—1949 年）

日至 20 日，共发出居住证 15 197 张，撤销 8 张，遗失 45 张。"① 此后，重庆市政府公报中市政府市政会议上各局报告事项均从略处理，后续详细的人口疏散数据无法得知。

从 1939 年初到 1940 年 3 月，人口疏散整整一年，但效果不甚显著。重庆市动员委员会在 1940 年 3 月份的国民月会报告中无奈感叹，"经过几个月的雾季，重庆市又恢复了往日的繁荣，街市是异常热闹，行人摩肩接踵，公共汽车供不应求，影戏院里拥挤不堪，饭店旅社生意兴隆……这畸形的繁荣，在非常时期是要不得的。"② 并且呼吁大家不要留恋城市，要为生命财产打算，"快快下决心，自动疏散吧！"

如何避免疏散人口去而复返一直是个头痛的问题。1941 年 1 月 25 日，蒋介石下达手令，"重庆市区户口现时应即设法疏散，最好能疏散于有余粮而不通公路之乡村③。"随后，重庆市卫戍总司令部向重庆市政府函送拟定的《重庆市区户口疏散实施计划纲目》，部署研究疏散区域事宜，把"有余粮而不通公路"作为重要因素④。2 月 15 日，重庆市卫戍总司令部和重庆市政府联合制定了《重庆市区户口疏散计划及要图》，计划疏散人口约 20 万，主要疏散区域包括：永川县南部，以松溉为中心；江津县西部，以油溪、白沙为中心；涪陵县中部，以蔺市、李渡、珍溪场、麻溪口为中心；长寿县南部，以长寿县城为中心⑤。这些疏散区域在选址上"特遵照委员长蒋子有侍密川手令之指示，将市区内超过防空洞容量之户口疏散于有余粮而不通公路之乡村，务须避免集中于县城或重镇。"⑥ 但从第一至第七重庆户口疏散指导队对疏散区域的调查

---

① 重庆市政府公报，1940 年第 6-7 期，40.
② 唐润明. 中国战时首都档案文献：反轰炸（下）. 重庆：西南师范大学出版社. 2017. 730.
③ 同上书. 789.
④ 同上书. 791.
⑤ 同上书. 794.
⑥ 同上.

情况看，疏散人口很难在当地立足。首先，当地士绅对人口疏散持排斥态度。如第五指导队在涪陵蔺市调查后报告："惟蔺市虽滨大江，交通称便，然非产米之乡……一致提议以蔺市附近乡镇，如石沱、两汇、堡子、兴隆、五马、酒井等六乡镇……皆应划入本区以利疏散工作。"① 其次，疏散区域的住房也难以满足需求。各疏散区域的房屋调查汇总表显示，总共可容纳约3万人，现有房屋远不能满足疏散需要②。另外，相当一部分疏散人口无固定收入、生活困难，这也加剧了与当地住民的矛盾。

数据显示，1941年9月疏散督促工作结束时，疏散市民1 096户，2 947人③；1942年，疏散市民9277户，2.78万人④；1943年6月，疏散市民6 513户，4.55万人⑤。对比每年的疏散计划而言，实际疏散人口显然不尽人意。而且，人口呈现"越疏越多"的趋势。1939年4月，重庆市人口约54.05万；1939年9月，人口37.96万；1940年初，人口约44万；1941年4月，人口约43万；1945年制定的《重庆市三十四年度市民疏散计划》写道："本市一至十二区现有人口为711 816人，公私防空洞容量为347 583人……本年度至少应疏散市民30万人。"⑥ 这说明单纯的人口疏散并不能解决日本轰炸下的城市安全问题，必须配合以各项建设才能统筹解决。

最后，我们审视一下国民政府人口疏散的意图和效果。将城市过密人口疏散避免日本轰炸出现群死群伤的想法没有问题，但为何市民甘愿冒着被轰炸的危险、被处罚的风险也不愿意疏散到周边区域呢？重庆市警察局在给重庆卫戍总司令部的呈文中告诉了我们答

---

① 唐润明. 中国战时首都档案文献：反轰炸（下）. 重庆：西南师范大学出版社. 2017. 816.
② 同上书. 829.
③ 同上书. 866.
④ 同上书. 924.
⑤ 同上书. 927.
⑥ 同上书. 934.

第四章 陪都的繁荣与没落（1935—1949 年）

案，"一般来自战区之难民，辗转到渝已财尽力竭，因即依附市区营谋生活，此类人民在市郊房屋未普遍建筑以前，搬迁移居均感不易，迫押离开市区及强送劳动队，时迫严冬，交感饥寒，视其生活断绝情形，无异置之死地，岁政府略有救济，在彼等视之仍属杯水车薪，难苏涸鲋。"① 此外，"选择性疏散"问题也不容忽视。1942 年 5 月 28 日，市民范少钦给宋美龄的信中就控诉，"窃查疏散人口功令，原为保全人民生命财产，劝导人民自动安全区域，免受无谓之牺牲起见，并非驱民出境及无法自谋生计之山乡僻处，致人民深陷于绝境。且人生不过一死，何致独驱星相家出境为人之奴隶……窃查警察为人民之表率，何能藉疏散之令狐假虎威，有钱者贿赂，无居住证仍作何业亦不疏散，无钱贿赂者有居住证还要没收驱逐，压迫流亡民众。"②

二、城市转隶及区划调整

（一）城市转隶

根据国民政府颁布的《市组织法》，市分为甲种市（行政院辖市）和乙种市（省辖市）。1929 年 2 月 15 日，经刘湘所部 21 军军部批准，重庆市政厅正式更名为重庆市政府，定为省辖之普通市。1934 年 10 月 15 日，国民政府正式核准重庆市为四川省辖的乙种市。其后，重庆市政府多次向四川省政府、国民政府行政院请示改为行政院辖市，但都未获成功。因为按照《市组织法》规定，受行政院指挥和监督的市应符合三种情形之一："一、首都；二、人口在百万以上者；三、在政治、经济、文化上有特殊情形者。"客观来说，当时重庆前两条都不符合，第三条也很勉强，不被批准自然在情理之中。

---

① 唐润明.中国战时首都档案文献：反轰炸（上）.重庆：西南师范大学出版社. 2017. 648.

② 唐润明.中国战时首都档案文献：反轰炸（下）.重庆：西南师范大学出版社. 2017. 900.

随着国民政府内迁重庆，大量人口、产业集聚，原来的行政体制和城市管理已经无法适应城市管理需要，城市改隶再次提上日程。1938年，参政员胡景伊等21人提出提案，"查重庆市位于扬子嘉陵二江合流之口，当水陆交通总汇之冲，经济上原属西南之重要商埠，近更成为后方政治中心，人口剧增，事务繁庶，殊有充实其机构，以资应付特殊情形之必要"，因此建议将重庆市改为甲种市，直隶于行政院。时人高庆丰在论及重庆市政府直隶行政院的必要性时认为，"今日谋国者，所应注意者，非只改隶，及官吏升格扩大组织而已，且宜充分发展其功能，使有助于建国，有助于抗战。"[①] 1938年10月13日，行政院通过《重庆市准援照市组织案》，没有直接确认重庆行政院辖城市的身份，规定重庆市仍隶属于四川省政府，但给予一些政策支持：第一，参照行政院直属市增设社会、财政、工务、卫生4局；第二，地方税收除营业税外均划入市财政收入，中央酌予补助；第三，会计独立核算；第四，紧急情况可直接向行政院报告。

1939年4月29日，行政院院长孔祥熙在国防最高委员会第五次常务会议上提出，"查重庆市向为西南重要商埠，现已蔚成政治文化中心，该市虽系援照直属市组织，因事务日繁，其行政系统及职权，亟须明确规定，以资运用。兹为促进行政效率，适应实际需要，拟即将该市改为直隶于行政院之市……"5月3日到4日，日军对重庆实施"五三""五四"大轰炸。在这个提振士气的关键节点（5月5日），国民政府明令重庆市升格为行政院直辖市。5月11日，行政院给重庆市政府的训令写道，"查重庆市现经改为直隶于行政院之市，应即通知饬知。除命令公布并分令外，合行令仰知照并转饬所属一体知照。此令！"[②] 10月，重庆成立了以康心如为议长的重庆临时参议会。临时参议会的第一次大会期间决定成立重

---

① 高庆丰. 重庆市政府直隶行政院之必要. 国魂, 1938年第22期, 10.
② 行政院为奉转重庆市委院辖市给重庆市政府的训令. 1939年5月11日. 转引自唐润明. 康心如与重庆市临时参议会. 重庆：重庆出版社. 2014. 79.

第四章 陪都的繁荣与没落（1935—1949年）

庆市建设期成会①。12月1日，大重庆市建设期成会成立，专门负责大重庆的调查和筹划工作。1940年4月，大重庆市建设期成会制定的《重庆市建设方案》在重庆市临时参议会第二次会议上获得通过，方案提出大重庆之建设的前提，"宜由重庆市临时参议会呈请行政院转呈国民政府及国防最高委员会，请明令定重庆市为中华民国战时之行都，战后永远之陪都，俾待将来抗战胜利，还都南京之后，重庆仍能在政治上保留其确定之地位。"②

随后，重庆市临时参议会的建议引起了国民政府的重视。1940年8月14日，蒋介石以行政院院长的名义致函国防最高委员会秘书厅，内称"查重庆地方，久为西南重镇，河山之固，国家之宝。国民政府移驻于此，瞬将三年，以天府之雄州，系中国于苞桑，行都所在，遐迩具瞻，亦既于二十八年升为行政院直辖市矣。以言形势，则金城汤池，允叶设险守固之象，以言市尘，则五剧九衢，堪称上游名都之冠。年来寇焰虽张，经营未已。此固政府建设计划之弘远，而地方人民拥护之功，尤不可忘。重庆市临时参议会建议定为陪都，足征民情慕恋，与国同休。窃查二十二年中央政治会议曾经决定建设西京为陪都，重庆位置重要，不在西安之下，抗战见过，利赖尤多，他日光复旧物，还于首都，重庆之史迹与其前途，当与前敌将士之丰功伟业，照耀天壤，同垂不朽。"③ 因此，蒋介石提议"拟请明定重庆永为陪都之一，俾当地一切建设事业，益得按期迈进，发皇光大，永久勿替。奠西都之宏观，慰市民之喁望。"9月6日，国民政府发布《明定重庆为陪都令》。该令写道："四川古称天府，山川雄伟，民物丰饶；而重庆绾毂西南，控扼江汉，尤为国家重镇。政府于抗战之始，首定大计，移驻办公。风雨绸缪，瞬经三载。川省人民，同仇敌忾，竭诚纾难，矢志不渝，树抗战之

---

① 杨宇振. 历史与空间：晚清重庆城及其转变. 重庆：重庆大学出版社. 2018. 276.
② 重庆市档案馆，重庆师范大学. 中国战时首都档案文献：迁都 定都 还都. 重庆出版社. 2014. 80.
③ 唐润明. 衣冠西渡：抗战时期政府机构大迁移. 北京：商务印书馆. 2015. 345.

基局，赞建国之大业。今行都形势，益臻巩固。战时蔚成军事政治经济之枢纽，此后自更为西南建设之中心。恢闳建置，民意佥同。兹特明定重庆为陪都，着由行政院督饬主管机关，参酌西京之体制，妥筹久远之规模，借慰舆情，而彰懋典。此令。"①

国民政府和蒋介石本人不断提升重庆的地位，直至确定为陪都有多重考虑。最重要的自然是和汪伪政权争夺中国合法政府的需要。1940年3月30日，汪精卫在南京举行所谓"国民政府"还都仪式，正式建立傀儡政权。汪伪政权一度遥奉在重庆的国民政府主席林森为主席，汪精卫任"国民政府"代主席兼行政院院长，大有与蒋介石国民政府抢夺正朔的意思。因此，国民政府必须动员一切行政力量巩固自身的合法性和正统性。汪伪政权成立当日，国民政府向友邦发布照会，重申自己是中国的唯一合法代表，"中国政府于此愿以极端郑重之态度，重申屡经发布之声明：即任何非法组织，如现在南京成立者，或中国他处所存在之其他伪组织，其任何行为，当然完全无效，中国政府与人民绝对不予承认。"② 重庆作为陪都，也因此成为承载中华民族抗日决心的重要空间载体。《大公报》在《祝重庆陪都》的社评中就写道，"我们绝不可因敌机的残暴的轰炸而对一些颓垣废墟唏嘘感叹，要知道这颓垣废墟上正创造中华民族超迈往古的大历史，而重庆将永为中国复兴的高垒，东亚改造的明灯。"③

从内部管理看，蒋介石一直希望将川政纳入股掌之中，"国际局势万变，不可究结，敌情变化亦难断定，惟安定四川、集中人才、全力建设，乃为惟一基本工作。只要基础稳固，则其他皆易运

---

① 国民政府明定重庆为陪都令. 1940年9月6日. 转引自重庆市档案馆，重庆师范大学. 中国战时首都档案文献：迁都 定都 还都. 重庆出版社. 2014. 87.
② 国民政府外交部为不承认汪伪组织致各友邦照会. 1940年3月20日. 转引自唐润明. 中国战时首都档案文献：战时政治. 重庆：西南师范大学出版社. 2017. 652.
③ 祝重庆陪都. 大公报. 1940年9月9日. 转引自重庆市档案馆，重庆师范大学. 中国战时首都档案文献：迁都 定都 还都. 重庆出版社. 2014. 87.

第四章　陪都的繁荣与没落（1935—1949 年）

用也。"① 1934 年底，作为权宜之计，蒋介石与刘湘达成协议，由刘湘组织川政。但随着国府内迁，不是嫡系的刘湘成为蒋介石统一川政的障碍。1938 年 1 月 20 日，刘湘去世当日蒋介石表露了此心机，"晚得刘湘病故之报，甚悲，但从此四川可以统一，抗战基础定矣，未始非国家之福。"② 此后数日，蒋介石加快整合川政的步伐。1 月 21 日，"下午决定四川军政方针"；1 月 22 日，"四川统一后，内部恐惧心应设法消弭"；1 月 27 日，"处理川局须和缓安定……为川事又须费尽心力矣"；1 月 28 日，"注意：……对川政策。上午，规定对川方针，会客。"1 月 31 日，"岳军（注：张群）兼行营主任职，在渝组织省府"。消息放出后，四川一百多人通电反对张群任四川省主席，并推举王陵基为首领③。2 月 24 日，蒋介石无奈地表示"对川事暂从放任，勿必急之。"此后，刘湘旧部王陵基、王缵绪先后出任四川省长。成都一时难以拿下，将重庆建设成为川政建设乃至中国建设的模范成为题中之义。

将重庆确定为陪都对重庆人民而言也是一种宽慰，正如康心如所言，"我们的最高当局，在重庆轰炸最剧烈的时候，即已决定了负责复兴重庆的决心，这一次重庆陪都命令的发表，也即表示了政府复兴重庆的决心，而且现在也就是复兴的开始，一待抗战胜利，还都南京以后，重庆仍然在政治上保持着一个确定的地位。"④ 从民间反映看，重庆定为陪都也确实增强了中国人民同仇敌忾、坚持抗日到底的决心。1940 年 10 月 1 日，重庆各界庆祝陪都建立大会向林森、蒋介石的致敬电写道，"际兹抗战愈益紧张，胜利愈益接近之时，国府明定重庆为陪都，全市民众，莫不欢欣鼓舞，额手称庆，除举行盛大庆祝，藉资纪念外，誓以至诚，拥戴抗建国策，争

---

① （台湾省）抗战历史文献研究会整理. 蒋中正日记. 民国 29 年（1939）9 月. 2015.
② （台湾省）抗战历史文献研究会整理. 蒋中正日记. 民国 27 年（1938）1 月. 2015.
③ 沈云龙. 刘航琛先生访问纪录. 北京：九州出版社，2012.
④ 康心如：庆祝陪都建立之意义. 1940 年 10 月 1 日. 转引自重庆市档案馆，重庆师范大学. 中国战时首都档案文献：迁都 定都 还都. 重庆出版社. 2014. 106.

取最后胜利。"① 10月2日,《国民公报》关于庆祝陪都建立盛况的报道也写道,"火炬游行庆祝大会旋在乐声中闭幕,即举行火炬游行……沿途市民观者途为之塞,欢欣之色,溢于每一市民之脸上,足见后方人心之坚定,对抗战前途抱有无限之乐观。"② 作家苏渊雷在创作的《陪都赋》中感慨,"立陪都以正名,怅长安□□□③,指目下今云生,别废墟之夕照,迎璀璨之黎明,始澄繁而汰漘,一众志以成城,冀金汤之永固。"④

(二)区划调整

1939年5月10日,行政院公布重庆市改为直辖市前一天,即命令内政部核定重庆市的市界,"似宜就既定经界之内,作行政、经济等权益之澈(彻)底厘正,不必于经界妄有更张以滋纷扰。"⑤ 6月2日,行政院及内政部指令重庆市政府会同四川省政府派员勘定界线、绘制区界图。随后,四川省政府派嵇祖佑为划界专员,重庆市政府派杨学渊为专员,会同江北县、巴县县长和绅耆共同商定勘界事宜。双方勘界的原则可以看出江北县和巴县的利益述求:不妨害县之生存、不破坏旧有保甲、便利人民,核心应是前两者。1939年11月30日,双方达成勘界协议:

甲、江北方面:(一)东北:东自巴县境内滨长江之大兴场对岸起,向西北登铁山坪,沿铁山坪仑埂上半山,复沿新路下山,至莫家桥,沿沟经钟家桥、土地堡、中岭领岗、罐子山、三根树、难乾冲、跑马坪、甘蔗堡、印子石,西行复经白

---

① 重庆各界庆祝陪都建立大会向林森、蒋介石致敬电. 1940年10月1日. 转引自重庆市档案馆,重庆师范大学. 中国战时首都档案文献:迁都 定都 还都. 重庆出版社. 2014. 101.

② 《国民公报》关于庆祝陪都建立盛况的报道. 1940年10月2日. 转引自重庆市档案馆,重庆师范大学. 中国战时首都档案文献:迁都 定都 还都. 重庆出版社. 2014. 110.

③ 本书中以"□"符号代替原历史文献中难以辨认的字。

④ 苏渊雷. 陪都赋. 中山月刊, 1940年第3卷第5-6期, 836.

⑤ 内政部为重庆市扩划市区至重庆市政府咨文. 1939年5月30日. 转引自重庆市档案馆,重庆师范大学. 中国战时首都档案文献:迁都 定都 还都. 重庆出版社. 2014. 56.

第四章 陪都的繁荣与没落（1935—1949年）

垣墙、界野、野猪坡至段家桥，折向南行经胡家岚垭、葫芦丘、老茶亭至观音桥。（二）西北：由观音桥折向西行，经雾露孔、长石坝、胡家岩、岩口、红土地、牌坊湾、贾家梁、牯牛石、鸡子岩、山王庙、谢家湾、颜家祠至一碗水（以上属龙溪乡），复经龙脊山、观音庙（即乾堰塘）、望夫石至王家湾（以上属仁和乡），复迤逦向西北行，经黑垣墙、蓝桥寺、大坪、石子山，及梁沱为止（以上属石马乡）。

乙、巴县方面：（一）东南：东自大兴场起，经砚台石、毛房基、响水洞、水口庙绕张家坡沿海广支线迤逦西南行，抵黄葛垭。（二）正南：自黄葛垭起，经张家岩、上雷家铺子、黄葛墩、观音庙、母猪楼、红槽房、老厂，直达乾天池，由乾天池折向西行，至大路坊，后沿溪西北行入江，以江心为界，达泥鳅濠，溯濠而上，经小溪沟、小石坝、杨森桥，及石桥场。（三）西南：由石桥场沿东大路西上，及上桥折而西北行，经道沟抵山洞，沿成渝路，经新开寺，绕歌乐山及高店子，达千金堡，北上经猴子洞、乾堰塘至青草坡，迤逦东行，经狮子口、九梁子，绕双碑及二十五厂、堆金石，抵嘉陵江为止。①

除双方协商边界以外，1939年6月14日蒋介石考虑将中央机关疏散到沙坪坝、磁器口和小龙坎等地，直接手令"沙坪坝、磁器口、小龙坎等处，均划归重庆市管辖。并将自重庆市起至以上各该地沿公路两侧，不准再填建大小房屋及机关工厂。"②此后，重庆市政府在三地成立管理机构——沙磁区临时办事处。但是，巴县政府似乎并不就范，仍以巴县龙隐乡公所名义发布布告。为此，重庆市政府不得不请四川省政府转饬纠正③。

此外，除以上划定界线外，还有些区域市政府有意划入市区

---

① 四川省政府、重庆市政府咨函内政部. 1939年11月30日. 转引自重庆市档案馆，重庆师范大学. 中国战时首都档案文献：迁都 定都 还都. 重庆出版社. 2014. 59.
② 重庆市档案馆，重庆师范大学. 中国战时首都档案文献：迁都 定都 还都. 重庆出版社. 2014. 52.
③ 重庆市政府公报，1939年1期，64.

内,但由于巴县绅耆再三请求而未划入。"(一)巴县方面正南新界,本应将温泉场与九龙铺一并列入市区范围,因前者为风景名胜之区,后者乃军需工业所在,似应划归市府管辖为宜,惟以巴县绅耆等再三请求,故仅将九龙铺划入,以顺舆情。(二)巴县方面西南新界所包括之歌乐山,风景优美,林木葱茏,东临嘉陵江之胜,西峙成渝路之旁,举凡教育、卫生、道路、饮水及乡村文化等事业,均待积极发展,此外尚有种种重要关系,似不能不划归市府管辖,该地机关民众亦复多以为请,究应如何划分,亦未有所决定。"①

1940年5月14日,四川省政府、重庆市政府、江北县和巴县政府派员开始勘界定桩工作。从后续的省市划界交接手续会议记录看,双方区划调整涉及的交接事项包括户口清册、保甲清册、乡镇武装枪械、教师和学生清册、公务清册等。6月18日,蒋介石日记记载:"预定:……三、重庆市县划界速定。"7月29日,重庆市和巴县、江北县研究交接工作,双方决定行政权(包括财政权)9月1日开始交接,10月1日前交接完成。8月31日,重庆市政府按照部门职能分工对交接事项做出安排:警察局接收户口清册、保甲清册、各乡镇公私自卫枪械清册、各公私机关公务清册;社会局接收各学校教职员及学生班次清册;财政局接收一切税收及公产(除田赋外);卫生局接收清洁行政事项;工务局接收建设事项。

9月10日,江北县政府按照协议将石马、回龙、恒兴、人和与龙溪5个乡镇的所有交接事项办理完成,但巴县的交接并不顺利。9月21日,重庆市政府向四川省政府发急电,"惟巴县商定于20号移交,顷忽准函称须呈请贵府核示,由该府迳交或由贵府转交,方能办理……江北业已照办,巴县自不必另生异议,请即电饬县政府迅照决议办法迳交本府。"② 在四川省政府催促下,巴县政府和重

---

① 四川省政府、重庆市政府咨函内政部. 1939年11月30日. 转引自重庆市档案馆,重庆师范大学. 中国战时首都档案文献:迁都 定都 还都. 重庆出版社. 2014. 59.
② 重庆市政府急电稿. 1940年9月21日. 转引自重庆市档案馆,重庆师范大学. 中国战时首都档案文献:迁都 定都 还都. 重庆出版社. 2014. 67.

第四章　陪都的繁荣与没落（1935—1949年）

庆市政府于 9 月 28 日在石桥乡公所再次研究划界交接事宜，但巴县代表提出希望重庆市政府补偿因划区导致的税收损失，先交所有乡镇的行政权，而财政权需要请示县长以后再决定。10 月 3 日，双方再次因补偿费用发生分歧，巴县县长又推延至 10 月 9 日后再做决定。期间，巴县财委会主任委员王汝梅，士绅杨庶堪、胡景伊、朱之洪，民众代表王辉、张子微等先后给四川省政府电呈"渝市与巴县划界，巴县税收损失约达 300 余万元，明年不敷预算当在 100 万以上，无法抵补……"① 由于双方交接时间漫长，以至于行政院不得不发训令催办，"迄今为时已久，尚未据交完。除分令四川省政府外，合亟令仰迅速办理具报。"②

时间进入 1941 年，在行政院、四川省政府多次弹压下，巴县交接始终没有进展，双方矛盾有进一步扩大的趋势。1 月 13 日，重庆市政府给行政院的呈稿写道，"至巴县方面，既不遵令交代，似复旁生枝节，迭据各方密报：该县县政府有印制大批标语传单策动各乡镇镇长反对接收，并由县府派员分赴各乡主持，企图造成严重空气的情事。"③ 次日，四川省政府给重庆市政府进一步披露了一些细节，"来电所称此次捣乱运动，系由巴县县政府发动，据悉其经费为 5 000 元，凡被划市区各乡镇均派有专人主持，所有收买保甲长及召集开会等费用，皆由是项经费开支，派在沙磁区主持人为县府第一科科员罗鲁瞻，当地已被收买者，为龙隐镇国民兵团镇队附朱仿陶，巴县县长张遂能，为表示不承认县境被划入市区，计决于元旦日在沙坪坝南开操场检阅沙磁区国民兵团，刻正准备中，总指挥即为朱仿陶。"④ 重庆市政府寄希望于四川省政府弹压失败后，

---

① 四川省政府函. 1939 年 12 月 27 日. 转引自重庆市档案馆，重庆师范大学. 中国战时首都档案文献：迁都 定都 还都. 重庆出版社. 2014. 62.

② 行政院训令. 1940 年 12 月 1 日. 转引自重庆市档案馆，重庆师范大学. 中国战时首都档案文献：迁都 定都 还都. 重庆出版社. 2014. 69.

③ 重庆市政府呈稿. 1940 年 1 月 13 日. 转引自重庆市档案馆，重庆师范大学. 中国战时首都档案文献：迁都 定都 还都. 重庆出版社. 2014. 70.

④ 四川省政府为巴县有人反对划界事复重庆市政府代电. 1941 年 1 月 14 日. 转引自重庆市档案馆，重庆师范大学. 中国战时首都档案文献：迁都 定都 还都. 重庆出版社. 2014. 62.

终于做出让步。1月25日,四川省、重庆市和巴县三方官绅就市县划界移交和税收补偿达成一致。关于各乡镇行政权移交,定于2月1日移交清册,随后办理移交手续;关于巴县方面税收损失,双方商定"从1941年1月起,每年由重庆市政府补偿巴县50万元,按月摊拨。1、2月各拨5万元,3至12月各4万元,至以前年拨交之13万余元,合并在内。"① 此外,双方还就公私学校、官产处理、征兵额、田赋补偿等达成一致。至此,重庆市行政区划告一段落。重庆市市辖区增加为十七个区,全市面积扩展到328平方千米,是抗战前重庆市区面积的3.5倍②。

(三)管理机构

从1938年10月到1939年5月,重庆市逐步由省辖市、援照行政院辖市、行政院直辖市、陪都转变。在这个过程中,重庆市不只是城市地位提升这么简单,其背后还有伴有行政资源逐步集中。日军对重庆实施的疯狂轰炸或多或少会对市民的心理造成创伤,久而久之就会造成"离心力"。对于国民政府而言,显然不能让离心力占据主流。因此,通过完善行政管理体系,尤其是核心城市的管理凝聚人心成为应有之意。重庆作为战时陪都,显然是最好的典范。黄立人等就认为重庆国民政府时期是国家政权机构设置演变频繁,体系发展最后定型的最具典型形态的时期,是民国时期国家机构(包括中央机构和地方机构)发展史上一个特殊的、最高的阶段③。

为全面反映重庆建市以来的管理机构变迁,这里简要回顾一下重庆独立建市以来的管理机构变迁。1927年11月,潘文华向21军军部报告,呈请将重庆商埠改为重庆市,督办公署改为市政厅。随后,经21军军部同意,重庆商埠改为重庆市,设市政厅。市政厅

---

① 四川省政府函. 1941年5月. 转引自重庆市档案馆,重庆师范大学. 中国战时首都档案文献:迁都 定都 还都. 重庆出版社. 2014. 77.

② 潘洵. 抗日战争时期重庆大轰炸研究. 北京:商务印书馆. 2013. 219.

③ 黄立人,郑洪泉. 关于"陪都"史研究的几个问题. 转引自唐润明. 中国战时首都档案文献:战时政治. 重庆:西南师范大学出版社. 2017. 941.

第四章 陪都的繁荣与没落（1935—1949年）

设市长、秘书长，下设总务处、财政局、公安局、工务局、民生局、土地经理处、江北办事处等机构。1928年7月，国民政府颁布《特别市组织法》和《市组织法》后，重庆市呈请建市。1929年2月15日，重庆市正式获批，市政府下设秘书处、财政局、工务局、公安局、社会局、教育局、土地局、团务局、市金库、南岸管理处和江北管理处。1932年4月到1935年7月间，根据四川善后督办节俭经费、缩并机关的命令，重庆市政府组成机构进行改组。市政府下设秘书长、总务处、财政处、工务处、公安处、教育处、市金库、团务局、南岸管理处和江北管理处。1935年6月中旬潘文华离任，6月24日，刘湘任命"剿匪"总部秘书长张必果任重庆市长。8月左右，重庆市政府再次紧缩机构，仿汉口市政府改组办法将大部分"处"调整为"科"①，调整后包括警察局、社会科、教育科、财政科和工务科。1936年4月13日，张必果因病在成都逝世，李宏琨继任市长。1938年8月，蒋志澄任重庆市长，是重庆省辖市时期最后一任市长。

1938年10月13日，行政院通过《重庆市准援照市组织案》，并要求重庆市政府拟定市政府组织规则送行政院察核②。12月29日，行政院秘书处向重庆市政府抄送审查通过的《重庆市政府组织规则》，重庆市政府设置市长1人，参事2人，市政府组织机构包括秘书处、社会局、警察局、财政局、工务局、卫生局③。从改革结果看，警察局充实了内部机构，原市属社会、教育两科合并升格为社会局，原市属财政、工务两科分别升格为财政局、工务局，同时又增设了卫生局和秘书处等市属机构。其中，与城市规划和建设高度相关的机构主要是工务局和财政局。工务局具体职责是：①公共房屋、公园、公共体育场、公共墓地等建筑修理事项；②市民建

---

① 渝市府缩小组织. 武汉日报，1935-8-22，第4版.
② 重庆市档案馆，重庆师范大学. 中国战时首都档案文献：迁都 定都 还都. 重庆出版社. 2014. 41.
③ 同②书. 42.

筑的指导、取缔事项；③道路、桥梁、沟渠、堤岸和其他土木工程事项；④河道、港务、船政和飞机场的管理事项；⑤民营公用事业监督事项；⑥水、电、交通事项。财政局有三项涉及，分别是：①土地测量登记事项；②土地使用征收事项；③地价的查估、土地税的规划、征收及其他土地行政事项。

　　1939年5月5日，国民政府明令重庆市升格为行政院直辖市。不久后，任命贺国光为重庆市长。贺国光，1885年生，字元璋，湖北蒲圻人，国民革命军陆军中将。历任湖北陆军第一师师长、新编第五军军长、重庆行营参谋长、重庆市长、四川省主席等职。重庆市作为行政院直辖市时间很短，贺国光任重庆市长也仅有半年左右，市政机构可能未有大的调整。9月6日，国民政府发布《明定重庆为陪都令》。10月24日，行政院第437次会议通过《重庆市政府组织规则》①，重庆市政府组织机构进一步充实。重庆市政府设置市长1人，参事2人，市政府组织机构包括秘书处、社会局、警察局、财政局、工务局、卫生局和会计处等。涉及城市规划和建设的机构依然是工务局和财政局，职能有所调整。工务局具体职责是：①公共房屋、公共体育场、公共墓地的设计、监修和公园的建筑、管理事项；②市民建筑的指导、取缔事项；③道路、桥梁、沟渠、堤岸和其他土木工程设计、建筑事项；④河道、港务、船政和飞机场的管理事项；⑤水电和其他民营公用事业监督事项；⑥车辆的登记检验事项。工务局设工务科、建筑管理科、公用科、行政科、技术室等，下设新市区工务管理处、城区工务管理处、江北公园事务所、中央公园事务所、浮九路工程处（后改为浮新路工程处）等。1940年，工务局又在南岸地区、江北地区和西郊设立了南岸、江北、沙磁、复兴4个区级工务管理处②。财政局有三项涉及，分别是：①土地测量登记事项；②土地使用征收事项；③地价的查估、土地税的规划征收及其他土地行政事项。

---

① 重庆市政府公报，1939年第1期，22.
② 重庆市地方志编纂委员会.重庆市志（第七卷）.重庆：重庆出版社.1999.774.

第四章 陪都的繁荣与没落（1935—1949 年）

1939 年 12 月 5 日，行政院任命吴国桢为重庆市长。吴国桢，1903 年生，字峙之，湖北建始人，普林斯顿大学政治学博士。1926 年学成归国，先在上海政治学校执教，旋即进入政界。先后任外交部第一司副司长、湖北烟酒税务局局长、汉口市土地局长、财政局长、湖北省财政厅长、汉口市市长等职。在任汉口市长期间，着力市政建设，主持修筑了沿江大堤和沿江大道，拓宽了十几条马路，扩建了中山公园①。媒体对于吴国桢任市长给予高度期待，《新民报》于 12 月 11 日专门以《对于新市长的期待》为题进行了报道。吴国桢主张"以法治的精神推进民治的市政"，施政纲领是三个"并重"：疏建并重——把没有职业的公职人员和职工的家属疏散到乡村，以减轻城区的负荷，同时趁敌机轰炸造成的废墟拓展街道，鼓励在新街两旁建造楼房；城乡（郊）并重——在整顿、建设老市区的同时，在小龙坎、沙坪坝、磁器口、歌乐山、九龙铺等地建起一批卫星城镇，尽量把工厂设在市郊；心物并重——注重市容、街道建设，同时倡导清廉、节俭新风尚，提倡集体结婚、慰问丧兵、义演义赛义卖等②。

吴国桢任职期间，重庆市针对城乡差异和特殊时期的管理需要，在纵向上也不断完善城市管理机构。第一，完善新市镇和城区管理机构。1939 年 12 月，重庆市警察局拟订了一项"关于保甲业务者"的计划，提出完成区署、镇公所和保办公处的人员、户籍管理、财务等数据图表册③。以区署为例，包括区属署职员姓名表、本区各镇长录事花名册、本区各保甲长姓名册、本区户口册、本区保甲编查册、本区壮丁名册、本区失学民众调查册、本区学龄儿童名册、本区民枪调查册、本区户口统计表、本署收支簿、本署发文簿、本区区图、卷宗等。镇公所的设置与之相似，保办公室则简单得多。可见，区署机关和市镇机关是警察局主导城市管理的进一步

---

① 李新. 中华民国史·人物传.（第 6 卷）. 北京：中华书局. 2011. 3915.
② 同上.
③ 重庆市政府公报，1939 年第 2-3 期，6.

延伸。1941年9月16日,重庆市政府颁布《重庆市镇公所办事细则》和《重庆市区署办事细则》,明确了镇公所的镇长、副镇长、干事、录事、承办员等职和区长、副区长、干事、录事等职能职责①。第二,针对城市郊区成立派出机构。1941年8月6日,《修正重庆市各郊区办事处简章》颁布,"为推进郊区市政设施起见,得于各重要郊区设立办事处;各办事处之管辖范围以及所在警察区域为范围,但本府认为必要时得另行划定;郊区办事处设总务组、社会组、警卫组、工务组、卫生组。"②郊区办事处的管理又和警察系统相互配合。如重庆市政府1941年10月25日公布的《重庆市政府黄桷垭郊区办公处办事细则》显示,黄桷垭郊区办公处服务区域主要是警察第十五分局所辖区域③。

三、城市规划及城市建设

(一)郊区建设

1939年3月,行政院安排重庆实施人口疏散初期,尚无精力总体谋划迁建区域乃至重庆城市整体规划和建设问题。如3月31日行政院发布的《重庆防空疏散区域房屋建筑规则》④,详细规定了疏散建筑距离路边至少50公尺、房屋所占全面积不得超过基地面积60%、不得超过3层等要求,更多地关注单体建筑。7月1日,根据蒋介石手令要求,重庆市政府着手筹备成立重庆郊外市场营建委员会⑤。根据行政院随后审定的《重庆郊外市场营建委员会组织规程》显示:重庆郊外市场营建委员会隶属于重庆市政府,并受重庆卫戍总司令部监督指导⑥。8月1日,重庆郊外市场营建委员会

---

① 重庆市政府公报,1941年第24-25期,37-39.
② 重庆市政府公报,1941年第22-23期,37.
③ 重庆市政府公报,1941年第24-25期,58.
④ 唐润明.中国战时首都档案文献:反轰炸(上).重庆:西南师范大学出版社.2017.568.
⑤ 同上书.618.
⑥ 重庆市政府公报,1940年第6-7期,41.

第四章　陪都的繁荣与没落（1935—1949 年）

（以下简称"营建委员会"）在大阳沟正式成立办公，重庆市长贺国光任主任委员，有关机关长官、公私法团领袖暨地方绅耆 18 人为委员。到 1941 年 5 月撤销，营建委员会历时近两年时间。由于营建委员会与人口疏建委员会职能有所重复，后者因此在两个月后向行政院呈文称希望予以裁撤。理由之一就是营建委员会负责城市周边建设任务，两者职责重叠。

11 月 3 日，行政院核准发布《重庆郊外市场营建计划大纲》[①]。主要内容包括：第一，关于地点选择，"查郊外市场地点，以能扼水路要冲，且地势适合于建设房屋，暨防空设备者，为最适宜，凡合上列条件者，拟提前兴修之，其次水陆交通尚称便利，及风景较佳者，则于第二期完成之，兹将拟定地点，及建筑其次，分列于后。（略）（注：原文略）"。第二，关于土地征收规定，"选择合乎条件者，由营建委员会勘定界址，呈请市政府依照土地法征用，并会同该政府办理一切征用手续，惟每一市场收用面积，应在一百五十亩以上，所有工厂、仓库、商店、住宅，各项区域，并应详为划分，由营建委员会，斟酌租赁，或售卖之。"第三，关于土地利用规划，"关于各市场之平面规划，如道路系统及宽度，每户地地段划分，公共建筑之地点等，均由营建委员会，绘具实测平面计划图，呈行政院备案。"第四，关于建筑种类和空间布局，"除公园、运动场等公共场所外，分住宅、商店、工厂和仓库四种。住宅、商店的平民设计应以公园、运动场等公共场所为中心，住宅宜环绕公共场所，商店则集中于住宅附近，工厂仓库之地点分布于最外面，并以接近水陆码头为原则。至房屋设计，由营建委员会制定标准图样若干种，供居民商户之选择，或委托营建委员会，代为特别设计，另交设计费用，其自行设计者须经营建委员会之许可，始准兴工，无论公私建筑，均须依照重庆郊外市场建筑规则之规定建造，是项建筑规则，由营建委员会，参照重庆防空疏散区建筑暂行规则

[①] 重庆市政府公报，1940 年第 6-7 期，141.

制定公布之。"第五，关于建设主体，"公共建筑又分两种：由营建委员会或其他政府兴建的建筑，包括公园、运动场、学校、公共防空设备、邮电局所、公路车站、公共厕所、医院；由私人经营或由营建委员会举办的，菜场、市场、消费合作社、俱乐部、其他。"除以上内容外，还规定了公共设备配置、交通设备、经费筹集、房屋和土地租售办法等内容。

随后，营建委员会开始筹划郊外市场建设。重庆市政府1939年11月份工作计划显示，"办理营建委员会征收郊外市场土地。计划概要：（1）拟定征收规则；（2）办理分户测量，并求积制图；（3）调查地价及定着物种类、数量、业主及住户姓名等项，并核算各项应给费用；（4）办理各项征收事宜。办理时间：六个月。"[1] 1940年1月，《重庆市郊外市场营建委员会征用土地规则》印发，规定了土地勘界、土地补偿、土地附作物补偿、土地公告、土地税捐等事项[2]，为营建委员会实施土地征收铺平道路。此后，营建委员会通过征地方式分别建设了唐家沱和黄桷垭两处郊外市场[3]。唐家沱片区于1939年11月17日进场测量，1941年5月建设完成，共征收土地约367亩，建造房屋168栋，建筑费和地价共计约200万元；黄桷垭片区于1940年1月13日进场测量，征收土地142市亩，1941年5月30日第一期竣工验收，建造房屋56栋，建筑费约80万元。

除了征地外，营建委员会通过土地租赁建筑房屋形式解决住房问题。1940年2月，重庆市政府制定了办理疏散市民建造平民住宅租地计划："1）拟定重庆疏建租地规则；2）布告和令饬当地保甲长等尽量协助租地事宜；3）派遣人员分别办理租地事宜；4）召集承办人讨论选定各地地价地租与青苗补偿价等问题。"[4] 从3月初开

---

[1] 重庆市政府公报，1939年第2-3期，14-15.

[2] 同上. 57.

[3] 杨清泉. 战时重庆郊外市场营建委员会住宅建设述评. 乐山师范学院学报，2020年第35卷第03期，95-103.

[4] 重庆市政府公报，1940年第4-5期，19.

第四章 陪都的繁荣与没落（1935—1949 年）

始，到 5 月底全部建成，营建委员会共租地约 59 市亩，建造了观音桥、羊坝滩、小沙溪和弹子石等 4 处平民住宅①。其中，观音桥建造甲种平民住宅 120 栋，乙种平民住宅 80 栋，共计 200 栋；羊坝滩建造甲种平民住宅 56 栋，乙种平民住宅 64 栋，共计 120 栋；小沙溪建造甲种平民住宅 24 栋，乙种平民住宅 116 栋，共计 140 栋；弹子石建造甲种平民住宅 16 栋，乙种平民住宅 56 栋，共计 72 栋。

营建委员会建造的住宅被叫作"国难房子"。张恨水在创作的小说《巴山夜雨》中为我们展示了房屋选址、建筑材料和造型，"在这种雨丝笼罩的天气下，有一排茅草屋背靠着一带山，半隐沉在烟水雾气里。茅草檐下流下来的水，像给这屋子挂上了排珠帘。这屋子虽然是茅草盖顶，竹片和黄泥夹的墙壁，可是这一带茅草屋里的人士，倒不是生下来就住着茅草屋的……竹片夹壁上开着大窗户，窗户外面一带四五尺宽的走廊。"②

在建设的同时，重庆市政府同步制定了疏散住宅租售的相关办法。4 月 10 日，第 44 次市政会议通过《重庆市郊外市场营建委员会平民住宅租赁办法》③，文件规定："本住宅在未完工以前，凡愿承租之平民及交通工人应取具该管警察分局或所属工会服务联合办事处之证明，预先向本会财务处登记缴纳登记费三元（订租时扣除登记后不租者不退），侯建筑完竣按登记次序再行分别通知办理手续。" 4 月 24 日，第 46 次市政会议通过《重庆市郊外市场营建委员会营建房屋及基地租售办法》，规定了租售对象、租售程序、房屋租价、付款方式、租期等内容④。

此外，为吸引城市人口到疏散区生活，重庆市政府和营建委员会等还围绕教育、交通、邮政等事项创造便利条件。首先，教育方

---

① 杨清泉. 战时重庆郊外市场营建委员会住宅建设述评. 乐山师范学院学报，2020 年第 35 卷第 3 期，95-103.
② 张恨水. 巴山夜雨. 北京：中国文史出版社. 2018. 1.
③ 重庆市政府公报，1940 年第 6-7 期，42.
④ 同上，43.

面。1940年2月计划在疏散区适宜地点办理疏散区学校，为此，重庆市社会局呈请市政府转函营建委员会拨款6万元，请市政府拨发经费14万元，在疏散区域内，择地筑校舍①。其次，交通方面。1940年2月，重庆市政府计划增开朝溉（朝天门至溉澜溪）、朝寸（朝天门至寸滩）、临香（临江门至香国寺）、南黄（南纪门至黄桷渡）等航线，以应对香国寺、溉澜溪、黄桷渡等疏散区人口规模不断增多的需求②。再次，资金方面。1940年3月，重庆市政府印发《疏散区建筑房屋奖助贷款办法》，规定凡重庆市民在指定疏散区域建筑住宅而资金不足的都可申请贷款，贷款金额最多占全部建筑费的70%，贷款期限不超过7年③。同时，对于租住公房的，房屋投保的火险和兵险费用由市政府承担，不计入房屋租金④。最后，邮政方面。1942年11月，邮政当局采取了增加重庆市与疏建区间以及疏建区相互间的邮车往返次数、调整早班邮差邮路、增加邮件投递出班次数等手段，增强了重庆市区附近疏建区邮件联系⑤。

由于重庆市郊区涉及诸多利益群体，因此郊外市场建设不可避免地引发一些矛盾。1940年4月16日，《重庆市政府市长吴国桢为平民住宅建入禁建区内之原委及解决办法致军政部代电稿》称："请电转迅饬各厂、库绘制拟填之禁建区域实测五百分之一地图，在图上绘明界限，密送本府，以便执行，同时呈奉行政院阳字3848号指令，准予照办，并由院令贵部转饬遵办。迄今未蒙检送，以至禁建区界限未能确定。本府前奉委座手令，限期在市区附近赶造平民住宅，以便市民疏散居住，因限期迫促，竟误将平民住宅建入贵部兵工署所划禁建区内，殊为遗憾。"⑥ 此后，重庆市加强了对郊

---

① 重庆市政府公报，1940年第4-5期，6.
② 同上. 20.
③ 重庆市政府公报，1940年第6-7期，49.
④ 市府担任两疏建区兵火险费. 经济汇报，1940年第2卷第11期，109-110.
⑤ 加强重庆市区附近疏建区相互间及各疏建区与重庆市区间邮件运输及投递事务. 邮政月刊，1943年第4期，12.
⑥ 唐润明. 中国战时首都档案文献：反轰炸（下）. 重庆：西南师范大学出版社. 2017. 732.

第四章　陪都的繁荣与没落（1935—1949年）

外市场的建筑审批管理规定。1941年6月14日，重庆市政府制定《郊外市场建筑取缔办法》，规定"市场内房屋无论新建添建改建或装修均须事先绘具详图，应由该管郊区办公处核准，后方得施工……租户添建房屋由该管郊区办公室照工料繁简酌定该添建部分的自由使用年限，一般不超过十年并呈市政府备案，满期后添建部分归公。"①

关于营建委员会对于战时重庆房屋紧缺的缓解作用，有学者用杯水车薪形容②，但疏建对城市空间扩展的作用不容忽视。重庆市政府辖区约300平方千米，而迁建所涉及面积达到2000平方千米。1939年发表的《在轰炸下进步》一文写道："重庆市政也因轰炸得了很大的进步，新的市区在旧城之外大大地开拓起来了，嘉陵江西岸这数十里风景美丽之区，完全为新重庆市区之所在。住宅区、文化区、学校区、工业区、商业区，星罗棋布于嘉陵江边，而且彼此联系而不密接。"③ 随着迁建区的形成，城市建成区范围逐渐扩大到西至沙坪坝，东迄涂山脚下，南抵大渡口马王坪，北达溉澜溪，形成了重庆市多组团结构的雏形。在两江半岛市区周围，形成北碚等若干个卫星城镇。陪都时期流行一个顺口溜："乌喧喧的重庆，雾茫茫的山城，黑黝黝的陪都，闹麻麻的市镇"④，充分说明了城市周边的市镇的繁荣。

在城市扩展的同时，也必须正视存在的问题。在日机轰炸的情况下，城市建设无法实施必要的规划，只能一切从战时的实际出发，从赢得战争胜利的需要来考虑，其他一切都置于次要的地位，因而带有相当大的临时性和仓促性，导致城市布局混乱，基础设施

---

① 重庆市政府公报，1941年第20-21期，51.
② 杨清泉.战时重庆郊外市场营建委员会住宅建设述评.乐山师范学院学报，2020年第35卷第03期，95-103.
③ 长江.在轰炸下进步.重庆特约航讯，1939年第1卷第12期，9-10.
④ 雷宗荣.重庆市沙坪坝区优秀群众文学作品选（1979—1994）.重庆：西南师范大学出版社.1994.285.

严重不足，临时性建筑比例过大，城市环境卫生受到忽略①。1946年出版的《新世界月刊》认为，战时重庆"因无通盘规划，公私设施均为应急需要所迫，一任不合理、不规则、不经济、不卫生之盲目发展。因之所蒙损失，就目前估计，时间上因候车、渡江等误时，每年全市约当于1人之1083年；金钱方面，因公用物如水电上下起卸设备等不完善而受之损失，至少每年国币1 357亿元。"②

（二）城市改造

重庆每年秋天至第二年春天大雾锁城，对日军实施大轰炸起到了干扰，也为城市建设赢得了半年的安全时间。重庆市民正是利用这段间隙，加紧实施城市重建和改造。当时生活在重庆的傅安娜后来回忆说，"从春天到夏天，日本人的飞机几乎把整座城市都炸成废墟。可秋天一起雾，日军轰炸一停歇，他们马上就在废墟里重建房子。这些房子第二年又被炸掉，可秋天一到，他们又把他们重建起来。"③茅盾在1941年创作的《"雾重庆"拾零》中也有类似的描述，"重庆的雾季，自每年十一月开始，至翌年四月而终结，约有半年之久。但是十一月内，'逃炸'的人们尚未全归，炸余的房屋尚未修葺平整，而在瓦砾堆上新建筑的'四川式'的急就的洋房也未必就能完工，所以这一个月还没活跃到顶点。至于四月呢，晴天渐多，人与'货'又须筹备疏散，一年内的兴隆，至此遂同'尾声'，故亦当别论。除去首尾两月，则雾重庆的全盛时代，不过四个月；可是三百六十行就全靠在这四个月内做大批的生意，捞进一年的衣食之资，享乐之费，乃至弥补意外的损失。"具体来看，市政当局围绕旧城建设主要采取了以下措施。

第一，旧城重建和改建。尽管重庆旧城屡遭轰炸，但周边的小城镇也非一朝一夕可建设成熟，相对而言功能配套完善的旧城仍然最具吸引力。因此，无论是政府还是个人，都倾向于在旧城上重建

---

① 潘洵. 抗日战争时期重庆大轰炸研究. 北京：商务印书馆. 2013. 336.
② 大重庆建设计划. 新世界月刊，1946年第7期，32.
③ 傅安娜. 汉娜的重庆. 海娆译. 成都：四川文艺出版社. 2020. 93.

第四章 陪都的繁荣与没落（1935—1949 年）

和改建。学者们更是乐观地将日军轰炸视为改造旧城的机会，吴嵩庆在《抗战中对于新市政建设之要求》一文中就写道，"塞翁失马，安知非福，把我们原想在若干岁月逐渐拆除的建筑新都市的障碍物，经敌机在短期内一扫而空，恢复我们的重新计划的自由，倒给我们彻底改造的机会，这一份重礼，真不菲薄啊！所以，敌机的烂炸，敌阀的存心，原极凶狠，但是在市政建设的立场上言，倒是值得我们谢谢的。"① 城市建设工作具体由重庆市工务局承担，根据其每月工作纪要可窥见具体工作，当然其中既有旧城改造，也有新市区建设事宜。以 1939 年 10 月为例，工务局的工作分为工程、公用、营造、测量和设计共 5 个方面②。除重庆市政府机构外，行政院属机构对城市改建也有督促和指导。如为迅速复兴旧城被轰炸地区商业，1940 年 10 月 5 日，行政院社会部致函重庆市政府，要求策动本市泥作、木作、蔑作营造业等同业公会，组织重庆市建筑业服务社，在重要商场地带，订出甲乙丙三类图样，甲类每方丈 3 868 元，20 天完工；乙类每方丈 2 728 元，20 天完工；丙类每方丈 1 961 元，14 天完工③。

第二，修建防空洞和防空壕。1937 年 9 月 1 日，重庆防空司令部成立。当月，蒋介石发电要求重庆防空司令部负责指导、协助民众挖筑简易防空壕沟，并明确规定防空壕须深 6 尺、宽 2 尺，上盖木板并厚加土层。11 月 21 日，重庆行营下令重庆市开建防空洞，限两月完成④。1937 年底，首批赶筑的防空壕、洞、室 30 多处投入使用。随着 1938 年防空形势日益严峻，重庆市加紧开凿防空洞、大隧道。1938 年 8 月 1 日，重庆防空大隧道在中央公园事务所前举行破土动工典礼。根据规划，大隧道长约 4 千米，可容纳 5 万人以

---

① 吴嵩庆. 抗战中对于新市政建设之要求. 市政评论，1941 年第 6 卷第 1 期，6.
② 重庆市政府公报，1939 年第 2-3 期，80.
③ 重庆市城乡建设管理委员会，重庆市建筑管理局. 重庆建筑志. 重庆大学出版社. 1997. 12.
④ 行营令重庆市开凿防空洞. 新教育旬刊，1938 年第 1 卷第 2 期，44-45.

上，开辟进口 23 处，全部作"王"字形，内宽 25 公尺，高 25 公尺①。但在防空洞建设初期，由于经费支绌、施工敷衍、机构重叠、管理紊乱，致使重庆的防空洞污秽不堪、险象环生、漏水坍塌、挤伤窒息等问题时有所闻②。

1939 年"五三""五四"大轰炸发生后，重庆市政当局采取多项措施加快推进防空洞建设。5 月 9 日，印发《重庆市市民建筑防控壕洞租赁公私土地暂行办法》，规定"建筑防空洞所使用之土地，如系公地，一律免纳租金，如系人民私有土地，其地上占有之面积，建筑人应缴纳租金，其壕洞占用地下面积，业主一律不得收取租金。"③ 到 1939 年 10 月前后，重庆市累计建成防空平洞、公共避难壕、防空隧道 134 个，累计可避难人数 7.36 万。

相对于重庆市 50 多万人而言，防空洞的容量依然捉襟见肘。1940 年伊始，重庆防空司令部在催促重庆市政府从速推进人口疏散时就提到，"若按现有公私防空洞之容量，仅为 14 万余人，一遇空袭无处避难者则有 30 余万人之多。"④ 1940 年 1 月，新任重庆市长吴国桢在巡查重庆时，士绅们也提出防空洞不足的问题，"本市许多防空洞多系机关或私人所有，或竟为机关占用，空袭时因防空洞少，市民无地可容，无法逃避，危险殊甚，江北南岸防空设备，尤感不够，应请增开防空洞，以保安全。"⑤ 但迫于市政府财力原因，吴国桢也无可奈何，他坦言："目前防空洞问题确属重要，惟□在防空司令部经费有限，本府更无力顾及，大家如能自动筹资兴建防空洞，及早完成，很可仿效□马店镇的办法，或者设法先行建筑简易防空壕，以备急需，而免危险。"⑥

---

① 重庆防空大隧道开工. 四川月报，1938 年第 13 卷第 1-2 期合刊，218.
② 程雨辰. 蒋介石与重庆的防空洞. 档案史料与研究，1993 年第 4 期，92-94.
③ 重庆市市民建筑防控壕洞租赁公私土地暂行办法. 重庆市政府公报，1939 年第 1 期.
④ 唐润明. 中国战时首都档案文献：反轰炸（下）. 重庆：西南师范大学出版社. 2017. 665.
⑤ 重庆市政府公报，1940 年第 4-5 期，175.
⑥ 同上.

第四章 陪都的繁荣与没落（1935—1949年）

除了防空洞的数量不足外，建设标准和管理水平也无法满足需要。重庆卫戍司令部参谋长、防空副司令胡伯翰坦陈："根据今年的经验，因不入洞躲避而炸死的人固然不少，但因防空洞抗力薄弱，洞口过少而封闭致死的，亦实居不少……公共防空洞数量之不足，设置之不齐备，卫生之欠缺，空气之恶劣，照明之不完全，管理之不周到等等，是一件不可否认的事实。"① 对此，蒋介石不止一次对重庆市政当局提出防空洞管理要求。1940年2月27日，蒋介石在给重庆市长吴国桢的手令中写道："本年防空特别周备，务使每次空袭无人死伤为标准，每防空洞设备，必有坐位，且在其附近必设厕所，对于老年与幼童以及妇女三项人士，须设特别坐位与〔于〕空气较好之处。每洞必有一人主持与宣传，此可令青年团员任之，必须尽到敬老扶少、爱群互助之精神，并在防空洞内推行新生活。……望速照此进行为要。"② 6月14日，蒋介石在日记中写道，"预定：……四、防空洞之教条。"

1941年6月5日，大隧道惨案发生后，蒋介石在要求查办案件的同时，下令成立防空洞管理改进委员会和工程技术改进委员会。其中，管理改进委员会主任委员谷正纲，委员包括刘峙、陈访先、贺国光、吴国桢、胡伯翰、唐毅、庞京阁和梅时琳；工程改进委员会主任委员陈立夫、副主任委员翁文灏，委员包括徐恩曾、吴华甫等③。鉴于防空洞涉及防空司令部、卫戍司令部、宪兵司令部、重庆市政府、警察局、防护团、空袭服务队、社会部等诸多机关，导致管理不善④。6月13日，谷正纲组织开会研究防空洞管理改进方案，明确重庆市政府为防空洞的主管机关，并要求制定防空洞通风、照明、通讯、卫生、供应和安全检查等工作规划⑤。7月11

---

① 胡伯翰.陪都二十九年的防空.市政评论，1941年第6卷第1期，16.
② 程雨辰.蒋介石与重庆的防空洞.档案史料与研究，1993年第4期，92-94.
③ 改善防空洞工程 蒋委员长派大员专家负责.大公报（重庆），1941-6-10，第2版.
④ 夏孟辉.重庆隧道大惨案.时论分析，1941年第35期，22-25.
⑤ 管理渝市防空洞 市政府为主管机关——管理改进会通过之方案.大公报（重庆），1941-6-15，第2版.

日,重庆市政府成立防空洞管理处,由市长吴国桢兼任处长,唐毅任副处长①。

7月5日,市工务局向重庆市政府呈报了改善防空洞计划和工程费用情况。呈文详细介绍了改善计划②。接到呈报以后,7月12日,市长吴国桢指令市工务局,进一步核查改善防空洞计划和工程费用等。8月2日,《申报》报道了重庆改善后最大的防空洞。"洞口一直到里面完全有电灯,砌得好好的石级,其数目要九十级左右,其深度当可想见,里面四壁都用石砌平。顶作拱门式,两边有长靠椅,式样正如以前京沪铁路的四等客车,座位亦算舒服。"③这个防空洞有11个洞口,总共可以容纳2万人以上。

第三,严格要求开辟火巷(也称"太平巷")。在国民政府内迁重庆前,重庆市政当局就将修建火巷作为预防火灾蔓延的重要措施。由于日军大规模轰炸,尤其是投放燃烧弹,让城市防火的重要性更为凸显。1939年4月4日,行政院第48次会议审议通过《重庆市开辟火巷办法》,对火巷的建设时序和标准提出要求,"甲. 火巷应先从房屋稠密之区拆起,并应尽可能利用原有街道,务期与马路衔接;乙. 防空隧道出入口附近妨碍交通之房屋,应尽量拆迁。火巷宽度为十公尺及十五公尺两种。"④关于开辟火巷的资金问题,文件明确"开辟火巷,得以法令向火巷两旁受益土地,特别征费;开辟火巷,征收土地之地价及房屋拆迁费,由市政府参酌市价拟定标准,呈行政院核定之。"同期的市政府公报显示,营建委员会呈报给行政院的拆迁补偿标准为,"甲、西式砖瓦房屋每方丈(市尺)二十元。乙、中式砖墙房屋每方丈(市尺)十六元。丙、西式木墙或泥墙房屋每方丈(市尺)十二元。丁、中式泥墙或木造房屋每方丈(市尺)八元。戊、草房棚屋每间五元。已、破烂不堪居住者,

---

① 防空洞管理处已正式成立. 大公报(重庆),1941-7-13,第3版.
② 改善防空洞计划案. 重庆市政府公报,1941年第22-23期,50-51.
③ 重庆最大防空洞. 文摘日报,1941年第10期,39.
④ 重庆市政府公报,1940年第6-7期,52.

第四章 陪都的繁荣与没落（1935—1949年）

不给费。每加楼一层加二分之一，十年以上八折，二十年以上六折，不足半方或半间者，以半方或半间计，半方或半间以上，以一方或一间计。"① 在组织实施方面，疏建委员会责成下属工程组负责办理市内有关疏散工程及疏散地区一切建设事项，时任重庆工务局局长吴华甫亲自兼任工程组组长。

1939年4月15日，工程组首先选择旧市区神仙口至三牌坊以及长安寺至县庙街两线，将其辟为六公尺宽的火巷，并于4月29日完工②。不久，"五三""五四"大轰炸惨案发生，重庆市军民日夜赶工，旧市区共拆出火巷21.09千米，其中开辟15米宽火巷14条，计6.26千米；10米宽火巷69条，计14.83千米，共拆除大小平房、楼房9600余户③。与此同时，市政当局对于灾后新建房屋的安全距离也做出要求，"市区彼此毗连之房屋原计划约每隔房屋40间左右，即每隔140公尺左右开辟一巷，现扩大计划应以8间至15间为度，即每隔30至50公尺开辟一巷等。"④ 这段时期，蒋介石也对此给予关注，他在6月14日的手令中写道："二、自现在起，在重庆市范围内民房之建筑，必须预留宽大火巷（应规定尺寸与范围），不得有十间房屋相连之建筑。违者应议处，并重新拆造。凡已经造成者，应严令拆除。"大公报著名记者彭子冈记录了当时拆除火巷的场景。她在1939年8月14日出版的《大公报》上写道："在烈日下，工兵们忙着拆火巷，用铁锹敲打，用绳子紧拉，灰尘和他们的汗水一起飞扬滴落，邻近的人们给他们张罗茶水，路人往往不自禁地驻足来观光这建设性的破坏，就爱听那哗啦一声巨响，墙壁倒下来，用'豁然开朗'，四个字来形容是再恰当也没有

---

① 重庆市政府公报，1940年第6-7期，52.
② 谢璇. 1937—1949年重庆城市建设与规划研究. 北京：中国建筑工业出版社. 2014. 61.
③ 谢璇. 抗战期间以御灾防卫为契机的陪都重庆旧市区改造. 华中建筑, 2010年第28卷第06期, 80-83+110.
④ 1939年5月24日对重庆疏建委员会的训令. 重庆疏建委员会训令总字第760号. 重庆市档案馆全宗号0067，目录号5/657. 转引自谢璇. 抗战期间以御灾防卫为契机的陪都重庆旧市区改造. 华中建筑, 2010年第28卷第6期, 80-83+110.

的，密集的蜂窝一般的山城慢慢地变得疏朗起来。"①

1940年，火巷改造延伸到嘉陵江北岸的江北城。年初，重庆市政府向行政院呈报江北太平巷开辟事宜，随后行政院电请重庆卫戍总司令部派兵协助②。3月19日，重庆卫戍总司令部和重庆市政府联合粘贴布告，公布关于在江北开辟太平巷的线路规划、实施时间、拆迁安置等事宜③。资料显示，此次江北片区开辟太平巷，共拆除房屋1 022家，拓宽10米至15米街道19条，长7 041米，会车场四处，停车场3处、广场1处④。开辟火巷形成不同宽度街道以及会车场、停车场等道路交通设施，对城市肌理和空间形态具有重要的塑造作用。

由于拆除火巷导致许多街道名称失实，重庆市政府决定对城市的街道重新命名，"在举行的第一次会议商讨新开辟火巷命名事宜，当场决定原则：一、化零为整；二、凡新辟火巷之宽度为十五公尺者称为路，十公尺者为街；三、凡称路之命名以新颖及含有抗战建国之意义为准则，凡称街之命名，可酌量运用旧有名称。"⑤而从事后街道改名效果看，进一步延伸到了政治意义。重庆的街道改名有以下几种情形：第一，以国民党政治意识形态为标志的路名，如民权路、民族路和民生路。第二，以国民党领袖人物命名的街道，有中山路、中正路、林森路、岳军路等。第三，其他含有政治意义的路名，如中华路、民国路、和平路、中兴路、新生路、凯旋路、五四路和邹容路等。

除上述措施外，要求新建或改建建筑涂保护色也是重要举措。1940年3月1日，重庆防空司令部向重庆市政府发函显示，"查房屋墙壁应涂保护色，为消极防空上对建筑物迷彩之必要处置，本部曾经通告市民遵照在案。近查市内房屋又多使用白灰，色泽鲜明，

---

① 子冈. 重庆怎样抵抗袭炸? 大公报（重庆），1939-8-14，第3版.
② 重庆市政府公报，1940年第6-7期，95.
③ 同上. 116.
④ 重庆市江北区房管分局地产志编辑室. 重庆市江北区房地产志（内部发行）. 13.
⑤ 张瑾. 陪都岁月：重庆时期的宋美龄研究. 北京：东方出版社. 2018. 138.

第四章　陪都的繁荣与没落（1935—1949年）

目标显著，亟应严加取缔，除饬防护团切实执行外，相应函达贵府请再转饬警察、工务局，认真协同办理，并于人民以后新建工程请照查勘给照时，由工务局附带规定督促，以期彻底用利防空为荷。"①8月16日，重庆市政府印发的《被炸灾区暂准搭棚办法》也提出保护色的要求，"三、前项席棚只准搭盖平房，每栋棚○（注：原文如此）相连至多五间，每栋前后左右相距须在三公尺以上，并须抹灰黑色以资掩护。"②1940年制定的《非常时期重庆市建筑补充规则》提出，禁止疏建区房屋采用白色、红色或者玻璃顶，以免成为醒目的轰炸目标③。

　　正是采取了这一系列措施，重庆城区在日军轰炸的间隙还能保持一番热闹景象。朱自清从昆明来重庆的路上，想着重庆经过那么多轰炸，景象应该很惨，但到了重庆他才发现："可是，想不到的！我坐在轿子，坐洋车，坐公共汽车，看了不少的街，炸痕是有的，瓦砾场是有的，可是，我不得不吃惊了，整个的重庆市还是堂皇伟丽的！街上还是川流不息的车子和步行人，挤着挨着，一个垂头丧气的也没有。"④当时在重庆生活的傅安娜也回忆了她进城的场景，"这里（指旧城）的街道，比我见过的江北观音桥和南岸黄桷坪，都更加热闹。那些不停地穿梭往来的车辆把我惊呆了。我从没见过这么多的人力车、小轿车、大巴士和大货车，同时在起伏不平的马路上飞奔。十字路口还有一个交通警察，站在带顶棚的高平台上，吹着响亮的哨子，指挥那些车辆。周围的宾馆、商店和银行，都是用混凝土建成的几层高楼，沿着主街排成排，还挂有醒目的招牌和彩色的旗幡。"⑤

---

　　① 重庆市政府公报，1940年第6-7期，94-95.
　　② 重庆市政府公报，1940年第10-11期，46.
　　③ 杨宇振.100像：文字与图像间的重庆城（晚清—民国）.重庆：重庆大学出版社.2020.242.
　　④ 朱自清.重庆一瞥.转引自《老城记》编辑组.老重庆（民国趣读·老城记）.北京：中国文史出版社.2019.272.
　　⑤ 傅安娜.汉娜的重庆.海娆译.成都：四川文艺出版社.2020.157.

（三）城市规划

1936年5月13日，重庆市政府组建了市政设计委员会，主要成员包括胡文澜、胡春藻、文化成、周季悔、何奎元、王岳生、胡汝航、杨重熙、曾子唯、龙文治、邓子文、曾俊臣、杨芳林、税西恒、吴受彤、潘昌猷、杨叔平、胡子昂、龚一唯、熊南陔、康心如、程符珊等22人。委员会的工作职责包括市长交议事项和本会建设事项。具体又分为四个组：第一组负责关于社会及教育的设计事项，第二组负责财政和土地的设计事项，第三组负责卫生和工程的设计事项，第四组负责农林、园艺的设计事项①。但从委员会的工作职责看，它是一个专家咨询机构，也没有关于城市总体规划的职责。

1939年初，为适用战时防空需要推动人口疏散，重庆市政当局陆续成立郊外市场营建委员会、人口疏建委员会。但都属于临时性机构，既无法满足重庆随后作为战时陪都的规划建设需求，也不能达到地方绅耆的期许。直到重庆临时参议会成立，重庆市开始着手谋划城市总体发展和规划。1939年10月1日，在重庆临时参议会第一届第一次会议上，参议员李奎安、文化成（临时参议会副议长）等提交了第九号提案《由本市各法团组织"大重庆市建设期成会"案》。提案指出，"……是故重庆市在目前之为战时首要地区，在未来为我国西南重镇，其更远之前途，可发展为国际城市，均毋庸赘述。十年以来，随大局、自然之趋势，重庆已有若干显著之进步，如兴建马路，创办电力公司，修筑码头，整顿水陆交通，经营新式企业，调整金融机构等，比比皆是。……根据现代建设事业之经验，凡一伟大建设，必先有缜密计划、具体方案，始能收事半功倍之效。故在本市建设程序开始实行之前，建议由本会及本市各法团合组'重庆市建设期成会'，冀收促进期成之效。"② 关于重

---

① 渝市府组设计委员会.四川月报，1936年第8卷第6期，172-173.
② 唐润明.康心如与重庆市临时参议会.重庆：重庆出版社.2014.125.

第四章　陪都的繁荣与没落（1935—1949 年）

庆市建设期成会的主要任务，提案提出三个方面：第一，调查关于建设大重庆市各项事宜；第二，征询全市各界对建设大重庆的意见并分别采纳，必要时设置专门委员会进行推进；第三，研究制定建设大重庆的具体方案，提交下届临时参议会审议。提案通过后旋即着手组建"重庆市建设期成会"，并选举程愚、余际唐、李秀芝 3 人为组织"重庆市建设期成会"负责人，全面负责重庆市建设方案的拟定。

12 月 1 日，重庆市建设期成会召开成立大会，正式成立。康心如任会长，文化成任副会长，并聘请重庆各界学者胡汝航、傅友周、关颂声、许行成、税西恒、胡文澜、朱学范、黄次咸、周钦岳等 50 人为顾问会员（见表 5），分 3 个组：第一组（工商、经济、交通），第二组（民政、自治、保安、救济），第三组（教育、文化）①。随后，重庆市建设期成会开始着手编制《重庆市建设方案》。与此同时，重庆市政府也为建设方案编制提供基础支撑。1940 年 1 月，重庆市政府第 32 次市政会议记录显示工务局报告，"关于都市计划，已派员察勘新市区，因图表关系，不易一次设计，拟就分区道路及下水道路等图表，逐步测制。"②

表 5　重庆市建设期成会会员名单③

会长	康心如	副会长	文化成	主任秘书	李仲平
第一组（包括工商、经济、交通等）					
王岳生、胡汝航、童子钧、刘静之、连雅谷、马蔚兰、傅友周、石体元、刘泰珍、黄明安、李泽敷、郑璧成、邓少文、周懋植、仇秀敷、周荟柏、孟知眠、罗志儒、赖彦于、蓝田玉、何肇中、沈芷仁、王德郅、关颂声、熊雯岚、许行成、冯均琁、税西恒、康纪鸿、唐达章、古耕虞、薛叔垣、李心怡、高允斌、王谓若、温少鹤、胡叔潜、李秀芝、王伯康					
召集人：许行成、温少鹤					

---

① 唐润明.康心如与重庆市临时参议会.重庆：重庆出版社.2014.362.
② 重庆市政府公报，1940 年第 4-5 期，30.
③ 唐润明.重庆市建设方案.档案史料与研究，2002 年第 3 期，8.

(续表)

会长	康心如	副会长	文化成	主任秘书	李仲平
第二组（包括民政、自治、保安、救济等）					
胡文澜、王兰楫、曾子唯、陈智若、秦主堂、萧杰三、王优龙、朱学范、艾方谷、尹静夫、罗霞川、罗鹤龄、徐龙光、吴荣阶、程　愚、余际唐、王鸣岗					
召集人：胡文澜、王鸣岗					
第三组（包括各种教育、文化事业）					
杨国屏、黄次咸、傅用平、周钦岳、甘在人、陈介生、袁宇仁、曾吉芝、杨芳龄、康选宜、杨若愚、杨重熙、杨学渊、杨及玄、杜元载、黄应乾、吴国梁、粟寄怆、王乐生、蒋云遽、汪观之、沈重宇、邱致中					
召集人：杨国屏、周钦岳					

　　1940年4月1日，重庆临时参议会第一届第二次会议召开，会前《重庆建设方案》正式完成，并作为第1号提案提交会议审议。该方案包括六个部分，分别是建设之前提、交通建设部分、经济建设部分、警察自治部分、教育文化部分、市民福利部分及其他。可以看出，该方案并非单纯的城市建设，还包括经济发展、社会管理等内容，属于城市综合性发展规划。单就城市规划建设而言，方案提出的城市分区设计成为后来城市发展的预言。方案写道，"重庆市区原系半岛形势，居于长江与嘉陵江之间，其中心区域就在半岛尖端，其后繁荣内移，渐次扩展为现有之新市区。同时，南岸、江北亦渐形发达。将来之情形，当系以现在之市中心为中心，而以新市区为其延长。此外，嘉陵江岸由牛角沱、李子坝、化龙桥、小龙坎以至沙坪坝、磁器口为一个区域；长江北岸由菜园坝、黄沙溪至鹅公岩一带，又为一个区域；南岸、江北各为一个区域；两浮公路延长经茶亭以至石桥铺又为一个区域；每一区域又当分为若干小区域。此种发展情形，有二大特点存在：即：一、由立体发展而向平面发展；二、由以往一个中心区之繁荣，而变为许多区之

第四章 陪都的繁荣与没落（1935—1949 年）

卫星式之繁荣。"①

此外，方案还建议设置独立于市政府人事以外的都市计划委员会，并将其作为城市建设的重要前提之一。根据建议，重庆市政府组织成立了都市计划委员会并于 5 月 3 日颁布了《修正重庆市都市计划委员会组织规程》。委员会职责包括：①本市建设计划资料的收集及研究事项；②本市建设计划的拟订事项；③关于前项计划图表的制订修正及补充事项；④关于限制使用区的规划事项；⑤关于市政府交议事项②。但是随着重庆在 9 月 6 日定为陪都，国民政府成立陪都建设计划委员会，重庆市都市计划委员会旋即撤销。1940 年 11 月，重庆市临时参议会秘书处印发的关于 1 号提案办理情形写道，"前经拟具本市都市计划委员会组织规程公布实施，并经函聘富有市政及工程学识及市绅担任委员，现中央有陪都计划委员会之设置，该都市计划委员会，似无存在之必要，以免重核。"③

重庆市长吴国桢对于城市建设的重要性也高度认同，他在会议上将人口疏散和城市建设捆绑作为重庆当前的两个重要问题之一，"第二为本市人口疏散问题。去年五三、五四的惨痛教训，思之如在目前。吾人惩前毖后，值此天气日渐清朗的时候，应当将城区人口，从速厉行疏散，自不待言。惟国桢关于本问题曾经深思熟虑，以为办理疏散不应专从疏散二字着想，应当放大眼光，须使疏散与建设双方兼顾，同时并行，如由城区疏散至乡间，不当以业已疏散为已足，同时对于所疏散的乡区，须有一种合理的建设计划，不独使疏散的市民，得到便利与保障，而且建设乡（注：原文如此）我们亦建设为繁荣城区，并使现代'都市园林化'的理想，得以实现

---

① 唐润明. 重庆市建设方案. 档案史料与研究，2002 年第 3 期，8.
② 修正重庆市都市计划委员会组织规程. 重庆市政府公报，1940 年第 8-9 期，43.
③ 唐润明. 康心如与重庆市临时参议会. 重庆：重庆出版社. 2014. 153.

于本市的将来。"① 从 5 月开始,重庆市工务局将"都市计划"正式纳入重庆市政府每月工作纪要②。

当然,该方案最重要的成就即所提出的将重庆市定位陪都的建议被国民政府采纳。1940 年 9 月 6 日,国民政府明定重庆为陪都。当日,国民政府即命行政院加强对重庆城市建设的支持,要求"督饬主管机关参酌西京之体制,妥筹久远之规模,藉慰舆情而彰懋典。"③ 9 月 27 日,行政院向重庆市政府知照,"并经本院第四二八次会议决议:关于陪都建设,组织陪都建设计划委员会,详细计划呈核。"④ 在 4 天后举行的重庆各界庆祝陪都建立的大会上,重庆当局无不欢欣鼓舞地为重庆建设造势。重庆卫戍总司令部刘峙在大会上激情澎湃地提出四点希望,第一点就是要努力建设陪都,"……要怎样来恢复市区的繁荣,要怎样进行建设的全部计划,怎样来发展公共福利事业和文化事业,这都是建设陪都的首要工作⑤。"康心如代表重庆本土势力也寄予高度期望,"据兄弟个人所知,我们的最高当局,在重庆轰炸最剧烈的时候,即已决定了负责复兴重庆的决心,这一次重庆陪都命令的发表,也即表示了政府复兴重庆的决心……"⑥

10 月 19 日,行政院公布《重庆陪都建设计划委员会组织规程》,规定了委员会的隶属关系、领导人员构成及任命规则、决议执行程序、日常管理、内设机构、技术人员安排、建设计划拟定程

---

① 唐润明. 康心如与重庆市临时参议会. 重庆:重庆出版社. 2014. 150.
② 本府二十九年五月份六月份工作纪要. 重庆市政府公报,1940 年第 8-9 期,129.
③ 行政院为组织陪都建设计划委员会给重庆市政府的训令. 1940 年 9 月 27 日. 转引自重庆市档案馆,重庆师范大学. 中国战时首都档案文献:迁都 定都 还都. 重庆出版社. 2014. 117.
④ 重庆市档案馆,重庆师范大学. 中国战时首都档案文献:迁都 定都 还都. 重庆出版社. 2014. 116.
⑤ 同上书. 102.
⑥ 同上书. 106.

第四章 陪都的繁荣与没落（1935—1949年）

序等内容①。一个月后，行政院陆续向重庆市政府知照关于陪都建设计划委员会主任委员、副主任委员、秘书长及所有委员的任命。主任委员由行政院副院长孔祥熙兼任；副主任委员为周钟岳、杨庶堪（川籍国民党元老）；委员有翁文灏（时任经济部长）、张嘉璈（时任交通部长）、卢作孚（实业家、时任交通部常务次长）、刘纪文（曾任南京市长）、魏道明（曾任南京市长）、张维翰（时任内政部政务次长）、潘文华（重庆第一任市长）、陈访先（时任赈灾委员会常务委员）、康心如（地方头面人物）、刘峙（重庆卫戍司令兼防空司令）、吴国桢（时任重庆市长），共11人。其中，吴国桢兼任委员会秘书长。

1941年2月28日，陪都建设计划委员会正式宣告成立，同时修正通过重庆市陪都建设计划委员会议事和办事规则②。关于陪都建设计划委员会的性质和职责，吴国桢4月24日在第一次国父纪念周会议上作了说明，"就性质来说，本会为一幕僚机关；就职责来说，本会为促成陪都建设的唯一机关。换言之，本会虽不是普通行政机关，而是负责代主任委员和委员会筹谋规划，以决定建设陪都的通盘计划，而达到本会的任务和使命。所以，本会最主要的工作，就是要制定切合实际的方案，作为实行的依据。"③ 重庆市政府作为重庆管理的行政机关，陪都建设计划委员会如何与之处理好关系十分重要。对此，行政院安排重庆市市长吴国桢为秘书长应是做此考虑。正如主任委员孔祥熙在5月2日陪都建设计划委员会第一次委员会议所言，"在过去，同性质的机关每每各行其是，界分綦严，以致在工作上惟不能精诚合作以促进工作，反而因严分畛域减低了工作的效能。重庆市的吴市长，同时兼任本会的秘书长，更

---

① 重庆市档案馆，重庆师范大学. 中国战时首都档案文献：迁都 定都 还都. 重庆出版社. 2014. 118.
② 陪都建设会昨开首次会议. 新蜀报，1941-03-01，第3版.
③ 重庆市档案馆，重庆师范大学. 中国战时首都档案文献：迁都 定都 还都. 重庆出版社. 2014. 120.

可见本会的工作与市政府有着密切的联系的。"①

陪都建设计划委员会成立后不久,就在原重庆市工务局相关工作基础上,修正完成了一份陪都分区建设计划初稿。4月,陪都建设计划委员会技术组组长吴华甫,副组长丁基实联名向行政院提交。因行政区须集中布置,但战时安全需要难以选址,因而在暂不考虑行政区的情况下,建设计划将陪都分为五个较为松散的功能区:第一,商业区。计划以渝中半岛旧城区为商业区。面积约1.89万亩,占全市面积的4.3%。第二,工业区。计划选址在长江下游,由弹子石及江北县城以东的鸡冠石、唐家沱夹江两岸之地建重工业区,另外还规划九龙铺一带为轻工业区。工业区占地约6.36万亩,占全市总面积的14.4%。第三,文化区。选择在西郊的沙坪坝一带。面积约1.06万亩,占全市总面积的2.4%。第四,住宅区。共有4处,分别为中三路以西至李子坝一带、化龙桥沿成渝公路至小龙坎一带、嘉陵江北岸江北一带和南岸风景区与商业区之间。面积共约6.51万亩,占全市面积的15%。第五,风景区,有一东一西2处。东侧为黄山、汪山、涂山和放牛坪一带,西侧为歌乐山等地。面积约11.37万亩,约占全市面积的25%。②

除了分区建设计划以外,目前我们能看到的还有陪都建设计划委员会召开的三次会议讨论记录③。第一次于5月2日在重庆市中华路会址召开。此后6月2日,委员会的办公场所中弹焚毁,不得不向城外疏散,最后租赁在山洞平正农场29号中医院二楼房屋。因此,7月15日召开的第二次会议和10月3日召开的第三次会议均在此召开。从会议记录看,陪都建设计划委员会讨论了城市分区、重大建筑、土地勘查、人口调查、基础设施和公共服务设施、农村建设等方方面面。与重庆市政府严格在行政辖区内进行管理决

---

① 重庆市档案馆,重庆师范大学. 中国战时首都档案文献:迁都 定都 还都. 重庆出版社. 2014. 121.
② 谢璇. 1937—1949年重庆城市建设与规划研究. 华南理工大学,2011.
③ 同①书. 123-136.

第四章 陪都的繁荣与没落（1935—1949年）

策不同，陪都建设计划委员会不限于重庆市区范围。孔祥熙第一次委员会上提议"市区以外，认为有应在范围之内者，当随时列入本会建设计划中。"① 第二次委员会会议上讨论了重庆市政府拟具整理扩大市区土地测量计划纲要案、拟具南温泉整理计划案（南温泉归巴县政府管）等。

除了三次会议记录，陪都建设计划委员会主任孔祥熙在1941年9月15日出版的《市政评论（陪都建设计划专号）》序文中透露陪都建设计划委员会组织编制了陪都建设计划大纲，他写道，"奉令主任其事，当即根据图案，详加研核，择其尤要，先事计划。惟建设陪都，为国家百年大计，非得经验宏富，眼光远大之专家，为之详审研求，精密计划，不足以善始成终。爰聘请国内市政专家，负责设计；并延揽各项工程专家多人，以为之助。历时六月计划大纲，于焉初具。"② 同期杂志还刊载了周钟岳的《战时都市建设计划》、郑樑的《论陪都建设计划的二大要点》、黎宁的《论带形都市与大陪都之改造》，以及收集的陈访先、张维翰、吴承洛、赵祖康、丁基实、哈熊文、胡德元、工克、米展成、丘秉敏、张大镛、刘百铨、汪日章13名专家对于陪都建设计划的意见。这些专家可能就是孔祥熙所延揽的参与陪都建设计划的各项工程专家，但是这些意见在陪都建设计划大纲中是否体现不得而知。

《市政评论（陪都建设计划专号）》没有透露陪都建设计划大纲内容，10月15日，陪都建设计划委员会在山洞平正农场会址召开记者招待会。在会上，主任秘书许大纯介绍了委员会成立经过、内部组织和目前工作概况等，技术组组长丁基实透露了陪都建设计划，具体分三期进行，"第一期为调查工作与材料整理工作，藉以预计陪都之发展前途，进而订定陪都之范围与地位；第二期为陪都

---

① 重庆市档案馆，重庆师范大学. 中国战时首都档案文献：迁都 定都 还都. 重庆出版社. 2014. 125.
② 孔祥熙. 陪都建设专刊序文. 市政评论，1941年第6-9期，1.

土地使用，布置设计，交通网之规划，及各区段之设计；第三期即进入具体设计阶段，惟都市设计非若普通建设工程，工作备极繁钜，故需较长时间，本会刻正进行调查工作云。"① 11月4日出版的《解放日报》报道了陪都建设计划要点，"（一）改进卫生；（二）建筑各式房屋街道；（三）办理土地呈报；（四）户口调查；（五）测量各公私防空洞；（六）设计建筑大体育场及图书馆等。"② 仅从这些报道看，陪都建设计划委员会成立一年多来，似乎并没有进入城市总体规划实质性内容编制阶段。

1942年1月1日，陪都建设计划委员会举行第一届陪都建设展览会，在重庆市中央图书馆揭幕，陈列品千余件，分置五室。其中，以统计图表为多，模型次之，另有矿物样品、厂房彩画及照片等③。此后，陪都建设计划委员会的工作不得而知，最终谜一样的消失。陪都建设计划委员会撤销，陪都建设计划自然也无从谈起。解散时间大约在1942年春夏间④，证据有两个：1942年1月21日陪都建设计划委员会派员取回陪都展览会参展物品；1942年7月27日，吴国桢向孔祥熙报告重庆府文庙大成殿破损情况一文中提到"奉饬将修复孔庙计划案卷移交陪都建设计划委员会接续办理，正在积极进行，方期可以修复完成。不料陪都建设计划委员会奉令裁撤，遂中途又复停顿"。从现有资料看，可能有三个原因导致其撤销。

第一，全国收缩建设的总体形势。

从1937年8月起，国民政府为了应对突发的战局，紧急出台了《非常时期安定金融办法》《增进生产及调整贸易办法大纲》等一系列条文，以求迅速将平时经济转入战时经济状态。此后，随着

---

① 陪都建设计划分三期进行.新蜀报，1941-10-15，第3版.
② 陪都建设计划要点.解放日报，1941-11-04，第3版.
③ 李新.中华民国史·大事记（第9卷）.北京：中华书局.2011.6698.
④ 杨宇振.100像：文字与图像间的重庆城（晚清—民国）.重庆：重庆大学出版社.2020.297.

第四章 陪都的繁荣与没落（1935—1949 年）

日本在中国的占领区不断扩大，国民政府统辖区收缩，战时统制政策不断强化。1938 年 3 月，国民党临时全国代表大会通过了《抗战建国纲领》和《非常时期经济方案》，标志着国民政府实施战时统制经济政策的经济方针基本确立①；1939 年 3 月，国民党五届三中全会明确宣布"依于战时人民生活之需要，分别轻重，斟酌缓急，实行统制经济"；1941 年 3 月，国民党五届八中全会正式确定实行"统制经济"政策，由国家政权依靠行政法律的手段，直接干预或管制生产、流通、分配等国民经济各个部门各个环节。可以看出，由于日本侵华对国民经济的摧残导致围绕军事第一的经济紧缩势在必行，此时的城市建设也属于被节约的范畴。1941 年 12 月 2 日，行政院第 542 次会议审议通过的《重庆建筑审查规则》从侧面印证了这一推断，文件第三个要点写道"公私建筑与抗战生产无急切关系，得禁止变更或展〔暂〕缓之。"② 12 月 15 日，康心如在重庆市临时参议会第一届第五次会议上演讲提到，"……两年来市政呈现突飞猛进的情况，诸位同人与有力焉。但时至今日，时事已有转变，舆论有收缩建设及节约物资之议。故今日而言市政建设，务必分别缓急，择要施行，又须避免不急需之庞大工程，以节省人力物力，用于其他急需事业。"③ 同日，行政院副院长孔祥熙在会上也提到，"实行战时节约"。两年后的 1943 年，时任重庆市工务局局长吴华甫在回顾重庆市 5 年的市政时也认为经费所限导致市政建设成效寥寥，"本市建设，经二十八年辟太平巷，及二十九年规定道路网后，始乃稍具……惟以经费所限，所定计划，就这个市区言，仅及局部，其能实施者，又只为全部计划中之一部而已。"④

---

① 刘凤翰.民国经济：亲历者口述实录.北京：中国大百科全书出版社.2016. 7.
② 郑樑.重庆建筑审查规则公布——对市工务局贡献几点意见.市政评论，1941 年第 6 卷第 12 期，2.
③ 唐润明.康心如与重庆市临时参议会.重庆：重庆出版社.2014. 209.
④ 吴华甫. 计划：陪都市政建设. 市政工程年刊，1943 年，61-66. 转引自杨宇振. 100 像：文字与图像间的重庆城（晚清—民国）. 重庆：重庆大学出版社. 2020. 242.

第二，日军频繁轰炸导致城市建设成效惨淡。

1941年是日军轰炸重庆最频繁的一年，造成了惨绝人寰的六五惨案。这也使得国民政府从上到下，对城市的规划建设更加务实，更加注重最基本的生命安全，而不再是"宏大叙事"。重庆市临时参议会由于日军轰炸更是频繁更换会址，对城市建设之艰难有切实体会，"先是1940年8月，该会在过街楼的会场被日机炸毁，开会无着，只得商请重庆市市长吴国桢，借重庆市政府办公地的川东师范学校一角为临时议场，故1940年11月举行的重庆市临时参议会第一届第三次大会及第四次大会的开幕式及其第一次全体会议，均是在川东师范学校该会临时议场召开的。不料当第四次大会仅仅在川东师范学校该会临时议场举行一次全体会议，1941年5月3日，该会在川东师范学校的临时议场，又被日机炸毁。该会被迫紧急借用重庆神仙洞新街重庆市社会局的办公地为临时会场，并于日机轰炸声中开完第四次大会。"[1] 1942年，康心如在重庆市临时参议会第一届第六次会议闭幕时上提到，"第二，本会三年之回顾。回顾三年来，本会先后共开大会6次，约可划分为两时期：由第一至第三次大会，同人注意力多注重建设方面。本会第二次大会，曾对市政建设做全面研讨，'重庆市建设方案'之出现，曾促起市民对市政建设作系统之考察，为重庆历史上一新页。及后空袭频仍，方案所订各点，多无法实现，吾人乃益悟战时环境之困难，而作实事求是之打算。迄第四次大会以来，为第二时期。"[2]

第三，陪都建设委员会和重庆市政府的冲突。

从孔祥熙在第三次委员上的讲话或许我们能看出一些端倪。他讲到，"陪都建设，自然是当前最紧要的急务，本会虽有各位委员，但只不过站在领导的地位，所有的工作仍还是要秘书长、副秘书长同诸位尽力的。我们的设计，应该是脚踏实地、按部就班的去做合乎实际的工作。中国人一向的毛病，就是好高骛远，凡是一件事

---

[1] 唐润明. 康心如与重庆市临时参议会. 重庆：重庆出版社. 2014. 358.
[2] 同上书. 232.

第四章 陪都的繁荣与没落(1935—1949 年)

情,总是说得庞大不堪,不顾事实做不做得到,这样往往只有落于空虚了。所以,希望诸位对于这点要特别注意,一个事情的拟具,总要适合需要,顾及国力,与其大而无成,就不如实事求是。"①吴国桢也有类似的发言,不过时间是在陪都建设计划委员成立初期,他讲到"是以为求本会工作的切实推进,应该注意以下三点,作为我们工作的准则:(一)'准确',我们所根据的事实,所采集的材料,务必准确可靠,如此始能制定确切的计划,完善的方案。(二)'周详',我们的工作不但要准确,并且更要周密的筹计,详审的规划,才能不至偏隘,才可以具体化。(三)'多方',因为平常批评人做事,总爱说'做事无方',这就是说他们做事太狭僻,不能顾到多方面,所以我特提'多方'一语,以促起同仁等的注意。"② 孔祥熙代表陪都建设计划委员会,吴国桢代表重庆市政府,从两人一前一后的发言可以看出,陪都建设委员会的一些工作提议可能与重庆市政府的工作谋划存在冲突,或者是一些工作提议不切实际。从可见的会议记录看,"扩充陪都公用事业计划案"是个不错证明。在提议讨论时,吴国桢首先表示了质疑,"关于本案,本席认为是比较有问题的,因为目前陪都的公用事业,如电力、自来水、公共汽车,都价钱涨得很高,目前要加以整理,是比较困难的。"③ 由于双方分歧较大,因此最后决议呈行政院核定。杨宇振也认为,陪都建设计划委员会与重庆市政府都隶属于行政院,两者行政平级,事实上造成了市政从属关系的不清楚④。

除了行政力量推动重庆城市建设外,1940 年到 1941 年间重庆各界都围绕陪都建设建言献策。1940 年 10 月 1 日,国民党中央宣传部副部长潘公展在《国民公报》发表《厉行节约储蓄建设陪都》一文。文章指出:"自经暴敌的疯狂践踏后,要建设陪都显然不是

---

① 重庆市档案馆,重庆师范大学. 中国战时首都档案文献:迁都 定都 还都. 重庆出版社. 2014. 133.
② 同上书. 120.
③ 同上书. 128.
④ 杨宇振. 历史与空间:晚清重庆城及其转变. 重庆:重庆大学出版社. 2018. 277.

一种怎样轻易的工作,特别在经费的筹集方面,我们更不能不加以迅速而有效的推动。……兄弟认为最便当、最可靠的方法便是陪都各界无分上下、无分职业,普遍厉行节约的储蓄。……立刻踊跃购买节约建国储蓄券,用建设陪都的铁一般的事实,来粉碎暴敌'毁灭重庆'的幻想。"[1] 在理论层面,与政府纯粹的消极防空不同,学界认为人口疏散是我国"都市农村化、农村都市化"的绝佳机会。吴嵩庆在《疏散问题》一文中提出了四项措施:第一,现在市内被轰炸焚毁所遗留的空地在新的都市计划未公布之前,不准兴建永久的建筑;第二,上述被炸后的空地,应以永久保存,留作纪念,改建为大小各式公园或草坪(注:原文不清,猜测如此)为原则,这不是浪费土地,乃是最经济的市政建设,今日如不采取此项政策,必贻将来无穷之悔;第三,各疏散区对于治安、住宅、学校、商店、以及电灯电话等设备,均须有永久远大的计划,切勿爱惜建设经费,处处表示无系统规模之临时措置,尤以治安为最要;第四,疏散区与城市间须构成完善之交通网,在今日不妨因陋就简,但应确立将来电车、铁道等之基础[2]。

第三节 从荣耀到落寞

一、城市荣耀

(一)四强之都

国民政府西迁重庆后,美、苏、英、法等30多个国家驻华使馆先后迁驻重庆,塔斯社、路透社、美联社、合众社、《泰晤士报》、《纽约时报》、《时代周刊》等世界著名通讯社、报社先后在重庆派驻机构。重庆也因此成为中国对外交往的重要窗口。1939年8月

---

[1] 重庆市档案馆,重庆师范大学.中国战时首都档案文献·战时动员(上).重庆:重庆出版社.2014.154.

[2] 吴嵩庆.疏散问题.市政评论,1941年第6卷第2期,5.

第四章 陪都的繁荣与没落（1935—1949 年）

23 日，印度民族运动领袖尼赫鲁访华，莅临战时首都重庆①；同年 12 月 12 日，缅甸访华代表团对战时首都重庆进行正式访问；1941 年 4 月 6 日，美国著名记者、《老人与海》作者海明威携夫人访问战时重庆。

但总体来看，这些交往都是非常有限的。1940 年 9 月，重庆明定为陪都，《国民公报》曾给予高度评价，称重庆"突出四川的范围成为号召全国的大都市，同时亦在政治上成为国际都市，而与伦敦、柏林、巴黎、华盛顿、莫斯科等相提并论。"② 当时中国作为被侵略的一方，国家的经济实力和国际影响力都非常羸弱，在世界上的地位自然无足轻重。因此，这些对城市的评价只是一种美好的愿景，在一定程度上鼓舞人心而已。直到一年多以后，太平洋战争爆发才有所改观。

1941 年 12 月 8 日（夏威夷当地时间 12 月 7 日上午 7 时 55 分），日军偷袭美军太平洋海军基地珍珠港，太平洋战争爆发。次日，国民政府正式对日宣战，"兹特正式对日宣战，昭告中外，所有一切条约、协定、合同有涉及中日间之关系者，一律废止"，同时宣告对德国、意大利两国处于战争状态。12 月 22 日，罗斯福、丘吉尔在华盛顿会谈，重申"先欧后亚"的方针，并议定联合国家宣言草案，加盟者共 26 国，中国被列为四强之一。中国的抗日战争得到世界范围内的更大关注，中国也成为世界反法西斯战争的重要战场。12 月 23 日，中、美、英三国联合军事会议在重庆举行。会议由蒋介石主持，共达成五项协议：一、在重庆设立由何应钦主持的中、美、英联合参谋会议；二、在缅甸设立中英联合统帅部；三、建立中国远征军；四、美国向中国境内及入缅作战军队提供武器装备等；五、美国派遣空军入缅作战。③

---

① 黄薇.欢迎尼赫鲁在重庆.星岛周报（香港），1939 年第 17 期，4-6.
② 重庆陪都之重要意义.国民公报.1940-9-11.转引自唐润明.衣冠西渡：抗战时期政府机构大迁移.北京：商务印书馆.2015.347.
③ 李新.中华民国史·大事记（第 9 卷）.北京：中华书局.2011.6686.

1942年1月1日，由美、英、苏、中四国领衔，22个国家在华盛顿签订了《对法西斯轴心国共同行动宣言》（后称为《联合国家共同宣言》）。文件规定，签字国保证使用全部军事和经济资源，共同对抗德、意、日法西斯的侵略；各国保证不同敌国单独缔结军事协定或合约。次日，蒋介石接受美国总统罗斯福关于成立中国战区最高统帅部的倡议，成为中国战区的最高统帅。1月3日，同盟国正式在重庆设立世界反法西斯战争中国战区统帅部，以蒋介石为统帅，美国史迪威将军为参谋长。至此，中国的抗日战争完全纳入世界反法西斯战争的战略体系之中，而重庆则成为这个战略体系的一个重要支撑点①。蒋介石在当月反省录中写道，"二十六国共同宣言发表后，名义上且以美、英、俄、华四国为中心，于是我国列为四强之一，再自我允任中国战区统帅之后，且越南、暹罗亦划入本战区，于是国家之声誉及地位，实为有史以来空前未有之提高……"② 2月3日，同盟国发表公告，宣布蒋介石就任中国战区（包括泰、越）盟军最高统帅，并任命史迪威中将为中国战区参谋长③。

从太平洋战争爆发到第二次世界大战结束，国内媒体更愿意以"四强"身份来宣传国家地位。1944年，《时与潮》杂志发表社论《四强地位必须平等》。社论认为四强地位平等的主要依据之一是从对抗侵略国家的贡献上看，中、美、英、苏结为四强，是自然之势，历史的产物，无人能够否认。尽管中国被列为四强，但在欧美人士看来这更多是一种平衡，如E. K. Lindy总结四强的关系，提出"把中国列为四强之一，是因为客气，因为重视它的道义上的理论与物质上的潜在力量，并且是为了保持更好的均衡。但中国若在战后能成为一个强国的话，那必须主要是由英、美、苏三强把力量输

---

① 俞荣根，张凤琦. 当代重庆简史. 重庆：重庆出版社. 2003. 15.
② （台湾省）抗战历史文献研究会整理. 蒋中正日记. 民国31年（1942）1月. 2015.
③ 李新. 中华民国史·大事记（第9卷）. 北京：中华书局. 2011. 6728.

第四章 陪都的繁荣与没落（1935—1949 年）

注给它。"①

太平洋战争爆发时，我国已经到了人困马乏的阶段。第一，经过多年的艰苦抗战，中国的财力消耗殆尽，要想继续、单独支撑抗战，显得困难重重；二是以重庆为中心的中国抗战大后方经济的开发已达到顶点，要想继续拓展，显得后继乏力；三是太平洋战争爆发后，外来物资进一步短缺，而外来物资的减少，又导致了物价的上涨和人们日用必需品的供不应求②。尤其是 1944 年 11 月到 12 月，日军攻破广西六寨，一度攻打到贵州独山县境内。由于战况恶化，军事发言人发表战报一度无话可说，《大公报》等知名媒体对于军事问题也避而不谈，顾左右而言他③。

但就重庆而言，从太平洋战争爆发到抗日战争胜利的四年间，政治、经济和文化等地位达到空前高度。第一，重庆成为当时的交通中心。抗战期间，有川黔、川湘、川鄂、川桂、川滇、川汉等数条公路以重庆为枢纽，重庆成为大后方公路运输网的中心。第二，重庆的工业产值也达到顶峰。1945 年，重庆重工业占工业总产值的 81.3%，轻工业仅占 18.7%。第三，城市人口在抗日战争胜利前后达到顶峰。1942 年底，人口上升到 82.09 万；1943 年 9 月，人口继续攀升至 91.54 万；1946 年，重庆市人口达到最高峰 124.5 万④。

对于重庆在抗战时期的突出贡献和城市地位，薄苇不吝赞美之词，"重庆啊！你是同盟国家的一座永垂万世的纪念碑，你是一座观察国际风云的气象台，你是国家富强民族复兴的奠基石，你是一副世界和平正义的播音机，你是锻冶大时代里黄帝儿女的洪炉，你是少年中国的摇篮。"⑤

---

① E. K. Lindy. 四强关系透视. 时与潮. 丽南译，1943 年第 16 卷第 6 期，30.
② 唐润明. 康心如与重庆市临时参议会. 重庆：重庆出版社. 2014. 222.
③ 李振广. 民国外交：亲历者口述实录. 北京：中国大百科全书出版社. 2012. 209.
④ 隗瀛涛. 近代重庆城市史. 成都：四川大学出版社，1991
⑤ 薄苇. 别了，重庆！华侨先锋，1946 年副刊，34.

(二) 城市规划和建设

太平洋战争爆发后，重庆在国际上政治地位得到提升，代表中国形象的首都自然不能破烂不堪，而且日本对重庆大规模空袭基本结束也使得正常的市政建设成为可能。此时，学界首先吹响了城市复兴的号角。1942年8月，《新市政》杂志在重庆创刊。创刊卷首语写道，"新市政的发刊是根据我们所抱负的心念，一、研究新市政科学及都市问题，二、促进市自治制之开展，三、如何使都市田园化，四、速进卫星式都市及地方主义计划，五、建立防空都市之理论的基础。"① 同期，还报道了10条国内市政动态，其中有3条介绍重庆，"重庆市长吴国桢近向市府同仁训话，谓雾季即将来临，在此期内尤应努力使市政建设多获成绩；重庆市政府拟建筑华侨新村，地点闻将更改，该项计划正由市府负责草拟中；渝市本年无空袭，雾季提早到来，市内建筑颇见活跃，建筑材料价值飞涨。"②

1942年12月8日，国民政府任命贺耀组为重庆市市长。贺耀组，1889年生，号贵严，湖南宁乡人。早年参加湖南新军，后进入保定军官学校、日本振武学校学习，1911年加入同盟会。长期从军，先后任湘军师长、国民革命军师长、九江卫戍司令、第四十军军长、南京卫戍司令、军事委员会办公厅主任等职，新中国成立后历任中南军政委员会委员兼交通部长、民革中央常委③。

对于新任市长贺耀组，媒体高度期待。12月14日，《大公报》社评文章《论重庆市政》写道，"现在政府鉴于事实上的必要，更易市长，新旧两任即日交接。我们追念前任吴市长的努力，顺表敬佩。我们深知新任贺市长的练达，尤不能不寄以殷切的期望。"④ 从媒体的视角看，贺耀组就任之初面临的市政问题主要包括能源、户籍、路政、卫生、捐派、交通和慈善等。国民政府对于重庆建设

---

① 编者. 新市政卷首. 新市政，1942-8，1.
② 国内市政动态. 新市政，1942-8，11.
③ 李新. 中华民国史·人物传. (第2卷). 北京：中华书局. 2011. 1087.
④ 论重庆市政. 大公报. 1942-12-14，第2版.

第四章 陪都的繁荣与没落（1935—1949 年）

也给予高度关注。1943 年 4 月 13 日，孔祥熙在重庆市临时参议会第二届第一次大会闭幕式上说，"重庆市为战时首都所在，中外观瞻所系，它的一举一动，对内是全国的准绳，对外是代表全中国民族的活动。"① 随后，他对临时参议会参议员提出四个方面的努力方向，其中之一是加强生产，"一定设法尽量便利生产事业，使建立重庆市为'生产都市'的理想，充分实现。"

1943 年 5 月，黎宁在《新市政》杂志深度报道了重庆的市政工程建设情况②。在开展工程建设的同时，贺耀组也开始谋划重庆的城市总体规划问题。1943 年 10 月 21 日，贺耀组在重庆市临时参议会第二届第二次大会开幕典礼致辞时说，重庆受到日军持续轰炸，大部分建筑已残破不堪，重庆市政急需解决两个主要问题，其一是建设问题，"不仅市容有待整理，就是都市建设，也应有一个整个的计划，作长久的打算，按部就班去进行。现在本市居民激增，全市人口已近百万，目前固然是战时首都所在，政治经济文化的中心，即将来反攻胜利以后，也不失为我国西南重镇，工商业的重心。"③ 他希望以古人所说的众志成城、众擎易举，动员全市的人力、物力和财力，加速重庆市的建设。1944 年 1 月 31 日，为了提高读者对市政研究的兴趣，重庆市政府更是将《重庆市政府公报》改版为《重庆市政月刊》，由市政府秘书处编审室发行。贺耀组在发刊词中说，"本刊目的，在研讨市政理论与实际，促进重庆市及全国的市政建设。"关于稿件需求，《重庆市政月刊》第一卷第一期在征稿简则提到，"一是本学术立场阐扬市政理论或制度；二是提供建设新市政之各种具体方案；三是本三民主义之立场对国内外市政问题作分析批评及建议；四是介绍重庆市政现状或提供改进意见；五是其他有关市政或行政之专论文字。"

---

① 唐润明. 康心如与重庆市临时参议会. 重庆：重庆出版社. 2014. 273.
② 黎宁. 重庆新市政, 1943 年第 2 期, 4-8.
③ 市长出席市临时参议会第二届第二次大会开幕典礼致词. 重庆市政府公报, 1943 年第 49 期.

此外，根据国民政府的部署，贺耀组成立了重庆市的地政管理机构，进一步完善城市规划管理。早在1941年12月，国民党五届九中全会通过了《土地政策战时实施纲要》等决议案，并通过了蒋介石交议的《拟设置地政署，直隶于行政院，掌理土地行政案》。随后，国民政府公布1942年度行政计划，计划在行政院下设地政处。1942年6月9日，国民政府公布《地政署组织法》，7月行政院下设地政署，郑震宇为首任署长。在此背景下，1943年11月19日，市临时参议会举行第二届第二次大会休会期间首次驻会委员会，贺耀组报告施政情形，其中第三条为"调整机构（设立地政局及财政局下设征收处）"。在地政局成立前，重庆市政府组成部门中涉及城市建设的主要是工务局。工务局主要侧重于道路、下水道等具体工程的规划建设和实施，地政局的成立也标志着重庆城市建设顶层设计机制更为完备。12月1日，重庆市政府秘书长贡沛诚调任重庆地政局长[1]。贡沛诚，江苏武进人，1929年曾留学德国，入柏林大学经济地理系，1932年毕业回国。1944年1月1日，经行政院批准，重庆市地政局正式成立，全面负责重庆市域内的土地整理、土地使用、土地分配等的行政管理[2]。城市扩展涉及的利益冲突古今是一致的。1944年，贡沛诚认为重庆市政建设的主要障碍有三个：一是市区土地未经合理的利用；二是公有私有以及大小地主的地权未经合理的调整；三是土地行政未和其他政务做密切合理的配合[3]。

这一时期，重庆市临时参议会也非常关注城市建设。1943年10月在重庆市临时参议会第二届第二次大会上，宁芷村等16人提交了《改进市政实施以利市民案》，从衣、食、住、行四个方面提出了许多城市建设的具体措施和建议[4]；1944年6月，议长康心如

---

[1] 重庆市政府公报，1943年第51期.
[2] 重庆市地方志编纂委员会. 重庆市志（第七卷）. 重庆：重庆出版社. 1999. 775.
[3] 贡沛诚. 重庆的市政建设与地政. 重庆市政月刊，1944年第1卷第1期，6.
[4] 唐润明. 康心如与重庆市临时参议会. 重庆：重庆出版社. 2014. 287.

第四章 陪都的繁荣与没落（1935—1949年）

在重庆市临时参议会第二届第三次大会开幕式上演讲，"第三，是本市未来的建设问题。就以上两点看来，本市在政治组织上有了一定的程序，在经济上有了较为充裕的来源。那末，未来积极的建设，就成为可能的事了。本会同人和一般社会人士，都曾瞩目于本市战后的地位问题，大抵都认为重庆在战时是陪都，在战后是西南各省的枢纽。既然如此，所以本席觉得我们还要旧事重提，继续民国二十九年本会成立'重庆市建设期成会'的精神，来研讨本市未来的建设方案，为市民谋百年之福利，为国家作建设之先锋，这是极有意义的事。"①

但从笔者掌握的资料看，抗日战争胜利前夕，重庆市政当局未能编制成熟的城市总体规划。因此，城市的建设零零星星，不成体系，无法令人满意。1945年7月21日，《大公报》发表社评文章《市政感言》，"重庆是一个周身伤疤的都市，而市政的设施，永远头疼医头，脚痛医脚……这样一个一百多万人口的都市，身为国际观瞻所系的战时首都，水不灵，灯不亮，路不平，终年闹着偷电抢水的风潮，公共汽车站行列常常拖到半里多长。下了几天雨，下水道的水会冲倒多少所房了，像中 路这样的市区心脏，竟让它污水长流，臭气冲天；而市区惟一的公园，四周都布满着垃圾堆，死老鼠，让细菌自由繁殖散播。这样的市政，怎样会不叫盟友窃笑！怎样会不使安身托命的百万市民不寒而栗！……重庆是一个千疮百孔的都市，它需要彻底的诊治，不要再头疼医头，更不要搽搽红药水就算完事。因此，我们才联想到这'医生'的制度与职责等问题。"②

二、山城落寞

（一）国府还都

1945年8月15日，日本正式宣布无条件投降。同日，美国、英国、苏联和中国正式宣布，接受日本投降。但早在五天前，中央

---

① 唐润明.康心如与重庆市临时参议会.重庆：重庆出版社.2014.305.
② 市政感言.大公报，1945-7-21，第2版.

社就报道了日本请求投降的消息，重庆市民听闻后随即进入了欢呼雀跃的状态。8月11日，《大公报》以《胜利的消息传遍了全城》《重庆市民昨晚狂欢街上盟友狂饮大喊"顶好"各处欢呼高唱爆竹声齐响》为题，报道了一系列市民欢呼的盛况。记者陈凡描写道，"这是八年来没有见的场面，没有人能分辨得清各种声音，没有笔墨能形容这种场面。记者跑完了整个重庆，没有一个人能够与我平心静气地说一句话，没有一处不在动，在人丛中，每一架盟友所驾驶的吉普车，都爬满了人，中国人拥着美国兵，美国兵拥着中国人，'顶好！顶好！'有些盟友举着酒樽喊一声，便把酒向嘴里倒。大家的衣服都为汗湿透了，许多人的喉咙都哑了……狂欢写不尽，欢声听不尽！总之，一九四五年八月十日夜间，重庆是［市］成了声音的大海！"① 8月12日，《国民公报》的报道写道，"全市的餐馆酒楼，座无虚位，猜拳行令，响彻云霄。糖果店的食品供不应求，忙坏了伙计，笑坏了老板。凡是曾贩卖过鞭炮的店子，都因为炮竹售完，深恐无货供应肇祸，纷纷闭门大吉。结果，还有几家专贩鞭炮的店号大门，被狂欢的人打得粉碎。老板认为是喜气盈门，宪警在旁则鼓掌狂笑。"② 章开沅也回忆说③，仍然难忘1945年8月15日山城狂欢之夜，数十万人涌上街头，那鞭炮烟火，那欢声笑语，还有许多人心头默默诵的杜老夫子那首著名的诗："剑外忽传收蓟北，初闻涕泪满衣裳！却看妻子愁何在？漫卷诗书喜欲狂。白日放歌须纵酒，青春作伴好还乡。即从巴峡穿巫峡，便下襄阳向洛阳。"

与此同时，国民政府和重庆市政当局也启动了庆祝胜利和国府还都事宜。8月11日，蒋介石在接到美国总统杜鲁门关于日本请求投降的来电后，立即举行了国防最高委员会暨国民党中央执行委员

---

① 重庆市档案馆，重庆师范大学. 中国战时首都档案文献：迁都 定都 还都. 重庆出版社. 2014. 156.
② 同上书. 157.
③ 同上书. 总序.

第四章 陪都的繁荣与没落（1935—1949年）

会常务委员会临时联席会议。会议达成4项决策：第一，赞同美国杜鲁门总统所提对于日本请求投降的3点意见；第二，关于受降和沦陷区处理的相关问题分别交由军事委员会、行政院、国民党中央党部等制定拟办意见；第三，交由财政部、粮食部制定沦陷地区和后方各省减免赋税的详细办法；第四，交由行政院对所有战时法令的修订或废止提出意见。随后，庆祝和复员两项工作并行不悖地开始推进。①

8月14日，国民政府社会部与重庆市政府、重庆市党部等机关召开陪都各界庆祝胜利大会筹备会第一次会议，会议制订了"陪都各界扩大庆祝胜利计划"，具体包括4项庆祝内容：第一，在较场口广场举行陪都各界庆祝胜利大会，具体日期由中央确定；第二，开展庆祝胜利大游行，路线为中兴路、林森路、陕西路、中正路、民族路、民权路、民生路、中山一路、中山二路、中山三路、上清寺、国府路止；第三，招待盟邦驻渝军人及使馆人员举行盛大庆祝胜利舞会；第四，扩大慰劳抗战军人家属②。9月2日，日本签字投降。此前一天，国民政府文官处向重庆市政府发电，"兹奉主席规定九月三日为悬旗庆祝抗战之胜利第一日，并着全国各地方同于是日上午9时正鸣放解除警报或汽笛10分钟后，随即鸣放礼炮101响，以归一律。"③

9月3日，重庆市各界庆祝抗战胜利大会隆重举行。1945年9月4日出版的《扫荡报》详细报道了大会盛况④：

> 上午八时半，国民政府主席蒋介石率国民党中央委员、国民政府委员及各院部会首脑，在国民政府花园东向遥祭国父孙中山陵寝，然后在国民政府礼堂举行庆祝会和纪念周会。上午

---

① 重庆市档案馆，重庆师范大学. 中国战时首都档案文献：迁都 定都 还都. 重庆出版社. 2014. 152.
② 同上书. 163.
③ 同上书. 178.
④ 唐润明. 衣冠西渡：抗战时期政府机构大迁移. 北京：商务印书馆. 2015. 445.

九时整,"和平之声"在重庆上空骤然响起:市电力公司拉响了解除警报的长音,各工厂、轮船亦同时鸣放汽笛,持续长达十分钟之久。顿时,这象征八年抗战结束、和平安宁到来的汽笛声响彻云霄,也将广大市民存积八年甚至更久的苦闷一扫而空。随着嘉陵江上的军舰鸣礼炮一〇一响,"陪都各界庆祝胜利大会"在较场口广场隆重举行,首先由国民参政会主席团成员莫德惠致辞,他指出:抗战的胜利,"是我们中华民族历史上空前的胜利,它把中国历史划开了两个时代,在今天以前,是我们屈辱悲苦的黑暗时代;自今天起,将是我们富强康乐自由平等的光明时代"。莫德惠指出:抗战的胜利,"绝不是偶然得来,也不是侥幸得来,……是全国同胞以一滴一滴的鲜血,一程一程的苦难,经过八年多的艰苦抗战换来的。"敌人的投降,"是盟邦的精诚合作所促成"。因此,他希望人民对盟邦,尤其"对美国在职去职的未带领袖,都应该一体致其感谢之忱。"接着由国民党中央党部秘书长吴铁城讲话。吴铁城在回顾了八年抗战的巨大变迁之后强调,抗战"使各省各地的人民,亲热如兄弟,密切如骨肉,结成了一个坚强融洽的国族,造成了历史上未尝有的团结精神和统一现象。这一事实的发展,实足以保障民族的永远团结和国家的永远统一。"

当天,中央社还发布了《国民党为抗战胜利告全国同胞书》①。9月3日的庆祝活动成为我国纪念"二战"和抗日战争胜利的一个重要时间节点,对后世产生了深远影响。1946年4月,国民党中央执行委员会常务委员会(简称中常会)决议,将全国庆祝胜利的9月3日确定为国定抗战胜利纪念日②。新中国成立初期,关于抗战胜利纪念日短暂采用过8月15日,但在1951年8月13日,中央人民政府发布通告,正式确定9月3日为中国人民抗日战争胜利纪念

---

① 中央社. 国民党为抗战胜利告全国同胞书. 新华日报, 1945-9-3, 第2版.
② 李洋. "九三"抗战胜利纪念日的由来和演变研究. 南京师范大学, 2017.

第四章 陪都的繁荣与没落（1935—1949 年）

日。2014 年 2 月 27 日，十二届全国人大常委会第七次会议表决通过《全国人民代表大会常务委员会关于确定中国人民抗日战争胜利纪念日的决定》，进一步明确将 9 月 3 日确定为抗日战争胜利纪念日。

图 8　重庆庆祝抗战胜利大会和庆祝胜利大游行场面①

关于复员方面，8 月 11 日临时联席会议交由行政院拟具办法。8 月 18 日，行政院邀请国民党中央党政军各机关代表 50 多人会议讨论国民政府还都的有关问题，形成 6 项还都办法，"1. 由国民政府、国防最高委员会秘书厅、中央执行委员会秘书处、军事委员会、五院各派代表 1 人，组织委员会，会商统筹还都事宜，由行政院召集。2. 还都公私运费的免收，由战时运输管理局妥拟办法。3. 机关搬运费，应由各机关编造概算，其办法由委员会拟定。4. 公务员酌发搬运费办法，由委员会拟定。5. 各机关搬运公物数量，及免费运送公务员眷属人数等项标准，由委员会拟定。6. 沿途及到京后粮食供应，由粮食部拟具办法。"② 8 月 25 日，《国民公报》报道了中央各机关还都计划，报道称"中枢已决定步骤，视各机关所负任务之重要性轻重，厘定还都先后顺序，分三期启行，第一期预定自南京收复后一个月内完成，第二期在收复南京后第二、三两个月

---

① 他们这样庆祝抗战胜利. 文史博览，2017 年第 09 期，60—61.
② 唐润明. 衣冠西渡：抗战时期政府机构大迁移. 北京：商务印书馆. 2015. 473.

内完成，第三期第四个月内完成，再视交通运输情形而定期伸缩性。"① 但实际上，直到1946年2月23日，国民政府才正式公布《中央党政机关还都办法》，该办法详细规定了各机关还都人员、公物、员工行李、运送程序、经费预算、经费支用、办公用房、员工补助、接收物具设备、雇员工役遣散等信息②。

9月5日，还都接收委员会正式成立，以中国陆军总司令何应钦兼主任委员，社会部长谷正纲为副主任委员，委员共计16人。同日，副主任谷正纲率领还都接收委员会20多名成员飞赴南京，办理南京接收事宜。至此，国民政府还都工作正式进入实施阶段。关于国府还都的机关单位人员总数，9月7日，国民政府交通部部长俞飞鹏出席国民参政会驻会委员会报告交通复员计划称，在渝之机关共有212单位，公务员约37 025人，工役约12 084人，公务员眷属以每名3口计，约114 000人③。

从12月起，国民政府各部委会人员开始陆续分期、分批还都南京。12月7日，中央社报道："行政院及所属各部会首批还都人员已定于八日起开始乘飞机赴京，十四日运送完毕。"④ 当时的报道显示，自12月8日到14日，首批实际还都人员1 640人，其中，乘飞机者1 240人，乘船者400人，人员包括行政院、内政部、外交部、财政部、经济部、联合国救济善后总署驻华办事处、资源委员会、四联总处、中央银行、交通银行、中国农民银行等⑤。为尽量满足公务人员乘坐飞机需要，行政院决定自12月14日起，所有渝京沪线的包机、专机、客机均由其直接主管配运，飞机数量也由每天2架增加到3架⑥。从9月16日到1946年1月底，从重庆市

---

① 重庆市档案馆，重庆师范大学. 中国战时首都档案文献：迁都 定都 还都. 重庆出版社. 2014. 213.
② 同上书. 217.
③ 唐润明. 衣冠西渡：抗战时期政府机构大迁移. 北京：商务印书馆. 2015. 475.
④ 同①书. 223.
⑤ 同上书. 224.
⑥ 同上书. 225.

第四章 陪都的繁荣与没落（1935—1949年）

共运出公务人员11 760人，眷属5 100人，公私货物19 237吨，部队官兵38 600人，军品13 535吨①。

4月20日，国民政府为办理各机关在重庆结束事务和还都事宜，以及与重庆党政军联系，特设"中央党政军机关留渝联合办事处"。4月23日，国民政府又下令恢复重庆行营，何应钦为军事委员会委员长重庆行营主任，何到任前由张群兼代，主要负责推进川（四川省）、康（西康省）、滇（云南省）、黔（贵州省）和重庆市等西南各省（市）的建设和协助复员后续事宜②。

在处理好后续事宜后，4月30日，蒋介石带领一众人等乘美龄号飞机离渝。第二天出版的《国民公报》报道蒋介石夫妇离渝时写道，"昨日山城阴雨连绵。东北停战商谈于群情焦虑中休止。春深三月，销人愁苦，国事蜩□，未卜何日得以静宁。环山云色□苒，机声轧轧，马歇尔将军与蒋主席于昨晨八时许携带国人期待良久之和平愿望匆匆而去。"③ 次日，国民政府正式发布还都令："国民政府前为持久抗战，于二十六年十一月移驻重庆，八年以来，幸赖我忠勇将士前仆后继，壮烈牺牲，全国官民含辛茹苦，坚韧奋斗，与夫同盟各国海空齐进，比肩作战，卒使敌寇降服，夫功克奏。兹者，国土重光，金瓯无缺，抗战之任虽终，建国之责加重，政府爰定于本年五月五日凯旋南京，以慰众望。"④ 这也标志着近代中国的"重庆时刻"谢幕。

（二）山城落寞

重庆在抗战胜利时有多热闹，国府还都后就有多落寞。《大公

---

① 黄时枢. 还都南京. 大成出版公司. 1948. 转引自唐润明. 衣冠西渡：抗战时期政府机构大迁移. 北京：商务印书馆. 2015. 477.

② 大公报. 1946年4月24日. 转引自重庆市档案馆，重庆师范大学. 中国战时首都档案文献：迁都 定都 还都. 重庆出版社. 2014. 260.

③ 重庆市档案馆，重庆师范大学. 中国战时首都档案文献：迁都 定都 还都. 重庆出版社. 2014. 231.

④ 国民政府还都令. 1946年5月1日. 唐润明. 中国战时首都档案文献：战时政治. 重庆：西南师范大学出版社. 2017. 275.

报》最早捕捉到了城市氛围的突变。1945年8月12日,《大公报》报道写道,"昨天,各报还是为日本投降的事一再的印出了号外,但一般人显然是没有前天晚上那样激动了。……许多人碰了面,除了问日本投降的问题以外,总连带到国内的政治问题,大家也盼望来个有号外价值的好消息。前天晚上大家互相问道:'几时回老家?'昨天的问话改成了'将来你怎样回老家?'一部分的物价跌了点,可是还没有很明的趋势。"① 是时,钱辛波走在重庆街头,生动记录了现时繁华与走向衰败交替的场景:"这时候的重庆虽然还是那么脏乱,但蒙上了一层胜利的喜气,和三年前相比,也洋气了不少,街上吉普车来来往往,新开了许多酒吧间、跳舞厅、音乐茶室,灯红酒绿,绅士淑女和盟军官兵在寻欢作乐。当时,发够了国难财的人在准备发胜利财了,许多商店挂着大甩卖的横幅,雇了乐队吹吹打打做广告拉生意,清理存货,准备衣锦还乡。从下江来的人见面寒暄第一句话就是'啥晨光回去?'"②

重庆工业的困境比人口困境来得更早。早在1943年12月,翁文灏在后方工业现状及困难的报告中就反映,"自抗战开始以后,吾国后方工业在民国二十七年至三十年之间,新厂繁兴,产额历增,始呈突飞猛进之势。至三十年下半年,因物价续涨,工业已渐见疲倦,嗣后实际困难与年俱增……"③ 该报告还提出了两条补救的办法,一是发动新工程新事业,以畅"生产用品"之销路;二是各厂矿尽力减低制造成本,使货品售价和市场购买力相匹配,以争自存。但是,工矿业的困境并未有根本改观,如《国民公报》在1945年初先后有土布业有半数停业(1月21日)、重庆承织军布厂深陷困境(3月31日)等报道。

1945年8月15日,抗日战争取得胜利。但是,重庆工矿业停

---

① 狂欢后的重庆. 大公报, 1945-8-12, 第3版.
② 顾执中, 侯外庐, 范剑涯等. 回忆重庆. 重庆: 重庆出版社. 1984.
③ 翁文灏. 后方工业现状及其困难. 中国工业, 第23期. 重庆市档案馆, 重庆师范大学. 中国战时首都档案文献: 战时工业. 重庆出版社. 2014. 286.

第四章 陪都的繁荣与没落（1935—1949 年）

工倒闭的报道并未因胜利而绝迹，反而愈演愈烈。8 月 26 日，全国工业协会总会及重庆分会、迁川工业联合会召开临时会员大会，商讨复员及解决目前工业困难等问题，行政院副院长翁文灏也受邀参会。章乃器、陈钧等人先后发言认为，"目前工业界已面对停产售厂还债之危境，政府救济金融事业，必先救济工商，尤以工业生产为要，亟盼政府拨 100 亿元作为工业救济金，并为解除当前工业障碍，政府应于短期间豁免工业捐税，予运输上以便利……"① 9 月 18 日，陪都工商业人士召开会议，向张群和贺耀组陈述工商业困难情形，并提出 7 项请求事项②；9 月 29 日，《国民公报》报道后方纺织业停工减产，"情形颇为严重"③；10 月 4 日，《大公报》报道"社会局龙局长文治昨对记者谈称：近因工业界之不景气，各厂工人停工解雇，渝市将有大批工人失业。据估计，目前已被解雇之工人已不下数万人，渠等现谨以各厂制遣散费维持生活，时至冬季，情形将更趋严重④。"进入 1946 年后，《国民公报》对于工业企业困难的报道题目更加直白，如织布业"小织户全部破产"、机械工业"机器变废铁"、制药业"名存实亡"、炼油业"完了"、中小工业"濒于绝路"、承织军布业"山穷水尽"、面粉业"溃退下来"等等。

工矿业的不景气导致许多工矿员工没有稳定的生活来源，外埠工人也无法在抗战胜利后顺利复员。1945 年 9 月 21 日，全国工业协会等三个工业团体不得不向重庆市政府求助，希望尽快制定工业失业员工救济办法。他们在请求事项中写道，"（四）救济金应包括遣散费及旅费，遣散费可依其薪工之数额发给之，旅费则依其道

---

① 陪都三工业团体请求政府拨巨款救济工业界危机. 大公报，1946-8-26. 转引自重庆市档案馆，重庆师范大学. 中国战时首都档案文献：战时工业. 重庆出版社. 2014. 292.
② 重庆市档案馆，重庆师范大学合编. 中国战时首都档案文献：战时工业. 重庆出版社. 2014. 295.
③ 同上书. 299.
④ 工业萧条情形严重. 大公报，1945-10-4. 第 3 版.

路之远近为标准,其数额及标准概由政府决定命令,各厂矿一体遵办;(五)此项失业员工及其眷属,应请编入回乡人员之内,由政府统筹交通工具,予以回乡乘坐车船之便利①。"就失业人数而言,《国民公报》1945年10月报道重庆约有失业工人55 000人,据不完全统计纺织业4 000人、建筑业5 000人、玻璃业2 000人、机器业5 000人、印刷业2 000人、猪鬃业1 000人、炼油业3 000人、化工业4 000人,其他各国营工厂裁减约2万人②。到1946年5月,重庆社会局统计全市失业工人多达10万③。由于抗战胜利后的一年多内重庆解雇人员超多,杨及玄将这段时间称为"解雇年"。关于解雇的原因,杨及玄总结有三个方面:第一,厂方主动,或因全部停业而遣散工人,或因局部紧缩而减少工人。这类解雇在杨的调查中占比最大。第二,由工人自愿请求遣散。主要是外地工人,他们希望借此机会返乡省亲,另谋出路;少部分本地工人自愿解雇,希望获得一笔巨额的遣散费。第三,由于雇佣纠纷导致的解雇,这类情况只占极少数比例。④

1946年,刘敏在《抗战结束期之四川工业》中总结道,"过去大家都判断,抗战进入胜利的最后阶段,将是我们最艰苦和最困难的阶段,如果根据这一判断来观察大后方的工业,恐怕将以抗战结束到复员时期这一过渡阶段,为达到艰苦与困难的最高点。"⑤ 与后方工业停业不景气形成鲜明对比的则是光复区的光明前景。1945年12月23日,《国民公报》专门就此进行了对比,"今日渝市16家工厂,业已停业,今后陆续停业者,仍不在少数,这个现象,旷

---

① 重庆市档案馆,重庆师范大学. 中国战时首都档案文献:战时工业. 重庆出版社. 2014. 296.

② 同上书. 303.

③ 同上书. 317.

④ 杨及玄. 复员期中重庆的工潮. 四川经济汇报,1948年第1卷第3-4期. 转引自重庆市档案馆,重庆师范大学. 中国战时首都档案文献:战时工业. 重庆出版社. 2014. 331.

⑤ 刘敏. 抗战结束期之四川工业. 四川经济季刊,1946年第2卷第4期. 转引自重庆市档案馆,重庆师范大学. 中国战时首都档案文献:战时工业. 重庆出版社. 2014. 318.

第四章 陪都的繁荣与没落（1935—1949年）

观古今中外，诚属罕见，由此看来，当局对战后工业化政策，尚缺乏诚意。所谓经济复员，只顾光复区，而遗弃后方，一方积极复工，他方消极停业，先之以复员，后则以失业，沿海商埠收复，大家争相东下。光复区将逐渐繁荣，而后方抗战基地，轻行遗弃，经济衰落民生益困，同为中枢领导下之产业，而待遇分歧，顾前不顾后，轻重竟倒置之不当处分，亟有纠正之必要。"①

国民政府军政要员返京、还都令发布以后，重庆城市落寞更加显著。1946年5月6日，《国民公报》以《热闹了南京，冷落了山城——还都后重庆巡礼》一文生动记录了陪都荣衰交替，"抗战初始，重庆以地理上之优异成为中国战时陪都，举凡军政文化，皆为全国先导及自由中国交通联运之枢纽。渝市人口于7年间增至百万，而宏规之现代化都市，已具基础，中外知名之士，莫不惊叹渝市市政建设之进步，市况繁荣，尤能蒸蒸日上。顷以国府还都，人物东下，此间顿形冷落。国府路前，车马人稀，山间道上人迹罕宁，昔每夜曾踊跃欢乐之'国际''扬子'舞场，今已舞淡歌微；义民还乡，日在千数，而流落街头之无依儿童，刻正为慈善夜游似所集收；南北温泉之餐厅旅栈，多闭门歇火；精神堡垒附近，入夜沉寂，失业工人伫立街头以睹市容为欢。景物已非，不胜今昔。"②

在政府部门和公职人员忙于"接收"之时，文人墨客还是对重庆充满感情。丰子恺在离渝回乡途中写的一篇《谢谢重庆》中写道，"我的去重庆而返杭州，正是感情、义气、趣味的要求，正是所谓无益之事。我幸有这一类的事，才能排遣我这有涯的人生。'漫卷诗书归去也，问群兄恋此山城否？言未毕，齐摇手。'其实并非厌恶这山城，只是感情、意气、趣味、所发生的豪语而已。凡人

---

① 重庆市档案馆，重庆师范大学.中国战时首都档案文献：战时工业.重庆出版社.2014.308.

② 同上书.259.

图 9　抗战已胜利，莫忘策源地①

（丰子恺画）

都爱故乡。"② 作家王平陵没有随国民政府还都南京，他在小说《新重庆》中创作了一个希望留在重庆、建设新重庆的土木工程系教授萧之常的感人形象。萧之常尽管身染重疾，但依然对新重庆建设充满热情，"我觉得新重庆还要建造得更伟大些，要在南山的高峰，建立一个像英国格尔尼一般的天文台，东西南北的温泉，要多辟精美的浴室，丰富的图书馆、博物馆，设备俱全的运动场，春夏秋冬都适宜人们游览，这些，在我的模型里，都还遗漏了，我要加进去。"③ 在王平陵创作这篇小说的时候，重庆市新的城市规划方案已经徐徐拉开序幕。

---

① 丰子恺. 抗战已胜利，莫忘策源地. 新重庆, 1947 年第 1 卷第 1 期, 97.
② 丰子恺. 谢谢重庆. 新重庆, 1947 年第 1 卷第 1 期, 101.
③ 王平陵. 新重庆. 新重庆, 1947 年第 1 卷第 1 期, 113–117.

第四章 陪都的繁荣与没落（1935—1949年）

第四节 落日余晖

一、《陪都十年计划建设草案》

（一）编制过程

抗战胜利以后，大量人员和企业陆续向东部、中部地区迁移，重庆市城市建设由战时紧急状态转向平时经济建设。受国府还都的不利影响，山城落寞在所难免，但是对于留任官员和普通百姓而言，毕竟经历了多年战争的创伤，对战后的城市建设充满期待和向往。同时，媒体对于市政的不满也达到了一个极点。1945年12月19日，《时事新报》撰文，重庆城市的问题一览无疑，"重庆的市政，在战时因陋就简，理由甚多，人民还可曲以原谅。现在胜利已经四个多月，而目前市政仍未见改善，未免说不过去。战时人口永远在增加，市区不断在扩张，随时有各种因战事需要的紧急措施，物质逐渐缺乏，币值时时低落。现在则至少这几种原因及其威胁，已不复存在，则市政不应再坏下去。如果另有使市政坏下去的原因，恐怕只有一个，即政府各部分的大员已陆续东去，上级的监督逐渐松懈，然而这个应该成为原因吗？重庆的市民本不奢望像欧美那样现代化的市政，但是依旧因陋就简，在市民日常生活的必要条件方面切实改善，也并非不可能。因此，我们也只就日常生活的必要条件上说起。第一，市内及郊区交通，越来越不方便了……其次是电灯。重庆以前因战时军需生产和工厂用电力多，燃料又缺乏，所以常常停电。现在许多工厂已经停工或缩减，而市区南岸等区仍不少停电……第三，重庆是个两江夹流的城市，而水是市民最大苦恼的原因之一。窃水之风，夏天曾闹得不可开交，有武装窃水，武装保护等戏剧性……最后是门牌。警察先生所谓牌照，也就是贫民最怕换的牌照，新旧不同，一条街名也时常不同。于是重庆市民出门，上坡下坡之不足，又常要在八阵图中上下左右来回找新旧牌照。除了大街以外，门牌的次序是莫名其妙的。挨着的两家可以差数十号，而中间号数又须上下摸索而后得。有的有许多小街共一名称，永不分别，譬如大田湾，上下左右东旋西转五六条胡同，门牌断断续续多至三四百号，而只有一个街名。市政当局宁可把许多约定俗成以大街的名称改来改去，仿佛只要把'中山''青年''复兴'等等名称用在街上，便算是实行了三民主义，而不肯把许多同一名称的小街标别数字或方向，以便利民。至于清除修理小街的垃圾、厕所、装置路灯这些'鄙事'，似乎更非京兆尹所屑为。"① 12 月 20 日，《时事新报》再发社评《谈重庆的市容》，对重庆的市容清洁和公共卫生提出批评。

1945 年 12 月，张笃伦任重庆市长。《民众杂志》对张笃伦高度评价，刊发的文章《重庆市长虎虎生威》写道："张将军不独是军人，且是儒将……治理西康时，张将军秉着'公字为政'，对于重庆，他也表示过一本原旨，凡事求'公'。"② 张笃伦面临的首要任务就是编制城市规划。在 12 月 1 日举行的新旧市长交接仪式上，原市长贺耀组表示，"在前三年中，重庆市政缺乏建树，今后望张市长以主持建树经验，完成建树大重庆计划。"③ 12 月 11 日，根据蒋介石手令，国民政府向重庆市政府发电，要求"重庆市应研究一个以十年为期之建设计划，其中应以利用防空洞穿通地下公路线为最重要项目之一，希积极策划研究，呈报为要。"④ 次日，张笃伦召开第 299 次市政会议，指示各主管部门相关负责人在一周内根据业务范围拟定内容精密详实的计划呈报市政府，并征求各方专家意见作为参考资料⑤。

1946 年 1 月 1 日，市政府成立了重庆市十年建设计划委员会，

---

① 复员后的市政.时事新报，1945-12-19.转引自张瑾.陪都岁月：重庆时期的宋美龄研究.北京：东方出版社.2018.143.
② 重庆市长虎虎生威.民众杂志，1946 年第 1 卷第 2 期，44-45.
③ 国民公报社通讯.渝新旧市长交接式.国民公报，1945-12-2，第 3 版.
④ 赵耀.《陪都十年建设计划草案》之研究.重庆大学，2014.
⑤ 同上.

第四章 陪都的繁荣与没落（1935—1949年）

负责陪都计划的筹备工作①。但随后考虑到《都市计划法》中要求成立都市计划专责机构，因此，1月20日研究提出拟成立陪都建设计划委员会，陆续聘请周宗莲、高文伯、哈雄文、黄宝勋、李廷魁、陈伯齐等数十位国内市政及相关行业专家和地方贤达为委员会兼任委员、专任委员②。2月6日，陪都建设计划委员会召开了第一次委员会议，讨论通过了委员会的组织规程、组织系统表、经费预算书等，详细确定计划的主要内容、编制时间和目标任务等③。陪都建设计划委员会也得到了蒋介石的关注，他在2月5日接见外国记者时称，"还都以后，重庆将永久成为中国之陪都，且须特设机构，推进建设，余个人愿每年至少能来重庆一次。"④

2月9日，重庆市政府向行政院呈报了重庆陪都建设十年计划制定情况，"查重庆市地当西南要冲，握政治、经济、文化、交通中心，以抗战期间为我国战时首都，八年以来，不但为发号施令之神经中枢，抑且系全国经济、教育、文化乃至国防工业之中心，对于抗建（注：原文如此）事业贡献巨大，实具有光荣之历史。现抗战业已获得最后胜利，政府还都有期，并经奉明令永远为陪都。为求发展工商业，提高文化水准，充实国力及加强国防建设，其重要性当不减于战时，尤宜利用原有基础，积极建设，以期发扬光大，蔚成现代化之西南最大都市。惟兹事体大，举凡都市设计、卫生、公用、交通、建筑工程、地政设施，以及一切有关现代化都市之计划，决非本府现有工作人员所能计划周详，而必有赖于市政专家以及各项专门人才暨当地贤达，斟酌当地之实际需要，参考国内外大都市之成规，共同缜密研讨，审慎从事，始克拟定规模远大合理而完善之计划，爰经赶速筹备，并于一月十五日成立陪都建设计划委员会开始办公后，于本月六日召开第一次委员会议，除将遵办

---

① 赵耀.《陪都十年建设计划草案》之研究. 重庆大学，2014. 56.
② 同上书. 57.
③ 同上书.
④ 唐润明. 衣冠西渡：抗战时期政府机构大迁移. 北京：商务印书馆. 2015. 12. 477.

情形迳行呈复外,理合检同该会组织规程暨预算书,备文呈请鉴核示遵。谨呈行政院。"①

重庆市同时还附呈了《陪都建设计划委员会组织规程草案》。根据草案第一条规定,"本会草拟建设计划,应按月依序推进,短期计划限4个月内完成,长期计划限6个月内完成,但必要时得缩短或延长之。"② 从《陪都十年计划建设草案》实际起草过程看,比短期计划还要迅速。《陪都十年计划建设草案》从1946年1月开始编制,到1946年4月编制完成,历时80天。编制之所以迅速主要有四方面原因:第一,陪都建设计划委员会大部分委员和部分主任委员都有离渝返乡需求,因此,大家都全力以赴,以求尽早完成;第二,计划编制的基础资料来源于重庆市政府各局委机关,为计划编制节省大量基础资料调查时间;第三,计划中部分内容在规划编制前已有初步设想,加之部分专项规划由各局处拟定;第四,规划编制专家都有丰富的参与都市计划的经验,而且昼夜加工,全力以赴工作。③

从酝酿开始到编印成册,整个过程大致可分为四个阶段:"第一阶段,抗战胜利到1945年12月11日蒋介石颁布手令前,为陪都计划构想的酝酿阶段;第二个阶段,自蒋介石手令颁布到1946年2月6日陪都建设计划委员会成立前,是陪都计划的筹备阶段;第三阶段,2月6日起陪都计划编制工作正式开始,经过82天的制订至4月28日草案完成,是陪都计划的编制阶段,形成了《陪都建设计划初步草案》一稿;第四阶段,陪都建设计划委员会继续完善计划并绘制图表,向市属各机关征询意见,并上报行政院审批,在相关部委的修改意见后,编印形成《陪都十年建设计划草案》一书,这一时期为计划的完善审批阶段。"④

---

① 重庆市档案馆,重庆师范大学. 中国战时首都档案文献:迁都 定都 还都. 重庆出版社. 2014. 136.
② 同上书. 138.
③ 赵耀.《陪都十年建设计划草案》之研究. 重庆大学,2014.
④ 同上.

第四章 陪都的繁荣与没落（1935—1949年）

在编制陪都十年建设计划的同时，重庆市社会各界也在积极筹备庆祝国府还都仪式。仪式由重庆市临时参议会发起，得到了重庆市政府、国民党重庆市党部、三民主义青年团重庆支团部、重庆市教育会等机关的积极响应。1946年3月30日，临时参议会议长胡子昂主持召开陪都各界筹备庆祝胜利还都第一次会议，参加会议的有重庆市政府、国民党重庆市党部、市总工会、重庆支团部、市教育会、市中医师公会、律师公会、市立师范、市农会、市渔会、市立中学等单位负责人，会议讨论了惜别会的名称、人员组织、纪念方式和会议费用等问题。4月16日，张笃伦向国民政府军务局局长俞济时发电，表示重庆市各界正在筹备庆祝国府还都大会，请蒋介石明示时间和地点。4月19日，俞济时向张笃伦传达了蒋介石对此事的消极态度，蒋批示"务须免除。"但张笃伦并不愿就此放弃，他在4月22日直接向蒋介石上书，"窃胜利还都业已开始，庆协元旋，全民感戴，本市参议会及地方绅耆，坚请于钧座离渝前集会恭送。兹经公议定本月二十四日假军委会大礼堂举行茶会及游艺晚会并献旗致敬，推由王总司令缵绪、方主任委员治、胡议长子昂、陈干事长介生与职等届时前来迎请钧座暨夫人莅会训示。"[①] 最终在张笃伦的一再坚持下，蒋介石不好违拗民意，同意出席会议。

从重庆社会各界的角度看，无疑是希望蒋介石在还都前多给重庆留一笔政治遗产。对此，蒋介石本人也心知肚明。早在4月8日，蒋介石在会见重庆市参议长胡子昂及一众参议员时就表示，重庆在抗战期间为国家贡献最多，中央愿给重庆工商业和社会事业发展提供扶持，并请参议员热心建议和帮助，使重庆成为一座现代化都市[②]。4月24日，"陪都各界庆祝国府、恭送主席胜利还都大会"在军事委员会礼堂隆重举行，蒋介石率于右任、戴传贤、周钟岳、吴鼎昌、吴铁城、陈立夫、蒋经国、王缵绪、邵力子等国民党一众

---

① 重庆市档案馆，重庆师范大学. 中国战时首都档案文献：迁都 定都 还都. 重庆出版社. 2014. 250.
② 同上书. 248.

高官出席。蒋介石在会上声情并茂地讲述重庆市民为抗战胜利出钱出力最多,并表示重庆是他 13 岁离乡后待得最久的地方,因此"重庆实为本席的第二故乡。还都以后,本席夫妇对于重庆的同胞,必念念不忘,对于重庆的建设,必极力倡导,亦愿我重庆同胞与本席个人的情感因别离而益增,因日久而益笃",最后蒋介石还表示"谨祝我重庆日益发展,重庆同胞的生活日臻康乐,而成为全国模范的都市。"① 4 月 29 日,蒋介石在离开重庆前夕,又专门召见重庆市长张笃伦,对重庆市政建设提出了五项指示,包括:确保安宁秩序,以安民生;切实整理地方财政,力谋自给自足;清洁卫生,应力求进步;速建北区干线,完成道路系统;其他建设事项,应按照计划逐步实施,务为现代化之都市②。此外,蒋介石对重庆的关注还体现在 5 月 1 日国民政府发布的还都令中,"政府前于二十九年九月,明令定重庆为陪都,近更以四川为全国建设实验区,应即宏其体制,崇其名实,着由行政院督同各该省市政府妥为规划,积极推行,使全川永为安定国家之重心,而树全国建设之楷模,有厚望焉。"③

5 月 15 日,行政院在收到陪都计划草案后,蒋介石批示由行政院会同内政部、经济部、地政署、社会部、教育部、卫生署、交通部等七部(署)进行会商并提出审查意见④。12 月,行政院向重庆市政府反馈了 13 项审查意见,要求重庆市政府参照办理,并将计划中确定的各项工作分期编入年度工作计划报行政院审核。行政院反馈的审查意见按照章节进行编排,包括人口分布章、工商分析章、土地区划章、绿地系统章、卫星市镇章、交通系统章、港务设

---

① 陪都各界昨恭送蒋主席 蒋主席致词盛赞渝市民贡献. 大公报,1946-4-25. 转引自唐润明. 衣冠西渡:抗战时期政府机构大迁移. 北京:商务印书馆. 2015. 12. 470.

② 国民公报社通讯. 蒋主席垂询市政. 国民公报,1946-4-30. 转引自赵耀.《陪都十年建设计划草案》之研究. 重庆大学,2014. 49.

③ 国民政府还都令. 1946 年 5 月 1 日. 转引自唐润明. 中国战时首都档案文献:战时政治. 重庆:西南师范大学出版社. 2017. 275.

④ 赵耀.《陪都十年建设计划草案》之研究. 重庆大学,2014. 60.

第四章 陪都的繁荣与没落（1935—1949 年）

备章、公共建筑章、居室规划章、卫生设施章、公用设施章、教育文化章和社会事业章等。其中关于人口分布章节的意见在今天看来都颇值得玩味。意见写道，"原计划对本市人口分布问题，分成长预测及合理分布两段，前者假定前 5 年增 2%，后 5 年增 10%，以政府还都后人口减至 81 万作基数，10 年后可达 150 万人，在数字上或可成立不待推敲。惟认定转移来源，谓成都平原人口将有 60% 东移，贵州则 50%，陕甘则 30%，均将向陪都集聚，此种推述则未免错误。缘今后陪都之繁荣，应以工商业发展为主因，凡工商业发展为主因，凡工商业极度繁荣之都市，必其环境内地经济状况同时改善……是渝市人口流入来源，当以川东、黔北一部分饶瘠地区为大，原计划关于此点，似应提请修正其增长数字，并不必减低。"[①]

由于重庆是战后第一个完成较为完整城市规划的城市，因此，得到了更多关注。1947 年初，《新重庆》创刊号《建设计划即将付印》一文写道，"我国各大都市中，以本市建设而完成最早，各关心市政建设工作者，多欲索图参考。"[②] 因此，重庆市政府将陪都计划定名为《陪都十年建设计划草案》，邀请陪都建设委员会的委员和重庆名人等为城市规划题词，安排市府造产委员会印刷部印刷成册。时任重庆行辕主任张群题写《重庆市十年建设计划序》、时任重庆市市长张笃伦撰写《陪都十年建设计划草案序》、时任重庆市政府秘书长兼都市设计委员会副主任撰写《陪都十年建设计划草案序》、规划顾问戈登（Norman J. Gorden）撰写前言、时任重庆工务局局长吴华甫撰写《陪都建设展望》、时任陪都建设计划委员会副主任委员周宗莲撰写序言等。1947 年 3 月 20 日，陪都建设计划委员会向中央各机关、各省市政府、各大学致函，赠送《陪都十年建设计划草案》一书。

1946 年 4 月，行政院内政部公布《都市计划委员会组织规

---

① 重庆市档案馆，重庆师范大学. 中国战时首都档案文献：迁都 定都 还都. 重庆出版社. 2014. 140.

② 建设计划即将付印. 新重庆，1947 年第 1 卷第 1 期，75.

程》。1947年4月，改组为重庆市都市计划委员会。与此同时，重庆各界开始做一些规划宣传工作，如1947年初创办的《新重庆》杂志。黄宝勋在《新重庆》创刊号上撰写的《重庆市政建设计划与实施》一文回顾了《陪都十年计划建设草案》编制过程，"重庆市之建设，自本年二月至五月，其中心工作为草拟十年建设计划，集中力量于资料之收集，实地之查勘，调查与统计，小组之讨论，意见之征询，草案之编辑。第二步，为如何权衡其轻重，审定其缓急，逐步付诸实施。"①

（二）主要内容

《陪都十年计划建设草案》主要包括总论、人口分布、工商分析、土地重划、绿地系统、卫星城镇、交通系统、港务设备、公共建筑、居室规划、卫生设施、公用设备、市容整理、教育文化、社会事业、计划实施等18章节。

总论主要介绍重庆市历史沿革、地形、社会现状、未来展望、计划原则、计划要点和计划实施及初步基本建设等内容；人口分布包括行政区划沿革、人口增减、人口分布、职业分析、土地分析、人口预测等；工商分析包括引言、腹地资源、以往情况、目前状况、将来展望等；土地重划包括计划原则、市区面积、空地标准、区划办法、土地重划进行办法、土地利用与区划实施进度等；绿地系统包括绿地需要与功用、种类与分布、绿地标准、绿地概况、公园系统、十年内公园发展步骤及分年预算、今后公园发展与管理改革等；卫星城镇包括社会组织重要性分析、社会组织理论、陪都市社会组织标准与实用、市中心区卫星母城、郊区卫星城镇等；交通系统包括交通概况、计划原则、计划等；港务设备包括港务的重要与改善、机力码头、仓库、高水位堤路和低水位堤路等；公共建筑包括原则、计划、概算等；居室规划包括居室的重要性、现有各种房屋概述、居室标准、市民住宅计划、发展居室办法等；卫生设施

---

① 黄宝勋. 重庆市政建设计划与实施. 新重庆, 1947年第1卷第1期, 40-45.

第四章 陪都的繁荣与没落（1935—1949年）

包括自来水、下水道、医院、垃圾、城市一般卫生的改善等；公用设备包括电力、燃料等；市容整理包括市容整理的重要性、城市自然环境的优点、市容缺点、今后改进办法、咨询与监督机构、城市市容改进实例等；教育文化包括概况、教育设计与重点、国民教育、中等教育、补习教育、社会教育等；社会事业包括合作事业、救济事业等；计划实施包括实施原则、最近十年的进度与概算、实施办法、计划实施的利益等。

关于重庆的定位，《陪都十年计划建设草案》中不同级别的人士表述有所差异。如张群在《重庆市十年建设计划序》写道，"政府东旋，重庆自战时首都，转为大西南经济建设之枢纽。……重庆能名实无愧为川康陕甘滇黔之吞吐港，为扩大腹地之制造工业中心，乃至为全国重工业建设之策源地，皆将视此计划之执行程度以为衡……"吴华甫在《陪都建设展望》中提出，"在国防建设上，为西南川康滇黔陕甘等省之吞吐港；在全国经济上，亦为扩大腹地制造工业之中心。"总的来看，重庆城市性质包括两个重要方面：交通枢纽和工业中心。结合重庆永久陪都地位，草案提出"本市将为华西政治、经济、交通、商业之中心。"但从计划的实施来看，受孙中山实业计划和蒋介石要求影响提出首重交通，次为卫生及平民福利等次序。

《陪都十年计划建设草案》编制时抗日战争刚刚结束，国内城市规划和建设领域的经验都比较欠缺。但从文本来看，规划借鉴了国外的一些先进理念。第一，认识到城市规划对精神层面的改造。如总论部分提出，"一市之计划，不仅在交通线、公共建筑物之规划，必须涉及全市精神物质两方面之整体，此为近代都市计划之新趋势。"正是基于此考虑，草案在章节设计上除土地利用、绿地系统、交通系统等实物层面的规划外，还包括教育文化和社会事业等。第二，规划留白与建筑控制。草案就建筑段落内空地面积规定，"城区及卫星市镇保留空地面积，均不得少于30%，主要街道房屋高度，不得超过五层。"第三，通过绿地系统控制城市扩张。

在绿地系统一章中提出,"再由城墙外,东起长江、沿西北城墙,至嘉陵江岸,置一弧形之绿地带,以限制本区扩展。如将来嘉陵江大桥完成,江北区人口增加,则另立新区用绿地以与现有市区相间隔。"第四,对霍华德田园城市规划理念的吸收。将大坪区域规划新住宅区设计为"四周绕以绿地带,中央置一大公园,以四道绿楔贯达内外"。这种规划设计为标准的田园城市设计模式。第五,卫星城镇设计理念。草案规划在重庆母城周边设计预备卫星城镇18个,并规划了卫星城镇的性质和位置等。第六,设计与分析的国际视野。草案在陪都交通道路系统面积测算过程中,选择当时国际大都市进行比较。如草案将重庆道路面积占市区面积比例与主要城市进行了对比,纽约占比35%、维也纳占比35%、裴拉德而裴亚(今译为费城)29%、巴黎25%、柏林20%、东京12%,而当时重庆为0.4%,据此草案提出规划达到道路面积占比1.67%的目标。

二、规划实施

(一)张笃伦时期

在重庆市政府编制《重庆市陪都十年计划建设草案》过程中,中正大桥、下水道和北区干路等既定的重要工作已经在推进。1946年11月,张笃伦回顾此三项工程写道:"其中,较为切要之三大工程,并蒙中枢核准,提前实施,随即积极筹备。其进行情形如下:(甲)横贯长江之中正大桥,为重庆进入现代都市之大动脉,亦百万余市民一致之要求,早已委托中国桥梁公司完成测量及设计工作。建筑经费,除中央补助一部分外,正向外商筹借材料,可望获有成议,预计明年可以正式开工。(乙)市下水道为解决重庆环境卫生增进市民健康之根本要图,经美籍顾问毛理尔氏之辛勤探测与精密设计,及中枢金融机关之通力合作,刻已进入施工阶段,预计一年之后可观厥成。(丙)北区干路乃拓展重庆商业区,开辟新住宅区,及完成环城交通之重要工程,亦已施工,明年春夏间计可完成。此皆艰难拮据,冒险进行之业务也。至陪都十年建设计划草

第四章 陪都的繁荣与没落（1935—1949年）

案，已呈奉主席批交行政院审核完毕。躬亲其事之数十专家，竭智尽能，迅速集事，而为吾国都市计划之嚆矢。其勤其勇，殊有足多。至于奉准提前实施之工程，更不顾阻碍之丛生，不待经费之筹足，俱于短期之内毅然兴工，一面修筑，一面筹款。凡此冒险之举措，概属笨拙之行为。窃尝思之，在今日经济环境之中，必欲按部就班，徐策周全而后动作，则天下无一可为之事，勿宁脚踏实地，做一件算一件，做一段说一段，其或拙速有愈于巧迟者乎？其他如原有马路之拓宽翻修，交通联络路线之增辟，市区隧道之开凿，公共交通设施之改进，环境清洁之整饬，均以同样方式力求推进，虽丛胜葛端，心力交瘁，间亦获得若干实际之成果，以鼓励吾人之苦撑。"[①]

《重庆市陪都十年计划建设草案》编制完成后，张笃伦主持的重庆市政府又策划并实施了一系列工作："（1）北区干路及其沿线之土地重划。自临江门至大溪沟之北区干路之修筑，实为发展本市之先决条件，同时并可完成本市环境干路系统，已于本年（1946年）八月开工，共款约国币 18 亿元，并拟规划该路两旁之公私建筑，使成为本市之示范区域。（2）无轨电车。为加强交通效能，配合人力车之取缔，由北区干路经国府路、中山路、较场口、林森路至南区马路之无轨电车，预算约 27 亿元，正筹划比价中。（3）全市干道之改建。现有人行道，因材料不同，高低不平，宽窄不一，既有碍市容，复碍交通，拟先将各干道之人行道改建洋灰方板。（4）中正医院。在美使馆旧址改建，可容二百病床。工程预算约 1 亿元。（5）抗战胜利记功碑。为纪念抗战代表陪都之永久纪念建筑，在精神堡垒原址已招标开工。（6）通远门隧道。为解决中区干路咽喉部分行车之畅快与安全起见，隧道系自中一路通和平路，业由工务局积极施工。即可完成。（7）中正大桥。由城区东水门上至南岸龙门浩，全长 992 公尺，宽 20 公尺，桥底距离高水位 44 公尺，载重 H-2t 级。工程总数国币部分为 61 亿元，美金部分为 220 万元，由中

[①] 张笃伦. 回顾与前瞻：重庆市政一周年述感. 新重庆，1947年第1卷第1期，35-38.

央协助工程款三分之一,现正组织工程筹备处,准备兴工。(8) 下水道工程。第一部修建范围,为本市 1 至 7 区污水、雨水、及粪便等,分为 20 个出口,流入扬子江及嘉陵江二江,长 70 千米,工程 51 亿元,业成立工程处,招商承包,分四工区施工。工程正在进行中。(9) 市民住宅。已成立筹建委员会负责推进,如建造完成,可容住户 1 620 家,工款总额为国币 11.7 亿元,并向农行进行贷款,俟贷款有着,即行兴建。(10) 石板坡火巷。就原有小道价款为 6 公尺至 10 公尺,由工务局执行。(11) 林森路翻修。由工务局执行。预定明年元月开工。(12) 城区环境电话。已成立环境电话管理所,负责推进。俾行政机关成一电话网。(13) 煤气厂。计划早经审定,由工矿建设公司主持筹备中,预算约为国币 100 亿元。(14) 大溪沟菜市场。正在设计中,预算约 2 亿元。(15) 联合汽车站。供郊区各路车辆集中停放,地点在两路口,现正由公用局勘测中,预算约为国币 6 000 万元。"①

但是,受军事、经济、政治等各方面因素影响,《重庆市陪都十年计划建设草案》的实施总体并不理想。1948 年初,张笃伦无奈总结市政建设的艰难,"重庆市的建设计划,已经专家审慎的拟订了一个草案,内容很是完备充实,如按部实施,前途未可限量。可惜的是抗战之后创痕未复,戡乱之军事继起,国家财政,原本困难,社会经济,早已萎缩。因之,如以重庆今日所处之地位揆情度势,觉得一切必要的建设,绝不能缓,然一言及经费问题,则又公私交困,谁也会一筹莫展……在这两年中重庆市的建设工程,可以说并未间断,主要的是修建下水道,翻修和增辟马路,建筑北区干路,开通和平隧道,建筑抗战胜利纪功碑等等。只是这些工程,在重庆市之建设计划上,还不算占重要地位。"②

(二)杨森时期

1948 年 4 月底,张笃伦被免去重庆市长职务,由川系军阀杨森

---

① 黄宝勋. 重庆市政建设计划与实施. 新重庆,1947 年第 1 卷第 1 期,40-45.
② 张笃伦. 漫谈市政建设. 市政评论,1948 年第 10 卷第 3 期,2-3.

第四章 陪都的繁荣与没落（1935—1949年）

接任。杨森此前系贵州省主席。在任期间，他非常关注贵阳城市建设，"杨主席是个爱好体育和提倡体育的人，所以当体育场兴工的时候，他曾亲自到场督修。全体育场占地约百数十亩，规模之大，设备之完备，在西南各省堪称第一，内计足球场一、篮球场四……除球场外，还有一所建筑宏伟的健身房。"① 杨森于5月初由贵阳抵达重庆。根据当时知情人士透露，杨森治渝措施包括："第一，成立肃清烟毒机构，限三个月内肃清烟毒；第二，扩大体育机构，普遍提倡体育；第三，推行市民保健运动；第四，扩大救济院组织，收容乞丐难童；第五，加紧组织训练民众；第六，整顿税务，剔除财务积弊；第七，肃清奸伪分子；第八，增设并充实市立中小学，筹办大学；第九，加强工商团体管制；第十，整理地籍，完成绿化重庆计划；第十一，完成环城马路；第十二，兴建两江大桥；第十三，加强民意机构组织，尽量采纳民意；第十四，彻底清查户口；第十五，保护儿童，消灭拐骗分子；第十六，严格管制物价，安定民生。"② 两者比较，杨森显然是想复制其在贵阳的成熟套路。

但对于杨森的行政管理水平，时人王荣德似乎并不认同。他评价说："他是一个市长的全才，不足以当省政，他有一个事无巨细，必须亲理的习惯，在贵阳时，大的，有关省政的事儿，常常忽略，自己却亲自去营修体育场，自己去测量体育场的尺码，把市长份内的事抢去做，这样的人，的确难以把一个省弄好。"③ 当然，从国民党任命杨森担任重庆市长本意看，也不是看重其市政管理才能，更多的是负责川东绥靖，阻碍重庆解放，"不知内幕者，以为杨纯属军人，对于市政，毫无研究，畀以市政之职，未免滑稽，实未悉此中底蕴耳。"④

杨森到任受到当地士绅的追捧，热闹程度直追当年参谋团入川

---

① 忙煞了的重庆市长杨森. 新闻世界（广州），1949年第52-53期，5.
② 重庆欢迎杨森到任. 中央日报，1948-5-9，第7版.
③ 王荣德. 杨森做重庆市长. 现代文摘，1948年第3卷第1期，18.
④ 杨森长重庆内幕. 南北（北平），1948年复刊19，3.

的情景，但这并不能掩盖国民党的颓势。失业、失学、破产、倒闭等末世迹象在重庆已经一览无余。吕漠以《失去春天的山城》为题描写了当时的城市景象，"为争取全公费而发动的请愿，一开始就受到压力摧折，募集数月的助学金，仍是毫不济事的车薪杯水，失学和饥饿的危机更是严重了，即使清苦的教授也难得活下去。精神的苦闷更使得青年烦恼……一边是荒淫，一边是苦难，虽然冬天早就过去，然而人们感不到一丝暖意，这城市是失去了春天的。"①

末世迹象依然未能阻挡杨森的"建设热情"。1948年5月，杨森正式就职以后，提出了"安定"和"建设"两大口号。6月11日，杨森在重庆各界欢迎会上致辞，提出建设两江大桥、科学馆、艺能馆、博物馆、商品陈列馆等项目，详细表达了建设新重庆的愿景②。此后不久，杨森将其城市建设和管理作了理论总结，制订了《建设新重庆之理论体系及实践方案》（草案）。主要内容包括："（一）要求市民一德一心、群策群力、建立建设新重庆之基本信念。（二）以孔子之'大同'理论，西哲之'进化'理论为改造社会、转移风气之精神动力。（三）以中枢当前国策主要在彻底消灭□□、及实现民主政治，故本市一切设施必须配合戡乱建国国策。（四）本市建设具体方针，在精神建设与物质建设并重，达到训练开明市民、培养崭新人才、运用科学技术、建设近代都市之目的，其终极目标则为完成管教养卫的使命，实现富强康乐的境界。"③关于杨森就职之初的城市建设，李颐写道，"这些时来，重庆一般人几乎又陷进了'建设热'里，已经动工的北区干路在加紧工作，预计添修的两大体育场也开始了勘量，甚至于无轨电车，两江（长江嘉陵江）大桥的兴建都梦幻般的被提了出来，而性急的记者先生，在访问了建桥工程有关方面的人士后，连工程师设计的嘉陵江

---

① 吕漠.失去春天的山城.展望，1948年第2卷第3期，11.
② 市长讲演 新重庆远景.中央日报，1948-6-11，第3版.
③ 建设新重庆——杨市长冒暑草拟理论体系与方案.中央日报，1948-6-29，第3版.

第四章 陪都的繁荣与没落（1935—1949年）

大桥的工程图样都登出来了！"①

杨森赴任不久，重庆市区就发生了严重的危岩坍塌事故。6月2日，居住在洪岩洞岩上的香水顺城街79户和岩后的22户居民连人带屋一起滚落到数十丈深的洪岩洞下，人民死伤，无法估计②。在衣、食、住、行等基本生活问题尚且无法保障的情况下，杨森热衷的建设自然更让人作呕，民众失望在所难免。《群言》杂志记者江参写道，"但是，市民们失望了，杨森来渝的表现，使大多数人感到迷惑，虽然他在记者招待会上一再报告施政目标，计划。在各欢迎会上也以政治家的姿态来论中国今日的政治情形，缺点；但他的政治确实不满人意是铁样的事实。'打狗''修建体育场'是他的德政吧，但大多数贫民的生活他又何曾有过关心，'米荒、钞荒'一闹再闹，弄得民生凋敝，大多数人们朝不保夕，做父母官的他却又何曾为这些子民分过忧呢？"③

城市建设需要大量资金。为了筹措资金，重庆市政当局也是煞费苦心。1948年11月初，重庆市地政局局长梅光复向记者透露，重庆市将变卖公产筹集城建经费。11月3日出版的《中央日报》报道："第一期拍卖的公产包括临江门大码头、镇江寺、小河顺城街、南纪门、金马寺、石板坡、上下南区码头、玄坛庙等共100多处……预计可收入百万金圆。"④《中央日报》当天报道杨森在市参议会发言材料时透露了这些资金的用处。杨森在发言中说道："记得九届大会时，有参议员吕先生主张，嘉陵江大桥之兴工，不能坐而言，必得起而行，现在市府即是尊重其意筹集第一期建设经费百万元即行开工，将桥基奠定起来。不过希望各位先生协助市府变卖公产公地，务求推行顺畅，使建桥经费绰有余裕，早观厥成。"⑤

---

① 李颐. 重庆五月杂写. 金声，1948年第45期，2.
② 重庆又演岩崩惨烈. 中央日报，1948-6-7，第8版.
③ 江参. 话重庆，哀重庆! 群言，1948年第8期，13—14.
④ 重庆建设苦无经费 地政界将标卖公产. 中央日报，1948-11-3，第3版.
⑤ 府会合力·共求安定建设——杨市长在市参会第一届第十次大会开幕致词. 中央日报，1948-11-3，第3版.

关于其他项目资金缺口，杨森提出发行"建设奖券"、以工代赈、动员社会捐款等方式。我们很难想象这些公共设施变卖后市民如何使用，也不知道变卖所得资金又有多少真正被用于城市建设。

1948年12月，杨森组织编制1949年重庆市政府工作计划，城市建设依然是工作的重要内容。城市建设主要涉及工务和地政两部分，都被冠以为市民服务的名头。工务方面包括：一是整顿公共汽车、轮渡、沿江各码头，完成北区干路，以利交通；二是充实水电设备，改善水电供应，以应市民生活需要；三是赶建大田湾体育场，完成第三期下水道工程，增进市民体魄和卫生。地政方面包括：一是重估地价，为征收地价税之依据；二是筹建平民新村，救济贫民①。

重庆解放前夕，忙于内战的市政当局更是无暇顾及城市建设。在此背景下，1949年9月2日，九二火灾自然无法避免。火灾从9月2日下午3点烧到第二天上午8点，从赣江街余家巷开始，蔓延至朝天门、千厮门江岸、信义街、大河顺城街、小河顺城街、嘉陵码头、过街楼、陕西街、东水门、中正路、打铜街、曹家巷、行街、水巷子、沙井街、丰牌街、黑巷子、盐井坡、马王庙、节约街等20多条街巷②。火灾共造成3 000多人殒命，1 000多吨货物和1万多栋房屋被烧。据重庆自来水行业的先驱马拉回忆，火灾发生正值自来水公司因电力不足轮流停水时间，因而没有将火势及时控制③。

无论是张笃伦"柔"，抑或是杨森"刚"，对于解放前夕重庆城市建设的贡献都是非常有限的。记者长工就将当时的市政工程总结为明敲暗榨的"建设"："在市区的'精神堡垒'那里修建了一座钢骨水泥的'纪功碑'，以纪今上二十年来危害国家鱼肉人民的

---

① 中华民国三十八年度.重庆市政府工作计划.1948.
② 赵直纪."重庆破毁队"破获经过.霹雳，1949年渝第3号，16.
③ 马拉.他是重庆自来水行业先驱 曾因"九二"火灾入狱.重庆晨报，2014-04-03，第53版.

第四章 陪都的繁荣与没落（1935—1949年）

'功德'，有些市民在讨论这个碑在民主和平到来时应该如何处置的问题，他们主张只消把碑文换一换，另外加上一对铜像，像西子湖畔的秦桧一样就得了。从'精神堡垒'到华华公司这段马路，两旁店铺被勒令拆除，加宽马路'以壮市容'；过去殴打民主人士的较场口，现在改建了一个'和平市场'出租，以增蒋市政府的收入。"①

---

① 长工. 黎明前的四川. 群众，1948年第2卷第22期，21-23.

第五章 城市恢复和社会主义改造（1949—1964年）

第一节　城市接管和城市建设

一、重庆解放和城市接管

（一）重庆解放

新中国成立前后，蒋介石妄图在重庆顽抗到底。1949年4月23日，人民解放军攻占南京，南京解放。在南京解放前，国民党已经将中央党部和行政院迁至广州办公。但随着人民解放军势如破竹地向南推进，国民党开始准备退守重庆。8月到9月间，蒋介石多次飞抵重庆。9月5日，蒋介石回到重庆召开茶话会试图收买人心，"政府还都以后，本已拟定种种建设陪都，来答谢我们重庆一般同胞在抗战期间不惜牺牲，拥护政府推行国策的忠诚。但由于共匪的叛乱，兵连祸结，民困日深，以致一切计划都没有实行，这是中正时深内疚而且觉得对不起我们重庆同胞的一件事。"[①]

10月12日，国民党政府发布《国民政府迁渝办公令》，"兹为增强战斗力量，减少非战斗人员对军事上之不必要负担，中央政府决定于本月15日起，在陪都重庆开始办公。"10月14日，李宗仁飞抵重庆，在重庆机场发表书面谈话："现政府迁渝办公，重庆即成为全国戡乱政治军事之枢纽，亦即大西南反攻基地之中心，与国家民族兴亡之前途，所关至巨。务望我川省及西南各省同胞，认清清乡保国、自救救国之义，协助政府，完成此划时代反共救国艰巨之历史任务。"[②] 对于再次迁到重庆，费受辛一针见血地指出，"今

[①] 重庆档案局（馆），中共重庆市委党史研究室. 重庆解放. 北京：中国文史出版社. 2017. 67.
[②] 同上书. 68.

第五章 城市恢复和社会主义改造（1949—1964 年）

日西南老百姓所需要的是安定，而不是灾难。是扭转颓势，争取胜利，而不是一经交绥，立即弃之不顾，扬长而去。政府从南京迁到广州，又终于不免从广州迁到重庆，这无论如何不是一桩体面的事情。来重庆后，就如同走到了悬崖，要想再迁都避难，已经是不可能了。"①

与国民党妄图集中军事力量负隅顽抗不同，中国共产党已经开始谋划解放后的生产建设问题。1949 年初，党中央发出"解放大西南，建设大西南"的号召。6 月，中国人民解放军华东军区司令部在南京颐和路成立西南服务团，由宋任穷、曹荻秋、李大章、彭涛等同志负责，成员以老区干部和上海地下党员为骨干，并吸收广大知识青年参加，共计 17 000 多人。西南服务团根据目的地不同又分为几个团，曹荻秋率领的西南服务团一团负责重庆工作。曹荻秋，1909 年生，四川省资阳县人，1949 年到 1955 年先后任中共重庆市委第三、第二、第一书记，重庆市副市长、市长。

9 月 20 日，邓小平在给第二野战军及赴西南作地方工作的区、营级以上干部开会时讲到，"我们去西南，不是白手起家，而是具有充分的有利的建设条件。西南人口 7 000 万，是全国战略的大后方，建设条件也很好，是将来的大工业区之一。……华中局今后工作的三个步骤：（一）接管城市；（二）城市大体接管后将主要力量放在农村，3 年到 5 年完成土改；（三）放手发展工业。西南工作也要按此步骤去做。" 10 月 1 日，中华人民共和国成立。10 月 19 日，毛泽东给林彪的电报《关于西南地区的作战方针》提出，"西南重心是四川，我二野主力必须于十二月占领叙府泸州重庆一带，贺率十八兵团则于一月占领成都一带，并迅速扩占全川，布置明年春耕，方有利于生产建设……其余五个军，两个兵团部及二野直属队，均由湘西分路直取叙泸渝，务于十二月达到该地区，设立西南

---

① 费受辛. 重庆再度成为战时首都：李代总统如何稳定大局. 新闻快报周刊，1949 年 10 月，2.

军政委员会,统筹西南全局"。①

10月28日,刘伯承、邓小平率领二野前线指挥所赶赴常德,15万二野主力陆续集结在常德,为解放西南做最后的准备。11月1日,解放军发起川黔战役,解放西南的战斗正式打响。11月14日,蒋介石再次飞到重庆,频频约见国民党军政要员,做"固守重庆、保卫西南"的美梦。11月15日,贵阳解放。11月21日,眼见重庆不保,蒋介石做出再迁成都的决定,并下令杀害关押在重庆白公馆、渣滓洞的全部政治犯,破坏重庆的城市建设和市政设施。为防止国民党对城市的破坏,11月27日,刘伯承和邓小平等在《关于据目前情况宜提前渡江占领重庆给毛泽东的报告》中提出,"……(四)我如能在江南歼罗(广文),则重庆较易夺取,早点夺取方便工业不受大破坏,则我可早日依托重庆,供给大军经营全川……"

11月30日凌晨,蒋介石仓皇从白市驿机场逃往成都。当天上午,重庆市旧参议会议员和商会负责人等在市商会会堂开会,商讨解决重庆市无人管理的局面,并商定成立"重庆市各界代表迎接解放军代表团"。会后,温少鹤代表原市参议会、蔡鹤年代表原市商会、周荟柏代表原工业会、任百鹏代表原保民会等一行四十多人渡过长江,找寻解放军负责人,商讨欢迎人民解放军入城事宜。当天下午,中国人民解放军第二野战军所属部队进入重庆,重庆解放。

次日,《大公报》以《重庆解放了》为题,生动报道了解放军入城情形,"全城欢声雷动,爆竹喧天,百万市民庆幸黎明到来……7点多钟,部分人民解放军在雨中分头渡江到达市区,沿街人民纷纷由屋内拥出,或从窗户里钻出来,争看解放军的英雄姿态,虽然没有电灯,但在家家户户门前点燃的太平灯灯影下,大家都清楚的看见解放军健儿们在微笑着接受人民的欢呼。"②

12月9日,西南军政委员会和第二野战军领导刘伯承、邓小平、张际春、李达等进驻重庆办公。西南军政委员会全面领导西南

---

① 建国以来毛泽东文稿(第一册).北京:中央文献出版社.1987.75.
② 重庆解放了.大公报(重庆版),1949-12-1,第2版.

第五章 城市恢复和社会主义改造（1949—1964年）

地区重庆、四川、云南、贵州、西康四省一市的政治、经济、军事、文化等工作，重庆因此成为西南最大的政治、军事、经济和文化中心。12月9日，云南、西康的国民党军队先后宣布起义，两省和平解放；12月27日，成都解放。至此，西南四省一市全部解放，西南战役结束。

（二）城市接管

鉴于西南解放晚、封建势力大、少数民族多等实际情况，西南军政委员会确立了"接管城乡""把工作重点放在农村""农村经过土地改革之后，重点又回到城市"的"三步走"工作重心转移方针①。当时，在乡村按计划征粮是关系全局的头等大事，征粮任务的完成也为城市管理、工业建设提供了切实保障②。西南军政委员会对重庆、贵阳、昆明、成都等城市的接管，明确了城市工作的5大任务：第一，组织和教育工人阶级，恢复和发展生产，学会对工厂、矿山、交通市政等近代工业的管理；第二，组织、教育青年学生和团结文化教育界，管好学校教育工作，动员知识分子参加反对帝国主义、国民党残余势力的斗争；第三，在经济战线上，从贸易、金融、财政等方面，加强市场管理，完成税收任务，稳定金融物价和疏畅城乡交流；第四，加强公安工作，巩固革命秩序；第五，加强各方面的统一战线工作，用代表会议的方法去组织、团结和教育市民，参加城市的管理和建设工作③。

解放初期，重庆不仅面临一个经济残破、满目疮痍的烂摊子，而且社会秩序十分混乱。根据重庆市公安部（后改为局）一份报告显示，当时重庆土匪、扒手、小偷有约1万多人，袍哥多达10万

---

① 欧阳恩良. 实践·经验·理论——邓小平主政西南时期的历史贡献. 毛泽东邓小平理论研究，2014年第08期，20-27+91.
② 宋毅军. 论建国初期中共西南局的重大历史功绩——兼论邓小平主政西南. 中共党史研究，2001年第4期，49-54.
③ 邓小平文选（第1卷）. 北京：人民出版社. 1994. 174-175.

人，职业特务约 6 000 多人①。中共川东临时工作委员会的工作记录形象描述了当时的情景，"乞丐特别多，商店无法开门，要一块钱。散兵游勇把持商店，勒索钱财，致商店前日（七日）菜园坝米船被抢，大溪沟抢猪肉，一元买九斤（说是解放军规定）。"②

1949 年 12 月 3 日，根据中国人民解放军第二野战军司令员刘伯承、政治委员邓小平命令，中国人民解放军重庆市军事管制委员会正式成立。张际春、陈锡联、张霖之、谢富治、曹荻秋、段君毅、阎红彦、王近山、王蕴瑞、任白戈、罗士高、刘明辉 12 人为重庆市军事管制委员会委员，其中张际春为主任，陈锡联、张霖之为副主任。重庆市委部分领导干部 19 人进入重庆市区，即日发布第一号布告，宣布重庆市军事管制委员会（下文简称"重庆市军管会"）正式成立并开始接管工作。12 月 11 日，根据中央人民政府命令，重庆市人民政府成立，陈锡联任重庆市市长，曹荻秋任副市长。

早在一个月前的 11 月 3 日，重庆市军管会就结合重庆实际制定了"稳步前进，有重点、有步骤地接收"方针，具体方法包括：自上而下按系统接管，不准搞乱系统，乱抓乱接；大力动员工人、职员、群众及地下党的力量参与接管，使自上而下的行政命令与自下而上的发动群众相结合；群众路线。接管步骤分为三个阶段：第一阶段，占领城市，宣布接收。第二阶段，进行组织接管工作。第三阶段，清审阶段③。

按照"按系统接管"的方针，重庆的接管工作分为政务、军事、财经、交通、后勤、文教、公安等七大系统，分别组成政务、文教、交通、房地产、军事、财经等六个接管委员会和一个公安部（后改为公安局），分别接管与之对应的原国民党中央机构与省市机

---

① 重庆档案局（馆），中共重庆市委党史研究室. 重庆解放. 北京：中国文史出版社. 2017.
② 中共川东区临时工作委员会会议记录. 1949 年 12 月 9 日. 转引自重庆档案局（馆），中共重庆市委党史研究室. 重庆解放. 北京：中国文史出版社. 2017. 223.
③ 张霖之. 关于接管城市的报告. 1949 年 11 月 3 日. 转引自重庆档案局（馆），中共重庆市委党史研究室. 重庆解放. 北京：中国文史出版社. 2017. 250.

第五章 城市恢复和社会主义改造（1949—1964年）

构。重庆军委会政务接管委员会主要接管国民党政权时期的行政、司法、卫生、公用、农林水利、社会事业等部门。1949年8月，国民党重庆市政府受限于财政紧张对组织机构进行整合，涉及城市规划和建设管理的原工务局调整为建设局，赵季恒任局长；原地政局整合为财政局第六科。1949年12月，赵季恒向政务接管委员会公用部办理了移交手续。

接管过程中，人民政府没收了官僚资本和买办资本所经营的企业，包括工厂、银行、商店、铁路、矿山、船舶、码头、仓库、邮电通信、电厂、自来水厂等及其资本；对小官僚和地主所办工商业，官僚资本中的民族资本家私人股份不予没收。按照张霖之对接管工作的总结，"从总的方面来讲，这次接管工作一般尚好，工作尚称顺利，进度较快，阻力不大。"[1] 从重庆解放到重庆市第一届各界人民代表会议召开，重庆接管工作历时50余天，共接收机关、工厂、银行、仓库、公共场所与公共工程等大小单位（不包括学校）374个；接收员工（包括公费学生）100 647人；接收的物资主要有黄金10 796两、白银8 555两另777公斤、银元148 690元、美钞50 218元、食米6 762石另17吨、稻谷15 561石、食盐95 758担、大小好坏汽车1 883辆[2]。

二、恢复经济和区划调整

（一）恢复经济

城市接管只是在战争状态尚未结束时的过渡形式，随着各方面接管工作的相继完成，城市管理问题提上议事日程[3]。1949年12月31日，重庆市委印发《关于今后工作的决定》。文件表示，"接

---

[1] 张霖之. 关于中共重庆市委一月来接管工作的初步总结. 1950年1月13日. 转引自重庆档案局（馆），中共重庆市委党史研究室. 重庆解放. 北京：中国文史出版社. 2017. 303.

[2] 陈锡联在重庆市第一届各界人民代表会议上的报告. 关于重庆市接管工作报告. 1950年1月24日.

[3] 重庆市人民政府办公厅，重庆市人民政府发展研究中心，重庆社会科学院. 重庆发展六十年. 重庆：重庆出版社. 2009. 123.

管工作经 20 多天的时间，基本上告一段落，并已开始进行清点管理工作。"同时，重庆市委部署了四项重点工作：第一，反特与治安工作；第二，恢复生产；第三，文教工作；第四，1950 年 1 月 20 日前召开人民代表会议。这标志着重庆市政府工作的中心开始从接管向城市管理转移。

1950 年 1 月 13 日，重庆市人民政府发出通告，成立了重庆市民政局、建设局、劳动局、文教局、工商局、企业局、地政局、卫生局等机关。1 月 23 日，重庆市第一届各界人民代表会议召开，刘伯承出席会议并做了题为《为建设人民的生产的重庆而斗争》的报告，提出了重庆城市建设的总方针，"在重庆进一步建立革命秩序，保卫治安、恢复生产、展开文化体育运动，以渐次康复起来的重庆，来支援即将完成的解放战争，协助农村改革，发展农业生产，然后在农村土改的完成与农业发展的基础上，进一步发展重庆的生产建设，使之稳步地繁荣起来。"① 3 月 1 日，重庆市委印发《关于重庆市今后工作方针及几个具体问题的决定》，提出"今后工作方针是面向生产，以恢复生产与发展生产为工作中心"，标志着工作重心正式转向城市管理和生产。

重庆解放的第一个月，各项税收收入仅 56 亿元，而各项支出多达 326 亿元，财政赤字非常严重。因此，在建设"生产的城市"指导下，实现工商业恢复和发展是推进各项工作的基础。1950 年 3 月 1 日，重庆市委提出了有计划地恢复和发展生产的方针，紧接着成立了重庆市人民政府财政经济委员会（下文简称"财经委"），统一管理全市的经济工作。曹荻秋任财经委主任，霍衣茹任秘书长，下设办公室分组办公。

重庆市委、市政府为促进经济恢复开展了一系列工作：第一，对私营工商业进行接管和恢复生产。1950 年 3 月，将豫丰纺织股份有限公司改组为西南人民纺织公司，西南麻织染布厂改组为公私合营；5 月，接管重庆电力公司。1950 年 5 月，重庆市委印发《私营

---

① 刘伯承. 为建设人民的生产的重庆而斗争. 1950 年 1 月 23 日.

第五章 城市恢复和社会主义改造（1949—1964 年）

工商业方针政策指示》，明确指出，解决过渡时期困难的关键，是我们干部必须明确对私营工商业的方针，不是挤垮资本家，必须防止"左"倾思想①。第二，改革企业管理制度。重庆市按照"一切工作都是为了搞好生产，都应当服从于生产"的原则，采取了"反浪费、裁冗员、减高薪、提高生产"的改革方针，废除了不合理的制度，取消了不合理的组织和机构。第三，加大投资，扩大产能。1951 年 9 月，国家投资 60.2 万元对重庆电化冶炼厂进行扩建，电解铜生产能力由 1949 年的 191 吨增长到 3 000 吨以上②。第四，改善工人居住水平，提升工人生产热情。1952 年 7 月，重庆市政府在今渝中区大溪沟和沙坪坝区小龙坎修建数十栋市政工人和产业工人的住宅楼，次年 3 月落成③。另外，还采取了一些金融和货币政策等。在农业方面，重庆市人民政府采取发放农业贷款、组织生产互助组、对贫困地区减免公粮、对困难户实行救济等措施，积极帮助农业恢复生产。

到 1952 年底，重庆市国营工业企业占比 40%、公私合营经济占比 25.47%、合作经济占 1.35%、私营经济占 33.18%，社会主义经济成分超过资本主义经济；重庆市（含江津专区）总人口 876.21 万，工业总产值 5.98 亿元（1980 年不变价），钢产量 4.8 万吨，原煤产量 133.19 万吨，发电量 1.6 亿千瓦时④；重庆市财政收入 12 026 万元，财政支出 4 853 万元⑤。

（二）区划调整

1950 年 4 月 20 日，重庆市委做出了《关于建设区级党委组织及政权机构的决定》，明确指出接管时期按各系统建立党组织的形式已经不能适应重庆转入城市管理阶段的工作需要。为了管理和建

---

① 俞荣根，张凤琦．当代重庆简史．重庆：重庆出版社．2003．143．
② 重庆市地方志编纂委员会总编辑室．重庆市志（第一卷）．成都：四川大学出版社．1992．292．
③ 同上书．301．
④ 同上书．305．
⑤ 重庆市计划委员会．重庆市经济综合志．重庆：重庆出版社．1991．68．

设人民的新重庆，提出按照地区来建立区一级党委组织和政权机构。在市委以下设立区委，以区为单位统管工厂、企业、学校、机关的党员。但是，采用解放前原有的行政区划范围，还是重新划定区划范围成为一个现实问题。

民国时期，国民政府将重庆市辖区细分为18个区，平均每个区辖区面积仅16.6平方千米，存在区划过小、管理机构臃肿、效率低下等弊端，不利于组织生产。如具有相同商业、金融功能的渝中半岛被划分为7个区，不利于城市生产要素的集聚，也不利于不同区域的相互协调发展①。旧重庆市政府也意识到辖区过碎过细的问题，日常管理通常按五个组团进行管理。第一是城区，主要是旧城墙包裹区域。第二是新市区，由南纪门沿长江到菜园坝、九龙坡一线和由临江门沿嘉陵江到化龙桥一线。第三是沙磁区，自化龙桥向西，沿成渝公路至小龙坎分路，一路沿渝磁支路，经沙坪坝至磁器口；一路沿成渝路前进，过新桥至老鹰岩，穿山洞进歌乐山至高店子一带。第四是江北区，长江北岸铜锣峡外，梅子岚垭、郭家沱起，沿长江、嘉陵江，直至磁器口对岸的梁沱。第五是南岸区，重庆对岸上至铜元局后方之千金岩起，顺江至弹子石苦竹林，长约20里，川黔公路以此为起点，并有海（海棠溪）温（南温泉）支路及海（海棠溪）广（广阳坝）支路②。

针对原区划单元的弊端，重庆市人民政府决定调整区划，划区方案主要依据居民的特点、地理交通条件及工作的便利等因素，将原有的18个区和新划入的北碚区重新调整划分为8个区。具体而言，将原第一到七区合并为新第一区，区政府驻和平路；将原第九和第十区合并，设立新第二区，区政府驻江北香国寺；将原第十三和十四区合并，设立新第三区，区政府驻沙坪坝；将原第八和第十

---

① 重庆市人民政府办公厅，重庆市人民政府发展研究中心，重庆社会科学院.重庆发展六十年.重庆：重庆出版社.2009. 143.

② 中共重庆市委会政策研究室.解放前夕重庆市概况.1950年12月15日内部出版.重庆档案局（馆），中共重庆市委党史研究室.重庆解放.北京：中国文史出版社.2017. 7.

第五章　城市恢复和社会主义改造（1949—1964 年）

七区合并，设立新第四区，区政府驻大坪；将原十二区全部和第十一区、第十五区部分区域合并，设立新第五区；将原十八区全部和第十一区、第十五区部分区域合并，设立新第六区（包括郭家沱）；原第十六区更名为第七区；第八区，即原北碚区全部。同时，各区按其人口数目和工作情况，将第一、第二、第三、第四和第八区等5 个区定为一等区，将第五、第六和第七等 3 个区定为二等区。一等区相当于地委、专署一级，二等区相当于县委、县政府一级。

9 月 18 日，重庆市人民政府进一步健全区级行政机构，印发《关于加强区政建设的决定》，规定了区人民政府的领导岗位设定和组织机构、工作范围和工作体制机制，以及建立区级人民代表大会制度等事项。与此同时，还印发了《重庆市区人民政府组织规程》《重庆市区人民政府办事细则》《重庆市区各界人民代表会议组织条例》等文件。值得关注的是，当时对城区的"区"和郊区的"区"作了区分，除前述行政级别外，城区的区政府是基层政权，通过在派出所设行政干事上传下达。而郊区的区政府下设乡（镇）公所，是为基层政权。9 月 25 日，曹荻秋在重庆市第三次党代表会议上作《关于加强区政建设的报告》，进一步强调了区政建设的重要性。他说，"根据过去和目前的工作来检查，我们的民主建政工作，还是很差的，特别是区政建设，可说是本市整个建设中最薄弱的一环。……这就使我们民主建政工作还不曾建立在更广大的群众基础之上，只有加强了区的建设，召开区的各界人民代表会议，才能改变这种情况，给人民更多参政的机会。"①

9 月 29 日，中国人民政治协商会议通过的《中国人民政治协商会议共同纲领》第二十六条规定，"中华人民共和国经济建设的根本方针，是以公私兼顾、劳资两利、城乡互助、内外交流的政策，达到发展生产、繁荣经济之目的。"重庆市委、市政府也深刻

---

① 曹荻秋在第三次党代表会议上关于加强区政建设的报告. 1950 年 9 月 25 日. 转引自重庆档案局（馆），中共重庆市委党史研究室. 重庆解放. 北京：中国文史出版社. 2017. 416.

认识到协调好城市与农村关系是推进城市管理工作的关键。1950年3月1日,《关于重庆市今后工作方针及几个具体问题的决定》就要求,"重庆市恢复与发展生产,必须面向农村与必须面向全国。面向农村,就是帮助其发展农业生产,在生产上实行城乡互助,根据农民所急需的与购买力可能的情况,供给农民以工业产品,并收购农民的农业产品。"[①] 5月25日,重庆市委组织召开重庆市第一次农民代表会议,请农民代表共同商讨郊区农民在建设中的任务及目前的具体工作。9月18日,重庆市委印发《关于郊区工作的指示》,部署征粮和减租、退押、反霸等土地改革工作,并将乡村农民代表大会或农民大会作为乡村政权的过渡形式。

1951年1月,根据西南军政委员会决定,北碚区划归川东行署,巴县划入重庆市辖区。1952年10月7日,重庆市人民政府根据工作需要,再次对市属区进行区划调整[②]。第一区包括原第一区范围,加入第四区李子坝、遗爱祠、黄沙溪三地;第二区包括原第二区范围,加入江北县的人和、龙溪、大石三个乡和原第七区范围;第三区包括原第三区和第四区(不包括李子坝、遗爱祠、黄沙溪、杨家坪、鹅公岩、九龙坡等地);第四区包括巴县所属的李家沱、马王坪、土桥、南温泉、渔洞溪、道角、大窝乡、马王乡、人和镇等地区,以及原第四区的杨家坪、鹅公岩、九龙坡等地;第五区包括原第六区(包括郭家沱)、原第五区范围和巴县的文峰乡。

三、城市规划和城市建设

(一)城市规划

土地征收和利用是城市规划和建设的基础性工作。1950年1

---

① 关于重庆市今后工作方针及几个具体问题的决定. 1950年3月1日. 转引自重庆档案局(馆),中共重庆市委党史研究室. 重庆解放. 北京:中国文史出版社. 2017. 7.

② 重庆市人民政府研究室. 重庆市人民政府关于调整本市市属各区行政区划的命令. 重庆市政. 第64期. 1952年10月30日.

第五章 城市恢复和社会主义改造（1949—1964年）

月，重庆市人民政府成立伊始，就设立了地政局，负责办理土地征用工作。4月，重庆市人民政府制定了《重庆市征用土地暂行办法》和《公共建筑使用私人土地暂行办法》。两个办法详细规定了公共建设的范围以及土地征用的手续、征地补偿方式、土地纠纷处理、补偿费评议等内容①。1951年7月，重庆市人民政府又公布了《重庆市公私土地征拨办法》。12月，重庆市对全市征用土地工作进行了一次清理和检查。对不按征地规定办理用地手续的单位，以及虽办征地手续，但征而不用，让其荒芜，或改变用途，或多征少用的单位，分别进行了处理②。

1951年，重庆市建设局编制了《大坪新市镇计划》。尽管从名称上似乎是片区规划，但它在当时应视为城市总体规划，"该计划中曾对重庆城市总体规划提出过一些基本构想，建议在大坪、杨家坪、石桥铺地区的中心地带袁家岗设立市新的行政中心。"③ 1949年到1951年间，国内很多城市都探索编制了城市规划，如北京市《设计西郊新市区草图》（1949年）、《上海都市计划三稿初期草案》（1949年）、《杭州市新都市计划》（1950年）、《西安市都市计划草案》（1950年）和《兰州市都市建设计划草案概要》（1951年）等。重庆这版规划与其他城市的规划思路一样，"跳出老城，发展新城"。遗憾的是，此次规划胎死腹中。《重庆市志（第七卷）》写道，"(19)50年代开始着手编制新的城市总体规划，从1951年到1978年先后编制出近10个方案、草案或倾向性意见……但由于受到政治、经济、社会等各种因素制约，都未经过市人民政府批准，处于草案或准草案阶段。"④

今天，我们已很难看到这版规划的全貌。《重庆市志（第七卷）》将该规划放到了分区规划部分，介绍该计划的大纲，包括计

---

① 重庆市地方志编纂委员会. 重庆市志（第七卷）. 重庆：重庆出版社. 1999. 104.
② 《重庆市志·国土资源和房屋管理志（1840—2018）》编纂委员会. 重庆市志·国土资源和房屋管理志（1840—2018）（上卷）. 重庆：重庆出版社. 2021. 224.
③ 同①书. 25.
④ 同上书. 19.

划大意、计划特点、调整意见三部分。《重庆发展六十年》简要介绍了这版规划的空间布局，并做了简要评价，"1951年，重庆市人民政府规划了以大坪、杨家坪、石桥铺为中心的城市总体布局，规划以大坪、杨家坪、石桥铺三角地区为重庆市的新市区中心，以三角地区周围数公里为新市区。在新市区的东北、西南、西北3个方向布置了3个中心区即：东北方向以位于两江半岛的原市区，江北的江北城、观音桥，南岸的弹子石、龙门浩一带为经济中心；西南方向以大渡口、李家沱、鱼洞地区为工业中心；西北方向以沙坪坝、磁器口、小龙坎等地为文化中心。"①

这版规划的命运或许与西安、兰州两市的规划碰壁有关。早在1949年3月，中共七届二中全会提出党的工作重心由乡村转移到城市，并提出要把消费的城市变成生产的城市。而《兰州市都市建设计划草案概要》认为"以当前不成熟的经济材料，估计很少可能成为重工业城市"，进而提出以政治、文化为中心，商业为主，工业为辅的城市性质②。1951年6月24日，兰州市向政务院财政经济委员会汇报兰州市都市建设计划草案概要。同年8月7日，中央印发《通知关于西安、兰州二市都市建设计划之意见希查照由》，对兰州、西安的规划提出颠覆性意见。文件提出，"都市建设计划是长期的计划，决不能草率从事，也不可能在短期内就决定下来。都市建设需花很多钱，照中国经济发展的趋势和技术条件来看，也不可能一下就建设起很多现代化的都市。都市建设必须与国家工业发展的步骤相结合。因此都市建设的程序，首先要从工业方面来考虑，关于工业建设的地点和条件，必须考虑大区的分布，再具体到城市，由粗到细，必须一步步做经济上的计算。工业发展的方向确定以后，再考虑交通、商业、人口、文化等问题，最后才是市

---

① 重庆市人民政府办公厅，重庆市人民政府发展研究中心，重庆社会科学院.重庆发展六十年.重庆：重庆出版社.2009.144.
② 兰州市都市建设计划草案概要（1951—1958年）.转引自唐相龙.苏联规划在中国：兰州第一版总规编制史实研究（1949—1966）.南京：东南大学出版社.2016.185.

第五章 城市恢复和社会主义改造(1949—1964年)

政问题。"① 此后,兰州市的城市规划发生重大调整,规划愿景由"安乐居所"调整为"工业城市"。

在市级规划以外,区级层面也做了一些规划探索,如市中区编制了城市建设计划,主要内容包括建设九二火灾区恢复重建;配合成渝铁路工程修建菜园坝火车站;续建北区干道②。但从规划内容看,与其说是规划,不如说是工程建设计划。因为仅从内容看,对于城市定位、人口、空间布局和安排都没有涉及,还远达不到当时空间类规划的深度要求。

(二)城市建设

重庆解放初期,城市建设布局混乱,道路狭窄,设施简陋,城市脏乱不堪,各种流行性疾病较为严重。1950年,重庆市人民政府将卫生工作作为重庆市政建设的首要任务,共修建下水道工程22.64千米,超过原定的22千米计划目标;新建公厕32座,小便处15个,垃圾站17个,平均每月运出垃圾2 080吨③。1950年11月,市城市建设计划委员会通过朝天门火灾区改建方针,决定对1949年九二火灾区及附近一部分土地进行统一征购,统一重建④。在城市交通方面,为适应城市新区的建设需要,以渝中半岛为中心,着手完善城市内部道路交通体系及衔接成渝铁路、汉渝公路、成渝公路和水运码头的对外道路。1950年新修北区干路、捍卫支路、杨(家坪)石(桥铺)公路、中二路及嘉陵新村公路,全长8 367米;拓宽和翻修了西部地区交通主干线两(路口)九(龙坡)路、中区干线及牛角沱至小龙坎公路一段,全长

---

① 通知关于西安、兰州二市都市建设计划之意见希查照由. 1951年6月24日. 转引自唐相龙. 苏联规划在中国:兰州第一版总规编制史实研究(1949—1966). 南京:东南大学出版社. 2016. 185.
② 重庆市市中区城市建设管理委员会. 重庆市市中区城市建设志. 内部书刊准印证号:28834. 1994.
③ 重庆市人民政府:重庆政报,1951年第2卷第1期,7.
④ 重庆市地方志编纂委员会总编辑室. 重庆市志(第一卷). 成都:四川大学出版社. 1992. 281.

16 671 米。

重庆旧城位于两江摇楫之间，江河阻隔，城市沿着陆路通达地区向西发展自然成为最优选择。1951 年，重庆市政府为适应西部地区城市发展，以渝中半岛为核心，将城市公共基础设施，尤其是对内对外交通体系建设作为城市建设的工作重点，并开始谋划跨江大桥事宜。1951 年工作重点写道，"为了有利于工商业的发展，保障人民的健康，今年除按原计划完成北区干路及大田湾广场六万平方公尺场面与部分附属工程外，拟增修下水道 13 千米；翻修路面 6 千米；增加公厕 35 座；路灯 4 000 盏；着手加宽两路口至九龙坡公路；完成人民公园建设；培植部分行道树以及九二火灾区部分路基与巷道的整理工作……今年如在财政条件可能的情况下，即拟开始兴建嘉陵江大桥。"① 1952 年，重庆市相继完成了江北公路、人和路、大河顺城街、杨（家坪）石（桥铺）公路等七条道路的修建并开始通车，工程施工 52.64 千米。到 1953 年，全市共完成道路工程 80.78 千米、沟渠工程 15.66 千米，初步改变了重庆道路交通不便的状况。

除此之外，重庆市还着力提升公共服务设施水平。邓小平前瞻性地提出，"我们不能光盖生产性的工厂，也要有一些政治工厂才行。"所谓"政治工厂"就是能够为广大群众服务，展现新中国城市风采的大型公共建筑。1951 年 6 月，西南局开始组织修建重庆市劳动人民文化宫、重庆人民大礼堂（原西南军政大会堂）和大田湾体育馆，它们也是新中国成立初期重庆市的三大标志性建筑。其中，重庆人民大礼堂集诸多荣誉于一身，最值得称道。关于它的修建，邓小平有一段精辟言论，"汉初，民生凋敝，高祖为臣下在长安兴建宏大宫室而深感不妥。丞相萧何进言：'天子以四海为家，非令壮丽无以重威'。"② 在社会主义国家，人民当家作主，重庆人民大礼堂为重庆市提供了一个组织群众集会、观看文艺演出、接待

---

① 重庆市人民政府：重庆政报，1951 年第 2 卷第 1 期，7.
② 陈荣华. 重庆市人民大礼堂甲子纪. 重庆：重庆大学出版社. 2016. 11.

第五章 城市恢复和社会主义改造（1949—1964 年）

外国使团的大型场所，它的雄伟壮观就是重庆人民当家作主集中体现。

重庆人民大礼堂的设计师张家德 1913 年生，四川威远人，早年毕业于南京中央大学建筑系，具有中西建筑文化的深厚功底，历任北京民用设计院副总工程师、国家建委建筑科学研究院副总工程师。重庆人民大礼堂是中国传统宫殿建筑风格与西方建筑的大跨度结构巧妙结合的典范。它建成不久就迎来朝鲜、波兰、印度、法国等多国政要、贵宾；梁思成评价它是"二十世纪五十年代中国古典建筑划时代的最典型的作品"；2013 年成为全国重点文物保护单位，是全国文保单位中为数不多的新中国成立后新建的公共建筑之一；2016 年 5 月，入选"重庆十大文化符号"。

新中国成立初期，中央在国家财政十分困难的条件下，仍给予重庆建设大力支持，成渝铁路的动工兴建就极具代表性。重庆解放前，1949 年 6 月和 7 月，邓小平在上海邀请上海市长陈毅的堂兄、著名兵工专家陈修和回家乡四川修建成渝铁路。陈修和因各种原因未成行，但是给邓小平写了一份关于修建成渝铁路的意见书，并代为邀请了几十位兵工技术专家修建成渝铁路①。12 月 8 日，重庆解放仅一个星期，邓小平就主持西南局扩大会议，正式做出兴建成渝铁路的重要决策。12 月 31 日，他在主持西南局常委办公会时说："要以修建成渝铁路为先行，带动百业发展，不但可以恢复经济，而且可以争取人心，稳定人心。"② 1950 年 5 月 15 日，由中央人民政府拨款，成渝铁路正式开工建设（见图 10）。邓小平在开工典礼上致辞说："我们进军西南就下决心要把西南建设好，并从建设人民的交通事业开始做起。我们今天建设成渝铁路，是在经济与设备困难的条件下开始的。因此人民对建设的希望是花钱少，事情办得好。我们调出一部分部队参加建筑，也是为着替人民少花一笔钱，

---

① 中共四川省委党史研究室. 邓小平与四川. 成都：四川人民出版社. 1995.
② 俞荣新. 邓小平与新中国第一条铁路——成渝铁路的修建（上）. 中华魂，2014 年第 08 期，17-19.

把铁路建设起来。"① 同日，重庆市第二次各界人民代表会议全体代表在给西南铁路工程局的信中写道，"欣闻在我中央人民政府，西南军政委会和贵局积极领导筹划下，渴望已久的四十年来没有实现的成渝铁路终于开工了，这是西南人民的一大福音！……成渝铁路第一次回到人民手里，不仅迅速的完整的被接管下来，而且仅仅经过短短的半年时间就开工了。这难道不是一件奇迹么？（注：原文如此）"②

图 10　西南党政军领导在审阅成渝铁路路线图③

由于当时四川解放不久，还有大量潜伏的国民党特务，以及土匪武装、地主恶霸。为防止敌人骚扰破坏，成渝铁路最初以近3万西南工兵部队为主力进行修建。参与成渝铁路建设的新四军老战士马相才回忆当时菜园坝火车站建设场景时写道："当时正值盛夏，天气炎热，就是坐着不动都会满身大汗，何况还要干较重的活路？干部战士在挖方运土的劳动中个个汗流浃背。没有一个喊苦叫累。

---

① 杨斌. 新中国第一路——邓小平与成渝铁路. 党史纵横，1998年第10期，40-41.
② 庆祝成渝铁路胜利开工. 重庆政报，1950年第04期，42.
③ 俞荣新. 邓小平与新中国第一条铁路——成渝铁路的修建（下）. 中华魂，2014年第10期，6-9.

第五章 城市恢复和社会主义改造（1949—1964年）

整个工地象个欢乐的海洋。休息间隙，歌声四起，热火朝天。"[1]朝鲜战争爆发后，修筑成渝铁路的工兵部队大都奉调抗美援朝，后续建设由各城镇招募的失业工人和农村民工接替。成渝铁路全长505千米，前后共投入军工 28 646人，失业工人 18 981人，民工 70 177人[2]。1952年7月1日，成渝铁路全线通车，成都和重庆都召开了隆重的庆祝大会。毛泽东主席为成渝铁路通车题词："成渝铁路通车，继续努力修筑天成路。"

1950—1952年，重庆基本建设三年累计投资总额为 12 035万元，其中，城市交通运输及邮电、城市公用和文教卫生及科学研究，分别为247万元、2 021万元和1 485万元，三者之和占全市基建投资的比例超过30%。在城市建设为生产、为劳动人民服务方针指导下，重庆的各项城市建设和公用设施在重庆国民经济的恢复和发展中发挥了巨大的促进作用，整个重庆城市面貌也有相当改观。

第二节　计划体制与城市管理

一、计划经济体制和社会主义改造

（一）计划经济体制机制形成

从1950年到1953年，重庆作为西南军政委员会所在地，实行中央直辖市计划管理体制。重庆按照省级计划单元管理，其计划直接纳入全国综合平衡，实行中央、大区、市和县四级计划，但以中央和大区计划为主。计划按中央主管部—西南大区各厅、局—中央、西南大区直属在渝单位和西南大区财委—重庆市财委—县（区）财委两个系统，自上而下地下发计划控制数，自下而上地逐级编制并呈报计划草案，再自上而下地逐级批准并下达计划。

---

[1] 重庆新四军史料征集研究会.铁军战士奋斗在山城.重庆：渝内字（2003）039号.2003.234.

[2] 赵健民.为更好地完成西南铁路建设而奋斗.西南政报.1952年第22期.8.

重庆市的计划编制主要由1950年3月1日成立的市财经委负责。1951年5月，市财经委办公室设置计划科，具体又分为财政组、工商贸易组、地方企业组、统计组和综合组；9月，市财经委设计划处，按照专项计划编制需要下设地方工业科、工商贸易科、财政金融科、基本建设科、物资分配科、劳动工资科、统计科和综合科。这一时期，编制下达的计划有工业计划、农林水利计划、交通运输计划、贸易合作计划、物资供应计划等5大类共计34种[①]。其中，与城乡建设高度相关的计划有市财经委编制的基本建设计划、基本建设劳动计划、基本建设财务计划，市政府各厅、局、联社编制的工业生产计划、工业生产成本计划、工业生产劳动计划、工业财务计划、基本建设计划、基本建设劳动计划、基本建设财务计划、私营工业生产计划（估计性）等。

为落实各级各类计划，重庆市开展了一些管理体制机制的探索。如工业领域，1953年3月23日，重庆市委召开第三次生产改革工作会议，会议向各工矿企业提出"继续生产改革，加强计划管理，按期完成国家计划"的任务。1954年3月，为减轻工厂非生产负担，在101厂（即重庆钢铁公司）、102厂重点试建厂区办事处，办事处负责接管了公共卫生、优抚、救济、调解等项工作。又如商业领域，1953年11月，重庆市设立粮食专管机构，首先开始实行粮食计划供应，对城镇人口和农村缺粮户实行粮食计划供应，执行统购统销价格，大米统购价格每担（50千克）8.4元，统销价格每担9.4元。

1952—1953年间，随着国民经济恢复调整，我国计划经济体制不断成型，成立专门的计划管理机关提上日程。1952年9月，毛泽东主席在一次中央会议上提出，"我们现在就要开始用10年到15年的时间，基本上完成到社会主义的过渡。"11月15日，中央人民政府委员会第十九次会议通过《关于增设中央人民政府机构的决

[①] 重庆市计划委员会. 重庆市计划管理志. 重庆出版社. 1991. 40.

第五章 城市恢复和社会主义改造（1949—1964年）

议》，决定成立中华人民共和国国家计划委员会，以加强对国家建设的集中领导。次日，中共中央作出《关于成立国家计划委员会及干部配备方案的决定》，决定要求各级人民政府成立地方计划委员会。

1954年《中华人民共和国宪法》第十五条规定，"国家用经济计划指导国民经济的发展和改造，使生产力不断提高，以改进人民的物质生活和文化生活，巩固国家的独立和安全"，计划经济体制成为我国法定的经济体制①。1954年6月7日，中央政务院发出《关于建立与充实各级计划机构的通知》，要求各省（市）、省属各市和县（旗）人民政府在1954年6月底以前成立计划委员会。成立计划委员会和中央撤销大区建制刚好重叠。6月19日，中央人民政府做出《关于撤销大区一级行政机构和合并若干省、市建制的决定》，撤销西南等大区，重庆市等11个中央直辖市调整为省辖市，但鉴于重庆在经济和政治上的重要地位，国家对重庆实行计划单列体制。由于重庆正值机构调整，按期成立计划委员会存在困难，政务院同意重庆延期至9月1日。

9月1日，重庆市人民政府计划委员会正式成立。市委分管工业的书记鲁大东任主任，余跃泽任副主任，领导机构实行委员制，由市级9个主要经济管理部门的领导同志担任计委委员，分别是辛易之、陈筹、马力、张尚德、何正清、邓垦、刘兆丰、郝振乙和李思源。计委内设10科1室，编制106人，负责统筹全市的计划、经济工作，并领导市政府的统计局和物资处。此时，重庆市在计划管理职权上只享有省辖市权限，包括：第一，编制本地区国民经济综合年度计划和长期计划。第二，制订本地区经济、科技、社会发展措施计划。第三，检查本地区计划执行情况。第四，保证中央直属企业的生产需要并协助其完成国家计划。第五，指导本地区的计

---

① 梁柱，周鸿，温乐群，任青等. 历史智慧的启迪：中华人民共和国若干历史经验研究. 北京：北京大学出版社. 1999. 433.

划工作①。

在计划管理早期,重庆市执行的文件主要有政务院财经委员会制定的《关于加强计划工作大纲(草案)》《国民经济计划编制暂行办法》和西南军政委员会财经委员会制定的《西南区国民经济计划编制暂行办法》《西南区1952年各省(市)国民经济计划编制范围说明》等,编制的计划有1951年生产计划、1952—1955年各年度的国民经济计划、"一五"计划等。"一五"时期,尤其是1956年以后,重庆市对全市国民经济的计划管理制度逐步健全。计划管理的基本任务是:第一,根据中央的方针政策,以奠定重庆市社会主义工业化基础为目标,恢复发展工农业生产和交通运输,促进城乡流通,提高人民物质和文化生活水平;第二,调整各种不同的社会成分,统筹兼顾,建立起以国营经济为骨干的计划经济;第三,实现国民经济总的平衡,包括重要工农业产品的产销平衡、工业生产与农业生产之间的平衡、进口与出口的平衡、运量与运力的平衡、商品流通与货币流通的平衡、劳动力(包括干部)供求之间的平衡和财政收支平衡等七个相互联系者的平衡;第四,调动劳动者生产积极性,挖掘全社会生产潜力,降低成本②。

(二)社会主义改造

实行计划经济体制是我国建立高度统一的国家领导制度在经济领域的具体手段,而推进农业、手工业和资本主义工商业的社会主义改造正是构建计划经济体制的重要内容,正如1954年《宪法》第十五条所言,"国家用经济计划指导国民经济的发展和改造。"

1953年到1954年间,重庆市稳步推进农业、手工业和资本主义工商业的社会主义改造。1953年3月下旬,重庆成立了西南地区第一个农业生产合作社——长寿县渡舟区向金全合作社。6月,重庆市委召开郊区农村工作会议,传达中共中央《关于农村生产互助

---

① 重庆市计划委员会. 重庆市计划管理志. 重庆出版社. 1991. 47.
② 同上书. 75.

第五章 城市恢复和社会主义改造（1949—1964年）

合作的决议》，讨论重庆市农村生产互助合作问题。1954年1月，重庆市委决定成立市委农村工作委员会，重庆市委书记辛易之兼任农委书记。此后，重庆市陆续成立了14个农业生产合作社和7个蔬菜生产合作社。5—6月间，重庆市委召开两次农业工作会议，研究再发展121个农业生产合作社和29个蔬菜生产合作社。到1954年底，市郊农业有初级农业生产合作社260多个，加入农户占总农户的17%；加入互助组的农户占总农户的70%。

为做好资本主义工商业的改造，1953年初，重庆市对私营企业进行了摸底调查。调查显示，截至1953年11月，登记在册的坐商达28 723户，从业人员107 292人，资本4 942.12万元；行商2 520户，资本106.14万元；摊贩23 475户，资本72.32万元。1954年6月15日，重庆市委召开第一次公私合营工作会议，传达中央1954年公私合营扩展计划会议的精神和国家财经委关于有步骤地将10人以上的资本主义性质的工业基本上改造为公私合营企业的意见。次日，渝新纺织厂正式实行公私合营。到1955年底，在合营工业和资本主义工业总产值中，合营已占到81.05%。为加强对私营工业的管理和领导，贯彻国家对资本主义工商业利用、限制、改造的政策，重庆市人民政府1954年11月30日还制定了《重庆市加工订货管理办法》。

1955年7月31日，毛泽东主席在中共中央召集的省委、市委、自治区党委书记会议上做《关于农业合作化问题》的报告，提出了加快发展农业合作社的可能性。随后，中国共产党七届六中全会根据这个报告精神，在10月11日通过了《关于农业合作化问题的决议》。决议认为农村合作化的社会改造高潮即将在全国到来，因此"党的任务就是要大胆地和有计划地领导运动前进，而不应该缩手缩脚。"决议印发后，全国农业合作化运动迅猛发展。1955年7月底，全国加入合作社的农户为1 690万，而到1955年12月下旬，已有7 000多万农户加入半社会主义的农业生产合作社，占全部农户的 60% 以上①。

在此背景下，重庆的社会主义改造进度也明显加快。1955 年 8 月 29 日，重庆市委召开第二次农村工作会议，传达了毛泽东《关于农业合作化问题》报告指示精神，讨论了市郊合作化运动的发展形势并做了具体的规划。党的七届六中全会召开后，重庆市委在 11 月份专门召开市委扩大会议，对"重庆市郊区农业合作化运动和城市各项工作中存在的右倾保守思想"进行了批判。到 1956 年 1 月中旬，全市已有 84.8% 的农户加入合作社。其中，高级农业社 203 个，入社农户占总农户的 66.9%；初级农业社 316 个，入社农户占总农户的 17.9%。

在工商业改造方面，1955 年 11 月，全市最后一家私营纱厂维昌纱厂公私合营。12 月 1 日，重庆市委召开全体干部会议，传达贯彻中央对资本主义工商业改造会议的精神，并对全市资本主义工商业进行社会主义改造做出了全面规划。1956 年 1 月 9 日到 12 日，重庆市委召开厂矿、基建、交通工作会议，检查和批判工作上的"右倾保守主义"，市委副书记鲁大东代表市委作了会议总结。1 月 16 日，市人民委员会批准重庆市 42 个行业的私营工商业全部按行业公私合营。

到 1956 年初，重庆市对农业、手工业和资本主义工商业的社会主义改造基本完成。除南桐矿区外，市郊农业合作社全部由初级社转为高级社；全市 3 万多手工业者全部实现合作化；全市私营 15 261 户全行业实行公私合营。1 月 21 日，各界 30 多万人分别在市中区和郊区举行游行，庆祝社会主义改造取得全面胜利。随后，《重庆日报》发表题为《为全市进入社会主义而欢呼》的社论，"在短短的一个月之内，在一片爆竹声和欢呼声中，全市完成了社会主义改造任务，市郊三十万农民、三万多手工业者，一万五千二百六十一户工商业者，以飞跃的速度进入社会主义。"② 2 月 1 日，

---

① 毛泽东."中国农村的社会主义高潮"序言. 山西政报，1956 年第 02 期，1-2.
② 社论：为全市进入社会主义而欢呼. 重庆日报，1956-1-22.

第五章 城市恢复和社会主义改造（1949—1964 年）

重庆市委印发《1956 年上半年工作要点》，提出开展反"右倾保守思想"斗争，全年的各项工作应以工业生产为中心，实现农业社会主义合作化，继续对资本主义工商业进行社会主义改造。

9 月 15 日，在全国农业、手工业、资本主义工商业的社会主义改造取得全面的决定性胜利的背景下，中国共产党第八次全国代表大会在北京召开。大会提出，国内的主要矛盾不再是工人阶级和资产阶级之间的矛盾，而是人民对于建立先进的工业国的要求同落后的农业国的现实之间的矛盾，是人民对于经济文化迅速发展的需要同当前经济文化不能满足人民需要的状况之间的矛盾。大会做出了党和国家的工作重点必须转移到社会主义建设上来的重大战略决策。刘少奇在《中国共产党中央委员会向第八次全国代表大会的政治报告》中还提出，随着社会主义改造的深入，全国出现一部分工业品质量下降，品种减少，一部分农产品和副业产品减产，一部分物资交流受到了妨碍等问题①。针对这些问题，刘少奇说"在统一的社会主义市场的一定范围内，允许国家领导下的自由市场的存在和一定程度的发展，作为国家市场的补充。"1956 年下半年，党中央决定对农村小土产开放自由市场。对此，学术界认为改革目的"更好的发挥价值规律应有的调节作用，来促使商品生产和流通更加适合人民的需要，从而使社会主义基本经济规律的要求能更好的实现，使国家计划的不足得到补充。"②

中共八大以后，各地陆续制定了一些贯彻落实国家领导下自由市场的措施，如湖南省人民委员会印发了《关于国家领导下的自由市场暂行管理办法》，江西省人民委员会制定了《关于加强国家领导的农村自由市场工作的指示》等。1956 年前后，重庆市也存在手工业系统存在强求办大社、过急要求机械化、机构庞大、非生产

---

① 刘少奇. 中国共产党中央委员会向第八次全国代表大会的政治报告. 山西政报，1956 年第 18 期，3-38.

② 林楚君，张志铮，黄祐琚等. 价值规律在我国国家领导下的自由市场中的作用. 中山大学学报（社会科学），1957 年第 01 期，86-102.

人员过多等问题，农业合作社"集中分散""包工包产"等问题①。11月17日，重庆市委同意市委商业工作检查组《关于开放鸡、鸭、鱼、蛋自由市场的意见》。随着政策的放宽，重庆市附近各县逐步开放国家领导下的自由市场。

开放国家领导下的自由市场以后，也出现一些新的问题。如《中国金融》报道，江苏南通专区普遍存在企业、小商贩盲目向外地采购商品的问题，辽宁鞍山市商业企业由于货源不足，常常携带大量现金到外地采购商品，甚至不惜以零售价格到外地市场进货②。就农村而言，由于没有预先规定哪些农产品允许进入自由市场，哪些农产品不准进入自由市场，导致许多本属于计划收购的农产品进入了自由市场。1957年8月9日，国务院第五十六次会议通过并印发关于由国家计划收购（统购）和统一收购的农产品不准进入自由市场的规定③。9月，重庆召开"六员"会议，批判国家领导下的自由市场，要求"打退资本主义的逆流"④。

这一时期，重庆市的财贸工作得到了国家认可，并向全国推广。1958年5月下旬，国家财贸部在重庆召开城市财贸工作现场会议，财贸部、商业部及京、津、沪、渝等10个城市财贸部负责人参加了会议。与会人员研究了重庆农商协作、在市郊发展副食品生产及商业部门在市委领导下组织城市人民经济生活的经验，同意根据各城市的具体条件，推广重庆市的经验。

二、跌宕起伏的工业建设

（一）工业建设

1954年6月10日，全国第一次城市建设会议在北京召开。会

---

① 重庆市地方志编纂委员会总编辑室.重庆市志（第一卷）.成都：四川大学出版社.1992.335.
② 开放国家领导下的自由市场以后.中国金融，1957年第02期，19.
③ 国务院关于由国家计划收购（统购）和统一收购的农产品和其他物资不准进入自由市场的规定.中华人民共和国国务院公报，1957年第36期，751-753.
④ 打退资本主义的逆流 重庆市召开"六员"会议.人民日报，1957-9-21.

第五章 城市恢复和社会主义改造（1949—1964 年）

议进一步明确了城市建设必须贯彻国家过渡时期的总路线和总任务，即要在一个相当长的时期内，基本上实现国家工业化和对农业、手工业、资本主义工商业的社会主义改造。国家计委副主任李富春在会议总结报告中提出，"有了工业基础，经济力量，才能建设城市，否则建房子连钢筋水泥都没有，就是没有基础是不行的，从全局观点，国家建设步骤来说，必须围绕国家工业化，配合工业建设有步骤地重点地建设。"[1]

新中国成立初期，资金短缺，国力有限，不可能铺开面上搞建设。1953 年到 1957 年间，苏联对我国工业领域进行援助，共援助建设 156 项重大工程项目。重庆 507 火力发电厂是苏联援助中国建设的 156 项工程之一。早在 1950 年 9 月，苏联专家就和西南电力管理局的干部一起到重庆长江边上的九龙滩勘察地形，为工厂选址做准备。1953 年 1 月 23 日，507 火力发电厂动工兴建，1954 年 3 月 31 日正式开始全套启动，4 月 20 日举行发电剪彩典礼。工厂建成后，苏联专家又在技术方面给予大力支持。《重庆发电厂厂史》记载，1954 年 3 月，苏联专家陆续来厂，先后为运行管理干部和工人讲课 40 多次，对提高职工技术水平起到了决定性作用[2]。此外，苏联专家还参与了多项地方工业项目建设，如重庆市相关部门邀请苏联专家杰米托夫和普洛哈洛夫指导重庆机床厂 514 型插齿机的生产[3]。这一时期，西南文教部画家周发书创作宣传画《热爱苏联工程师》，生动展示了苏联工程师参与重庆市钢铁生产的场景（见图 11）。

尽管重庆市得到的苏联援助项目较少，但是重庆市的工业基础较好。《四川省重庆市发展国民经济第一个五年计划（1953—1957年）》在开篇就写道："本市是一个工业城市，1952 年工业产值占工农业总产值 91.93%（注：可能统计口径不同，与 1980 年代出版

---

[1] 李浩. 八大重点城市规划：新中国成立初期的城市规划历史研究（第二版）. 北京：中国建筑工业出版社. 2019. 15
[2] 高树川，申晓佳. 一座电厂点亮一座城市. 重庆日报，2021-06-17，第 4 版.
[3] 汪星桥. 苏联专家杰米托夫和普洛哈洛夫同志对重庆机床厂的几点建议. 机床与工具，1955 年第 12 期，23-25+11.

图11 《热爱苏联工程师》（宣传画）

的材料数据有差异）。其中，中央所属的国营和公私合营厂矿企业占绝大部分，在国家第一个五年计划期内，这些厂矿企业并续有扩建和新建。地方工业的企业设备和技术力量亦有一定基础，几年来为了逐步适应农村广大人民生产和生活的需要，经过整顿、改造和部分扩建与新建，又有了迅速发展。"[①] 基于重庆拥有良好的工业基础，以及当时提出的"城市支援农村，工业支援农业"的要求，重庆市"一五"计划将大力促进工业发展放在了显著位置。《重庆市"一五"计划各项事业的发展方向》一文第一条写道："积极地组织与领导地方工业生产稳步增长，充分地挖掘各方面的潜在力量，大力开展增产节约运动，以保证完成国家所分配的生产任务和基本建设任务，从而支援国家的重工业建设和逐步改善劳动人民的生活水平。"

"一五"期间，重庆市重点完成了一大批工业项目，尤其是重工业建设项目。工业方面新建和扩建了100多个项目，其中，长寿

---

① 四川省重庆市人民委员会通知. 会秘（五六）字第〇〇三号. 1956年1月3日. 转引自重庆市档案局. 档案再现：重庆经济社会发展规划历程. 渝内字（2015）009号. 2016.（光盘资料）.

第五章 城市恢复和社会主义改造（1949—1964 年）

电厂、重庆电厂、重庆塑料厂、长寿化工厂、重庆木材综合加工厂、重庆肉联厂、重庆罐头厂等 7 个项目纳入全国"一五"计划 156 个重点工程。如 1956 年 1 月，重庆塑料厂被国家列为"一五"扩建的重点企业，国家投资 650 万元用于扩建厂房、添购设备；9 月，国家化工部和重庆市共同投资 179 万元，在沙坪坝区天星桥兴建西南制药厂一分厂。同时，建成了重庆钢铁公司大平炉工程、重庆空气压缩机厂、六一〇染织厂、重庆热水瓶厂、重庆造纸厂、重庆农具厂、中梁山煤矿等项目。

在投资建设项目的同时，重庆市还不断完善企业的各项管理制度。先后整顿了工厂劳动组织；加强了生产计划管理；开展增产节约运动；建立了企业行政领导负责制；发挥了党组织对企业的保证和监督作用；开展了以技术革新为主要内容的劳动竞赛等[①]。到 1957 年，全市全面超额完成了"一五"计划。1957 年工农业总产值比 1952 年增长 112%，年均增长 16%，高于全国同期工农业总产值年均增长 10.9% 的速度；其中，工业占比 70.4%，农业占 29.6%。

（二）"大跃进"

社会主义"三大改造"的迅速完成，大规模基本建设资金的投入带来的巨大成功为发动"大跃进"运动埋下了伏笔，无论是全国抑或是重庆。1957 年 10 月 27 日，《人民日报》发表社论，首次提出了"大跃进"的口号。1958 年 5 月，党的八大二次会议正式通过了社会主义建设总路线，通过了 15 年赶超英国的目标，提前 5 年完成全国农业发展纲要的目标，及"苦干三年，基本改变面貌"等口号。会后，"大跃进"运动在全国各省市、各领域开展起来。

"大跃进"运动开始前，重庆市计委根据国家计委的指示在 1956 年 11 月研究拟订了重庆市"二五"计划。具体包括：第一，人口方面。到 1962 年底，预计人口达到 242 万，较 1957 年增加 21%，年均增长率 4%，其中人口自然增长 32 万人，机械增长 10

---

① 重庆市计划委员会. 重庆市经济综合志. 重庆：重庆出版社. 1991. 81.

万人。第二，工业总产值。全市工业总产值 1957 年较 1952 年增长了一倍半（不包括手工业），平均每年增长 21%，经调查重庆中央企业，工业总产值预计 1962 年比 1957 年增加 1 倍左右。第三，基本建设投资。第一个五年计划期间，全市预计投资为 6.59 亿元（包括中央所属单位在内），第二个五年计划估计基建投资约增加一倍左右。第四，财政收支。全市第一个五年计划收入总计可达 7.6 亿元，第二个五年估计可争取达到 15 亿元，根据国家和省比例分成，预计可分配重庆市 3.4 亿元。第五，社会购买力。根据工农业生产的发展，职工工资和农民收入的增加，基建规模与就业人数的增多，预计 1962 年比 1957 年购买力提高 61%，每年平均增加 10% 左右。[①] 这个方案应该比较符合当时的实际，但后来随着"大跃进"运动的开始而最终没有实施。

1958 年初，重庆市就开始在工业、商业等领域为"大跃进"造势。1958 年 2 月，在重庆市地方工业会议上，订出全年地方工业总产值比上年增产 50% 以上的"大跃进"计划；2 月 12 日到 15 日，市长任白戈在重庆市 1957 年先进生产者代表会议上提出一个建议："是否可以在三年内完成全市第二个五年计划？在提前的基础上，后两年再翻一番"；2 月 22 日，全市 6 000 多名财贸职工在市人大大礼堂举行"大跃进誓师大会"。

1958 年 6 月召开的第三届重庆人民代表大会拉开了重庆"大跃进"的序幕。任白戈在会上作《坚决贯彻执行社会主义建设的总路线，为把重庆建设成为一个综合的现代化工业城市而奋斗》的报告，提出了以钢铁为中心尽快把重庆建设成为综合性的现代化工业城市的"大跃进"目标。具体包括："二五"期间，大力发展钢铁、煤和多种有色金属等原料工业，发展各种具有特殊用途的高级合金钢和钢材，建设强大的钢铁联合企业以及煤矿和有色金属冶炼企

---

① 重庆市计划委员会.《四川省重庆市第一个五年计划执行情况及第二个五年计划初步建议意见》（草稿）. 1956 年 11 月 15 日. 转引自重庆市档案局. 档案再现：重庆经济社会发展规划历程. 渝内字（2015）009 号. 2016.（光盘资料）.

第五章 城市恢复和社会主义改造（1949—1964 年）

业，做到钢、铁、煤、焦炭、金属材料基本自给；制造各种成套的复杂精密机械和电器设备及各种农机具；充分利用天然气生产合成纤维和各种重要的医药原料。规划到"二五"期末，工业生产值要在"一五"基础上翻几番，并扩大新产品 4 000—5 000 种；生产技术水平要在 3 年内赶上或超过世界先进水平；新建、改建、扩建大中型厂矿 130—150 个，并争取提前建成投产。①

为实现各种冒进目标，重庆市不断加大基本建设投资力度②。1958 年，原计划基建投资不足亿元，后几经追加，加上企业自筹资金搞基建，建设投资总额高达 3.53 亿元，远远超过原计划，比 1957 年增加 88.8%。1958 年，新建、扩建、改建了 175 个厂矿企业，比"一五"期间全部工业基建项目还多 40 个。1959 年，重庆基本建设投资总额达到 5.53 亿元；1960 年，重庆的基本建设投资有所回落，但仍高达 5.15 亿元。

针对工业大规模扩张导致的劳动力不足，没有从需求端进行压缩，而是把城市人民的生产、生活、教育统一组织起来，由群众自己管理自己的生活，提升供给端的劳动力输出。根据重庆市委财贸部编制出版的《重庆市是怎样组织城市人民经济生活的》一书显示，统一组织的结果，"一九五八年以后，全市就从街道居民中直接输送了十一万余人到国营厂矿企业，并有几十万人采取'就地生产，就地服务'的原则参加了生产。"③

发动大规模群众运动也是推动"大跃进"的重要手段。1958 年 8 月 24 日，重庆市钢铁、机械、电业、铁路、煤炭、化工、纺织、建筑、商业等各条战线职工在市人民大礼堂举行全市职工"放卫星、献大礼、跃进再跃进比武誓师大会"。1959 年 2 月，重庆市举行"1959 年工农业大跃进誓师大会"，3 000 名代表出席大会，

---

① 重庆市计划委员会. 重庆市经济综合志. 重庆：重庆出版社. 1991. 90.
② 同上书. 91.
③ 中共重庆市委财贸部办公室. 重庆市是怎样组织城市人民经济生活的（第二集）. 重庆：重庆人民出版社. 1960. 20.

200万人收听实况广播。3月30日,重庆市委召开了全市工业、交通运输、基本建设和财贸职工万人大会,号召全市40万行业职工以"十分指标、十二分措施、二十四分干劲",开展以高产优质为目标的技术革命运动。4月2日,重庆市三届人代会二次会议召开,会议号召全市人民掀起一个以高产优质为目标的技术革命运动,"以钢为纲,全民保钢"。4月14日,重庆市工会第四届代表大会召开,会议号召全市职工深入开展增产节约运动,实现当年"更大跃进"。4月20日,重庆市委召开六级干部和工人代表参加的万人大会,号召全市职工为坚决完成当年105万吨钢的生产任务而奋斗。11月,重庆市委召开各区、县委书记电话会议及工业、交通运输业和市级有关部门的干部会议,会议提出奋战关键月,决心把"反右倾、鼓干劲、厉行增产节约的群众运动"进行到底。

为配合"大跃进"运动,中央下放了两项经济权力[①]:一是将中央部属企业大量下放到地方管理,主要是下放到省,成为省属企业。1957年中央直属企事业单位约9 300个,1958年减少到约1 200个。在国家下放后,四川省又将企业进一步下放到重庆市。1958年7月,四川省人民委员会发出通知,将国家冶金部下放的重庆钢铁公司、国营101厂和103厂,一机部下放的296厂、水轮机厂、綦江汽配厂和重庆机床厂,石油部下放的重庆炼油厂,煤炭部下放的南桐矿务局、天府煤矿和中梁山煤矿交重庆市领导。与此同时,重庆市则将原由市直接领导的104个厂矿和绝大部分手工业社、组,下放各区。二是下放计划管理权。1958年9月24日,中共中央发布改进计划管理体制的规定,扩大地方的计划管理权,实行"专业部门和地区相结合,以地区为主"的计划管理体制。据此,重庆市1954年以来实行的国家计划单列被取消,改为省辖市计划体制。除此以外,国家还在财政管理方面给地方更大权力。1958年9月,国务院通过《关于进一步改进财政管理体制和

---

① 白和金. 重庆计划单列及其体制创新的再认识. 转引自重庆市政协学习及文史委员会,重庆市发展和改革学会. 重庆计划单列. 渝内字(2011)085号. 2011. 98.

第五章 城市恢复和社会主义改造（1949—1964 年）

改进银行信贷管理体制的几项规定》，提出自 1959 年起，实行"收支下放、计划包干、地区调剂、总额分成、一年一变"的财政管理体制。

在诸多政策手段和措施激励下，重庆市"大跃进"取得一些成效。1959 年 9 月 31 日，任白戈在庆祝中华人民共和国成立 10 周年大会上作报告，介绍重庆 10 年来的巨大变化："重庆市已变成一个拥有 440 万人口的以钢铁、机械、煤炭等重工业为基础的综合性城市。10 年来，全市职工人数由 10 万人壮大到 72 万人，工业总产值较解放前增长 13 倍，钢产量增长 67.6 倍、钢材增长 78.8 倍，生铁增产 16.6 倍。"

但"大跃进"的冒进和脱离实际更多地导致一系列矛盾和问题。首先，不切实际的目标很难完成。1959 年，重庆市委号召全市职工为坚决完成当年 105 万吨钢的生产任务而奋斗，但当年实际完成 59.69 万吨，完成率 56.84%。生产过程中片面追求数量，不顾质量和安全，不讲进度和计划，打乱了正常的生产秩序。其次，出现大规模的经济亏损和资源浪费。1958 年，重庆大中型企业只有一家亏损，亏损额度也不大，到 1961 年，亏损企业达到 34 户，亏损额为 5 264.1 万元，占当年全市企业收入的 19.19%[1]。到 1962 年，重庆市财政局总结"大跃进"时期全市财政积累和基建投资的经验教训，市属企业 4 年共亏损 6.77 亿元（包括重钢）[2]。最后，国民经济结构比例严重失调。"大跃进"时期，重庆重工业占比从 1957 年的 54.56% 猛增到 1960 年的 67.5%，轻重工业结构更加失调，"重工业更重，轻工业更轻"；基本建设投资规模超高，但从结构看主要是生产性投资。1958—1960 年，生产性投资占比分别为 93.4%、94.7% 和 91.8%，非生产性投资占比保持在个位数。

"大跃进"带来的更大问题是严重影响市民的基本生活。1958

---

[1] 俞荣根，张凤琦. 当代重庆简史. 重庆：重庆出版社. 2003. 186.
[2] 重庆市地方志编纂委员会. 重庆市志（第一卷）. 重庆：重庆出版社. 1999. 378.

年，重庆市出现生活必需品和粮食肉类无法满足市民需求的情况，甚至出现以物易物的现象。为保证市民的基本生活，稳定社会秩序，重庆市不得不采取一系列紧急措施。5月14日，市人民委员会发出《关于坚决制止以物易物现象的通知》，要求物资部门和商业部门组织物资的交流和调剂。1959年1月8日，市人民委员会规定1959年鲜猪肉定量：城市人口每人每月供应1斤半，农村人口每人每月供应1斤。1959年底，市人民委员会通知猪肉定量供应办法，进一步压缩人均供应量：市属7个区城镇人口每人每月定量半斤；6个区农村居民和市属三县城镇人口每人每月定量2.5两。这些措施在一定程度上缓解了供应紧张，但没有从根本上解决猪肉、粮油等食物短缺问题。1960年5月26日，重庆市卫生局一份《关于肿病治疗工作情况和今后意见的报告》显示，重庆各区县从4月20日到5月18日，共治愈肿病病人6.76万。

从当时重庆市的猪肉和粮油产量看，并非完全无法满足需求，而是在计划经济体制下，缺乏自下而上的反馈机制。如1959年9月，重庆市提前3个月基本实现了生猪、家禽生产的全年指标，如生猪达到160万头，较上年度增加56.86%。1960年8月，重庆市委一方面要求各级党政机关、企业、部队及国营农（牧）场养肥的猪（65公斤以上），全卖给国家；所有公家单位养的"卫星猪"，尽量卖给国家，公社养的"卫星猪"动员卖给国家以完成出口任务；另一方面又规定全市干部、职工、军人、学校师生暂停8月和9月每人每月半斤猪肉的供应。

（三）调整、巩固、充实、提高

面对"大跃进"造成的国民经济严重困难局面，1961年1月召开的中央八届九中全会提出对国民经济实行"调整、巩固、充实、提高"的"八字"方针，先后对农业、工业、商业等领域进行调整。1961年5月，陈云在题为《一项关系全局的重要工作》的讲话中说道："建国以来，出现四次粮食供应比较严重的紧张状态。这四次当中，有三次是由于城市人口增加过多产生的，也就是

第五章 城市恢复和社会主义改造（1949—1964 年）

说，城市人口的增加超过了当时商品粮食负担的可能……第四次是从 1959 年开始，一直到现在。这两年征购得多，但是销售得更多。这一时期，城市人口大量增加，从 1957 年的 9 900 万人，增加到了现在的 1.3 亿人。这样，就使粮食库存连年下降，到今年 6 月底可能下降到 148 亿斤……不动员城市人口下乡行不行？不行。因为那样就会产生一些更为严重的问题。"①

根据马克思主义理论，生产力决定生产关系，生产关系反作用于生产力。当生产关系适应生产力时，将促进生产力的发展；当生产关系不适应生产力时，将阻碍生产力的发展。城市化有很多种解释，从生产力与生产关系的理论来看，城市化是生产关系在空间上的组织形式。生产力水平越高，越需要高度城市化的生产组织形式。但"大跃进"时期，我国的生产力水平没有明显提升，农业科技水平提升增加的农业产品无法支撑过多的非农人口，而工业又过度向重工业倾斜，工业无法反哺农业增产，导致城乡关系失调、工农生产脱节，最终导致超常规的城市化如空中楼阁，无法持续。加之，1959—1961 年我国又发生了严重的自然灾害，农业生产遭受巨大损失，更加重了"大跃进"的伤害。面对严重问题，重庆市委、市人民委员会对工农业生产关系也做出了一些调整。

第一，改善农业生产关系，千方百计推动农业增产。1960 年 1 月 25 日，重庆市委农工部举行"全民大种早稻、早包谷（玉米）、早南瓜广播动员大会"，会议要求农村人口每人种一亩早包谷、200 窝南瓜、100 株早包谷王；城市人口每人种 10 窝南瓜、10 株早包谷王；2 月，重庆市委、市人民委员会发出了关于大种红苕和力争红苕大面积高产的决定，决定当年全市共种红苕 200 万亩；3 月，全市 50 万人奋战 3 天，为市郊各区、县人民公社积肥、送肥 8.5 亿斤。7 月，重庆市委、市人民委员会发出《关于立即发动城乡全民大量增种秋季蔬菜的指示》，要求全市人均种 1.5 分（10 平方

---

① 陈云同志文稿选编（1956—1962）．北京：人民出版社．1980．120．

米）至 2 分地（13.3 平方米）的秋菜，其中农村人均种 3 分地（20 平方米）。9 月，重庆市委、市人民委员会发出《关于发动全民大种油菜王的通知》，要求全年种高产油菜王 1.2 亿株，农村每人种 40 株，城市每人种 20 株。

第二，将非一线干部职工人数投入一线，减少非必要人员。1960 年 2 月中旬，重庆市下放劳动的 5 000 名干部陆续去工矿企业和农村。4 月，重庆市委机关党委决定，立即抽调 2/3 的机关工作人员下乡、下厂，同群众同吃同住同劳动。8 月 7 日，重庆市委召开会议，全党全民立即掀起一个"保粮保钢"运动，要求集中农村现有劳动力 80% 投入农业生产第一线；从城镇非生产性事业和县社办工业、基建中抽调一批劳动力，支援重点煤、铁矿。9 月 12 日，重庆市委批转市公安局党组《关于贯彻全市人口大清理工作的执行计划》，规定凡国营厂矿、企业、机关、学校 1959 年 12 月 31 日前尚未经劳动部门批准固定下来的人员和 1960 年 1 月以来乱招乱聘人员，一律不得入户；凡社办厂、企业私招农村盲流人员和 1960 年 1 月以来从市内其他公司招来，尚未在本单位登记入户的人员，一律不得入户。

第三，进一步巩固口粮定量配给，并增加消费品管控品种。1960 年 6 月 4 日，重庆市委下发市粮食局《关于调整市镇人口口粮定量的报告（草稿）》。报告规定：市镇特重劳动力每人每月口粮定量 23—26.5 千克，一般重体力劳动者 17.5—21 千克，职员及脑力劳动者 12.5—15 千克，一般居民 3.5—12 千克。1962 年 5 月，重庆市为保证人民基本生活需要，除食盐、蔬菜、煤炭敞开供应外，粮食、絮棉、肉类、食油、食糖、鞋子、主要针织品、肥皂、火柴、煤油、香烟等 12 种主要消费品，一律实行以人或按户凭票（证）定量供应。

贯彻八字方针的核心是战胜灾荒，加强农业战线，压缩城市人口。时任四川省书记兼计委主任杨超在省计划会上讲，"支援农业的主要措施是劳动力的支援，要压缩 40 至 50 万城市人口到农村支

第五章 城市恢复和社会主义改造（1949—1964年）

援农业生产。"① 重庆从1958年"大跃进"开始，城市人口和职工人数急剧增长，到1961年5月底，城镇人口较1957年底增加17.8万，工业系统增加职工24.5万②。因此，重庆自然是压缩的重点。根据重庆市计委陈之惠回忆："国家直接下达压缩任务，而且要限期完成，当时重庆承担了压缩十多万人口到农村的任务。四川省的领导认为重庆市的企业过多，还指令重庆一些企业迁至四川省的专县，还动员重庆向新疆移民。"③

1961年，重庆市着手对国民经济实行全面调整，调整工作的中心是加强农业生产，缩短基建战线，调整工业内部的比例关系，精简职工和压缩城市人口④。3月，重庆市专门成立了市精简机构和安排劳动力领导小组，由廖苏华任组长。3月24日，重庆市委发出《关于迅速彻底清理退回有关专县劳动力，支援农业第一线的紧急通知》。8月12日，为进一步压缩城市人口，重庆市委决定，省内外各地委托重庆市企业和学校代培的3 486人全部退回原地。1961年，重庆市全市总人口955.05万，人口自然增长率-15.9‰。1962年6月，重庆市委成立领导小组，有计划、有步骤地动员、组织部分家在城市的职工、学生上山下乡参加农业生产。到1962年，基本建设投资收缩到6 463万元，比1960年下降87%。1963年上半年，重庆市精简职工19 560人（不包括中央驻渝企业、事业单位），完成省下达的精简指标25 000人的78.2%，减少城镇人口30 254人，完成省下达指标33 000人的91.6%。

1963年12月，重庆市计委编制的《重庆市国民经济三年（1963—1965）调整计划（草稿）》继续把人口控制作为重要内容。规划提出通过推行计划生育、提倡晚婚、动员城市人口上山下乡、

---

① 徐塞声，艾新全. 重庆改革开放口述史. 北京：中共党史出版社. 2018. 59.
② 市委关于贯彻省委从各方面压缩劳动力和城镇人口的指示的安排. 重庆工作，1961年第364期，9-10.
③ 陈之惠. 又踏层峰望眼开：重庆计划单列往事. 转引自重庆市政协学习及文史委员会，重庆市发展和改革学会. 重庆计划单列. 渝内字（2011）085号. 2011年4月. 127.
④ 重庆市地方志编纂委员会. 重庆市志（第一卷）. 重庆：重庆出版社. 1999. 377.

支援农业生产等方式控制城市人口和职工人数。预计 1963 年人口净增长率控制在 3.7%，1964 年降低到 2.5% 以下，1965 年进一步降低到 2% 以下；1963 年人口控制在 215.7 万（不包括三县），1964 年不超过 221 万，1965 年不超过 225 万；城市职工人数 1963 年为 50.3 万，1964 年控制到 50.4 万，1965 年控制在 51 万。

从 1961 年开始精简职工和压缩城镇人口，经过 1961 年和 1962 年两次大精简，到 1964 年基本结束。全市共关、停、并、转 96 个企业，精简职工 305 464 人。其中，减回农村 19.1 万人，退集体所有制 5.2 万人，回街道 3.7 万人，其他安置 2.5 万人。

重庆市委和市人民委员会在调整过程中，也对重庆社会经济发展情况进行了反思。1961 年到 1963 年上半年，先后组织了一系列调查研究，形成若干关于重庆城市调整工作的思考，并向中央和四川省委提交了相关报告。报告提出①：第一，应当处理好城乡关系，即正确理解"城市活与农村活的关系"；第二，应当处理好"城市活与企业活"的关系；第三，必须恢复和建立正常的商业秩序；第四，由于长期投入不足，重庆地方工业设备和技术十分落后。《重庆市国民经济三年（1963—1965）调整计划（草案）》提出，"我市三年调整期间应进一步贯彻执行以农业为基础，以工业为主导发展国民经济的总方针和调整、巩固、充实、提高的方针，按照国民经济发展要求，努力做好各方面的工作，使工农业生产迅速达到或超过一九五七年水平。"②

针对"大跃进"中"一放就乱"的问题，中央重新加强集中统一，采取了上收企业、各级计划"一本账"、上收基本建设项目审批权、扩大统配物资品种等措施。计划管理不再"以地方为主"，

---

① 重庆市人民政府办公厅，重庆市人民政府发展研究中心，重庆社会科学院. 重庆发展六十年. 重庆：重庆出版社. 2009. 189.

② 重庆市计委党组. 重庆市国民经济三年（1963—1965）调整计划（草案）. 1963 年 12 月 27 日. 转引自重庆市档案局. 档案再现：重庆经济社会发展规划历程. 渝内字（2015）009 号. 2016.（光盘资料）.

第五章 城市恢复和社会主义改造（1949—1964年）

重新实行"以中央为主"①。1963年10月，中共中央和国务院召开第二次城市工作会议，决定从1964年起对重庆等七个大城市实行计划单列体制。计划单列的内容包括：工业生产计划、基本建设和更新改造投资计划、主要商品分配计划、统配物资调拨计划、外贸收购计划、财政收支计划、职工人数和工资总额计划、大专毕业生分配计划等8项。同时，对七个城市还给予两项重要政策：一是将市属国有企业的折旧费全部留给企业，并从新建中央企业提取的折旧费中拿出一部分来补助老工业城市原有企业的设备更新改造，对每个单列市核定一笔"固定资产更新改造补助"专项资金，由中央财政直接下拨到市，由市统筹安排；二是国家对"18个非工业部门（主要是教育、文化、卫生等部门）的基本建设投资"，给每个单列市核定一个年度计划投资额，中央财政拨款到市，具体项目由市自主安排②。

值得一提的是，在"调整、巩固、充实、提高"的大背景下，中共中央政治局决定重设华北、东北、华东、中南、西南和西北六个中央局，并在1961年1月召开的八届九中全会上获得批准。重设中央局的目的是加强对六个战略性地区的各项工作，尤其是跨省级区域性经济协作工作的领导。但是，与之前不同的是西南局没有设在重庆，而是在成都，由时任中央政治局委员、四川省委第一书记李井泉兼任西南局第一书记。虽然大区中央局在1966年"文化大革命"冲击下无疾而终，但是这个插曲对于重庆区域性经济中心功能削弱的影响却不容忽视。白和金回忆说："当时虽然未设立大区级行政机关，但在中共中央局内设有计委等职能部门；国务院系统的一些行业主管部门，如铁道、民航、石油、电力、建工等，也将其西南地区管理局设在了成都，只有五机部的西南兵工局留在重

---

① 白和金. 重庆计划单列及其体制创新的再认识. 转引自重庆市政协学习及文史委员会，重庆市发展和改革学会. 重庆计划单列. 渝内字（2011）085号. 2011年4月. 99.
② 重庆市政协学习及文史委员会，重庆市发展和改革学会. 重庆计划单列. 渝内字（2011）085号. 2011年4月. 352.

庆。商业、物资的西南一级供应站也转移到了成都,重庆只有四川省的二级站。在这种政治、行政管理格局下,重庆只靠不全面、不彻底的计划单列和两项资金补助政策,显然难以根本扭转其大区域性经济中心地位削弱、功能退化的趋势。"①

三、城市规划和城市建设

(一) 机构变更

新中国成立后,从中央到地方,城市规划和建设主管部门不断调整。初期,政务院实行"院—委员会—部(总署、委)"的三级管理体制。政务院设文化教育、政治法律、财政经济和人民监察等4个委员会,每个委员会管理若干个部委。其中,财政经济委员会负责国土空间布局和安排,具体由内设机构总建筑处、基本建设计划处等负责,其还管理有重工业部、燃料工业部、纺织工业部、轻工业部、食品工业部等产业管理部门。1952年8月,为了给第一个五年计划项目建设做准备,中央人民政府委员会决定以财政经济委员会总建筑处为基础成立建筑工程部,仍归财政经济委员会管理。其后,各个大区和多数省、市都初步建立了建筑工程部门的行政领导机构,集结了相当数量的设计施工力量②。

1953—1957年,"一五"计划主要任务包括:第一,集中力量进行工业化建设;第二,加快推进各经济领域的社会主义改造。这一时期,工厂选址和建设由工业计划部门负责,城市规划和建设由建筑工程部门负责。条块化管理容易出现部门利益之争,也导致工厂与工厂之间、工厂和城市之间无法在空间上充分协调,空间布局的矛盾冲突层出不穷。中国城市规划设计研究院原副总规划师赵瑾在回忆新中国成立初期包头建设时说,"比如包头包钢的住宅区,

---

① 白和金. 重庆计划单列及其体制创新的再认识. 转引自重庆市政协学习及文史委员会,重庆市发展和改革学会. 重庆计划单列. 渝内字 (2011) 085 号. 2011 年 4 月. 101.
② 一九五三年全国建筑工程工作方针——中央建筑工程部召开全国建筑工程工作会议纪要. 山西政报, 1953 年第 06 期, 33-34.

第五章 城市恢复和社会主义改造（1949—1964年）

本来就不应该在昆都仑河以西，如果在昆都仑河以东地区修建住宅区，就可以和二机部的住宅区成为一个整体，各方面就容易统筹协调，结果包钢非要自己搞一套。后来它也吃到苦头了，可是当时的矛盾就在这儿。"①

1953年7月12日，中南局在向中共中央提交的《对城市建厂工作几项建议的请示》中也反映了城市建设缺乏组织，无序建设问题。文件写道："现在国家建设中存在着一个极大的矛盾，就是工厂建设有计划，城市建设无计划，工厂建设有人管，城市建设无人管……为了有计划地领导进行城市建设，主要与重要建厂区应建立城市建设委员会……"② 在认真研究各地工业和城市建设冲突问题基础上，9月4日，中共中央印发《关于城市建设中几个问题的指示》，提出"为适应国家工业建设的需要及便于城市建设工作的管理，重要工业城市规划工作必须加紧进行，对于工业建设比重较大的城市更应迅速组织力量，加强城市规划设计工作，争取尽可能迅速地拟订城市总体规划草案，报中央审查。为完成上述任务，各中央局、分局及有关的市委、市政府必须加强对城市建设的领导，建立和健全大区财委的城市建设局（处）及工业建设比重较大城市的城市建设委员会。"

随后，国家层面开始完善城市建设管理的机构。1954年9月，国家建设委员会成立，负责全国基本建设管理。职责包括制定全国基本建设计划，检查和督促基本建设计划的实施；研究和解决设计、施工和城市规划方面有关方针、政策执行的问题和体制方面的问题，审查设计、施工和城市规划方面的规章制度；组织重大项目的国家验收工作；审查部分重要城市的规划设计等。11月，国务院印发《关于设立、调整中央和地方国家行政机关及其有关事项的通知》，撤销财政经济委员会，改由（重工业）办公室负责掌管重

---

① 李浩. 城·事·人：新中国第一代城市规划工作者访谈录（第二辑）. 北京：中国建筑工业出版社. 2017. 84.

② 中南局. 对城市建厂工作几项建议的请示. 1953-7-12.

工业部、建筑工程部等六个部的工作。1955年4月,周恩来总理提请将城市建设局从建筑工程部析出,成立直接隶属于国务院的城市建设总局,负责城市建设方面的组织领导和计划工作。1年以后,第一届全国人大常委会第四十次会议批准撤销城市建设总局,成立城市建设部。1958年2月,第一届全国人大第五次会议决定将建筑材料工业部、建筑工程部和城市建设部合并,成立新的建筑工程部。同时,国家建设委员会撤销,其工作分别交由国家计划委员会、国家经济委员会和建筑工程部负责。

新中国成立后,重庆市的城市规划和建设主要由市建设局负责,城市房产和土地管理由市地政局负责。1950年7月12日,重庆市城建计划委员会举行第一次会议,并提出当时城建工作应围绕成渝铁路开工进行[①]。1953年2月10日,西南军政委员会通知,经报中央人民政府政务院批准同意成立重庆市人民政府城市建设委员会。4月,重庆市城市建设委员会正式成立,并将市建工局、市建设局划归其管理。1953年3月,重庆由大行政区辖市调整为中央直辖市,但在一年后的6月19日,又由中央直辖市改为省辖市。1955年2月,机构精简,重庆市建设局和地政局撤销。市建设局建筑管理科和测量队划归市城市建设委员会,市政工程处改为市政工程公司以及道路养护处均划归市建工局领导。市地政局房产管理和公地租赁交市房地产公司,土地征拨工作划归城市建设委员会,产权产籍管理、契税征收及测绘工作交市财政局。

1958年5月,根据中央和四川省关于精简机构的指示精神,市人民委员会印发市人委秘字(58)第4114号《重庆市人民委员会关于调整市级机构的通知》,对市级机构进行调整。8月28日,正式将市城市建设委员会、市建筑工程管理局、市城市建设局合并成为市城市建设局,统一对城市规划、设计、建筑、市政等工作进行领导。但保留市建设委员会名称,一个机构、两个名称,主管规划

---

① 重庆市地方志编纂委员会总编辑室. 重庆市志(第一卷). 成都:四川大学出版社. 1992. 276.

第五章 城市恢复和社会主义改造（1949—1964 年）

设计、建筑施工、地方建筑材料、园林绿化、市政建设、道路养护、土地征拨业务。10 月，市房地产管理局与市城市建设局合署办公，仍保留房地产管理局名称。

国家成立基本建设委员会后，四川省人民委员会于 1959 年 1 月批准成立重庆市基本建设委员会。4 月 1 日，市人民委员会印发通知，正式成立重庆市基本建设委员会，同年 8 月由于部分职能交叉，取消城市建设委员会的名称①。1961 年 7 月 3 日，市人民委员会印发通知，撤销市基本建设委员会，恢复重庆市城市建设委员会，原市基本建设委员会所管理的城市规划、技术设计、图纸审批、建筑管理、土地征拨等多项工作交由市计划委员会办理。1962 年，重庆市委决定调整城市建设组织机构，市城建局、市建工局、市房管局重新分开组建。1965 年 3 月，市人委（65）渝字会第 119 号文通知，根据上级指示，同意成立重庆市基本建设委员会，撤销市城市建设委员会，原市城委管理的规划、建筑管理、土地征拨等工作划归市建委管理，内设第四处主管规划、建管②。

（二）城市规划

1952 年 9 月，建筑工程部以中财委名义组织召开了首次全国城市建设座谈会，会议明确指出，"我们的经济建设时要集中力量发展工业，又以重工业为主，就不可能大量的搞城市建设工作。在三五年内使许多城市成为近代化的城市，也是不从实际出发。必须有重点地进行城市建设。"而拥有苏联援助项目较多的城市自然成为建设的重点。围绕项目建设，我国城市规划界在苏联专家指导下主要以西安、太原、兰州、包头、洛阳、成都、武汉和大同等八大城市开展了新中国的城市规划探索。这些城市得到了中央领导和国家部委的更多关注，周干峙回忆新中国城市规划建设事业奠基人万里同志时说，"第一个五年计划时期，为编制我国第一代城市规划，

---

① 重庆市地方志编纂委员会. 重庆市志（第七卷）. 重庆：重庆出版社. 1999. 14.
② 重庆市规划局. 重庆市志：城乡规划志（先秦—2009）（第一册）. 重庆：重庆出版社. 2017. 328.

他（万里）经常和苏联专家、中国工程技术人员一起探讨城市规划方案，并深入基层，跑遍了八大重点城市的山山水水。"①

尽管重庆没有被纳入八大城市，但重庆在解放前积累有丰富的城市规划经验，因而在全国也有一定影响力。1954年6月，在全国第一次城市建设会议上，李富春作总结报告时提出通过互相支援的方式训练干部，如广州支援武汉，北京、天津支援包头、太原，而"西南以重庆支援成都"②。此外，也有证据表明苏联专家参与了重庆城市规划和建设。1954年1月，重庆城市建设委员会在给市体育运动委员会关于大田湾体育场初步设计回复意见的公函中写道："你委陆续分批所送来的大田湾体育场初步设计及中央和苏联专家的意见等文件，均收悉。经我委约请有关单位及专业技术人员分别召开了六次会议研究，并经陆续修改设计，现将后续审核意见检送你委，希查照。"③ 1955年到1957年，援助中国的苏联城市规划专家马霍夫也曾来重庆进行调研。给他做翻译的高殿珠回忆说，"马霍夫来中国了以后，大概去过上海、苏州、杭州、无锡、西安、洛阳、沈阳、鞍山、抚顺，还有重庆、成都。别的地方，他没去过。"④ 显然，尽管重庆不属于八大重点城市，但是城市规划和建设、规划技术力量等可能引起了苏联专家的注意。

1953年，在重庆市城建委主任罗士高、副主任陈筹的主持下，重庆市城建委按照市委十次扩大会议的要求，在对重庆市的政治、经济、文化等情况进行了初步调查的基础上，形成了第一个城市总体规划预案——《重庆市城市建设规划轮廓性的初步意见》（下文简称《初步意见》）。该报告主要包括7个部分：重庆概况、重庆

---

① 万里. 万里论城市建设. 北京：中国城市出版社. 1994. 15.
② 李浩. 八大重点城市规划：新中国成立初期的城市规划历史研究（第二版）. 北京：中国建筑工业出版社. 2019. 38
③ 重庆市人民政府城市建设委员会. 为覆大田湾体育场初步设计审核意见由. 城委（54）字第1345号. 1954年1月24日.
④ 李浩. 城·事·人：新中国第一代城市规划工作者访谈录（第二辑）. 北京：中国建筑工业出版社. 2017. 203.

第五章　城市恢复和社会主义改造（1949—1964 年）

市特点、重庆市的任务、重庆市沿江地区分析、分区计划说明、交通系统规划和配套要点等①。

是时，重庆市具有相当的工业基础，对于西南地区社会经济的发展举足轻重，在建设"生产的城市"理念下，《初步意见》提出重庆首要任务是"成为国家意义的工业基地之一"。此外，《初步意见》还提出重庆应成为西南地区的政治、经济、文化中心的定位。从三个方面看，重庆具有一定的基础。第一，在政治方面，重庆是西南行政委员会驻地；第二，在交通方面，抗战时期修建有汉渝公路、湘渝公路，解放初期成渝铁路建成通车等使得重庆成为西南地区交通枢纽；第三，在文化方面，西南军政礼堂、大田湾体育场等大型文化体育设施为重庆开展文化交流提供了极大便利。仅1952 年到 1953 年间，重庆市就接待了朝鲜人民访华团西南分团、捷克斯洛伐克军队文工团、苏联著名教育家普希金教授来访等多次对外文化交流。在城市定位基础上，《初步意见》提出将城市分为中、南、西、北和北碚五个部分空间布局建议，接近于城市组团概念。同时，针对重庆城区分散、两江阻隔、交通不便的问题，《初步意见》还提出了交通系统规划建议，包括公路、渡口、跨江大桥、铁路、空运、缆车、隧道等交通建设项目。

协调好城市规划和工业企业选址的关系是这一时期城市规划的共性特征。正如 1953 年 9 月中共中央《关于城市建设中几个问题的指示》所要求的那样："为适应国家工业建设的需要及便于城市建设工作的管理，重要工业城市规划工作必须加紧进行，对于工业建设比重较大的城市更应迅速组织力量，加强城市规划设计工作，争取尽可能迅速地拟订城市总体规划草案，报中央审查。"《初步意见》对工业企业选址作了三项深化：第一，做出工厂顺沿河道两岸布局的要求，并根据交通、地形、海拔、洪水位等因素将沿江地区的土地分为优等地区和次等地区。具体而言，将临江地带（距江边

---

① 重庆市地方志编纂委员会. 重庆市志（第七卷）. 重庆：重庆出版社. 1999. 25.

1.5 千米以内者），同时也应为低台地带（在最高洪水位以上至海拔 250 米以下）并须除去其中陡峻地带（自然坡度在 33 度以上者）地区划为优等地区，将江后地带（距江边 1.5 千米—3 千米以内者）或为中台地带（在海拔 250—300 米者），无水道便利，但可敷设近代化的交通措施的地区划分为次等地区。第二，提出 3 种新建工厂的布局方式，包括腾让插入式、后退提高式和离心沿河式。第三，明确重庆新建工厂发展的方向以力求城市的紧凑为最高原则，因此，提出尽量使用腾让插入式，酌量参用后退提高式。

总体上看，《初步意见》根据当时国家对于城市发展的总体要求，充分考虑了重庆的自然环境、工业基础和社会经济等方面，提出了重庆城市发展的合理化建议。遗憾的是，《初步意见》并没有及时转化为城市总体规划，尽管也在杨家坪、罗家坝、九龙坡等区域开展了一些局部的初步规划，但城市面上还是出现不少违章建筑。为此，重庆市政府不得不在 1954 年 4 月 26 日公布《重庆市城市建筑管理暂行通则》，通过严格建设程序加以控制。文件明确规定所有市内建筑工程的设计必须密切配合城市发展计划，报经市建设局核准后始得进行，严禁一切违章建筑。

1954 年 8 月 22 日，《人民日报》发表社论《迅速做好城市规划工作》，指出加紧城市和新工业区的规划是当前基础设施建设中一项极为重要的任务。随后，1955 年 8 月，重庆市城建委在《初步意见》基础上制定了《重庆总体规划说明书》，对土地使用、交通、规划原则等修改完善，设计了三套重庆市 15 年到 20 年的发展远景、发展规模的规划方案。

1956 年 5 月 12 日，国家城市建设总局局长万里对重庆建设工作做出指示，必须把长期规划搞一下，尤其是第二个五年计划，实事求是地搞出来。当时，重庆市城市面貌和人口较解放初期已经有明显改观。全市市域人口 189 万，其中城市人口 142 万；市域面积 370 平方千米，其中城市 72 平方千米，城市人均用地 50.70 平方米。12 月 26 日，市城建委编制完成《重庆城市初步规划草案》。

第五章 城市恢复和社会主义改造（1949—1964 年）

主要规划内容包括：第一，全市人口规划为 300 万。第二，交通运输方面，考虑长江三峡工程大坝影响，提出了成渝铁路改造方案、川黔铁路、川汉铁路修建设想，规划在弹子石、九龙坡修建新的码头。第三，工业企业选址方面，设计了甲（罗厂坝、上桥、红槽房、弹子石、南坪皆可）和乙（西彭和西部地区）两个比对方案。第四，居住区也规划了两个方案，甲方案包括大坪、杨家坪、石桥铺、凤鸣山、小龙坎、沙坪坝、江北、弹子石、南坪等居住区；乙方案在此基础上，新增李家沱居住区。第五，城市用地结构和比例方面，居住用地人均 24 平方米；公共区用地人均 11 平方米，占比 19.2%；公用绿地人均 11 平方米，占比 19.3%；街道广场用地人均 11 平方米，占比 19.3%。第六，供排水方面，拟在城区、南岸、江北、西彭各建 1 座水厂；楼房沟、四角坝、鱼鳅浩、磁器口、花草湾、西彭、猫儿石、盘溪、铜元局等地建 9 个污水处理厂。

1958 年，国务院确定重庆市定位是建设为一个钢铁、机械制造、交通工具制造、重化工的综合性现代化工业城市。1958 年 11 月，市城市建设局再次对重庆城市进行规划，形成《重庆地区城市初步规划说明（草案）》。由于重庆在"大跃进"计划中提出"要苦战 3 年改变城市面貌，绿化、美化、香化、净化重庆，把炎热的山城变成绿树成荫的大花园"，所以《重庆地区城市初步规划说明（草案）》用了较大篇幅勾画出一幅人与自然和谐相处的图景。比如，提出市中心主要干道（中区干道和两杨路）采用一般平原城市沿街道建筑高大楼房的方式，构成热闹繁华的大城市街景；临江干道如嘉陵江、南区干道和北区干道应作为滨江路处理，临江一面不建房屋，适当布置小游园，傍山修建高大楼房，造成美丽的风景线并丰富城市的外貌和侧影。要求在市内原有公园的基础上，"各地区应因地制宜新辟区级公园、水上运动公园、街心公园或小游园，并可置茶座、水池、喷水池，做到风景别致、小巧玲珑。"这一方案触及了人与城市的关系——城市发展的本质问题，体现了对人的关怀和促进城市环境和谐发展的理念。但是，由于这一设想始终未能上升到刚性规划的层面，更由于"先生产、后生活"一直是那个年代城市建设的基本方针，优先发展重工业挤占了社会绝大多数资源①。

1960年，《重庆地区城市初步规划》编制完成。《重庆地区城市初步规划》在前述报告和会议精神基础上，将重庆市定位为"重庆逐步建成一个钢铁、机械制造、电机、交通工具制造、重化工的综合性现代工业城市。"主要内容包括：第一，从工业布局角度将全市划分为市中区、大杨区、大渡口区、沙磁区、中梁山区、江北工业区、弹子石工业区、南坪工业区、李家沱—道角工业区等9个片区，外围规划了北碚、歇马、西彭和南桐4个卫星城。第二，交通系统及仓储方面，计划新修建渝达铁路、渝南铁路、渝遂铁路、川湘铁路等；港口方面计划修建专用、客货、水上转运及水陆联运4种码头；公路桥梁方面拟修建牛角沱、沧白路、东水门公路桥，新修建新牌坊至上清寺、松树桥至沙坪坝、四千米至大杨区等公路线；车站码头附近规划建10座大型仓库。第三，对水电气供应及污水处理，规划了一批项目。第四，对国民经济和社会各部门用地，包括工业、居住、交通运输、给水、排水、供电、副食品生产用地等做了平衡安排。

作为重工业城市，工矿企业建设和城市规划的关系非常密切。但由于重庆市有很多中央和四川省管理企业，而这些企业的新建扩建权限又不在重庆市，因此增加了城市规划建设的不确定性。1956年11月，重庆市计划委员会编制的《四川省重庆市第一个五年计划执行情况及第二个五年计划初步建议意见》（草稿）写道："中央在本市新建扩建企业，市内是难以估计的……然而必须估计进去，不论中央企业事业新建与否，本市工农业生产发展和人口增加，原有公用事业、自来水、下水道、道路都集中建设在半岛形式地区

---

① 重庆市人民政府办公厅，重庆市人民政府发展研究中心，重庆社会科学院. 重庆发展六十年. 重庆：重庆出版社. 2009. 186.

第五章 城市恢复和社会主义改造（1949—1964年）

内，而这地区人口异常稠密，目前建设和人口迁移已逐渐向西发展，自然趋势已定，市中心区将逐渐转移以大坪、杨家坪为中心，但大杨地区原有市政建设基础尚未打好，必须于第二个五年计划期内，增加这方面的投资，以解决新市区需要。"城市规划面临不确定性，城市建设缺乏总体性，导致城市实施更像是"拼贴城市"，这也是重庆解放后几十年城市仍旧破烂不堪的根源之一。

除城市规划以外，在国家和四川省的支持下重庆市还探索编制了区域规划。1959年5月，建筑工程部城市建设局设立了区域规划处，随后部署辽宁朝阳地区、河南郑州地区、江苏徐州地区开展区域规划试点，并修订了《区域规划编制暂行办法（草案）》。与此同时，按照四川省区域规划办公室的统一规划，重庆地区区域规划办公室也编制了《重庆地区区域规划》（草案）。规划提出：重庆经济区是以重庆市区为中心的特大城市影响区，包括重庆市与江津专区，共7区11县，面积19 014平方千米，人口988万，其中城镇人口243万。

尽管20世纪50年代各地的城市规划如火如荼，但谁也没有想到会以惨淡的方式落幕。1957年4月，国家建委主任薄一波、城市建设部部长万里在西安、兰州和成都等地检查城市规划和建设工作，在检查报告里提出了城市建设中有"四过"的问题，即规模过大、标准过高、占地过多、求新过急[1]。此时，规划存废开始出现争议。赵瑾回忆说，时任第五届全国政协委员兼任全国政协城建组副组长曹言行曾提到1957年就酝酿撤销城建部门[2]。1957年6月，万里在省、市、自治区城市建设厅（局）长座谈会结束时还专门做了一次澄清，他说："国务院的指示和两位副总理的报告都没有说

---

[1] 王克文.关于城市建设"四过"和"三年不搞城市规划"的问题.转引自中国城市规划学会.五十年回眸——新中国的城市规划.北京：商务印书馆.1999.44.

[2] 李浩.城·事·人：新中国第一代城市规划工作者访谈录（第二辑）.北京：中国建筑工业出版社.2017.84.

不要规划。规划是门科学，是一项工作，根本取消不了的。"① 此后，随着"大跃进"运动和人民公社化运动高涨，高指标、瞎指挥、浮夸风和共产风等等"左倾"错误愈演愈烈，城市扩张和人口膨胀超远国家财力承受范围，最终导致 1960 年 11 月第九次全国计划工作会议提出"三年不搞城市规划"。

之所以提出"三年不搞城市规划"，原国家城市建设总局副局长曹洪涛认为有两个原因，"一是中央领导认为建工部在青岛和桂林召开的两次城市规划座谈会有错误，这两个会议向中央和国务院的报告均未得到批复；二是在国家经济困难的情况下，有些地方还在'大搞楼堂馆所'，占用了建设资金。"② 尽管提出的是"三年不搞城市规划"，但其对我国城市规划管理的影响远不止三年。因为此后城市规划人员不断被遣散、压缩，城市规划管理和编制机构不断整合、调整，最终城市规划局在 1966 年被取消。在此背景下，重庆市整个 20 世纪 50 年代编制的城市规划都没有机会得到中央认同。

（三）城市建设

1953 年前后，重庆市有计划地建设了一批道路交通、公共服务和住宅等城市建设项目。第一，道路交通方面。江北片区，先后建成了江北路（五里店到江北城）、观五路（今建新东路）、盘石路（盘溪到石门）和一些厂区公路。西部片区，修建了小龙坎到石桥铺的公路和沙坪坝到北碚的公路；改造了两九路、牛角沱小龙坎路的主干道，两九路新建了两路口到肖家湾段，建成了七孔旱桥；1955 年，新建新桥经玉清寺到中梁山石梁子沟的公路。第二，公共服务设施方面。（1）公园。1955 年 1 月，新辟西区公园建成开放，面积 150 亩（10 公顷），后改为重庆市动物园。8 月，原重庆

---

① 万里. 万里论城市建设. 北京：中国城市出版社. 1994. 102.
② 曹洪涛. 与城市规划结缘的年月. 转引自中国城市规划学会. 五十年回眸——新中国的城市规划. 北京：商务印书馆. 1999. 34.

第五章 城市恢复和社会主义改造（1949—1964 年）

市委机关驻地枇杷山改建为公园，面积 5.64 公顷。（2）体育馆。1954 年 3 月，重庆市体育馆开工建设，1955 年 5 月开馆。

1956 年 1 月，重庆市在编制"一五"计划过程中，除安排地方工业建设项目外，继续规划建设文教卫生事业、城市公用事业和公园三大类项目[①]。其中，文教卫生方面，规划新建、扩建中学 39 所，预计增容学生 2.62 万，小学新建、扩建增容学生 3.26 万；鼓励工矿企业自办学校和允许私人举办小学；新建、扩建医院、疗养院 20 个，新增门诊部 4 个；新建少年儿童宫 1 座；新建、扩建影剧院 10 个。城市公用事业方面，新建和改建道路 32 条，新建和翻修下水道 61 千米，新敷设自来水管 75 千米；购置公共汽车 80 辆，电车 20 辆，轮渡 12 艘，缆车 2 辆；新建上清寺至过街楼全长 5.7 千米的无轨电车线路 1 条和两路口至菜园坝缆车道 1 条。公园方面，新建西区公园 1 所，并将南泉、北泉公园适当加以扩建，增辟枇杷山公园等。

由于"一五"计划编制时，计划期已经过半。因此，有些项目实际已经开展，只是通过计划编制将其法定化。"一五"计划印发后，重庆市又陆续实施或建成重庆市地方工业产品展览馆（1956 年 5 月），大坪至杨家坪段道路改造工程，大坪、杨家坪、小龙坎等工业—生活一体化小区，西部地区主干道（袁家岗经马王场、九宫庙到茄子溪）等项目。1956 年 11 月，重庆市计划委员会在编制"二五"计划时详细梳理了文教卫生、公用事业等"一五"期间的城市建设情况[②]。

到 1957 年"一五"期末，重庆西部地区的道路系统已经成网，大坪、杨家坪、石桥铺地区与沙坪坝、磁器口、小龙坎地区以及大

[①] 四川省重庆市人民委员会通知. 会秘（五六）字第〇〇三号. 1956 年 1 月 3 日. 转引自重庆市档案局. 档案再现：重庆经济社会发展规划历程. 渝内字（2015）009 号. 2016.（光盘资料）.

[②] 重庆市计划委员会.《四川省重庆市第一个五年计划执行情况及第二个五年计划初步建议意见》（草稿）. 1956 年 11 月 15 日.

渡口地区已经连成一片。全市建成厂房、住宅、仓库、学校等建筑物面积共500多万平方米，相当于重庆市解放前房屋建筑总面积的一半以上。1958年到1962年"二五"期间，尽管重庆市陆续完成鹅岭公园建设、南山公园改建等项目，但总体上自"大跃进"运动后，城市建设的力度明显下降。市长任白戈在重庆市四届人大三次会议上发言指出："由于过分突出钢铁生产，其结果就必然地挤了农业，挤了轻工业，挤了市场，挤了必要的城市建设，造成了国民经济比例的失调。"① 1963年12月，重庆市计委党组在编制国民经济三年调整计划时也坦陈："不少企业设备陈旧、不配套、技术后方薄弱、厂房失修，以及仓库、宿舍不足的情况比较严重，交通运输、城市建设和文教卫生事业，尤其是居民住宅和中小学校舍'欠账'过多。"②

随着基本建设投资规模不断提升，全国城市建设中的设计浪费、盲目建设、分散建设等问题受到关注。《重工业通讯》1953年第8期报道了沈阳工学院教职员宿舍造价明显偏高问题，主要是建筑造型上采用了不合理的狭条形状、装饰与设备上选材浪费等③。1954年，周恩来总理在第一届全国人大第一次会议上对各地的豪华建筑提出严厉批评，毛泽东主席也指示对大屋顶进行批判。1955年2月4—24日，建筑工程部召开设计与施工工作会议，批判"资产阶级形式主义和复古主义思想"。3月28日，《人民日报》开辟《厉行节约、反对基本建设中的浪费》专栏，对重庆大礼堂、地安门宿舍大楼、中央民族学院等民族形式建筑进行批判，建筑师张镈、张开济等纷纷登报检讨④。

---

① 俞荣根，张凤琦.当代重庆简史.重庆：重庆出版社.2003.185.
② 重庆市计委党组.重庆市国民经济三年（1963—1965）调整规划（草案）.1963年12月27日.转引自重庆市档案局.档案再现：重庆经济社会发展规划历程.渝内字（2015）009号.2016.（光盘资料）
③ 反对浪费的设计和施工，建立设计预算制度——"重工业通讯"第八期社论摘要.山西政报，1953年第07期，56-58.
④ 王军.城记.北京：生活·读书·新知 三联书店.2002.154.

第五章 城市恢复和社会主义改造（1949—1964年）

川东地区也同样存在浪费现象。1953年5月，西南行政委员会文化教育委员会抄发四川省教育厅（一九）五二年基建总结文件中写道："当时各地产生'一步作到社会主义建设'的思想，不经法定程序和盲目铺张地干了起来，如：涪陵第一中学，专署布置大规模新型校舍一座，占地廿余万平方米，拨地未经省厅决定而由当地政府解决，致使一百卅余户农民迁移他地，计划有教师、宿舍、办公室、大礼堂、图书馆、□□□、盥洗室、厨房、厕所等大小楼房四十三栋，尚有发电机、自来水专供学校使用。……"①

在反对基本建设浪费运动中，重庆市也积极行动。1957年5月16日，国务院副总理李富春在重庆市人民大礼堂向4 000多名党内外干部做报告，批判基建中的贪大、贪新、贪好的思想，号召全体干部贯彻勤俭建国的方针。6月中旬，重庆市许多单位依据四川省、重庆市人民委员会规定，降低建筑标准，节约建筑用地。到10月，全市有259个单位节约了建设资金1 800万元；1957年全年，全市各单位共交出土地2 067亩。1957年8月，重庆市二届人大二次会议召开，市长任白戈作了题为《全市人民团结起来，粉碎资产阶级右派的进攻，为巩固社会主义革命胜利，继续深入开展增产节约运动而奋斗》的报告。

---

① 西南行政委员会文化教育委员会（函）．文委（53）字第〇〇七三号．1953-5-19．

第六章 三线建设和曲折发展
（1964—1978 年）

第一节　三线建设

一、全国三线建设

（一）建设背景

1959—1961年"三年自然灾害"发生后，我国进行了经济调整，到1964年国民经济状况已明显好转。但从国际形势看，抗美援朝后形成的和平发展环境持续恶化。1958年，中苏交恶；1962年，中国对印自卫反击战爆发；同年，美国多次在台湾海峡举行以入侵中国大陆为目标的军事演习；1964年，美国开始全面介入越南战争，导致越战全面升级。在国际形势高度紧张的背景下，毛泽东主席指示，第三个五年计划立足于打仗，从准备大打、早打出发，积极备战，把国防建设放在第一位，加强"三线"建设，逐步改变工业布局①。

此前，国务院副总理兼国家计委主任李富春在编制"三五"计划时着眼于国内情况，认为应当按照以农业为基础、以工业为主导的发展国民经济总方针，把农业放在首要位置，把工业转移到以农业为基础的轨道上来②。因此，在1964年5月15日到6月17日召开的中共中央工作会议期间，毛泽东公开对"三五"计划的编制表示不满。他多次表示要改变过去制订计划的方式，要考虑天灾、考虑打仗、考虑没有国际援助等极端状况。特别是6月16日，他在北京十三陵水库观看军事演习现场，主持召开中央政治局常委和各

---

① 曾培炎. 西部大开发决策回顾. 北京：中共党史出版社. 2010. 32.
② 郑婕. 李富春与三线建设（上）. 世纪桥，2010年第12期，4-9.

第六章　三线建设和曲折发展（1964—1978年）

中央局第一书记会议时提出，要把三线建设提到突出的战略地位，三线建设要同帝国主义争时间，同修正主义争时间。中共中央工作会议最终决定集中力量进行大三线建设，力图建设第二套完整的国防工业和重工业体系，将国防、科技、工业、交通等生产资源逐步迁入三线地区。

8月中旬，中共中央书记处专门开会讨论三线建设问题。毛泽东主席在会上说，要准备帝国主义可能发动侵略战争，现在工厂都集中在大城市和沿海地区不利于备战。会议决定，三线建设在人力、物力、财力上给予保证，新建的项目都要摆在第三线，现在就要搞勘察设计，不要耽误时间。第一线能搬的项目要搬迁；明后年不能见效的续建项目一律缩小建设规模，在不妨碍生产的条件下，有计划、有步骤地调整第一线，一、二线企业要有重点地搞技术革命[1]。自此，"三线建设"应运而生，经济建设指导思想从以解决吃穿用为中心转变为以备战为中心。

"三线建设"指的是自1964年起我国政府在中西部地区的13个省、自治区进行的一场以战备为指导思想的大规模国防、科技、工业和交通基本设施建设[2]。为适应"三线建设"需要，1964年底，毛泽东主席决定成立一个专门制订计划的新班子，这个机构通常被称为"小计委"，人员包括余秋里、李人俊、林乎加、贾庭三等。按照毛泽东要求，小计委不参与日常的行政工作，专门研究战略问题。不久后，经毛泽东、周恩来批准，小计委正式主持国家计委的工作，进行"三五"计划的编制、修订工作。1965年9月18日至10月12日，中共中央工作会议在北京召开，会议讨论并批准了国家计委报送的《关于第三个五年计划安排情况的汇报提纲（草案）》。关于"三线建设"，草案提出"这是关系着第三个五年计划的全局、关系国家安危、关系世界人民革命运动的一个大问题，也是解决长远和当前战略任务的一个根本问题。我们在第三个五年计

---

[1] 龚育之.中国二十世纪通鉴.北京：线装书局.2002.
[2] 三线建设 工业迁移.西部大开发，2019年第09期，34-35.

划期间，一定要把建设重点放在三线，在这个问题上如果不采取坚定的态度，那么，就会犯方针性的错误。"[1]

从 1965 年开始，党中央集全国的人力、物力和财力向三线集中，正所谓"好人好马上三线"。在人员方面，全国各地抽调的铁路、矿山、冶金、化工、核工业等专业技术人员和职工，及铁道兵、工程兵指战员等迅速开赴三线地区，最高峰时超过 400 万人[2]。在资金方面，"三五"时期，全国基本建设总投资 976.03 亿元，安排三线建设投资 482.43 亿元，占全国总投资的 49.4%；"四五"时期，全国基本建设总投资 1 763.95 亿元，安排三线建设投资 592 亿元，占全国总投资的 33.60%；"五五"时期全国基本建设总投资 2 467.86 亿元，安排三线建设投资 691 亿元（含"四五"结转资金），占全国总投资的 28%[3]。

在国家强力支持下，我国内陆地区逐步建成以国防工业建设为重点，钢铁、煤炭、电力、机械、化学工业相配套的门类较为齐全的工业体系，形成了攀西工业区、关中工业区、兰州工业区、成渝工业区等一批新工业基地。1966 年 3 月，毛泽东在给刘少奇的一封信中提出"备战、备荒、为人民"的思想。由于"备战、备荒、为人民"精准反映了当时我国三线建设的目的，被作为重要口号和标语广泛传播，后来也成为沿用至今的"三线建设"代名词。

（二）政策措施

为支持"三线建设"，国家开展了简政放权、简化程序等改革措施。由于当时"三线建设"属于国家机密，因此在国家制定的公开文件中绝少提及。所有的三线建设工程项目都没有具体单位名称，只有一串数字代替，一个邮政专用信箱联系，如今天已解密的

---

[1] 刘国新，贺耀敏，刘晓等. 中华人民共和国史长编. 第三卷（1966—1978）. 天津：天津人民出版社. 2010. 240.

[2] 原国家计委三线建设办公室主任王春才访谈.［2021-12-26］http://sxjs.guoshi-net.cn/view-b6bf99f2-92e2-442e-b097-46704057d031.html

[3] 李树桂. 我国三线生产布局的基本特征. 中国工业经济研究，1992 年第 03 期，48-53.

第六章 三线建设和曲折发展(1964—1978年)

位于重庆市涪陵区乌江畔著名的816工程(核工厂)。因此,只有结合当时三线建设工程需要印发的文件解析当时的支持措施。

第一,下放征用土地审批权限。1964年7月20日,国务院印发《关于国家建设征用土地审批权限释放下放的通知》,提出征用土地十亩以下和迁移居民五户以下的可根据实际情况将审批权适当下放到市级以下人民政府,具体层级由各省、自治区、直辖市自行确定。这里提到的"大面积用地"很可能指的就是即将上马的大量"三线建设"项目工程,但这类项目显然不止十亩地可解决。因此需要特别说明的是,这里规定的"征用土地"应仅限于耕地,而非项目征地总面积。

第二,成立三线建设委员会、基本建设委员会等机构。1964年,中央决定由李富春主持"三线建设"的日常工作,薄一波和罗瑞卿协助。随后在1965年3月,相继成立了西南、西北、中南3个三线建设委员会。其中,西南三线建设指挥部由李井泉、程子华、阎秀峰负责。1965年3月31日,第三届全国人大第五次会议决定设立国家基本建设委员会。此后,各省市相继再次成立基本建设委员会。1965年3月27日,重庆市人民委员会印发通知,根据上级指示,同意成立重庆市基本建设委员会,撤销市城市建设委员会,原市城建委管理的规划、建筑管理、土地征拨等工作划归市建委管理。

第三,改革基本建设财务拨款制度。1965年3月,财政部向国务院提交了《关于改革基本建设财务拨款制度的报告》,报告提出要大胆地破除一切不合理的旧框框,对生产建设不利的就要破,有利的就立。这次改革在吸收重庆浦陵机械厂基本建设工作中财务拨款工作经验基础上,提出了四方面改革:一是克服繁琐哲学,简化拨款手续;二是积极采取措施,促进建设事业的发展;三是坚持合理的制度,加强财务监督;四是改进工作方法,提高财务拨款工作水平。① 报告提到的重庆浦陵机械厂就是三线建设企业,加之文件

---

① 山西省人民委员会转发国务院批转财政部关于改革基本建设财务拨款制度的报告. 山西政报,1965年第05期,88-90.

原文写道"根据工作发展和建设布局调整的新情况，适当调整建设银行的机构设置和干部配备，以便更好地支持'三线'建设，支持基本建设方面集中力量打好歼灭战"，因此我们有充足的理由相信这项财务拨款制度改革的最主要目的就是服务"三线建设"，便宜从事。

二、重庆三线建设

重庆是全国三线建设的重点城市，中心任务是建设成为常规兵器配套生产基地。为此，国家主要采取了两项措施。

第一，编制三线建设规划。1964年9月，国家成立了重庆地区"三线建设"规划小组，随后编制了《重庆地区三线建设规划》。特别说明的是，重庆地区并不限于当时的重庆市行政区划，还包括四川省其他地市。《重庆地区三线建设规划》提出，重庆的军工、冶金、机械、化工4个工业部门需要从一线地区迁入一批企业进行配套，规划迁建、新建212个项目，其中，东北地区27个，华北地区43个，上海地区122个，广州、南京等城市20个[①]。在布局上，规划贯彻"大分散、小集中"的原则，把"分散、隐蔽、靠山"的原则与工业所需的水、电、交通条件和协作关系结合起来考虑，选择了5个区域：一是涪江、嘉陵江和渠江两岸及华蓥山地区（包括今重庆市璧山区、江北区、铜梁区，今四川省岳池、广安、大竹、邻水、万源、遂宁、武胜等县市），主要安排生产规模较小，产品任务较轻，运输量不大的工厂及相应的科研机构；二是乌江和长江两岸（包括今重庆市武隆、南川、彭水、长寿、涪陵、丰都、忠县、万州等区县）；三是渝西周边（包括今重庆荣昌，今四川隆昌、威远、富顺、南溪、合江、纳溪、宜宾等地），主要安排专用化工厂及其配套厂和科研机构；四是距重庆市区30千米以内的近郊地区（包括江津区、巴南区），主要安排与重庆老厂协作关系较

---

① 重庆市政协学习及文史委员会，重庆市发展和改革学会. 重庆计划单列. 渝内字（2011）085号. 2011年4月. 352.

第六章 三线建设和曲折发展（1964—1978年）

多，又是为重庆地区各工厂配套的专业工厂；五是为以重庆为中心的常规武器成套生产工业基地服务的配套建设，包括冶金工业、化学工业和机械工业三个大类的配套建设项目。①

第二，成立三线建设机构。1965年2月，中共中央批准第五机械工业部以重庆为中心建设常规兵器工业生产基地的计划，揭开了兵器工业三线建设的序幕。同时，中共中央和国务院发布《关于西南建设体制问题的决定》，决定成立中共中央西南局三线建设委员会，李井泉任主任，程子华、阎秀峰任副主任，委员由国务院各部负责人和云、贵、川3省负责人担任，共22人。3月，中共中央西南局"三线建设"委员会正式成立，下设重庆地区常规兵器配套建设指挥部，由朱光、鲁大东、李景昭、刘志生、李敏等组成，负责指挥重庆地区的"三线建设"。同时，第五机械工业部也组建了重庆地区建设筹备处，统筹组织该部在四川地区新建和迁建项目的基本建设工作。

重庆地区的三线建设大致可分为三个阶段：

（一）快速建设期（1964年10月到1966年底）

1964年10月29日，位于上海的浦陵机械厂确定搬迁，是重庆三线建设时期第一个迁建项目。大规模内迁则从1965年开始。国家陆续从北京、上海、辽宁等12省市迁入重庆地区近60个企事业单位，其中包括冶金部3个、煤炭部2个、一机部10个、五机部11个、六机部6个、八机部5个、石油部1个、化工部5个、地质部3个、交通部2个、纺织工业部2个、建材部1个、建工部6个、铁道部1个、邮电部1个，内迁职工约4.34万。1965年，重庆地区在建的三线重点建设项目共107个，投资共2.5亿元，其中在重庆市的项目53个，投资1.7亿元。搬迁过程中，西南局三线建设委员会充分吸取"大跃进"时期盲目扩大基建规模、拉长基建战线的教训，强调确保重点，集中力量打"歼灭战"，投产一批，再上

---

① 《当地四川》丛书编辑部.长江上游经济中心重庆.当代中国出版社.1994.177.

另一批。为加快推进内迁项目建设，建筑工程部从全国各地抽调大批技术骨干，专门成立了第二工程局。第二工程局成立初期，设立项目现场指挥部，对三线建设领导小组批准打歼灭战的40多个建厂工程项目组织施工。最先成立现场工程指挥部的有：红岩机器厂（北碚）、重庆机床厂（九龙坡）、陵川机械厂（合川）、平山机械厂（綦江）、精密仪器修配厂（璧山）、一坪化工厂（巴南）、华光仪器厂（广安）[1]。

在工厂迁建的同时，国家还在重庆地区安排了59个大的骨干项目和配套项目的新建和改建、扩建。1962年，根据中共中央指示，长安机器厂、望江机器厂、江陵机器厂、建设机床厂、空气压缩机厂、嘉陵机器厂和长江电工厂等7家老兵工厂开始进行改扩建工作。"三线建设"启动后，7家兵工厂加快工厂扩建步伐，纷纷建成投产许多新的生产线，大规模提高了生产能力。在工厂新建方面，重庆采取老厂包新厂和独立新建等形式，建成了红山、庆岩、红泉、晋江、青江、华川、红宇、青山、华江、长风、益民、虎溪、庆江、渝州齿轮厂共14个机械厂和62、54两个研究所。

在三线建设过程中，重庆地区形成了一些好的经验做法。1965年9月，西南局、五机部和重庆市委在明光仪器厂召开建厂现场会，向西南三线企业推广该厂的"人民建设"经验：即贯彻工农结合、加速新厂建设、促进农业生产的经验[2]；1966年2月，西南三线建设委员会召开建设工作会议，总结推广红岩机器厂打"歼灭战"经验，即建立中共现场委员会和指挥部，实行统一指挥[3]。此外，还有"三老带三新"经验、"三包一底"经验和"亦工亦农"经验等。最著名的是浦陵机器厂建设经验，曾经被国家经济委员会在全国推广。1964年10月9日，上海动力机械制造厂内迁北碚区

---

[1] 重庆市城乡建设管理委员会，重庆市建筑管理局. 重庆建筑志. 重庆大学出版社. 1997. 19.

[2] 俞荣根，张凤琦. 当代重庆简史. 重庆：重庆出版社. 2003. 231.

[3] 同上书. 232.

第六章　三线建设和曲折发展（1964—1978年）

组建国营重庆浦陵机器厂，这是1949年11月以来第一家内迁重庆的企业。1964年10月29日，在取得农机部的批准设计任务书后，浦陵机器厂现场指挥部立即组织1100多人的施工力量开展迁厂建厂工程"歼灭战"。从11月6日到12月15日，用40天时间完成全部土建任务，随后又用18天完成256台主要设备的拆卸、运输和安装工作。1965年1月3日，浦陵机器厂开始部分投产，比原计划提前了将近10个月。1月23日，国家经济委员会专门转发重庆浦陵机器厂迁建工程打"歼灭战"的经验文件，其做法被概括为统一领导、统一思想、统一计划、统一行动和统一物资供应的"五统一"①。

在加快企业投产的目标导向下，职工生活配套设施等非生产性建筑建设被降低，这也是后来"三线"企业职工希望迁建的重要原因之一。1964年2月5日，中共中央发出《关于传达石油工业部关于大庆石油会战情况的报告的通告》，即"工业学大庆"的号召。在此背景下，民用建筑向大庆学习，采用"干打垒"的建筑方式。"干打垒"最初意为土筑墙，但在推广过程中逐步演化为能够贯彻"因地制宜、就地取材、因材设计、就料施工"的原则，搞出质量好，造价低，适用、耐久的建筑都叫"干打垒"②。华光仪器厂是重庆地区三线建设修筑"干打垒"最有名的企业，曾经受到周恩来、彭德怀等国家领导人的表扬，并且成为全国各地学习、赶超的对象。1965年7月，华光厂第一座"干打垒"开始建造，主要采用华蓥山的黏土、竹子和石子做筋，与石灰水搅拌后，夯实筑成土墙，再用木料和瓦片封顶，墙面用石灰粉刷，地面用三合土。仅用1个月时间，"干打垒"就建成并验收合格。从1965年到1970年初，华光厂共新建宿舍7 731平方米，全部"干打垒"化，每平方米造价仅25元。仅住房一项，就为国家节约资金30.67万元③。除

---

① 重庆市城乡建设管理委员会，重庆市建筑管理局. 重庆建筑志. 重庆大学出版社. 1997. 336.
② 汪圻. "干打垒"建筑及其推广中的几个问题. 工业建筑，1966年第07期，7-11.
③ 杨晓虹. 三线建设时期首座"干打垒"诞生于华蓥山. 红岩春秋，2021第9期，10-14.

了华光厂外，平山厂、青江厂等也普遍采用"干打垒"工艺。1966年，四川省建筑勘测设计院总结形成了四川省民间土坯墙、土筑墙、乱石墙、统沙墙和三合土墙等5种干打垒墙体的模式①。

图12　三线建设者正在修建"干打垒"②

在三线建设过程中，重庆将相近行业的企业建设分片进行了规划，如仪表行业布局在北碚、华蓥山一线；化工企业布局在长寿地区；军工企业主要进行老厂改造，新厂布局在万盛、綦江等地区。由于三线建设企业选址在偏远的农村地区，难免出现建设项目与周边村社的矛盾。为此，西南三线建设筹备小组提出了三线建设项目"四不三要"的原则，尽量缓和两者的矛盾冲突。"四不三要"，即要求建厂时不占或少占良田好地，不拆或少拆民房，不迁或少迁居民，不搞高标准的非生产建筑；要支援农业用水，要支援农业用电，要支援农民养猪积肥③。

---

①　四川省建筑勘测设计院.民用建筑实行"干打垒"是设计工作中的一场革命.建筑学报，1966年第2期，20—22.

②　杨晓虹.三线建设时期首座"干打垒"诞生于华蓥山.红岩春秋，2021年第9期，10—14.

③　《当代四川》丛书编辑部.长江上游经济中心重庆.当代中国出版社.1994.177.

第六章 三线建设和曲折发展（1964—1978 年）

在三线建设带动下，1965 年，四川省出现进川物资大于出川物资的现象。全年，进川物资 435 万吨，出川物资 220 万吨。由于重庆地区"三线建设"给城市发展带来新的机遇，1966 年 3 月，重庆市委第二次党代会提出，尽快地把重庆建设成为一个具有较高的工业生产水平及先进技术水平的国防、钢铁、煤炭、化工、轻工等强大的工业基地和支援西南生产建设的基地，以适应备战的需要。

（二）建设停滞期（1967—1969 年）

1966 年 5 月 16 日，中共中央政治局召开扩大会议，会议通过《中国共产党中央委员会通知》（即《五一六通知》）；8 月，中共八届十一中全会召开，会议通过《关于无产阶级文化大革命的决定》（即"十六条"），标志着"文化大革命"全面发动。

1966 年 6 月 10 日，重庆市委发出《关于厂矿开展文化大革命的通知》，要求各厂要"把文化革命放在一切工作的首要地位；要有计划、有步骤、有领导、有骨干地开展运动。"在短期内，重庆的工矿企业未受到明显影响。1966 年 12 月，重庆港九龙坡港区重件码头建成交付使用；重庆合成纤维厂建成；重庆钢铁公司第四钢铁厂在綦江县三江地区建成投产；上海工具厂的一部分内迁重庆市，改名为重庆工具厂；重庆无线电测试仪器厂建成。

1967 年 1 月，毛泽东主席号召造反派向"走资派"夺权，首先在上海，然后在全国掀起了造反派夺取党和政府各级领导权的浪潮。同期，毛泽东指示人民解放军介入运动，执行"三支两军"（支左、支工、支农，军管、军训）任务，并要求各地筹备"革命委员会"①。从 1 月上旬开始，重庆的一些地区和单位陆续实施了"夺权"行动。这一时期，重庆造反派运动冲突十分激烈，造成了一些人员伤亡，也引起了中央的高度关注。5 月 16 日，中央专门印

---

① 本书编写组. 中华人民共和国简史. 北京：人民出版社，当代中国出版社. 2021. 115.

发文件——《中共中央关于重庆问题的意见》，试图解决重庆造反派之间的派性斗争。遗憾的是，该《意见》未能解决重庆派性冲突问题。6月5日至8日，西南师范学院两派爆发武斗，市内两派均派人前去增援，由此揭开了重庆造反派两派大规模武斗的序幕。7月以后，重庆两大派武斗愈演愈烈。7月25日，两派争夺重庆工业学校时，武斗升级为枪战。到8月，重庆已是炮火连天，硝烟遍地，"舰队"巡江、坦克上街、武斗工事成为街头常见景观①。

从1967年初开始，"文化大革命"对重庆工矿企业的影响开始显现。1月，全市工业总产值比上月下降9.9%，钢材下降10.6%，煤炭下降14.4%，主要产品产量下降45.6%，全市港口、码头、车站堵塞积压物资12万吨。此后，下降的态势更为明显。4月份工业总产值较3月份下降3.8%，5月份较4月份下降4.85%，6月份又较5月份下降22.3%。5月到8月间，重庆市两支造反派多次发生大规模武斗，造成了重大人员伤亡。8月，四川省革筹派调查组来重庆市调查武斗损失情况。调查表明，重庆市165个大中型企业，因武斗停产或半停产的达157个，其中完全停产的达109个，因停产减少产值3亿多元，厂房和大量物资遭破坏，直接损失达1亿元；主要公路被切断，交通基本瘫痪；造反派武斗组织为筹集武斗物资连续抢劫长江上的客、货轮船，导致重庆至上海、武汉的客、货轮运输中断近40天②。当然，最大的损失则是随着国家计委和重庆市计委被造反派夺权，重庆市的计划单列不了了之。

1968年6月2日，重庆市革命委员会成立后，重庆政治局势逐步稳定，经济开始回升。但是，1968年重庆市各项经济指标仍然较为惨淡。全市（含江津地区）总人口1 118.26万，人口自然增长率27.5‰；工业总产值13.42亿元（新口径，1980年不变价），下降到1956年以前的水平；钢产量15.85万吨，下降到1955年以前的水平；原煤产量289.24万吨，下降到1957年前的水平；发电

---

① 俞荣根，张凤琦. 当代重庆简史. 重庆：重庆出版社. 2003. 214.
② 同上.

第六章 三线建设和曲折发展（1964—1978年）

量 0.99 亿千瓦时，下降到 1951 年前的水平。

1969 年，重庆工农业生产总产值开始有大幅提升①。与 1968 年相比，全市工农业生产总产值增长 52%，其中，工业生产总产值增长 75%，农业总产值增长 4%，基本建设完成总投资额增长 15%，交通运输完成货运量增长 3.7%。工业主要产品产量普遍比 1968 年大幅度上升，煤炭增长 54%，钢增长 70%，机床增长 92%，棉纱增长 36%，化肥增长 100%，农药增长 200%；财政收入比 1968 年增长 1 倍多。

（三）恢复建设期（20 世纪 70 年代）

进入 20 世纪 70 年代，国家重新启动三线建设部署。1970 年 2 月 15 日到 3 月 21 日，全国计划会议召开，会议讨论和拟订了《一九七〇年计划和第四个五年国民经济计划纲要》。纲要关于国民经济发展任务的第一条就提出："狠抓备战，集中力量建设大三线强大的战略后方，改善布局。"与"三五"计划相比，"四五"计划更加强调备战的重要性，认为战备压倒一切。1971 年，全国计划会议提出，要把一些急需的冶金、燃料、化工、电力、国防工业、机械和交通的重点工程拿下来，力争在 1972 年基本建成大三线战略基地②。1971 年 9 月，林彪事件后，周恩来、李先念针对三线建设中出现的盲目性和大军工建设计划，采取了压缩规模和停缓建措施进行调整③。因此，重启后的三线建设主要是续建、收尾和配套项目。

1969 年末到 1970 年初，四川省革委和重庆市革委根据三线建设需要首先重新组建了三线建设管理机构。1969 年 12 月 25 日，中央对四川若干问题进行了批示，提出恢复四川三线建设，并成立四

---

① 重庆市计划委员会. 重庆市经济综合志. 重庆：重庆出版社. 1991. 106.
② 《当地四川》丛书编辑部. 当代四川大事辑要. 成都：四川人民出版社. 1991. 296.
③ 刘国新，贺耀敏，刘晓等. 中华人民共和国史长编. 第三卷（1966—1978）. 天津：天津人民出版社. 2010.

川三线建设领导小组，统一领导恢复和建设工作。此后，根据四川省革委、成都军区党委决定，1970年1月，重庆市革委成立了四川三线建设领导小组重庆地区分组。领导成员有丁先国、鲁大东、张英才、冀绍凯等，分设办事组、政工组、生产指挥组、后勤组和规划组，负责重庆市及周围5个专区的三线建设工作[①]。

1970年3月26日，在全国计划工作会议召开后不久，重庆市召开了"抓革命、促生产"大会，传达全国会议精神，并对重庆市恢复经济建设作了一系列部署。关于"三线建设"，大会提出基本建设要保证计划内的项目按期完成，早日投产，保证三线建设项目胜利完成。从1970年开始，重庆地区三线建设继续进行，建设的大型项目主要有襄渝铁路、四川维尼纶厂、西南铝加工厂续建等。(1) 襄渝铁路。从1968年4月开始分段建设，1970年8月以后进入全线施工的高潮，铁道兵先后投入8个师、24万人，沿线3省动员民兵最多时达58万，四川省最多时有30万人参加施工。1973年10月全线通车，1978年正式交付运营。(2) 四川维尼纶厂。四川维尼纶厂位于今重庆市长寿区，主要以天然气为原料生产维尼纶短纤和甲醇、聚乙烯醇等化工、化纤产品。1974年破土动工，引进了法国和日本等国成套设备和技术，1979年12月全流程一次投料试车成功，1983年7月正式生产。(3) 西南铝加工厂。西南铝加工厂是三线建设时期重庆冶金工业新建的最大骨干企业，1965年开始建设，但在"文化大革命"初期受到严重影响。1970年7月，压延车间建成投产；1971年3月，挤模车间建成投产，原定3年完成的一期工程被迫延续至6年[②]。

20世纪80年代，按照邓小平"军民结合""平战结合"等一系列重要指示，国务院做出了三线企业"调整改造、发挥作用"的重大决策。1983年3月，在国务院指导下，重庆市三线建设调整改

[①] 重庆市城乡建设管理委员会，重庆市建筑管理局. 重庆建筑志. 重庆大学出版社. 1997. 19.

[②] 俞荣根，张凤琦. 当代重庆简史. 重庆：重庆出版社. 2003. 236.

第六章 三线建设和曲折发展（1964—1978 年）

造规划办公室成立，负责重庆三线建设调整工作。主要职能包括：对重庆市的"三线"建设企业进行调查研究，本着有利于发挥企业更大的社会经济效益的原则，对调整"三线"建设企业做出统一规划；采取新建、迁建、迁并、并入等方式对三线建设企业进行调整；从政策上组织协调有关部门在选点、划线、设计、征地、组织施工力量、落实建筑材料等方面对"三线"建设企业给予优惠，促进"三线"调整、改造工作的顺利进行①。

1985 年，国务院批准重庆市三线企业调整改造规划方案，全市共有 29 个调整搬迁项目，总投资 6 亿元，其中"七五"期间（1986—1990 年）计划实施 16 个项目。1990 年前，原建在广安县的华光仪器厂迁入北碚歇马乡，明光仪器厂迁入重庆南岸经济技术开发区；1990 年 5 月开工的国营重庆特种车辆总厂（大江车辆总厂）由散布于綦江、南川、南桐的双溪机械厂、红山铸造厂、庆岩机械厂、红泉仪表厂和渝州齿轮厂等 8 家专业厂合并而成②。

原重庆市发展改革委副主任马述林对于三线企业迁建对重庆工业和城市发展的贡献给予高度评价，他在一篇文章中写道：随着 40 多家三线企业和科研院所先后迁入重庆市区，逐渐形成各具特色的四大工业片区。一是南岸区南坪电子仪器仪表工业区；二是巴南区渔洞汽车及重型机械加工工业区；三是江北区冉家坝精密机械电气仪表工业区；四是九龙坡区石桥铺科研区。这些企业的调整迁建不但促进了一批工业新区和企业群体的兴起，更为重要的是为 20 世纪 90 年代重庆经济技术开发区、重庆高新技术产业开发区的建立和发展奠定了产业基础。③这些三线企业搬迁后集中连片并不是自发的过程，要归功于时任电子工业部部长、原重庆市委书记钱敏。卢怀仁等在回忆录中写道："为了发展重庆电子工业，他（钱敏）主

---

① 重庆市计划委员会. 重庆市计划管理志. 重庆出版社. 1991. 72.
② 重庆市城乡建设管理委员会，重庆市建筑管理局. 重庆建筑志. 重庆大学出版社. 1997. 20.
③ 马述林. 重庆近代工业的发端与四次跳跃式发展. 智库月报，2022 年第 5 期（内部刊物）.

张将原电子工业部设在永川县的三个科研所及所属企业迁入市区，并亲自观察定点在南岸区南坪地区。三个部属研究所和两个工厂迁来南坪后，发展很快，成了重庆电子工业的骨干力量。"[①]

第二节 城市发展和城市建设

一、发展规划编制

（一）"三线建设"和发展计划

从1964年到1978年，"三线建设"贯穿了重庆第二个五年计划后半期、第三个五年计划（1966—1970年）、第四个五年计划（1971—1975年）和第五个五年计划前半期。尽管"三线建设"选址在城市周边较为偏远的地区，但是其与城市发展并不相对孤立。除第二个五年计划未考虑"三线建设"外，重庆市在编制其他三个五年计划时都或多或少地有所反映。包括但不限于以下规划：《重庆市国民经济第三个五年（1966—1970年）轮廓规划（初稿）》《重庆市工业生产第三个五年规划的初步意见》《关于一九七二年和第四个五年国民经济计划主要指标的安排（草案）意见》《重庆市"四五"国民经济计划发展纲要》和《一九七五年——一九七七年国民经济发展三年规划初步意见》等。

1964年3月，四川省计委发文要求各地报送第三个五年规划。根据要求，5月23日，重庆市计委报送了《重庆市国民经济第三个五年（1966—1970年）轮廓规划（初稿）》，并同时附送了工交企业填报更新、全市危房维修和更新及有关城市勘察、设计力量等专题规划资料。此时，"三线建设"尚未启动。"三五"计划的基调是贯彻以农业为基础、工业为主导的发展国民经济的总方针，把农业放在首位，走自力更生的工业化道路，搞好国民经济综合平

[①] 重庆新四军史料征集研究会.铁军战士奋斗在山城.重庆：渝内字（2003）039号.2003.147.

第六章 三线建设和曲折发展（1964—1978年）

衡①。具体而言："必须继续贯彻自力更生、勤俭建国的精神，在三年调整的基础上，大力发展农业上的粮食和经济作物；在工业方面，以发展化学工业的化肥、化纤为重点；加强基础工业，特别是加强支援农业和其他部门技术改造的机械工业；积极发展轻工业，充分发挥纺织、食品等工业的原有设备能力；大力解决交通运输薄弱环节和水陆联结问题；相应地发展城市建设和文教卫生事业。为建立一个综合性的工业基地打好基础，更好地为建设基本农田、农业四化和新工业基地建设服务，并进一步支援市场和国防建设的需要。"② 在人口方面，规划继续沿用控制人口增长的思路，将控制城镇人口和职工人数作为重要目标之一。为实现这一目标，规划采取三种途径：第一，动员城镇人口下乡支援农业，积极推行计划生育和提倡晚婚等手段严格控制城镇人口，规划"三五"期间城镇人口年均增长控制在1.5%，1970年城镇总人口控制在233万。第二，大力组织闲散劳动力下乡上山。预计共需安置劳动力31万，其中本市安置12.55万，上山下乡12.5万，尚有5.95万无法安置。第三，控制职工人数的增加。规划1970年末职工人数由1965年的53.54万增加到58.68万。其中，市属单位由1965年的32.03万增加到35.22万。

1964年10月，"三线建设"启动后，国家发展战略方针的重大调整和在重庆的部署，使重庆必须重新审视和调整第三个国民经济五年发展计划和城市发展目标定位。1965年5月，以备战为指导，在充分考虑重庆地区"三线"建设问题的基础上，重庆市提出了《重庆市工业生产第三个五年规划的初步意见》，设想"三五"计划期间，工业总产值年均增长20.8%，其中，市属工业产值年均增长11.1%③。

---

① 重庆市计划委员会. 重庆市计划管理志. 重庆出版社. 1991. 122.
② 重庆市计划委员会. 报送我市国民经济第三个五年发展规划（初稿）. 计综（64）字第20号. 1964年5月23日. 转引自重庆市档案局. 档案再现：重庆经济社会发展规划历程. 渝内字（2015）009号. 2016.（光盘资料）.
③ 重庆市计划委员会. 重庆市计划管理志. 重庆出版社. 1991. 122.

1971年8月，重庆市革命委员会计划委员会（简称革委计委）向市革委会报送《关于一九七二年和第四个五年国民经济计划主要指标的安排（草案）意见》。在这个文件中，"三线建设"体现得更为充分。关于1971年计划执行情况，《意见》写道，"全面执行抓革命，促生产，促工作，促战备的伟大方针，掀起了'工业学大庆''农业学大寨'的群众运动新高潮，有力地推动了我市工农业生产和各项建设事业的蓬勃发展"；关于1972年和"四五"计划的主要指标，《意见》写道，"遵照毛主席'备战、备荒、为人民'的伟大战略思想，'鼓足干劲，力争上游，多快好省地建设社会主义的总路线'和'以农业为基础，工业为主导'的发展国民经济的总方针，……力争在'四五'期间，把我市建设成为祖国战略后方的一个重要基地。工业要以钢为纲，建立起部门比较齐全，主要产品成套，技术比较先进的独立工业体系。"

正是在"三线建设"大背景下，重庆市制定国民经济发展计划时对于工农业的超常规发展高度期待。1970年8月编制的《重庆市"四五"国民经济计划发展纲要》提出："四五"计划期间，全市工业总产值年均增长23.4%，高于全国13%的要求；钢产量增长3.7倍；粮食产量增长1倍；实现机械化程度达50%—60%[1]。

但是，在"文化大革命"的影响下，重庆市国民经济发展总体上不尽如人意。"三五"期间，重庆市工农业总产值年均增速为3%，远低于全国同期9.6%的平均水平；"四五"期间，重庆市工农业总产值年均增速为1%，同样低于全国同期7.8%的平均水平。1967年和1968年，重庆市工业总产值环比分别下降21%和49%；1972年到1974年，又连续三年有8%、9%和10%的下滑[2]。

针对工业发展的突出问题，1975年4月，重庆市革委计委编制

---

① 重庆市计划委员会. 重庆市计划管理志. 重庆出版社. 1991. 122.
② 重庆市计划委员会. 重庆市经济综合志. 重庆出版社. 1991. 113.

第六章 三线建设和曲折发展（1964—1978年）

了《一九七五年——一九七七年国民经济发展三年规划初步意见》①。《初步意见》提出将重庆市的工业发展模式由粗放扩张型向内涵集约式转变，要求各企业认真研究利用现有设备和技术条件，通过革新、改造、挖潜等方式提高生产能力。在新项目方面，除国家和省确定的重点项目和某些十分必要的填平补齐、配套补缺、综合利用项目外，原则上不搞新的建设项目。

（二）城市建设规划

在1964年到1978年的15年间，由于取消了城市规划，国民经济发展计划实际起到了城市规划的功能。国民经济发展计划一般包括工业生产、农业生产、交通运输邮电、文化卫生和科学研究、城市建设、财政收入等若干部分。每个部分都或多或少地涉及城市规划内容，但最集中体现在工业生产、文化卫生和科学研究与城市建设3个部分。工业生产主要涉及城市规划中的产业规划内容；文化卫生和科学研究主要涉及公共服务设施规划内容；城市建设主要涉及公共基础设施规划内容。此处着重介绍后两项内容。

1964年5月，重庆市计委编制的《重庆市国民经济第三个五年（1966—1970年）轮廓规划（初稿）》对城市建设考虑比较充分。规划显示："三五"期间，文化事业方面规划新建一座杂技剧场，上清寺新建一座综合剧场，新建大坪影剧场，江北电影院等。卫生事业方面着重发展近郊工矿区和旧城区的医疗机构，规划新建市中心医院、中梁山医院和劳动卫生研究所，续建中医研究所等。城市建设方面，规划提出有步骤、有计划地推进城市建设，重点针对工业区进行改造和建设，基本补完欠账②。根据规划，"三五"期除自筹解决部分外，尚需国家投资5 960万元。

---

① 重庆市革委计委.一九七五年——一九七七年国民经济发展三年规划初步意见.1975年4月8日.转引自重庆市档案局.档案再现：重庆经济社会发展规划历程.渝内字（2015）009号.2016.（光盘资料）.

② 重庆市计划委员会.报送我市国民经济第三个五年发展规划（初稿）.计综（64）字第20号.1964年5月23日.转引自重庆市档案局.档案再现：重庆经济社会发展规划历程.渝内字（2015）009号.2016.（光盘资料）.

同期制定的《重庆市"三五"（1966—1970年）国民经济发展规划（初稿）》详细列出工业生产、基本建设、职工人数和劳动生产率、成本、财政收入等项目的投资和规划情况表。其中，文化设施、市政设施等建设项目被列入基本建设规划表。与之相比，在"以阶级斗争为纲"的战备计划和"跃进"计划的影响下，"四五"计划对于城市建设的考虑则明显欠缺。1971年8月，重庆市计委编制的《关于一九七二年和第四个五年国民经济计划主要指标的安排（草案）意见》只对1972年的城市建设投资略有安排，如交通局车辆和道路建设323万元，城市建设4个水厂扩建续建投资390万元，新增供水能力10万吨；新建职工住宅10万平方米，投资500万元；新建新桥到白市驿公路700万元；中学校舍400万元；卫生事业100万元等。但是，9月10日制定的《重庆市第四个五年国民经济计划主要指标建议意见表》只有第四个五年工业生产计划建议表、第四个五年农业生产计划建议表和第四个五年农业机械化建议表，"三五"计划表上的文化、卫生和城市建设等项目没有出现。

1975年1月，根据四届全国人大提出的奋斗目标和"两步走"发展战略，四川省委提出，奋斗三年，实现"两个100亿"的奋斗目标，即从1975年开始，用3年时间实现全省粮食增产100亿斤，工业总产值增加100亿元。4月，重庆市计委编制了《重庆市1975—1977年国民经济发展三年规划初步意见》，按照"以农业为基础，工业为主导"发展总方针和按农、轻、重次序安排计划的指示，对1975—1977年城市国民经济发展各项主要指标提出设想。《初步意见》再次纳入城市供水、职工住宅、公共交通、教育卫生和人口控制等建设内容，同时增加了城市环境保护、城市民用天然气、城市工矿卫生和职业病防治等内容：

> 城市供水，由现在的24万吨增加到40万吨，除个别地区外，基本满足人民生活需要。职工住宅，三年内共新、改建55.6万 m^2（其中：市房管部门新、改建25.6万 m^2，各系统新建

第六章 三线建设和曲折发展（1964—1978年）

30万m^2），每人平均居住水平由现在的2.5 m^{2}提高到2.7 m^2。三年内共新增客车150辆，改造轮渡船舶6艘，缓和公共交通的紧张状况。开始建设长江公路桥，争取1976年动工，1979年建成。加强城市环境保护，实现三至五年内清洁城市的要求。有重点地进行城市民用天然气化，三年内靠近输气管线的城市居民区和工矿家属区发展5万居民户，约占城市居民总户数的12%。做好商业购销工作，繁荣市场，稳定物价。坚持教育卫生革命，城市普及十年制中等教育，农村基本普及七年制中等教育，逐步建立农村医疗卫生网，加强城市工矿卫生和职业病防治工作。搞好计划生育，人口自然增长率由1974年的15.15‰下降到9.5‰。

尽管国民经济发展计划内容丰富，但由于计划事权上移、条块化分割的计划管理体系、市级人力和物力调配能力限制，很多目标难以实现。以城市人均居住面积指标为例，比较1964年和1975年的规划可以发现，后者有较大幅度的下降。对此，重庆市计委也了然于心。在给四川省的恳请事项中，重庆市计委请示："鉴于老工业城市的特殊情况，1964年全国城市工作会议后，国家曾对一些城市实行过固定资产更新资金补助（每年补助我市1 398万元）和对十八个非工业部门固定一定投资额（分配我市是1 840万元，由市具体安排使用）的方法。1968年后，非工业部门的投资，项目改由省统一安排，投资额大量减少（每年只安排1 000万元左右，近几年更少一些）；1971年后，取消了固定资产更新资金补助，维修材料的分配量也有所减少。三线建设开展以来，工业生产建设上得很快，相应的公用设施未跟上。许多问题长期无法解决，欠账越拖越大……这些问题，除充分挖掘市内各方面的潜力外，需在发展生产的基础上，请省在资金和物资上统筹解决。"①

---

① 重庆市计划委员会. 重庆市1975—1977年国民经济发展三年规划初步意见. 渝计办（75）第76号. 1975年4月8日.

根据重庆市计委对城市建设资金困难的描述，我们可以看出为何"四五"计划中没有安排城市建设项目。当然，除了资金窘境外，思想认识方面的问题、"文化大革命"破坏的影响也不容忽视。在"工业主导"思想支配下，城市商业功能被压制，城市居民合理的生活需求也被忽略。陶维全回忆说："1966年3月，中共重庆市第二次代表大会明确提出了'为把重庆建设成为一个强大的工业基地而斗争'的战略任务。当时，也有一些部门和领导同志持不同的看法，主要是认为在讲重庆为工业城市的同时，不要忘记了商业。他们认为从历史上看，重庆的商业比重一直不小，过去就有'左右两条江，上下十三帮'的说法。但这样的声音比较微弱，难以影响领导决策。"[1]

二、城市建设和城市问题

（一）城市建设

三线建设期间，国家向重庆地区投资达50.5亿元，为三线建设前14年国家对重庆累计投资的2.22倍[2]。海量投资为重庆现代工业体系构建注入了源头活水，重庆借此完成了综合性工业城市的建设历程。到20世纪70年代三线建设末期，重庆已经形成了冶金、化工、机械、纺织、食品五大支柱产业。其中，冶金、化工、机械三大行业的固定资产原值、工业总产值、税利分别占全市总数的54%、49%和59%，对全市经济发展起着举足轻重的作用[3]。尤其在军工和机械工业方面，重庆成为全国重要的常规兵器、仪表、重型汽车的生产基地和西南最大的机械工业基地[4]。

---

[1] 陶维全. 重庆发展定位的变化过程. 重庆市政协学习及文史委员会，重庆市发展和改革学会. 重庆计划单列. 渝内字（2011）085号. 2011年4月. 174.

[2] 王毅. 三线建设中重庆地区的工业发展与空间布局. 重庆交通大学学报（社会科学版），2020年第20卷第04期，71-75.

[3] 俞荣根，张凤琦. 当代重庆简史. 重庆：重庆出版社. 2003. 237.

[4] 徐有威，陈熙. 三线建设对中国工业经济及城市化的影响. 当代中国史研究，2015年第22卷第04期，81-92+127.

第六章 三线建设和曲折发展（1964—1978年）

除了产业项目外，桥梁、隧道等部分城市基础设施得以新建或续建。1966年1月，连接渝中区上清寺和江北区华新街的嘉陵江大桥建成通车。该桥原为苏联援建，后因苏联单方面取消合同而停工，改由我国自行建造。嘉陵江大桥全长625.71米，车行道宽度14米。这一时期建设的桥梁还有合川涪江大桥（1969年通车）、北碚朝阳桥（1972年通车）、石板坡长江大桥（1980年通车）等。歌乐山隧道位于石白路（石桥铺至白市驿），1974年4月开工，1977年12月竣工通车，隧道全长706.28米，总投资516.55万元。但是，其他城市建设方面乏善可陈，不复新中国初期的辉煌。

"文化大革命"结束后，重庆开始关注市民和职工生活服务的商业服务设施。以供应服务网点为例，"文化大革命"期间减少近40%。1977年10月，重庆市革委批转市计委、市建委等《关于城市和工矿区增设供应服务网点的意见》。意见提出：在城市街道要大力兴办街道代购代销代营点。凡距离现有商业中心500米以上，人口在500人以上，应设小型综合门市部1个，经营油、盐、茶、醋、烟、酒、小百货等；人口在1 000人以上设小面馆、菜店各1个。

总体来看，重庆的城镇体系和城镇功能结构也发生巨大变化①。在"大分散、小集中、梅花点状"的城市布局原则指导下，1974年，重庆建成了13个"工业区"：大坪、杨家坪、石桥铺、大渡口、九龙坡、双碑、中梁山、大石坝、南坪、茄子溪、道角、唐家沱、白沙沱。重庆近郊区和远郊区、县形成5个"小城镇"，即北碚、万盛、綦江、巴县、长寿，其功能各异、特色较为鲜明。除此之外，还形成22个城镇人口相对集中的"工人镇"，即歇马场、郭家沱、小鱼沱、三江、打通、澄江镇、青木关、井口、铜罐驿、西彭、石门坎、黄桷垭、明月沱、蔡家场、白市驿、南泉、狮子滩、晏家、云台、伏牛溪、海孔、庆江等。

---

① 重庆市人民政府办公厅，重庆市人民政府发展研究中心，重庆社会科学院编.重庆发展六十年.重庆：重庆出版社.2009.194.

截至 1974 年，重庆城市建成区面积为 70 多平方千米，比 1949 年扩大了一倍多。

（二）城市问题

1978 年，中共中央印发的《关于加强城市建设工作的意见》（中发〔1978〕13 号）系统总结了 1964—1976 年间我国的城市问题。《意见》写道："城市规划长期废弛，城市建设和管理工作薄弱、混乱，大城市规模控制不住，小城镇的方针贯彻不力，在'骨头'与'肉'的关系很不协调，城市职工住宅和市政公用设施失修失养、欠账很多，市容不整，环境卫生很差，大气、水源受到严重污染，园林、绿地、文物、古迹遭到破坏，交通秩序紊乱，副食品供应紧张，城乡资本主义势力活动猖獗。"城市条块化分割，加之重庆长期执行"重工业优先发展"战略，城市问题更为典型。正如学者徐有威所言，不断推进的工业化并没有带来城市化的同步提高，反而呈现出工业化和城市化脱钩的局面[1]。

"三线建设"与"文化大革命"在时间上高度重叠，"文革"对于国民经济和社会造成的破坏作用自不待言，三线建设在取得成就的同时，其中的教训也值得深思。樊丙庚总结了四川"三线建设"的四个教训：第一，工业布局没有做到基地化。没有考虑或较少考虑现代工业生产的基本要求，违背了"依山、傍水、扎大营"的方针。第二，没有城市的概念。由于指导思想的失误，强调工业布局要"村落化""城市乡村化"，走非城市化的道路，导致三线建设形成的城市和镇大多规模小、问题严重。第三，"先生产，后生活"、"生活向农村看齐"。把发展生产和改善人民生活片面对立起来，造成很多社会问题。第四，仓促上马，建设前期工作很差。由于短时间上了很多项目，有关建设的可行性研究做得很差，对建设项目的社会、经济、环境效益考虑很少。[2] 可以看出，这些教训

---

[1] 徐有威，陈熙. 三线建设对中国工业经济及城市化的影响. 当代中国史研究，2015 年第 22 卷第 04 期，81-92+127.

[2] 樊丙庚. 四川"三线"建设. 城市规划，1988 年第 06 期，38-41.

第六章 三线建设和曲折发展（1964—1978年）

在重庆地区的三线建设中都或多或少地存在。就重庆而言，城市问题表现在以下几个方面。

第一，城市基础设施建设停滞。三线建设期间，国家、省和市级固定资产投资增多，带动了城市的发展。但是投资偏重于工业，尤其是重工业，投资结构比例严重失调。1950年到1964年，重庆基建总投资中，非生产性建设投资占比17.7%，而1965年到1974年占比下降到12.5%①。工业规模扩大并未带来工业生产水平和城市化的同步增长，城市化处于停滞状态，城市道路、学校等公共基础设施和公共服务设施建设欠账问题十分严重②。

第二，城市片区分割严重。在城市布局上，由于地理因素造成的城市片区分割现象日益突出。城市发展以工厂建设为主，住宅、医院等配套建设，形成了相对独立的生产和生活片区。"梅花点"之间缺乏有机联系，新城镇和新工业区之间、新城镇和老城区之间、新工业区和老工业区之间缺乏互动，不利于城市化的发展，也不利于城市网络和城镇体系最大效能的发挥③。

第三，城市居住水平下降，住房供需矛盾十分突出。新中国成立初期，重庆城市人均居住面积一直徘徊不前。1957年，城市人均居住面积2.67平方米，1960年下降至2.53平方米，1962年回升到2.9平方米。"文革"期间则有明显的下降。1970年下降为2.7平方米，1974年进一步下降到2.59平方米，1975年再下降到2.5平方米④。主要原因是在"先生产、后生活""生活向农村看齐"的导向下，非生产性建设投资被大幅压缩，生活设施投资占比更少。1960年到1964年间，重庆市城市住宅投资每年约638万元，年均新建住宅9.48万平方米；而1968年到1974年间平均投资减

---

① 张凤琦. 论三线建设与重庆城市现代化. 重庆社会科学，2007年第08期，79-83.
② 重庆市人民政府办公厅，重庆市人民政府发展研究中心，重庆社会科学院. 重庆发展六十年. 重庆：重庆出版社. 2009. 170.
③ 同上书. 195.
④ 《重庆市志·国土资源和房屋管理志（1840—2018）》编纂委员会. 重庆市志·国土资源和房屋管理志（1840—2018）. 重庆：重庆出版社. 2020. 545.

少为 246 万元，年均新建面积减少到 2.8 万平方米，年均投资下降 62%，建成面积下降 72%[①]。

总之，在条块化的计划管理体制下，三线建设企业工厂办社会，企业自成体系，与地方经济、城市发展的联系都十分有限。企业难以融入当地社会生活，难以有效推动城乡互动，城乡融合。待到政策放松管控以后，偏远地区的企业不计成本、一窝蜂地选择脱离当地，空留下一堆建筑。

---

① 重庆市基本建设委员会. 重庆市城市建设的基本情况和急待解决的问题（1977年10月）1127/ 2/ 144 卷 . 重庆市档案馆藏. 转引自张凤琦. 论三线建设与重庆城市现代化. 重庆社会科学，2007 年第 08 期，79-83.

第七章　从改革开放到重庆直辖
（1978—1996 年）

第一节　经济体制改革

一、经济体制改革试点（1978—1987年）

（一）试点背景

1978年12月22日，党的十一届三中全会公报提出我国当时经济管理体制的一个严重缺点是权力过于集中。公报写道："应该有领导地大胆下放，让地方和工农业企业在国家统一计划的指导下有更多的经营管理自主权；应该着手大力精简各级经济行政机构，把它们的大部分职权转交给企业性的专业公司或联合公司；应该坚决实行按经济规律办事，重视价值规律的作用，注意把思想政治工作和经济手段结合起来，充分调动干部和劳动者的生产积极性。"[①]十一届三中全会后，我国经济管理体制改革徐徐展开。第一阶段主要围绕农业管理和生产进行改革，并使农产品向私有化方面转变[②]。

在农村改革率先取得突破后，城市经济体制改革提上了日程。关于经济管理体制改革首要解决的问题，著名经济学家薛暮桥认为主要有两个方面："一是企业（包括集体经济单位）管理制度的改革，使企业真正成为有活动能力的基层经营管理单位；另一个是国民经济管理制度的改革，使它更适合于社会化大生产的要求，排除社会主义现代化前进道路上的障碍。"[③]企业改革不同于农村改革之处在于，企业尤其是大中型企业是社会化大生产方式，主要集中

[①] 中国共产党第十一届中央委员会第三次全体会议公报.转引自三中全会以来重要文献选编（上）.北京：人民出版社.1982.7.

[②] 戴维·W.张.邓小平领导下的中国.喻晓译.北京：法律出版社.1991.

[③] 薛暮桥.中国社会主义经济问题研究.北京：人民出版社.1979.185.

第七章 从改革开放到重庆直辖（1978—1996年）

在城市，并高度依赖城市的基础设施、流通体系、生产生活服务等功能。于是，随着企业扩权试点面的扩大和内涵的深化，城市综合改革试点顺理成章地被提上了日程①。

1979年3月，中共中央决定在国务院下设立财经委员会，由中共中央副主席、国务院副总理陈云挂帅，作为研究制定财政方针政策和决定财经工作中的大事的决策机关。为了推动城市改革，财经委派了7个小组到全国各地调研，其中，刘明夫带队到四川调研重庆企业扩权改革。调研组惊讶发现，重庆作为全国八大城市之一，却和省内其他地区一样，所有经济活动被封闭在行政辖区内，无法发挥对周围地区的经济带动作用。对此，刘明夫在调研基础上提出了"城市是经济发展中心"的概念。他认为城市是生产力最集中的地方，一个城市必须是一定区域的经济中心。因此，他主张对现行城市体制进行改革，让城市能打破条块界限，统一管理和协调企业，并由城市发展带动一定范围的区域经济发展，充分发挥城市在经济发展中的独特作用②。在计划经济体制下，经济的组织模式以企业为单位，城市对于企业间的生产组织极为有限。12月，国务院财经委员会经济体制改革小组将《关于经济管理体制改革总体设想的初步意见》印发全国计划委员会议，这是我国第一个经济体制改革的总体规划。

1980年5月，国务院决定成立国务院体制改革办公室，负责制定改革的总体规划，协调各方面的改革事项。在改革初期，能否在大企业开展试点引发了学界和政界的激烈讨论。1981年7月，中央首先安排两个中等城市——湖北省沙市和江苏省常州市开展经济体制改革试点，主要考虑到失败的风险小，对国民经济大局影响不大。两个试点城市的经验对于制订我国全面改革的总体方案起到重

---

① 白和金. 重庆计划单列及其体制创新的再认识. 转引自重庆市政协学习及文史委员会，重庆市发展和改革学会. 重庆计划单列. 渝内字（2011）085号. 2011年4月. 105.

② 廖伯康. 风云入壮怀：重庆经济体制综合改革试点回忆. 转引自重庆市政协学习及文史委员会，重庆市发展和改革学会. 重庆计划单列. 渝内字（2011）085号. 2011年4月. 7.

要作用，但由于其城市规模小、经济关系较为简单，城市改革需要解决的中央和地方、条条和块块的关系等介入不深。因此，很多学者讨论认为大城市、大企业对国民经济的影响大，更应当扩大自主权，推动改革大局。

在此背景下，1982年3月，蒋一苇（时任中国科学院工业经济研究所所长）和林凌（时任四川省社会科学院副院长）对首钢进行了40多天的调研。通过调研，他们更加明确地认识到对大型企业进行改革的必要性和重要性[1]。此外，他们针对体制改革中存在的内容不配套，宏观经济的管理缺乏成套办法的问题，提出需要选择一些城市进行综合改革试点。在撰写的报告上，他们附注到："我们认为选择一个像重庆这样的大城市进行试点很有必要。常州、沙市情况比较简单，重庆比较复杂，但正因为复杂，才能通过试点，探索一些解决复杂问题的途径，例如中央企业与地方企业如何纳入统一的经济体制，如何建立经济中心等问题，都只能在重庆这样的城市进行试点。"[2] 4月，蒋一苇和林凌的调研报告通过国务院副秘书长马洪呈送给国务院领导。马洪赞成蒋和林的观点，随报告附了在重庆开展试点的建议"关于重庆是否也同沙市、常州一样，作为综合改革试点城市，也请考虑。"国务院总理批示，"在重庆搞试点，原则同意。请体改委议一下。"

新中国成立以来，重庆企业门类齐全、产业链也较为完整。以工业门类为例，1981年工业按行业系统划分，重庆拥有全部14个大部门、166个行业中的144个，理应成为辐射西南的区域经济中心。但是，在现实面前，重庆还面临很多成长的难题。第一，计划经济体制按照条块分割的行政系统管理企业，许多大中企业分别隶属于中央、四川省、重庆市的几十个部、厅、局，每个企业接受主管部门下达的生产计划、资金拨付、供应物资、调拨产品等任务。

---

[1] 蒋一苇，林凌. 从首都钢铁公司看体制改革. 经济管理，1982年第07期，19-23.
[2] 廖伯康. 风云入壮怀：重庆经济体制综合改革试点回忆. 转引自重庆市政协学习及文史委员会，重庆市发展和改革学会. 重庆计划单列. 渝内字（2011）085号. 2011年4月. 10.

第七章 从改革开放到重庆直辖（1978—1996年）

企业之间无法形成协作关系，所得利润又大部分被抽走，只能维持简单的再生产，无力通过技术改造等实现扩大再生产；城乡之间也无法形成良性互动，农村始终处于"卖难买难"的困境。第二，财政支出捉襟见肘。在全省统收统支体制下，从1979年开始，重庆市（含原永川地区）的财政支出是逐年减少的。1979年是5.05亿元，1980年压缩为4.57亿元，1981年再压缩到4.01亿元，1982年略有回升，1983年按省计划核定基数为3.99亿元（含中央财政为支持重庆计划单列而照顾的1 000万元），比1979年低1.06亿元[1]。第三，复杂、迟滞的审批层级。改革前，重庆不能直接报中央部委，每件事都需要先报省，再由省转中央部委。陈世璞回忆说："很多报告都要被卡住，好事往往都变成坏事。例如，卫生部考虑到重庆是工业城市，准备在重庆投资几千万建一家大型的职业病医院，部长钱信忠来渝专门进行了调研，然后由重庆报方案，报到省里一拖再拖，拖了两个五年计划也批不下来，后来批下来了，却建到了成都。"[2] 第四，重庆历史上形成的区域经济联系消磨殆尽，经济中心城市的功能衰退。贵州省的有关人士对于贵州和重庆两者经济联系有一个十分简明的说法：西南大区时"关系好"，大区撤销后"关系少"，"文革"开始后"关系了"[3]。

改革开放初期，重庆陆续在企业层面开展了一些改革探索。1978年10月，重庆钢铁公司等企业就开始进行扩权试点；1979年2月，重庆长寿化工厂、重庆第二针织厂进行了利润留成的扩权试点；1980年2月，重庆钟表工业公司、重庆印刷三厂等企业进行了利改税和自负盈亏的大扩权试点；1981年，重庆市的一轻、仪表两个行业进行了全行业的利改税试点等。但是，由于全面改革和局

---

[1] 马述林. 浓墨重彩谱华章. 转引自重庆市政协学习及文史委员会，重庆市发展和改革学会. 重庆计划单列. 渝内字（2011）085号. 2011年4月. 149.

[2] 陈世璞. 重庆计划单列之背景. 转引自重庆市政协学习及文史委员会，重庆市发展和改革学会. 重庆计划单列. 渝内字（2011）085号. 2011年4月. 170.

[3] 白和金. 重庆计划单列及其体制创新的再认识. 转引自重庆市政协学习及文史委员会，重庆市发展和改革学会. 重庆计划单列. 渝内字（2011）085号. 2011年4月. 116.

部改革、综合改革与单项改革的不同步、不协调，导致一些条块矛盾进一步激化，政企不分的现象更加严重，使得单项改革难以深入进行。重庆的企业问题和改革遇到的难题在全国具有典型意义，因此也是开展城市综合改革试点的理想城市。

1982年5月，蒋一苇和林凌到重庆调研，研究重庆作为改革试点的可操作性方案。重庆市委书记王谦和市长于汉卿抽调人力，配合调研。11月，林凌在调研基础上完成调研报告，并首次使用了"中心城市"的概念。林凌通过将重庆与沈阳、武汉、广州、西安等七八个城市进行比较，认为重庆作为试点城市更具有代表性，主要有五条理由："第一，强调了重庆经济关系的复杂性，认为搞好重庆的改革，既可为全国经济体制改革提供可操作性经验，也有利于发挥国防工业的作用；第二，强调了重庆是改革最早、改革领域最广泛的城市之一，有很好的经济基础；第三，强调了邓小平等老一辈革命家对重庆的关怀和希望；第四，认为重庆是全国唯一不是省会的特大城市，容易在经济上同省里分开；第五，提出正因为重庆容易在经济上同省里分开，所以可以在重庆实行'点'内'试'，就是在操作时将'点'封闭起来，在'点'内打破常规，大胆试行一些特殊的体制和改革，在试验成功之前，其他城市不得仿效。"[1]

从当时的宏观背景看，行政体制改革和经济体制改革的深入也为重庆改革试点提供了可能。在行政体制方面，1982年5月，国家经济体制改革委员会成立，专门负责经济体制改革。在经济体制方面，1982年开始，国家计委开始逐步缩小指令性计划范围，扩大指导性计划和市场调节的范围，即"一缩小、一扩大"。1982年11月30日，时任总理在第五届全国人民代表大会第五次会议上做的《关于第六个五年计划的报告》更是为经济体制改革制定了顶层设计。关于全面的改革，报告提出："今后三年内，一方面要抓紧制

---

[1] 徐塞声，艾新全. 重庆改革开放口述史. 北京：中共党史出版社. 2018. 9.

第七章　从改革开放到重庆直辖（1978—1996年）

定经济体制改革的总体方案和实施步骤，另一方面要更积极更深入进行各项改革的试验。"针对经济生活中城乡分割，条块分割等问题，报告提出："一是要注意发挥行业的作用，一是要注意发挥城市的作用，特别要着重发挥大中城市在组织经济方面的作用。……要以经济比较发达的城市为中心，带动周围农村，统一组织生产和流通，逐步形成以城市为依托的各种规模和各种类型的经济区。"[1]

1983年1月10日，四川省委省政府正式向中央呈送《关于在重庆市进行经济体制综合改革试点意见的报告》[2]。2月8日，《中共中央 国务院批准四川省委、省人民政府〈关于在重庆市进行经济体制综合改革试点意见的报告〉》印发，正式批准同意试点。文件指出："在重庆这样的大城市进行经济体制综合改革是一项重要决策。认真搞好这个改革试点，对于进一步搞活和开发我国西南的经济，探索军工生产和民用生产相结合的新路子以及如何组织好以大城市为中心的经济区，都具有重要意义。"文件要求重庆要充分发挥经济和地理优势，打破行政区划，打通重庆对海外的直接经济联系，加强重庆作为长江上游经济中心的地位和作用，提高社会经济效益，加快经济发展速度，逐步形成以重庆为依托的条块结合、城乡结合、军工生产和民品生产相结合的开放型的经济区和经济网络，为搞活和开发西南经济服务[3]。

重庆改革试点在全国经济体制改革中具有特殊的地位和意义，这与重庆的特殊性有关。重庆拥有诸多"全国第一个"的头衔：全国第一个实行计划单列的省辖大城市、第一个享有相当于省一级经济管理权的省辖中心城市、第一个在一千万农村人口地区中试行大面积市带县的城市、第一个试行省属企事业下放给市管的城市、第一个财政上与中央实行定额分成、超收归己的城市、第一个全面探

---

[1]　中华人民共和国第五届全国人民代表大会第五次会议对《关于第六个五年计划的报告》的决议. 中华人民共和国国务院公报，1982年第20期，895-927.

[2]　徐塞声，艾新全. 重庆改革开放口述史. 北京：中共党史出版社. 2018. 10-11.

[3]　林凌. 创造有中国特色的经济体制的新探索——重庆经济体制综合改革试点综述. 经济体制改革，1983年第01期，36-40.

索军民结合新路子的城市、第一个以大城市为依托全面进行流通体制改革的城市、第一个通过内河口岸直接进行外贸活动的城市等①。

为了便于重庆市推进改革试点,中央决定再次对重庆实行"计划单列",这也是重庆第三次计划单列。与以往不同,重庆第三次计划单列的时间长、面更广、影响更大。第一,国家对重庆市全面实行计划单列。在全国的工农业生产、交通运输、邮电、固定资产投资、主要商品购销和分配调拨、能源和主要物资分配调拨、外贸进出口、财政信贷、劳动工资、科学技术以及各项社会事业发展中,对重庆市单列户头。第二,重庆市作为省级独立计划单位正式列入国家计划。国家安排计划时按"先一后二"的原则进行,即先把重庆市作为一个独立的省级单位加以平衡,然后再加入四川省并在国家计划中单列出来。属于国家计委主管的计划由国家计委单列,属于国务院其他部委主管的计划由其他部委单列。第三,赋予重庆市相当于省一级的经济管理权限。重庆市在制定和执行计划、管理经济上享有省级权限,在保证完成国家计划和省下达计划的前提下,重庆市有权统筹安排全市的生产、建设、流通、分配,被视同省级单位参加全国计划会议和全国性的部门、行业计划会议以及工业生产、商业供货、物资订货会议。不属于国家计委和国务院其他部委主管的计划,原则上由重庆市和市级各主管部门安排,其中,涉及全省综合平衡部分,由省市各方充分协商解决。与此同时,中央在渝部分经济管理机构提高了级别,扩大了权力。在重庆建立了海关、商检、检疫、外轮代理等机构,并享有省级机构的权限。第四,省属在渝企事业单位下放到重庆市管理。省下放的商业、物资批发机构同市公司合并,按照经济、合理的原则和商品合理流向,统一组织商品、物资的收购、调拨、供应。省下放的港口码头和航运企业,由重庆市新成立的港口管理局进行统一管理,统一安排船舶装卸作业,通过合理的劳动组合,提高了运输效率和经

---

① 崔新桓,范国忠,石占奎,熊祖辕.四川城市经济.成都:四川科学技术出版社. 1985. 115.

第七章 从改革开放到重庆直辖（1978—1996 年）

济效益①。

重庆的经济体制改革对于城市规划和建设管理也产生了深远影响。在重庆改革试点后不久，国务院对重庆市的行政区划进行了调整。1983 年 2 月，国务院批准撤销四川省永川地区行政公署，将其所辖的永川、大足、铜梁、合川、璧山、江津、荣昌和潼南等 8 个县全部并入重庆市，实行市带县的新体制。当然，市带县体制本身也是重庆改革试点内容之一。1983 年 6 月，国务院批复重庆市总体规划时提出，"重庆市行政区划扩大一区八县后，应结合城市经济管理体制改革和以重庆市为中心的经济区规划，抓紧做好整个辖区的城镇系统规划，合理布置生产力，促进城乡经济发展。"借着经济体制改革试点的东风，重庆市的城市建设也实现跨越式发展。如珞璜电厂和江北机场项目，在重庆市第一次城市总体规划中都列为2000 年以后建设，计划单列后很快提上了议事日程②。

（二）试点脉络

重庆的经济体制改革从 1979 年底就开始起步，大致经历了起步试验阶段（1979—1982 年）、综合改革试点阶段（1983—1985 年）和深化改革阶段（1986—1988 年）三个阶段③。但是，重庆的改革也并非一帆风顺。尤其是改革初期，由于长期的"左"的观念、计划经济体制观念和封建观念等落后思想等，走了不少弯路。在城市建设领域，1979 年底，重庆经历了长江大桥人体雕塑风波。长江大桥快合龙时，相关部门征集桥头雕塑。其中，四川美术学院叶毓山教授创作的展现男女人体动作的"春""夏""秋""冬"初稿脱颖而出。但是个别市领导和区领导认为其设计的裸体雕塑不合时宜。12 月 16 日，《重庆日报》刊出了设计初稿的照片，在重庆

---

① 俞荣根，张凤琦. 当代重庆简史. 重庆：重庆出版社. 2003. 308.
② 马述林. 浓墨重彩谱华章. 重庆市政协学习及文史委员会，重庆市发展和改革学会. 重庆计划单列. 渝内字（2011）085 号. 2011 年 4 月. 152.
③ 胡晓. 改革的十年 前进的十年——记重庆市经济改革的历程. 经济工作通讯，1988 年第 20 期，30.

社会各界引起了更大争论。事件最终处理结果是，艺术家被迫给四个"人"穿上了薄薄的一层衣服，"艺术屈从于世俗，前卫让位于保守。"①

1979年1月13日，重庆市委印发《关于组织、传达学习党的十一届三中全会文件的通知》，要求提高认识，把主要注意力转移到社会主义现代化建设上来。2月2日，重庆市委召开第四届四次全委（扩大）会议，决心抓住安定团结和按客观规律办事两个关键，尽快把全市党的工作重心转移到社会主义现代化建设上来。此后，重庆市在企业层面开展了一些改革探索。4月11日，建设银行重庆分行与四川维尼纶厂签订5 000万元的贷款合同，这是重庆市第一个基本建设资金由拨款改为贷款的建设项目；9月6日，重庆市决定对重庆塑料五厂、重庆家具一厂等企业进行利润包干试点，完成包干利润计划的超额利润部分，留给企业作为发展生产基金；11月29日，重庆市组建第一家企业性公司——重庆市钟表工业公司。

1980年，中央和四川省对于重庆给予一系列改革支持措施。如7月29日，四川省政府决定从1980年起，对重庆市实行"收支挂钩，增收分成"的财政管理体制；8月22日，经国务院批准，中华人民共和国重庆海关正式成立，重庆市有了对外贸易的窗口。在利好政策支持下，重庆市部署企业改革的数量明显增加。7月，重庆市委召开工业工作会议，决定放宽政策，扩大企业自主权试点数量。经四川省人民政府批准，全市工业企业实行自主权试点的工厂由1979年的20户增加到100户。企业自主权提升带来了明显的经济效益。以重庆钢铁公司为例，扩大企业自主权后，全年盈利达到7 000万元以上，比1979年增加30%左右。企业利润包干方面，重庆市进一步把单个企业利润包干扩大到整行业企业利润包干，首批试点为国民经济调整中困难较大的冶金、建材和电子仪表3个行

---

① 张国林等.大开放促大发展：新重庆发展开放型经济研究.重庆：重庆大学出版社. 1999. 101.

第七章　从改革开放到重庆直辖（1978—1996 年）

业。3 个行业共 17 家亏损企业当年全部扭亏为盈，完成包干上交的财政任务 1 050 万元，实现利润 2 723 万元。除企业试点外，重庆市还对行政管理机关、银行等进行改革探索。如市财政局对市级行政机关的行政经费实行"节余留用，超支不补"的包干办法；重庆市中国人民银行试行企业化经营管理，实行利润留成。

　　1981 年和 1982 年，重庆市在继续扩大企业改革试点的基础上，开始对经济体制深层次改革。第一，企业改革试点方面。1981 年 7 月，整行业企业利润包干规模进一步扩大，又对纺织、化工、医药、轻工和机械 5 个行业实行包干上缴、超收分成的办法；8—9 月，市政府转发市经委、市委研究室《关于推行工业生产责任制的情况通报》，要求各工业部门、各厂矿企业把推行经济责任制、整顿企业列入重要议事日程，此外还研究在财贸企业中大力推行经济责任制；1981 年间，陆续成立了重庆三峡牌洗衣机生产经营联合体、重庆钟表工业联合经营体、"菊花"牌自行车生产经营联合体，为政企分开寻求路径；1982 年，重庆市相关部门决定进一步扩大贷款范围，凡独立核算有还款能力的企事业单位所需基建投资，除尽量利用自有资金外，一律改为银行贷款。第二，开始深层次的经济体制改革。1982 年，重庆市改变了过去单一的指令性计划形式，开始划分指令性和指导性计划，全年下达 85 个工业生产指令性计划指标和 56 个指导性计划指标；8 月，重庆市委、市政府决定改革市区工业管理体制，将区属全民和集体所有制工业企业全部上收由市管理，随后将上收的和原市属的共 798 家企业按产品、行业、工艺等组建了 69 家工业公司（总厂）。当然，改革中也出现一些问题。如上述组建的工业公司还是用沿用行政手段去统管所属工厂，向工厂"一收权，二收钱（管理费、大修理费等）"，以至于工厂认为这些行政性公司是"父母之命的包办婚姻"，是"花钱买了一个婆婆来管自己"[①]。

[①] 于萍. 解开"一条绳"放活"两家人"——重庆市经济体制综合改革的新进展. 经济体制改革，1985 年第 04 期，19-23.

1983年2月，国务院批准重庆试点后，重庆市经济体制改革更加有章可循。1983年1月25日，重庆市成立重庆市人民政府经济体制改革办公室，后改为重庆市经济体制改革委员会。国务院批准重庆试点后，国家体改委和四川省委在重庆召开经济体制改革会议，研究制定出26项专项改革方案，为重庆市各领域系统改革把航定向。如重庆市向中央争取到了港口管理权，制订了《关于重庆水上运输管理体制改革方案》，系统设计了重庆市辖区内的航运、航政、航道和港口等方面的改革[1]。港口管理权改革的成效也非常明显，重庆港务局当年就改变了连续亏损19年的问题，实现盈利102万[2]。3月20日，重庆市委、市人民政府《关于贯彻落实中央指示搞好重庆市综合改革试点的报告》呈报中共四川省委、四川省人民政府，并报党中央、国务院。《报告》呈报了关于计划单列和赋予重庆市相当于省一级经济管理权力、利改税、改革工资管理制度等6个主要问题。4月4日，国务院办公厅转发四川省人民政府转报的《关于贯彻落实中央指示搞好重庆市综合改革试点报告》的通知，要求中央和四川省的有关部门积极协助重庆市做好贯彻落实中央关于经济体制综合改革试点的工作。1983年2月到10月，以中共中央、国务院和国务院各部委名义发出的关于重庆试点的文件就达到22份之多[3]。

关于重庆改革试点的核心内容，马述林概括为4个方面：赋予省级经济管理权限、计划单列、中央和省属企业下放、实行市带县体制[4]。1983年，重庆市围绕这四个方面循序推进。第一，赋予省级经济管理权限。3月29日至4月1日，重庆市委、市人民政府召开经济体制改革会议。市长于汉卿报告全市行政机构改革的意见，

---

[1] 龙生. 重庆港史. 武汉：武汉出版社. 1990. 242.

[2] 廖伯康. 关于重庆经济体制综合改革试点的回忆. 转引自徐塞声，艾新全. 重庆改革开放口述史. 北京：中共党史出版社. 2018. 20.

[3] 彭森，陈立等. 中国经济体制改革重大事件. 北京：中国人民大学出版社. 2008.

[4] 申晓佳. 城市经济体制综合改革试点开启重庆发展新篇章. 重庆日报，2021-06-23，第4版.

第七章 从改革开放到重庆直辖（1978—1996 年）

副市长马力布置体改工作。部分委（局）就计划单列、推行利改税、工资奖励、外贸体改和工商联合等 7 个方面做了专题报告。第二，计划单列。8 月 12 日，国家计委转发四川省计委、重庆市计委《关于在全国计划中对重庆市计划单列户头划转主要指标基数的报告》，从 1984 年起下达给重庆市的各项计划开始单列，相应赋予重庆市以相当于省一级计划单位的计划管理和经济管理权限。为适应国家计划单列、市地合并等经济体制改革的情况，重庆市委就 1984 年的计划编制程序、审批权限、管理办法做出暂行规定，由市人民政府下发执行。第三，中央和省属企业下放。重庆市着力探索解决企业吃国家"大锅饭"和职工吃企业"大锅饭"的路子，主要工作有在国营企业中普遍推行了第一步利改税、在企业中实行奖金与上交税利挂钩浮动的办法、选择部分企业实行工资调改结合和自费浮动升级试点。第四，实行市带县体制。实行市带县新体制后，重庆市政府立即印发了《关于搞好市带县若干问题的决定》，规划建立城乡一体化的工业、流通、交通、科技、金融等一系列体系，在城乡经济结合方面进行探索。企业经济机制改革是经济体制改革的中心环节[1]，这里重点梳理重庆围绕企业进行的改革。

1984 年，重庆市围绕增强企业活力进行改革，把利改税、扩大企业自主权、实行厂长负责制、建立经济责任制和实行奖金不封顶等改革措施作为企业的基础工作来抓，以下促上，以企业改革促进经济主管部门和综合部门的改革[2]。具体包括：一是以搞活企业为中心，上下、内外结合，狠抓"小配套"改革的大面积落实，如把权下放到企业，实行厂长（经理）责任制，改革工资奖励制度，全面实施第二步利改税等；二是为搞活企业铺路搭桥，狠抓纵向经济管理部门的同步配套改革，如坚决改革、调整同企业争权的行政性公司，抓好管理机关和职能机构的简政放权；三是流通体制的改

---

[1] 沿着有中国特色的社会主义道路前进——在中国共产党第十三次全国代表大会上的报告. 1987 年 10 月 25 日.

[2] 张海荣. 重庆市一九八四年经济体制改革大事记. 改革，1985 年第 01 期，73-76.

革进一步向纵深发展，包括建立各类贸易中心 110 多个，发展多元化批发体系，实行自由购销，搞活零售商业，放开农副产品购销政策等。① 为将改革成效制度化、规范化，1984 年，重庆市政府及组成部门出台了一系列文件。4 月，印发《关于在确保完成财政收入任务条件下进一步放宽企业留利政策的意见》《关于改革市属国营企业奖励制度的实施意见》《关于国营企业超限额奖金税试行规定》《关于调整小型国营企业的征税办法》《关于当前若干税收政策问题的处理意见》等多项规定；6 月，印发《关于进一步扩大国营商业企业自主权的规定》，从业务经营、留成资金适用、劳动人事管理等 9 个方面扩大国营商业企业的自主权，随后贯彻执行《国务院关于进一步扩大国营工业企业自主权的暂行规定》，做出了 10 条具体规定；9 月，市物价局、市标准局颁布《关于优质产品实行加价的几项规定》。

1985 年，重庆市一方面继续围绕搞活企业进行改革，另一方面开始深化行政管理体制的改革。企业改革方面，市政府在年初转发市劳动局制定的《重庆市劳动合同制试行办法》，改革用工制度中存在的统包统配、能进不能出的严重弊病；转发市劳动局制定的《关于全面所有制大中型企业职工工资总额随同企业经济效益按比例浮动的试行办法》，在重庆钢铁公司等 30 个单位进行试点；3 月，市委、市政府发文提出在工业、商业、交通、建筑企业中逐步实行厂长（经理）民主选举制、招聘制和任期目标责任制的意见；8 月，市政府批转市财政局、市税务局《关于贯彻执行国营企业第二步利改税施行办法》的补充规定，从当年 1 月 1 日起执行。深化行政管理体制方面，重庆市出台了一系列文件，陆续对蔬菜产销体制、粮食企业财务管理体制、粮食统购体制、区县财政体制、科技体制等进行改革；2 月 18 日，市委、市政府决定市委常委和正、副市长一律不兼任经济实体领导职务；4 月 15 日，市委、市政府做出

---

① 马王孙. 向建立充满生机和活力的经济体制迈进——重庆综合改革引起的显著变化. 经济体制改革，1985 年第 02 期，24-29.

第七章 从改革开放到重庆直辖（1978—1996年）

进一步壮大区县经济管理权限，加快区县经济发展的决定；6月12日，市委决定充分发挥职能部门的作用，撤销86个市级临时机构，占市级临时机构总数的76%。

1986年，重庆市改革的指导思想是对已经出台的各项改革措施进一步消化、完善、配套、发展①。具体包括：第一，从完善企业机制入手，根据所有权与经营权分开的原则，积极探索厂长任期目标经营责任制、上交利税超目标分成经营责任制、资产经营责任制、租赁承包经营、股份制企业等多种经营方式，把责任权利全面落实到经营者和企业中去。第二，以企业为主体的横向联合的范围越来越大，联合的形式越来越多，如出现一批企业群体化集团、城乡对口经济协作、区域间和城市间的经济协作等。第三，作为全国金融改革的试点城市之一，重庆市加快推进金融改革步伐。第四，简政放权，扩大区县经济管理权限，加快区县经济改革的步伐②。

到1987年，重庆国有企业改革的成效逐步显现。1987年1月，重庆市第一家股份制企业——重庆中药股份有限公司正式成立；11月，我国第一个实行股份制的企业集团——中国嘉陵工业股份有限公司（集团）正式成立。1983—1987年重庆市GDP（国内生产总值）年均增长14.1%，超过了全国平均水平；重庆出口总值从1983年的2 844万元增长到1987年的2.23亿美元。1987年12月，国务院副总理万里视察重庆市时给予高度肯定，"重庆总的变化很大，特别是这些年取得了很大成绩。你们的改革设想都是按照十三大精神搞的。你们这些设想是具体的，很好的，我赞成。"③ 总的来看，重庆市的改革从扩大企业经营自主权扩大到上层建筑；从生产领域扩大到流通分配领域；从搞活单个企业扩大到合理调整企业组织结构；从单纯给企业让利、放权扩大到所有权与经营权两权分

---

① 张海荣. 重庆市1986年经济体制综合改革大事记. 改革，1987年第02期，80-81.
② 重庆市地方志编纂委员会. 重庆年鉴（1987）. 重庆：科学技术文献出版社重庆分社. 1987. 11.
③ 俞荣新. 20世纪80年代重庆市经济体制综合改革试点研究. 当代中国史研究，2013年第20卷第2期，68-76+126-127.

离，使城市的经济形式、经济结构和经济运行机制发生了历史性的变化①。

此外，"军转民"改革也是重庆综合改革试点的一项重要内容和任务。由于军工企业的特殊性，国家成立西南兵工局，并成立了重庆船舶工业公司，仍由中央管理，但明确在重庆市统一协调下，探索军民结合的新路子。1983年5月，重庆市在四川省兵器工业管理局、重庆船舶工业公司、航天工业部所属在渝的38家单位规划基础上，编制了《重庆市军工企业民品生产规划（草案）》，提出以开发西南经济和适应国家重点建设需要的产品作为军工企业民品生产发展的方向②。9月23—24日，重庆市委、市政府召开军民结合、发展民品生产工作会议。会议要求，军工企业和民用工业企业加强经济技术合作，充分利用军工企业的技术力量，加速重庆市的经济发展。从1985年开始，每年兵器工业部（五机部）和重庆市都会召开两次部、市联席会，商讨军工企业改造为军民结合型企业和加快"军转民"问题。到1985年，重庆军工企业的民品产值7.3亿元，占其总产值的65%，摩托车产量占全国总产量50%以上，军工企业与市内外500多家企业建立了多种形式的经济技术协作关系。到20世纪90年代，汽车、摩托车制造业已成长为重庆最大的支柱产业③。

当然作为"点上"突破，中心城市经济体制改革难免受到"面上"旧体制的牵制。重庆市经济体制改革委员会委员罗平就认为，直到1988年初，中心城市改革还属于改革展开阶段的、浅层次的、多半是单项的改革，改革不深入、不配套的状况十分突出。为此，他提出新一轮的中心城市综合改革的目标是：围绕转变企业经营机制这个中心环节，积极地有步骤地进行计划、投资、物资、

---

① 胡晓. 改革的十年 前进的十年——记重庆市经济改革的历程. 经济工作通讯，1988年第20期，30.
② 重庆市计划委员会. 重庆市计划管理志. 重庆出版社. 1991. 132.
③ 白和金. 重庆计划单列及其体制创新的再认识. 重庆市政协学习及文史委员会，重庆市发展和改革学会. 重庆计划单列. 渝内字（2011）085号. 2011年4月. 115.

第七章　从改革开放到重庆直辖（1978—1996年）

财政、金融、劳动工资、外贸等方面的配套改革，增长中心城市宏观经济的调控能力，使经济运行走上"国家调节市场，市场引导企业"的轨道，逐步建立起有计划商品经济新体制的基本框架①。

二、经济体制改革与扩大开放（1988—1996年）

（一）经济体制改革

1987年10月25日—11月1日，中国共产党第十三次全国代表大会召开，会上做了题为《沿着有中国特色的社会主义道路前进》的报告。报告指出，"当前深化改革的任务主要是：围绕转变企业经营机制这个中心环节，分阶段地进行计划、投资、物资、财政、金融、外贸等方面体制的配套改革，逐步建立起有计划商品经济新体制的基本框架。"1988年2月11—13日，重庆市召开本市经济体制改革会议。会议强调，要以继续推进和完善各种经营承包责任制、深化企业经营体制改革为重点，相应进行投资、外贸、物资、财税体制的配套改革，建立市场体系，发展横向联合，促进城乡一体化。6月2—12日，十一届重庆市人大一次会议召开，市长肖秧在政府工作报告中对加快和深化综合配套改革做出部署，提出重点做好五个方面的工作：一是深化企业改革，增强企业特别是全民所有制大中型企业的活力；二是深化农村改革，促进农村商品经济的发展；三是以发展生产要素为重点，建立和培育社会主义市场体系；四是逐步建立健全以间接管理为主的宏观经济调控体系；五是改革政府工作机构，加强民主法制建设。

1988年到1991年间，重庆市围绕深化企业改革进行创新，形成了商业"四放开"和工业"五自主"两项具有全国影响力的经验。

第一，商业"四放开"改革。1988年到1990年，我国经济经历了通货膨胀、改革徘徊、经济停滞、市场滑坡、商业萎缩的"过

---

① 罗平.中心城市的深层次配套改革.改革，1988年第01期，109-112.

山车"。重庆的商业状况也不容乐观,全市商业供销系统227个企业亏损。穷则思变,重庆的基层和高层都在寻求突破。1990年秋,重庆巴县青木关供销社首先跳出固定的国合商业模式,通过自主进货、自主销售获得盈利,随后相邻的虎溪区供销社、白市驿区供销社、界石供销社纷纷跟进。1990年底,时任重庆市常务副市长张文彬率队到广东、福建等地进行考察,学习东部地区的先进经验,结合青木关供销社的实践,总结了四个方面的改革:经营放开、价格放开、用工放开和分配放开。"四放开"的实质是深化改革、放开搞活,目的是增强企业自主权,调动职工的积极性,探索从根本上解决体制机制问题。

1991年1月24日,重庆市正式推行商业"四放开"改革。改革也受到一些非议,为此商业部专门派部体改司副司长王凤熙等人到重庆调研。王凤熙调研后,不但肯定了重庆商业零售"四放开"的做法,还向重庆建议将"四放开"进一步扩大到批发领域。随后,重庆的五金、百货、交电、化工等一批批发企业加入"四放开"行列。1991年11月,全国国营和合作商业座谈会在重庆召开,时任中央政治局委员、国务院副总理田纪云对重庆市的"四放开"给予高度肯定,"重庆能够把'四放开'首先在四川打响,在全国也能够放上一炮,使全国的商业深化改革有所突破,就是立了一大功。尤其是在没有路的情况下,重庆走出了一条路,这对全国的改革是一大贡献。"① 随后全国商业系统也掀起了"四放开"的热潮。1992年3月3日,全国供销社系统决定全面推行"四放开";3月14日,商业部部长胡平在全国商业会议郑重宣布:全国商业推行"四放开"!

第二,工业"五自主"改革。1991年10月,重庆市提出国营工业企业"五自主"改革方案,并选定33户企业进行试点,目的是要从落实企业自主权入手,把企业推向市场,促进其转变经营机

---

① 岳非丘. 江入大荒流——重庆商业"四放开"纪事. 红岩春秋. 2008年第2期,12-21.

第七章 从改革开放到重庆直辖（1978—1996 年）

制，提高经济效益和企业素质。改革的主要内容包括：生产经营自主、产品定价自主、人事管理和劳动用工自主、内部分配自主、技术改造自主。① 与以往单纯的减税让利改革不同，工业"五自主"改革在《企业法》框架内，立足于转变经营机制，挖掘企业内部潜力，提高经济效益②。嘉陵厂生产摩托就是一个典型。嘉陵厂与本田摩托合作以后，重庆市组织地方企业与其配合，浦陵机器厂生产发动机、綦江农机厂生产辐条、重庆灯具厂生产车灯、重庆弹簧厂生产车用弹簧、重庆轮胎厂生产轮胎等，高峰时期有 110 多家工厂与嘉陵厂配套，而嘉陵机器厂作为项目"龙头"，集中研究总体设计、车架生产、总装等科技含量更高的环节③。在工业"五自主"政策带动下，重庆也涌现出一批新产品、好产品，如冷酸灵牙膏、奥妮洗发水、北盛玻璃器皿、兆峰陶瓷、重庆啤酒被称为"重庆轻工五朵金花"。

（二）长江上游经济中心起步

改革开放以后，理论界首先提出重点城市经济中心说的概念。1980 年 7 月，薛暮桥在《红旗》杂志发表《经济结构和经济体制的改革》。文章指出过去全国有许多经济中心，"各个经济中心根据地区特点，可以成为某几种大宗商品的集散地。这些经济中心是根据客观条件（生产条件、交通条件等）自然形成起来的，同人为的行政区划不一样，具有极大的适应性和灵活性。这许多经济中心原来就有，只需要加以利用，不需要重新建立。"④ 文章在举例时专门提到，重庆是西南地区的经济中心。从"点"上来看，城市经济中心说有利于城市地方政府组织产业发展和空间布局，打破城市内部条块化分割阻碍；从"面"上看，有利于区域性中心城市打破行

---

① 中国人民银行重庆分行调统处课题组. 对重庆市工业企业"五自主"改革的调查. 重庆经济研究，1992 年第 4 期，35-37.
② 重庆市经济体制改革委员会. 重庆市试行企业"五自主"改革的构想. 改革，1992 年第 2 期，140-144.
③ 徐塞声，艾新全. 重庆改革开放口述史. 北京：中共党史出版社. 2018. 29.
④ 薛暮桥. 经济结构和经济体制的改革. 红旗. 1980 年第 14 期，6-15.

政区划的限制，根据区位、交通、产业联系等客观条件重新构建经济腹地。

此时，重庆市开始自下而上地谋划中心城市建设。1982年春，时任重庆市计委综合处处长白和金在成都召开的改革理论研讨会上，交流了经济中心城市在调整和改革中的地位及作用。他首次突破单纯的老工业基地视角，从发展社会主义商品经济要充分发挥经济中心城市作用的新视角，阐述了对重庆这种历史上形成的大区域经济中心城市恢复国家计划单列的必要性[1]。1982年11月，林凌在调研重庆经济体制改革试点可行性的调研报告中首次使用了"中心城市"的概念。他认为大城市是众多小城市的中心，大城市带动小城市，小城市带动周边地区，从而形成一大片经济区域。林凌的报告不仅为重庆争取了经济体制综合改革试点，也为后来重庆在政治上确立长江上游经济中心的地位起到了理论支撑。

在国家部署重庆改革试点过程中，建设重庆长江上游经济中心也是应有之义。1982年12月24日，中央和国务院有关部委、四川省各厅局在讨论重庆如何改革时，国家计委副主任安志文首先传达了国务院总理的两句话，其中对重庆要说的话是"**发挥重庆中心城市的作用，形成开放的经济网络，对全国形成经验。**"[2] 1983年3月13日，薄一波谈到对重庆综合体制改革的认识时说："中央搞了三个规划区：一是以上海为中心的开发沿海的经济区，吸收国外先进技术，武装全国；二是以山西煤炭为中心的经济规划区；三是以重庆为中心，走军民结合的新路，以发展重庆经济，开发西南经济。"[3] 7月28日到8月3日，中共四川省重庆市第五次代表大会召开，大会通过了《加快改革步伐，为把重庆建设成为长江上游的

---

[1] 白和金. 重庆计划单列及其体制创新的再认识. 转引自重庆市政协学习及文史委员会，重庆市发展和改革学会. 重庆计划单列. 渝内字（2011）085号. 2011年4月. 106.

[2] 周少华. 只待新雷第一声：回忆重庆经济体制改革试点. 转引自重庆市政协学习及文史委员会，重庆市发展和改革学会. 重庆计划单列. 渝内字（2011）085号. 2011年4月. 74.

[3] 同上书. 91.

第七章 从改革开放到重庆直辖（1978—1996年）

经济中心而奋斗》的工作报告，正式提出了重庆作为长江上游经济中心的定位。

此后，重庆不断深化与周边经济区的合作，拓展城市腹地。1984年4月，胡耀邦到贵州考察，在贵州召开了川、云、贵、桂、渝四省五方会议，重庆与云南签订37项经济技术协作项目，与贵州达成48项协议。在胡耀邦的建议下，这个会议被定位为经济协调会，成为一个跨省区、开放式、松散型、区域性的横向经济协调组织。1985年9月，在国家"七五"国民经济和社会发展规划中，西南经济区被列为全国五大一级经济区之一。1986年12月，川、黔、滇、桂、渝四省区五方城市体制改革座谈会在重庆市召开。会议提出，推动西南地区的经济发展，一是要更新观念，培养经济管理、企业管理的人才；二是要打破封闭，实行开放；三是要努力开拓商品市场；四是要加速城市配套改革；五是要提高改革质量。

1988年3月，川、滇、黔3省18地市市长、专员齐聚重庆，按照"自愿参加、平等协商、互惠互利、讲求实效"的原则，决定成立重庆经济协作区。成立大会审议通过了《重庆经济协作区若干原则》，制定了商品物资流通、科技协作、信息交流以及联办经济协作总公司等文件。1988年11月，重庆经济协作区首届交易会在重庆举行，交易会成交额为1.9亿元，经济技术协作签约83项。1989年9月，重庆经济协作区第二届交易会的交易额就突破5亿元大关。到1990年3月，重庆经济协作区成立两年来，各市、地共实现经济技术协作项目1 010项，商贸物资协作交流成交总额达116.7亿元，横向融通资金共26.5亿元。

在经济协作的同时，四省五方还共同推进了西南地区本底调查和发展战略研究。1985年4月，四省五方在重庆召开第二次协调会后，即向中央提出了开展《西南地区国土资源综合考察和发展战略研究》的建议。7月，国务院指示由中科院牵头，组织实施西南地区考察研究任务①。1989 年 12 月，考察组形成了《西南地区资源开发与发展战略研究》系列著作，客观反映和评价了开发大西南的重要意义及其在全国总体发展战略中的地位，也为后来西南各省编制各类空间规划提供了基础支撑。

除了跨省域的经济协作外，重庆市还与涪陵地区、万县地区、黔江地区、南充地区、达县地区等地探索了省内经济协作。1993 年 8 月，为了加速三峡库区及周边地区的开发开放，做好移民安置工作，确保三峡工程顺利进行，四川省政府决定成立四川三峡经济联合发展委员会。由时任四川省省长肖秧任委员会主任、时任四川省副省长甘宇平任常务副主任、时任重庆市市长刘志忠任副主任，其他地区的专员任委员。关于成立委员会的目的，时任重庆市计委副主任马述林回忆说，肖秧希望用经济区的办法打破行政隶属关系，用经济的办法发展这里的经济，形成三峡经济区。而联合发展的主要抓手是四个"通"，即交通、流通（经济）、融通（金融）、政通（政策）。委员会成立后，着手编制了《四川三峡经济区联合发展规划》，提出了经济区的概念、定位、目标和发展重点等，并筹划了一些重大建设项目。委员会运行了约三年时间，到 1996 年 9 月重庆代管"两市一地"停止运作。虽然时间不长，但它巩固了重庆的经济中心地位，也为设立重庆直辖市起到了直接推动作用②。

重庆围绕经济中心建设的成效有目共睹，也得到了国家的认可。1992 年 6 月，国务院在北京召开长江三角洲及长江沿江地区经济发展规划座谈会。会议主题是以浦东开发开放，三峡工程建设为契机，推动长江沿岸地区建成我国继沿海开放带后的第二个开放带。中共中央总书记江泽民、国务院总理李鹏作了重要讲话。中央领导在讲话中将上海比作龙头，把重庆比作龙尾，并强调 90 年代中国经济的腾飞，要使龙头舞起来，龙尾动起来，重庆要建成长江

---

① 刘喜忠. 重庆地貌与经济建设. 中国科学技术出版社，1992.
② 马述林. 鸿爪雪泥话当年 重庆发展改革口述史料. 重庆：西南师范大学出版社. 2015. 109.

第七章 从改革开放到重庆直辖（1978—1996 年）

上游的经济中心①。8 月 13 日，国务院下发《关于进一步对外开放重庆等市的通知》，批准重庆为沿江开放城市，实行沿海开放城市的政策②。1994 年，江泽民总书记到重庆视察，题词"努力把重庆建设成为长江上游的经济中心"。

20 世纪 90 年代中期，随着经济体制改革的不断深化，社会主义市场经济体制基本建立并日趋完善，国家计划的基本性质已由指令性转变为指导性，计划门类和实物管理型指标大大减少简化，综合经济管理部门职能转向宏观调控。1998 年国务院机构改革，撤销了电力工业部、化学工业部等 10 个计划经济意味浓重的工业经济管理部门。但"重庆模式"计划单列的实质性改革内涵仍然存在，即不应以"行政本位"原则而应以"市场本位"原则来确定经济中心城市在全国经济组织管理体系中的层位，赋予经济中心城市必要的自主权，使之更好地发挥市场经济枢纽作用和带动、服务区域经济发展的功能③。

（三）扩大对外开放

1991 年 4 月，七届全国人大四次会议审议通过国务院《关于国民经济和社会发展十年规划和第八个五年计划纲要的报告》，规定了实现第二步战略目标的基本要求；1992 年春，邓小平同志视察南方并发表南方谈话，指出"改革开放胆子要大一点，看准了的，就大胆地试，大胆地闯"。10 月 12 日至 18 日，党的十四大召开，通过了《加快改革开放和现代化建设步伐，夺取有中国特色社会主义事业的更大胜利》的报告，正式将建立社会主义市场经济体制作为改革开放的目标，意味着存在多年的计划与市场之争在指导

---

① 陈之惠. 又踏层峰望眼开：重庆计划单列往事. 转引自重庆市政协学习及文史委员会，重庆市发展和改革学会. 重庆计划单列. 渝内字（2011）085 号. 2011 年 4 月. 137.

② 国务院关于进一步对外开放重庆等市的通知. 中华人民共和国国务院公报，1992 年第 23 期，910-911.

③ 白和金. 重庆计划单列及其体制创新的再认识. 转引自重庆市政协学习及文史委员会，重庆市发展和改革学会. 重庆计划单列. 渝内字（2011）085 号. 2011 年 4 月. 113.

思想领域基本结束。"八五"期间（1991—1995年）我国的改革开放和现代化建设进入新阶段。

1992年3月，四川省重庆市第十一届人大第五次会议通过了《关于政府工作报告及重庆市国民经济和社会发展十年规划和第八个五年计划纲要的决议》。决议提出："必须大胆解放思想，加快改革、开放的步伐。要以搞好国营大中型企业为重点，继续深化企业改革和流通体制改革，积极稳妥地推进价格改革、住房制度以及教育、科技、文化、卫生和社会保障等方面的体制改革。要进一步对外开放，深化外贸体制改革，有效利用外资和技术，扩大国内经济技术交流，形成内、外向并重的经济发展新格局。"① 规划到2000年，重庆提前实现国民生产总值翻两番，人民生活达到小康水平，把重庆建设成为开放型、多功能、初步现代化的长江上游中心城市。随后，重庆市制定了《重庆市进一步扩大对外开放规划要点》，总体目标是"今后十年，进一步扩大对外开放，基本建立起开放型经济体系和产业结构新格局，把重庆建设成为开放型、多功能、初步现代化和国际化的长江上游中心城市。"围绕总体目标，为提高经济结构的开放度，重庆市确定了五个扩大开放的重点领域，包括开放型农业、开放型工业、开放型的商品市场体系、开放型金融系统和开放型的旅游事业。

重庆市经济体制改革和扩大改革开放也得到了国家的大力支持。1992年3月，经国家科委、国家体改委批准，重庆市高新技术产业开发区被列为全国5个推行综合改革试点的高新技术产业开发区之一；5月，国务院批准重庆为沿江开放城市，主要支持措施有"符合国家产业政策的技术改造项目所需进口设备，以及国内不能满足供应的为发展出口农业而进口的加工设备，在1995年底以前，免征进口关税和产品税（增值税）"；② 12月，重庆市陆续代管江津

---

① 《重庆十年发展蓝图》编委会. 重庆十年发展蓝图（1990—2000）. 重庆：重庆出版社. 1992. 156.

② 国务院决定进一步开放重庆、成都等市. 四川政报. 1992年第9期, 4.

第七章 从改革开放到重庆直辖（1978—1996年）

市、合川市；1993年4月，国务院正式批准设立重庆经济技术开发区；5月8日，国务院批准沈阳、杭州、武汉、哈尔滨、重庆、长春、芜湖等城市的经济技术开发区实行沿海城市经济技术开发区的政策。1992—1995年间，西南铝加工厂、潼南涪江大桥、武汉至重庆光缆通信等一批国家"八五"重点建设项目陆续开工、建成。

1983年前，由于重庆没有对外贸易自营进出口权，出口收购发展十分缓慢。从新中国成立至1982年，重庆出口收购总额不足27亿元，只占同期全市工农业总产值的2%。1983年，重庆市获得自营进出口权后，当年完成进出口额3 168万美元。到1996年，重庆市进出口额达到14.03亿元，比1983年增长44倍。其中，出口完成6.36亿元，比1983年增长22倍；进口完成7.66亿元，比1983年增长236倍。进口商品由过去单一的机械设备、仪器仪表发展为包括先进技术设备、工农业生产原料和人民生活资料在内的各类物资[1]。

重庆在改革开放过程中，企业破产、兼并也是绕不开的话题。20世纪80年代中后期，全国有几十万亏损企业资不抵债，早已超过破产的临界点，但依然靠着国家"安定团结费"苟延残喘。1992年，重庆针织总厂破产轰动一时。1992年6月8日，重庆针织总厂向重庆市中级人民法院递交了一份不同寻常的诉状：破产申请书。11月3日，重庆针织总厂厂长罗素明在破产裁定书上签下自己的名字，这个具有42年历史的国营大厂被市场经济无情地一笔勾销[2]。1993年，《南方周末》以《让该死的死去——重庆针织总厂破产的前前后后》为题深度报道了重庆针织总厂破产的前因后果，提出"随着新体制的建立和完善，今后破产责任之剑应该悬在政府、厂长、工人的头上，否则破产企业还会'雨后春笋'般地茁壮成长"，这在一定程度上也为当年提出"建立现代企业制度作为国有企业改革的方向"提供了参考。

---

[1] 俞荣根，张凤琦. 当代重庆简史. 重庆：重庆出版社. 2003. 342.
[2] 让该死的死去——重庆针织总厂破产的前前后后. 南方周末. 1993-4-30，第2版.

第二节　城市规划和城市建设

一、一建、两规

（一）城市建设体制

改革开放后，国家层面的规划和建设管理体制多次调整。1979年3月，国家成立建筑材料工业部、国家城市建设总局、国家建筑工程总局、国家测绘总局和国务院环境保护领导小组办公室。除建筑材料工业部外，后四者均由国家建设委员会代管。1982年5月，国务院部委机构改革，决定将国家城市建设总局、国家建筑工程总局、国家测绘总局和国家建设委员会的部分机构，以及国务院环境保护领导小组办公室合并，成立城乡建设环境保护部[①]。1988年4月，改组为建设部。

1970年，重庆市以三线建设重庆地区分组为基础，组建成立市革委基本建设委员会，统一管理全市范围（包括中央和省投资项目）国民经济计划各个部门的基本建设工作，统一协调建筑安装过程中建设单位、设计和施工三方面的关系，并负责城市规划、工业布局、农村大型水利工程的建设和区县建筑联社有关方针的贯彻执行。1977年3月，市基本建设委员会内部机构调整为办公室、施工处、城建计划处、规划处、建材处、科技处，归口管理单位增加市房管局、市环境保护局等。

1983年6月，在重庆市和永川地区合并和机构改革后，重庆市将市基本建设委员会改为市城乡建设管理委员会，主管全市城乡规划、建设、管理工作。内设机构有办公室、调查研究室、计划处、城市建设处、乡村建设处、基本建设管理处、档案处、政治处，归口管理单位增加市园林局、市规划局、市建材工业局、市公用局、

---

① 李浩. 新中国成立初期国家规划机构的建立及发展过程——兼谈国家空间规划体系. 城市发展研究, 2019年第26卷第7期, 1-8+17.

第七章 从改革开放到重庆直辖（1978—1996 年）

市住宅统建办公室、市建筑科研所①。

此后，为解决土地征收手续烦琐等征地难问题，1984 年 11 月，重庆市人民政府印发《关于建设用地审批权限及有关问题的通知》，决定成立重庆市人民政府征用土地办公室，其主要任务是，统一办理建设用地的征用、划拨、补偿、安置等工作。建设用地单位不再需要与被征地乡村和农民洽谈征地拆迁，只需申报征地办公室审核，市政府授权市城乡建委批准，就能完成征地手续②。1988 年 10 月，重庆市国土局成立，市城乡建委管理土地的职能被撤销，市征用土地办公室移交至市国土局。

（二）城市规划体制

1976 年 7 月，唐山发生大地震。为尽快开展唐山重建，国家建委城建局组织多方力量编制了重建唐山市的总体规划。不到一年时间，规划编制完成。1977 年 5 月，国务院批准了唐山市总体规划。这使人们认识到，建设城市没有城市规划是不行的。1978 年 3 月，国务院在北京召开第三次全国城市工作会议，制定了《关于加强城市建设工作的意见》③。该文件明确阐述了城市规划工作的性质、原则和重要性，并要求"全国各城市，包括新建城镇，都要根据国民经济发展计划和各地区的具体条件，认真编制和修订城市的总体规划、近期规划和详细规划。大中城市和重点建设的小城镇，二、三年内都要作出城市规划"。随后，中共中央以中发〔1978〕13 号文将文件发布。城市规划的第二次春天到来④。

"文革"前期，重庆市规划管理工作基本停顿。1971 年后，重庆的城市规划管理工作由市基本建设委员会内设的规划处负责。

---

① 重庆市城乡建设管理委员会，重庆市建筑管理局. 重庆建筑志. 重庆：重庆大学出版社. 1997. 16.
② 重庆市地方志编纂委员会. 重庆年鉴. 重庆出版社. 1987. 245.
③ 曹洪涛同志在中国建筑学会城市规划学术委员会成立大会结束时的讲话. 城市规划，1978 年第 6 期，4-11.
④ 曹洪涛. 与城市规划结缘的年月. 转引自中国城市规划学会. 五十年回眸：新中国的城市规划. 北京：商务印书馆. 1999. 39.

1979年5月，国家成立了国家城市建设总局，内设城市规划局，负责城市规划管理工作。在此背景下，1980年5月，重庆市规划局第一次作为独立建制的行政管理机构正式成立，其主要职责是负责城市规划、设计、建筑管理和勘测管理工作。内设机构包括办公室、人事科、计划科、规划技术室和建筑管理处等5个科室。重庆市主城规划区内的城市规划管理由市规划局负责，全市的镇、乡规划管理由市建委负责，城乡规划分头管理。市规划局具体管理范围包括主城7区4县城镇区，核心面积102平方千米。1989年5月，《重庆市城市规划管理条例》颁布施行，条例明确城市规划管理实行集中统一指导下的分级管理体制。重庆市规划局负责全市城市规划管理工作，市区规划管理部门负责本区的城市规划实施的监督、检查和对违章行为的管理，南桐矿区（今万盛经开区）、双桥区（今属大足区）和各县规划管理部门负责本区、县城市规划管理工作。

1986年2月，四川省政府印发《关于加强城市建设的通知》（川府发〔1986〕33号）。通知要求，"各级政府特别是城市政府都要根据城市规划、建设、管理任务的需要，设立相应的机构，确定相应的编制，配备调整好各级领导班子，建立健全各项基本制度……"① 从1987年起，重庆市规划局陆续在主城各区和开发区设立派出机构，负责所在区域的规划事宜。这些派出机构实行市区共管或区管为主模式。1993年开始，重庆市主城9区规划管理权力逐步统一集中到市规划局，逐步成立了隶属于市规划局的主城9区规划管理办公室。

在完善管理体制的同时，重庆市也不断完善管理机制。1980年10月，全国城市规划工作会议召开，会议讨论了《城市规划法》草案，并形成了10条《全国城市规划工作会议纪要》。1980年底，国家建委和城建总局将制定的《城市规划法》（草案）报送国务院，后多次修改，其最终在1984年以条例形式由国务院印发，即《城

---

① 四川省人民政府关于加强城市建设的通知. 四川政报，1986年第3期，13-17.

第七章 从改革开放到重庆直辖（1978—1996年）

市规划条例》。在国家层面影响下，重庆也陆续制定了一系列规范性文件和地方法规。1980年12月，重庆市人民政府印发《关于加强城市规划、建设和管理的暂行规定》，提出了总规编制、依规建设、规划法规、城建资金、管理体制等要求；1986年9月，市规划局印发《重庆市城市片区规划编制办法》；1989年5月，经四川省七届人大九次会议批准，重庆市颁布了《重庆市城市规划管理条例》。1989年12月26日，全国人大常委会通过我国第一部城市规划的国家法律——《中华人民共和国城市规划法》。1990年4月和1998年9月，重庆市人民政府两次对《重庆市城市规划管理条例》进行修订。

2000年4月，重庆市规划委员会成立，它是市委、市政府高层次的议事决策机构。委员会下设城市建筑艺术与环境专家咨询委员会、城市发展专家咨询委员会及办公室，与市规划局合署办公。2000年8月，设立了重庆市规划委员会办公室秘书处，负责规划委员会日常工作。

（三）土地利用规划体制

新中国成立初期，我国没有建立专门的土地利用规划管理制度。20世纪50年代中期，我国借鉴苏联以城市为中心的区域规划思路，探索开展了区域规划，但不久后停顿。改革开放后，随着四个现代化建设的加快，我国人多地少的问题日益显现，吃饭和建设的矛盾也日益严重。1979年，农业部首先恢复了土地利用局。1982年，国务院机构改革，新成立了农牧渔业部，内设土地管理局，承担全国土地归口管理职责。省级层面的土地管理有三种机构设置情形：一种是由省、自治区政府设置土地（国土）管理局（厅、办公室），委托农业部门代管；另一种是由政府确定农业部门为土地管理机构，在农业部门下设土地管理局（处）；还有一种是政府没有归口统一管理的职能机关，土地管理工作由几个部门分管[①]。机

---

① 黄小虎. 新时期中国土地管理研究（上卷）. 北京：当代中国出版社，2006. 55.

构上下不协调，加之没有相应的法律支撑，国家土地管理部门无法全面承担统一管理全国土地的权限和职责。

1986年2月，国务院常务会议决定，组建国家土地管理局，为国务院直属机构。3月31日，中共中央、国务院印发《关于加强土地管理、制止乱占耕地的通知》（中发〔1986〕7号），"为了加强对全国土地的统一管理，决定成立国家土地管理局，作为国务院的直属机构。国家土地管理局负责全国土地、城乡地政的统一管理工作，……。县以上地方各级人民政府都要根据统一管理土地的原则，建立健全土地管理机构。"① 8月1日，国家土地管理局正式挂牌成立，主要职责是根据国民经济和社会发展规划、计划，组织编制土地利用规划、计划和土地后备资源开发规划、计划，并对规划、计划执行情况进行督促检查。

国家土地管理局成立前，一些地方在编制国土规划过程中成立了土地管理机构。1987年1月25日，国务院办公厅转发了《关于加强土地统一管理的会议纪要》。纪要进一步明确要求县以上地方各级人民政府都要按照中央和国务院的要求，根据统一管理城乡土地的原则，建立健全政府的土地管理机构②。2月28日，经国务院同意，劳动人事部、国家土地管理局联合印发《关于建立健全土地管理机构若干问题的通知》。通知指出："为了加强土地管理，保证《中华人民共和国土地管理法》的贯彻实施，县以上地方各级人民政府应抓紧工作，尽快建立健全城乡土地的统一管理机构，同时将现在由城乡建设、农业等部门管理的有关业务和人员归并进来。"

由于土地利用规划和城市规划的关系没有完全理顺，各地在组建土地管理机构时也出现了各种各样的问题。有的把城市规划管理机构撤销全部划入土地管理部门，有的把城市建设用地管理机构归于土地管理部门，还有的把城市规划编制人员编制大量抽调给土地管理部门等。1987年8月，城乡建设环境保护部专门下发《关于

---

① 马克伟. 土地大辞典. 长春出版社，1991. 1104.
② 同上书. 1105.

第七章　从改革开放到重庆直辖（1978—1996年）

贯彻国务院加强城市建设工作的通知精神，切实加强城市规划实施管理的通知》。通知强调："城市规划管理机构是实施城市规划的政府职能部门，只能加强，不能削弱。凡是整个机构划归土地管理部门的，应恢复其独立的建制；城市建设用地规划管理职能划归土地管理部门的，应划回城市规划管理部门；城市规划管理部门的人员编制不宜削减。"

重庆市国土局成立相对较晚，但成立前有相关机构负责土地利用规划工作。1976年12月，重庆市成立了农业区划办公室，并在1983年4月正式列为市农委隶属单位；1985年1月，重庆市在市计委内部新设置了国土处，对外称重庆市国土规划办公室。1986年12月，四川省人民政府印发《关于成立四川省国土局的通知》（川府发〔1986〕234号），提出在四川省土地管理局、省农业区划办、省计经委国土处和省建委规划处、移民办的基础上，成立四川省国土局，负责全省国土规划整治、城乡土地管理和农业区划，以及土地管理法的执行和监督管理[1]。1987年2月，四川省编制委员会、省国土局联合印发《关于设立市、地、州、县土地管理机构有关问题的通知》，要求各地设立地方土地管理机构。

1988年10月20日，重庆市政府印发《关于进一步明确国土管理工作中有关部门职责的通知》（重府函〔1988〕116号），成立重庆市国土局，为市政府直属机构，主管全市城乡土地、地政和农业区划的综合部门。同时，明确市国土局负责对全市城乡土地实行统一管理，撤销了市农委、城乡建委、房地产管理局、规划局管理土地的职能；将市征地办、市农业区划办，市房地产管理局地政处及城镇土地测量队，划归市国土局管理[2]。市国土局成立后不久，重庆市属9区12县陆续建立了区县国土局，为区县政府直属机构，业务上接受市国土局指导。至此，重庆市结束了长期以来的土地多头管理局面，全市城乡一体的土地管理体系形成。

---

[1]　四川省人民政府关于成立四川省国土局的通知.四川政报，1987年第1期，21.
[2]　高群.重庆市土地管理志.重庆：西南师范大学出版社，1991.382.

1997年，党中央、国务院决心用最严格的措施来管理土地和保护耕地。1998年，国务院机构改革，成立国土资源部，负责土地、矿产和海洋等资源的规划、利用、保护与管理，土地统一管理进入新时期。1998年，重庆市机构改革，撤销市房地产管理局、市国土局，设立重庆市土地房屋管理局，负责全市城乡土地、房屋及住房制度改革和行政执法。1999年，市政府以渝府〔1999〕95号批复，"在市地房局现有职能的基础上，增加地矿资源行政管理和地质灾害防治的职能，将市计委所属的市矿产资源管理办公室成建制划入市地房局。"[①] 2000年9月，重庆市土地房屋管理局划入市计委承担的矿产资源行政管理职能，更名为重庆市国土资源和房屋管理局。

二、规划编制

（一）城市总体规划（1983版和1998版）

1978年，《国务院关于加强城市建设工作的意见》（中发〔1978〕13号）印发，文件指出："城市规划是一定时期内城市发展的计划，是城市各项建设工作设计和管理的依据。"文件印发后，1978年7月，国家建委城建局在石家庄召开城市建设计划会议，安排部署了全国各地城市规划编制和审批工作。其中，省会和五十万人口以上的城市计划在三年内完成：第一批八个城市（兰州、天津、合肥、石家庄、沈阳、南宁、呼和浩特、长沙）要求在1979年上半年前报国务院审批；第二批十二个城市（注：原文为十五个城市）（西安、昆明、福州、南京、济南、乌鲁木齐、杭州、西宁、银川、郑州、鞍山、本溪）要求在1979年底前报国务院审批；第三批是哈尔滨、广州、武汉等22个城市，在1980年前报国务院审批[②]。

---

① 重庆市土地房屋管理局. 重庆土地房产事业. 渝新内字（99）186号. 1999年10月.
② 曹洪涛同志在中国建筑学会城市规划学术委员会成立大会结束时的讲话. 城市规划，1978年第6期，4-11.

第七章 从改革开放到重庆直辖（1978—1996 年）

1977 年，重庆市开始城市总体规划的调查研究和资料准备工作。1979 年，重庆市成立重庆市城市总体规划领导小组，时任市长于汉卿任组长，正式着手城市规划编制工作。1980 年，重庆市人民政府发布《关于加强城市规划、建设和管理的暂行规定》（重府发〔1980〕137 号），要求抓紧重庆市总体规划编制工作，争取尽早上报国务院审批。重庆城市总体规划编制采取群众路线，上下结合的方式，广泛发动各领域专家共同参加规划的制订和修改工作。1981 年 4 月，规划基本编制完成并组织评议，随后市政府上报四川省政府。8 月，省政府审查同意，呈转国务院审批。1983 年 6 月，国务院作出《关于重庆市城市总体规划的批复》（国函字〔1983〕116 号），原则同意重庆市城市总体规划。批复确认了重庆市的城市性质，"我国的重要工业城市，是长江上游的经济中心、水陆交通枢纽和对外贸易港口"，此外，还对重庆市的城市规模、土地使用、环境保护、防洪安全、对外交通、城镇体系和近期建设等提出具体要求。城市总体规划获批结束了重庆长期以来"边规划、边建设"的历史，城市规划和建设进入了一个新的历史时期。

值得一提的是，国务院的批复具有鲜明的时代烙印，可以看到当时国家对于城市的导向。第一，对大城市规模的控制。《国务院关于加强城市建设工作的意见》提出，百万以上人口的特大城市，今后不要再在市区和近郊区安排新的建设和大的扩建项目；五十万以上人口的大城市也要严格控制，切实防止膨胀成新的特大城市。因此，国务院要求重庆"要采取有效措施控制重庆市区的人口规模，到本世纪末，市区人口要控制在一百七十万以内。"第二，珍惜和合理使用土地。新中国成立以来，各级政府一直强调节约用地问题。但由于我国一直未建立土地市场，有种错误观念认为盖房子只要向主管部门伸手要地就行了，似乎用地是不要钱的。对于这种错误倾向，吴良镛在《"纵得价钱，何处置地"——浅谈城市规划中的节约用地问题》一文中提出："在不同的地段发挥'土地利用效率',这是在我们没有'地价'指标下的所要研究的新课题。"①国务院在批复中要求重庆通过技术改造提升经济效益、采用不同用地标准等途径合理使用土地。第三,城市环境问题。《国务院关于加强城市建设工作的意见》提出,"防治污染,保护环境,已经到了刻不容缓的时候了。"1979 年 9 月,我国第一部综合性的环境保护法律《中华人民共和国环境保护法（试行）》颁布。作为重工业城市,重庆的环境问题一直比较突出。1982 年 6 月 18 日,重庆市巴县境内夜间降酸雨,使长生乡一带上万亩水稻叶片发红枯死,酸雨 pH 值达到 3.9—4.2。类似酸值的严重酸雨,当年 5 月到 6 月,重庆地区连续发生过 3 次。

除此之外,重庆市的规划也有自身的特点。在城市规划编制和审批过程中,中央对重庆市给予一系列支持措施。如 1975 年,设立双桥区；1976 年 1 月,江北县由四川省永川地区划归重庆市领导,改变了重庆城区在嘉陵江北岸仅有沿江 3—5 千米带状区域的困境；1983 年 2 月,中共中央、国务院批准在重庆进行经济体制综合改革试点,重庆成为全国计划单列市,拥有了相当于省一级的经济管理权限。合并以后,重庆市辖 9 区 12 县,总人口达到 1394万。因此,国务院批复指出,"重庆市行政区划扩大一区八县后,应结合城市经济管理体制改革和以重庆市为中心的经济区规划,抓紧做好整个辖区的城镇系统规划,合理布置生产力,促进城乡经济发展。"从批复要求看,重庆市开始从都市型城市向区域型城市转型。重庆市城市总体规划批复后,全市区县和片区陆续编制了不同层级的城市规划。到 1986 年底,全市 7 个片区和 12 个县城的总体规划、县城规划全部编制完成。

到 1987 年,重庆的城市发生一些新的情况。1984 年 4 月,重庆市与永川地区合并,市域范围、城市人口、城镇体系和生产力布

---

① 吴良镛."纵得价钱,何处置地"——浅谈城市规划中的节约用地问题. 城市规划, 1978 年第 6 期, 19-29.

第七章 从改革开放到重庆直辖（1978—1996年）

局都发生了变化，城市用地规模和用地布局需要相应调整；"三线建设"布局调整，重庆市内外30余家兵工企业、科研单位逐步迁入重庆城区或城市近郊区，对城市的布局结构、用地发展和人口规模等均产生了较大影响；1986年12月，国务院公布第二批历史文化名城，重庆市位列其中。针对这些情况，重庆市在1988年对原总体规划进行修改和完善。主要调整内容有：（1）城市定位方面。增加我国历史文化名城，城市性质确定为"重庆是我国的历史文化名城和重要工业城市，是长江上游的经济中心、水路交通枢纽和对外贸易的港口。"（2）城市人口和用地规模方面。人口规模调整为近期1990年，主城中心区178万，远期2000年200万；城市用地规模由原规划102.2平方千米增加到140平方千米。（3）城市发展方向和布局方面。根据交通调整改善和用地条件评估，提出了"北移东进"的城市发展战略方针。（4）产业和用地结构方面。着重增加第三产业，调整部分片区的功能和规模，增强副中心作用，将观音桥地区、南坪地区、沙坪坝地区和石桥铺地区作为主要城市发展区。①

1983版城市规划确定的重庆母城"多中心组团式"的城市基本结构和重大基础设施预留对于重庆市城市建设、国民经济和社会发展起到了重要的指导作用。1990年，时任重庆市长孙同川在重庆市第十一届人民代表大会第五次会议上作政府工作报告，充分肯定了城市规划的地位和作用。他在回顾20世纪80年代城市建设和改革的重大成就时说道："八十年代，是我市沿着建设有中国特色的社会主义道路开拓前进的十年，是建国以来我市发展生机最旺盛的十年……城乡建设步伐加快。制定了城市总体规划，把城市基础设施建设放在突出地位，建成了江北机场、嘉陵江石门大桥、210国道红双段、菜袁公路一期工程、微波通讯中心、万门程控电话等

---

① 重庆市规划局.重庆市志：城乡规划志（先秦—2009）（第一册）.重庆：重庆出版社.2017.20.

一批重点项目……"①

由于1983版城市规划编制于市场经济形成初期，保留了不少计划经济时代的规划特点，对于城市经济体制改革过程中出现的新情况和新问题预计不足，因此，无法完全适应经济体制改革后的城市发展需要②。到1993年，规划修编已经迫在眉睫。1993年，重庆市人民政府成立城市总体规划修编领导小组，并将规划修编列入1994年和1995年市政府中心工作。到1995年，基本完成新一轮城市总体规划修编工作，形成规划文本、图件和规划说明书等。1995年12月26日，《重庆市总体规划（1996—2020年）》通过国家级专家评议会的评审。1996年1月，重庆市十二届人大常委会十七次会议审议，原则同意《重庆市总体规划（1996—2020年）》，随后报四川省审查。但在准备报国务院审批前夕，重庆市发生一系列重大变化。1996年9月15日，四川省将万县、涪陵及黔江地区划归重庆代管，重庆也进入直辖市筹备阶段。1997年6月18日，重庆正式成为直辖市，行政辖区成倍增长。因此，重庆市整合了万州、涪陵和黔江"两市一地"的城市规划内容，并对原报送的城市总体规划进行适当修改。包括：第一，完善城镇体系，开拓新的城市发展空间；第二，提高城市基础设施现代化水平，建设适应山城特点的交通运输体系；第三，改善城市环境质量，优化城市生态系统，保护历史文化和山城、江城的历史环境风貌；第四，加强以教育、文化、体育、卫生为主要内容的城市精神文明基础设施建设；第五，做好城市的防洪、消防、人防、防治危岩滑坡等城市防灾部署③。

此版城市总体规划还借鉴了当时重庆市的其他相关工作。第一，重庆市发展战略研究。1996年7月，为做好重庆直辖后的发展

---

① 《重庆十年发展蓝图》编委会.重庆十年发展蓝图（1990—2000）.重庆：重庆出版社.1992.124.

② 重庆市规划局.重庆市志：城乡规划志（先秦—2009）（第一册）.重庆：重庆出版社.2017.164.

③ 同上书.167.

第七章 从改革开放到重庆直辖（1978—1996年）

规划，重庆市成立了发展战略研究小组，委托时任重庆市委党校副校长周勇牵头研究《重庆直辖市发展目标研究（1996—2010）》。课题组基于重庆市独特的市情，即"大城市、大农村、大库区、大移民、大扶贫、大开发"并存，研究提出重庆直辖市发展目标是，"到本世纪末把重庆建成长江上游的经济中心，在2010年把重庆初步建设成为我国西部地区的经济中心、文化中心和城市体系中心，成为具有较强国际影响力的现代化大都市。"此时，市计委主导的重庆直辖市发展战略研究小组倾向于"单目标"，即"把重庆建设成为长江上游的经济中心"。第二，《重庆市"九五"计划和2010年发展目标》。1995年底，重庆市委印发《关于重庆市"九五"计划和2010年发展目标的建议》。1997年6月，重庆市人民政府据此编制了《重庆市国民经济和社会发展第九个五年计划和2010年远景目标纲要》（渝府发〔1997〕4号），提出了重庆市城镇体系和生产力布局的安排等诸多内容。关于城镇体系建设的总目标，纲要提出："实施城市总体规划，逐步建成由特大城市—大城市—中等城市—小城市—小城镇组成的层次分明、规模适度、功能合理的长江上游现代化城镇群。形成以重庆都市圈为中心，万县、涪陵、黔江、永川等地区性中心城的'一星多极网络'的空间结构体系，努力提高城市化水平。"

1997年底，重庆市人民政府《关于报请审批重庆市城市总体规划调整方案的请示》（渝府文〔1997〕9号）上报国务院。1998年12月，国务院原则同意修订后的总体规划。1999年，重庆市人民政府印发《关于贯彻执行重庆市城市总体规划的通知》（渝府发〔1999〕15号），城市规划正式进入实施阶段。

（二）国土规划探索

党的十一届三中全会后，随着党和国家的工作重心转移到经济

---

① 周勇.我所经历的重庆直辖.转引自重庆市政协学习及文史资料委员会.回忆重庆直辖.重庆：重庆出版社.2017.148.

建设上来，正确处理经济发展和人口、资源、环境的关系，编制国土开发整治规划显得越来越重要。1981年4月2日，中共中央书记处第97次会议做出关于加强国土整治工作的决定；10月7日，国务院批转国家建委《关于开展国土整治工作的报告》并发出通知。1982年到1984年，国家计委国土局先后部署了京津唐地区、宜昌、宁波地区和吉林松花湖地区等20多个区域性国土规划试点。从问题导向看，国土规划的定位是：第一，解决国民经济五年计划期偏短的问题，为制订国民经济长远计划提供依据；第二，突破行政区限制，按照发展经济的原则去规划；第三，解决发展与保护的冲突，确保发展规划不脱离本地区自然资源、自然条件和自然环境等资源本底①。

1984年12月，国家计委在郑州召开全国国土规划工作会议。会议强调，编制全国国土规划纲要是一项重大紧迫任务，一定要在1985年内完成，并要求各地在1985年和1986年完成省级国土规划②。1985年3月26日，国务院批转了国家计委《关于编制全国国土总体规划纲要的报告》（国发〔1985〕44号）。文件指出："国土规划是国民经济和社会发展计划的重要组成部分，对于合理开发和利用资源，提高宏观经济效益，保持生态平衡等具有重要的指导作用，也是加强长期计划的一项重要内容。"在随后召开的全国国土总体规划纲要讨论会上，时任国务委员兼国家计委主任宋平进一步强调，"国土规划单有全国的总体规划是不够的，还要结合各地实际情况，分别提出有针对性的各种专项规划和地区规划。"③

此后，各省区市开始推进国土规划编制工作。1985年6月，四川省人民政府印发《四川省人民政府批转省计经委关于大力搞好国土规划工作的报告的通知》（川府发〔1985〕94号）。通知要求：

---

① 吕克白. 有关国土规划工作的几个问题——吕克白同志1982年9月24日在南方省、市、自治区国土规划工作讨论会上的讲话（摘要）. 计划经济研究，1982年第40期，10-20.

② 王锦华. 全国国土规划会议在郑州召开. 地理学与国土研究，1985年第1期，61.

③ 宋平同志谈编制国土规划问题. 计划工作动态，1985年第9期，5-6.

第七章 从改革开放到重庆直辖（1978—1996年）

"开展国土规划工作是一项较大的系统工程，各方面要通力合作，互相配合。各地区、各部门要在全国统一部署下，加强领导，积极参加全省国土规划工作，争取按时完成我省的国土规划和各项专题规划。"

1985年，国家计委国土〔1985〕36号文、四川省计经委川计函〔1985〕45号文、重庆市政府重府发〔1985〕127号文批准同意重庆市开展重庆地域国土总体规划工作①。重庆地域国土总体规划以重庆行政辖区为规划范围，分近期、中期和远期三个规划期，近期为1990年，中期为2000年，远期为2020年。总体目标是：对2020年前重庆地域的国土开发与整治提出符合实际的最优的总体部署，尽快把重庆地域建设成搞活和开发西南的重要基地，使重庆真正成为一个经济发达、文化繁荣、生态良好、城乡协调、多层次、多功能、开放型的现代化的长江上游中心城市。规划包括5个方面内容：（1）确定重庆地域的经济发展方向和经济结构；（2）能源、交通、电讯和市政建设等重大基础设施的统一安排；（3）生产力、人口的合理布局和城镇体系格局；（4）经济分区的确定；（5）环境的综合治理。

重庆地域国土总体规划包括综合规划和专题规划两个层次。综合规划有：（1）重庆地域国土资源综合开发规划；（2）重庆地域生产力布局总体规划；（3）重庆地域环境综合治理、保护规划；（4）重庆地域经济分区规划。专题规划有：（1）土地资源合理开发利用规划；（2）能源、资源开发与能源基地建设布局规划；（3）优势矿产资源开发与基地建设布局规划；（4）主要江河、湖泊（水库）的综合开发治理规划；（5）农村经济结构调整与主要农产品商品基地建设布局规划；（6）工业结构调整与发展、布局规划；（7）综合运输网建设与交通运输发展规划；（8）重庆基础设施建设布局规划；（9）城镇体系与布局规划；（10）"三线"建设布局

---

① 重庆市计划委员会. 重庆市计划管理志. 重庆出版社. 1991. 140.

的调整与军民结合规划；（11）城市环境治理保护规划；（12）人口合理配置与劳动力资源开发利用规划；（13）重点地区开发治理规划；（14）旅游资源开发利用规划。

重庆市国土规划最终形成5项成果，分别是重庆国土资源、重庆地域总体规划纲要、重庆地域各专题规划方案、重庆地域总体规划方案和重庆地域近期规划方案。与城市规划相比，国土规划是行政区全域规划，还有不少是跨区域规划。但是由于缺乏法律支撑，加之规划涉及部门多、地区多、协调难度大，导致规划执行困难。因此，很多规划要么没上报，要么没审批，最终不了了之。资料显示，重庆市向上级提交了国土规划，但没有规划审批的记载。

当然，国土规划也并非一无是处。国土规划编制形成的扎实基础成果同样适用于相关空间类规划编制，有些规划方案还被应用到国民经济发展规划当中。1987年10月，重庆市相关部门组织北京大学魏心镇领衔专家组对《重庆国土资源》进行评审，专家组一致认为："《重庆国土资源》全面而系统地反映了重庆各类资源的现状、特点以及开发利用的最新情况，内容综合，评价恰当，对国土资源的进一步开发的方向和整治途径表述了有决策参考性的意见。"[①] 1990年，重庆市计委在制订《重庆市国民经济和社会发展十年规划和第八个五年计划纲要》过程中，就充分吸收了重庆市国土规划成果。《纲要》第八章"'八五'期间的国土开发整治和环境保护"将制定重庆国土开发整治规划作为一项重要任务，同时提出的工业发展和老工业基地改造振兴、国土整治和灾害防治、生产力布局调整和区县经济发展等工作也都吸收了国土规划相关内容。

与国土规划几乎同期，土地利用规划也开始受到中央高层关注。1981年，时任总理在五届全国人大四次会议上的报告提出："要积极开展农业自然资源调查，分别制定全国的和省、县的农业区划和土地利用总体规划，以及社队的土地利用规划。"1986年国

[①] 重庆市计划委员会，重庆市国土规划办公室. 重庆国土资源（上册）. 1987. 1.（内部发行）.

第七章 从改革开放到重庆直辖（1978—1996年）

家土地管理局成立后，土地利用规划进入快速建构期。但从制度设计看，土地利用总体规划并非要替代国土规划，正如国家土地管理局在《关于开展土地利用总体规划工作的报告》中所言："目前，国家计委已制定《全国国土总体规划纲要》，就整个国土的开发整治勾画了几本蓝图，其中有关土地开发利用问题，需要通过土地利用总体规划具体化。"① 事实上，国家计委也在继续推动国土规划编制工作。1989年5月，国家计委在武汉市召开全国国土规划工作座谈会，旨在进一步推动和加强国土规划工作②。会议讨论了《关于加强省、自治区、直辖市国土规划的通知》及《全国国土总体规划纲要》（送审修改稿）。

1990年9月，国务院批准了第一个全国重点综合开发地区国土规划——《乌江干流沿岸地区国土规划》，规划范围包括今重庆市涪陵、黔江等区县以及贵州省的部分地区③。同期，四川省专门成立了川东地区国土综合开发规划领导小组，由副省长马麟担任主任，部署和指导编制包括重庆、南充、达县、涪陵、万县、綦江、遂宁等市、地及内江市乐至县在内的国土综合开发规划，办公室挂靠重庆市计委④。

由于土地利用规划涵盖了原国土规划中的用地布局安排，进入20世纪90年代，有学者就建议国土规划进一步突出区域经济发展的主题，使国土规划中的资源开发、生产力布局和环境保护等统一归并到区域经济发展这一核心目标，规划名称改为"区域综合开发规划"⑤。但是，随着1998年国土资源部成立，土地利用总体规划

---

① 国务院办公厅转发国家土地管理局关于开展土地利用总体规划工作报告的通知. 中华人民共和国国务院公报，1987年第30期，987-989.
② 杨廷秀. 全国国土规划工作座谈会在武汉举行. 地理学与国土研究，1989年第3期，11.
③ 胡如忠. 乌江干流沿岸地区国土规划的编制程序和主要内容. 中国人口·资源与环境，1991年第1期，44-46.
④ 省川东地区国土综合开发规划领导小组成立. 四川政报，1990年第5期，29.
⑤ 王一鸣. 建议将"国土规划"改称为"区域综合开发规划". 经济研究参考，1996年第Z2期，45.

体系不断完善，国土规划没有正式纳入国家行政管理体制机制当中。2017年1月，国务院印发《全国国土规划纲要（2016—2030年）》，并要求各地区、各部门尽快组织开展省级国土规划编制工作。但是随着党和国家机构改革、国土空间规划体系建立，国土规划再次被改革洪流所消融。

（三）第一轮土地利用规划

土地利用规划并非一项全新工作，我国早在20世纪50年代就进行过探索。1959年9月，农业部印发《关于加强人民公社土地利用规划工作的通知》。通知要求，在各级党委统一领导下，二、三年内基本完成机耕区、即将机耕区和新灌溉区的规划，其他地区根据具体情况，确定重点，由点到面，逐步铺开[1]。1960年3月17日，《人民日报》发表《人民公社要制定土地利用规划》的社论，阐述了人民公社土地利用规划的目的、基本任务和规划原则等[2]。1961年1月，农业部又印发了《关于善始善终完成土壤普查 进一步开展土地利用规划的通知》，要求各地做好土壤普查，编制土壤改良规划，并以此为基础大力开展土地利用规划[3]。这一阶段，四川省农业厅在江津（今重庆市江津区）、西充等县进行了土地规划试点，并在西充县召开了土地利用规划编制工作现场会，开展了全省第一次土壤普查和部分人民公社、国营农场土地利用规划[4]。总的来看，此时的土地利用规划偏重于农业开发，规划并没有"进城"，空间尺度也比较小。但不知何种原因，这个规划并没有得到推广，1962年后就销声匿迹了。

改革开放以后，大规模经济建设带来的耕地占用问题日益突出。据统计，"六五"期间，我国年均减少耕地48.7万公顷，仅

---

[1] 农业部关于加强人民公社土地利用规划工作的通知. 中华人民共和国国务院公报，1959年第21期，419-420.

[2] 论人民公社土地利用规划的几个问题. 东北农学院学报，1960年第1期，99-106.

[3] 农业部关于善始善终完成土壤普查进一步开展土地利用规划的通知. 中华人民共和国国务院公报，1960年第3期，58-60.

[4] 四川省国土资源厅. 四川省国土志. 成都：成都地图出版社. 2003. 96.

第七章 从改革开放到重庆直辖（1978—1996年）

1985年就高达100万公顷（1 500万亩）①。1986年3月，中共中央、国务院印发《关于加强土地管理、制止乱占耕地的通知》（中发〔1986〕7号），通知要求各地要尽快制订和完善土地利用总体规划和城市、村镇建设规划。

虽然土地利用规划体系建立较晚，但是一开始就有法律支撑。1986年6月，《中华人民共和国土地管理法》经全国人大常委会会议通过，其第十五条规定"各级人民政府编制土地利用总体规划，地方人民政府的土地利用总体规划经上级人民政府批准执行"，解决了土地利用规划的法律地位问题。五年后，国务院印发《土地管理法实施条例》，进一步提升了土地管理和执法监察的可操作性。1986年国家土地管理局成立后，即着手推动各级土地利用规划编制和实施工作。1987年12月，国务院办公厅以通知形式转发《国家土地管理局关于开展土地利用总体规划工作报告》（国办发〔1987〕82号），标志着我国的土地利用总体规划进入实践阶段。在报告中，国家土地管理局提出，"为逐步开展土地利用总体规划工作，从一九八八年起，着手编制《全国土地利用总体规划纲要》。同时，选择若干有条件的省、市、县，开展省级和市、县级土地利用总体规划试点。"

四川省在改革开放后也较早地关注了土地利用规划。1981年，四川省农业区划委员会和四川省农牧厅重新启动土地利用规划的编制工作，并将眉山县作为县级土地利用规划的试点。1987年12月，国家土地管理局将四川省列为省级土地利用总体规划的试点省之一（其他三个为广东、黑龙江、辽宁）。1988年3月，四川省人民政府批准同意《四川省国土局关于开展四川省省级土地利用总体规划试点工作的报告》，四川省国土局会同有关部门计划开展省级土地利用总体规划试点②。四川省国土局在推进省级土地利用总体规划试点的同时，部署开展了地、县级土地利用总体规划编制工作，并

---

① 黄小虎. 新时期中国土地管理研究（上卷）. 北京：当代中国出版社，2006. 226.
② 我省将开展省级土地利用总体规划试点工作. 四川政报，1988年第4期，6.

列入市、地、县土地管理目标责任制。

1989年11月,国家土地管理局印发《关于请抓紧土地利用总体规划的通知》(〔1989〕国土〔规〕字第140号),要求各地争取1990年前后完成全国和省级土地利用总体规划(草案)的编制工作,"八五"期间基本完成市、县级土地利用总体规划任务。实际到1995年底,全国省、市(地)、县三级土地利用总体规划编制工作分别完成了60%、69%和63%[①]。

1990年7月,重庆市人民政府批转《重庆市国土局关于开展重庆市土地利用总体规划工作的报告》(重府发〔1990〕131号),全面部署重庆市土地利用总体规划工作[②]。重庆市国土局随即开始组织编制土地利用总体规划。到1991年底,市级土地利用总体规划基本完成,送市政府领导和区县政府、市级部门;1992年,完成城区四区(九龙坡区、南岸区、江北区、沙坪坝区)与乡镇两级土地利用规划编制;1993年,完成全市其他区县土地利用规划编制,并开展了远郊乡镇土地利用规划试点;1994年,全面开展乡镇级规划编制,到1994年底基本完成全市及各区、市、县的规划编制。

此次规划采用市、县(区)、乡镇结合的方法,通过上下衔接,有利于协调和减少矛盾,提高了市级规划的科学性和实用性。除了市级总规外,还有部门用地规划和专题研究等丰富成果。其中,部门用地规划16项,分别是地方交通公路、水运建设用地规划、铁路用地规划、乡镇企业用地现状及规划、城市园林绿化和风景旅游资源现状及用地发展规划、交通部长航(注:即交通部长江航务管理局)在渝单位航运用地规划、长江轮船公司用地现状及规划、民用航空用地规划、乡村建设用地规划、国家大电网用地规划、水利

---

① 白晓东. 新中国土地管理大事记(1949—2008). 北京:中国大地出版社. 2009. 246.

② 重庆市国土局. 重庆市土地利用总体规划(土地规划系列丛书之一). 1996年5月.(内部刊物).

第七章 从改革开放到重庆直辖（1978—1996年）

和地方电力建设用地规划、历史文化名称保护规划、科学技术委员会用地规划、林业用地规划、畜牧水产业用地规划、种植业用地规划和市域城镇体系规划等；专题研究12项，包括土地利用战略研究、土地利用现状与结构布局研究、土地分类及其适宜性评价、土地承载力研究、土地利用分区研究、建设用地预测研究、土地环境与质量保护研究、二〇二〇年人口发展预测、城镇体系规划研究、国民经济部门土地配置综合平衡研究、土地利用总体规划政策法规研究和未利用土地资源开发利用研究等。

在重庆市土地利用规划编制过程中，1993年2月，国务院办公厅向各省区市和国家部委印发了国家土地管理局编制的《全国土地利用总体规划纲要（草案）》，这为重庆市土地利用规划修改完善提供了顶层设计。1995年3月21日，四川省国土局、四川省科技顾问团邀请国家土地管理局及省级有关部门的专家，对《重庆市土地利用总体规划》进行评审。6月9日，四川省人民政府批复同意重庆市《关于报请审批重庆市土地利用总体规划的请示》，同意按规划进行实施。8月3日，重庆市人民政府下发《关于印发〈重庆市土地利用总体规划〉的通知》（重府发〔1995〕147号），要求各区（市、县）人民政府加强对土地利用总体规划实施的领导，强化土地利用总体规划的控制管理，正确引导城镇建设及工业小区、农村住宅建设和乡镇企业发展，切实保护好耕地和合理利用好土地。

为了规范各地土地利用总体规划的编制，国家土地管理局在试点工作基础上还出台了一系列技术规范，如《省级土地利用总体规划编制要点》《县级土地利用总体规划编制要点》《土地利用总体规划编制审批暂行办法》《县级土地利用总体规划编制规程》等。

由于此轮土地利用总体规划还处于初创阶段，有很多需要完善的地方。如重庆的土地利用规划以1990年为基期年，2000年为规划年，但是规划到1995年才获批。从规划审批到规划目标只有5年时间，实际和国民经济社会发展规划期相当，因而并没有充分发挥"总体"作用。土地利用规划与城市规划、林业规划等相关规划没有明确的法律界定，实践中规划冲突、"打架"在所难免。加之，对于违反土地利用规划行为的处理，没有明确的法律规定，因而土地利用规划并没有很好地实施，没有起到应有的作用①。

除了规划以外，土地利用年度计划作为规划实施管控的重要手段也同步成型。1987年10月，国家计委、国家土地管理局印发《建设用地计划管理暂行办法》，对编制建设用地计划的原则、性质、时间、下达和执行等提出具体规定。次年3月，在全国建设用地计划工作会议上，建设用地计划正式纳入国家计划序列，作为国民经济和社会发展计划的组成部分。1990年8月，重庆市计委、市国土局联合发文，提出"一要吃饭，二要建设""开源与节流并举"的计划编制方针，要求以土地利用总体规划为依据，实行建设用地总量控制，确保耕地动态总量平衡目标的实现。此后，国家和重庆市层面建设用地计划管理的制度不断完善。1994年7月，市国土局印发《关于进一步加强建设用地计划管理的通知》，要求加强建设用地计划管理，作为审批征用、划拨和出让土地的依据；1996年9月，国家土地管理局、国家发展计划委员会颁布《建设用地计划管理办法》；1999年2月，国土资源部发布《土地利用年度计划管理办法》等文件。

三、城市建设

（一）城市建设投资

1978年左右，中国社科院财贸所所长刘明夫带队来重庆调研，发现真实的重庆与他记忆中的重庆天壤之别。记忆中，重庆区位条件好、工业门类齐全、军工企业多、工业产值高；到重庆后发现，"却是一副破破烂烂的样子，菜园坝火车站又脏又乱，全市还有四五百万平方米抗战房（抗战时期临时盖的非永久性建筑），还在用晚清的机器，财政收入一年不足10亿元！向省里交6亿后，每年

---

① 黄小虎.新时期中国土地管理研究（上卷）.北京：当代中国出版社，2006.228.

第七章 从改革开放到重庆直辖（1978—1996年）

手头剩不了多少钱，维持简单再生产都捉襟见肘，基本上不能搞技术改造，很难扩大再生产。"① 同期，时任国家经济体制改革委员会试点组副组长的周少华来重庆调研时也有同样感受，他回忆说，"他们（重庆市民）经常会指着重庆人民大礼堂等当时建筑，既自豪又留恋地告诉我们，这就是当时西南局建设的！那些年里，重庆市的发展非常困难，几百万人口财政支出只有两个多亿，什么东西都年久失修，医院、学校、厂房、道路、港口、码头等等，都破烂不堪。"② 1982年，重庆市计委在制定的"六五"规划纲要中更直观地反映了城市建设问题，"一九八一年我市城市人平居住面积达到3.26平方米，在全国十五个经济中心城市中居于第十四位，比全国平均水平3.9平方米还低六分之一。全市目前尚有缺房户10余万户，约占城市总户数的四分之一；城市住宅危房达111万平方米，危房住户有3.7万户。"③

对外地人而言，重庆显然是"见面不如闻名"；而对重庆本地人而言，这一系列城市问题并不意外，因为它是长期积累的结果。"文革"期间，重庆自下而上地反映过城市问题，但由于各种原因，并未引起上级重视。1972年10月，重庆计委原主任尹楠如重回领导岗位后就曾经对重庆企业和区县进行了系统调研。调研目的是希望国家恢复重庆的计划单列，重要依据就是全市企业固定资产更新改造和城市建设、人民生活的"两大欠账"太多④。1973年，重庆市计委向国家计委和四川省计委提交了《关于重庆市维持简单再生产和城市建设、人民生活方面补欠问题的情况报告》，反映了重庆

---

① 徐塞声，艾新全. 重庆改革开放口述史. 北京：中共党史出版社. 2018. 4.
② 周少华. 只待新雷第一声：回忆重庆经济体制改革试点. 转引自重庆市政协学习及文史委员会，重庆市发展和改革学会. 重庆计划单列. 渝内字（2011）085号. 2011年4月. 68.
③ 重庆市计划委员会. 重庆市经济、社会发展"六五"规划纲要和"七五"设想（第二次修改草案）. 1982年9月30日. 转引自重庆市档案局. 档案再现：重庆经济社会发展规划历程. 渝内字（2015）009号. 2016.（光盘资料）.
④ 白和金. 重庆计划单列及其体制创新的再认识. 转引自重庆市政协学习及文史委员会，重庆市发展和改革学会. 重庆计划单列. 渝内字（2011）085号. 2011年4月. 103.

工业企业生产上所存在的严重问题①。1975年3月，重庆市委基本建设工业部发出《关于我市城市规划、建设和管理的几个主要问题的请示报告》②。相关调查发现："我市工交企业（注：原文如此，为工业和交通企业的简称）设备完好率一般不到60%，各行业、企业能力不平衡的情况很普遍，全市危房面积184万 m^2，（其中：市属全面所有制工业企业危房有55.6万 m^2，一类危房即有34万 m^2），城市职工居住水平已由1967年的2.7 m^2 下降到2.5 m^2，公共交通、供水、中小学教育、商业网点、仓库等矛盾都很突出。"③

巧妇难为无米之炊，资金缺口一直是制约重庆城市更新改造的主要原因。重庆"六五"纲要对城市建设资金精打细算的安排充分反映了城市建设资金的紧张状况，"根据城市发展需要和财力可能，'六五'和'七五'应在充分利用、维护改造现有设施的基础上，适当安排以解危、补缺、配套为主的建设项目。市的城市建设资金（城市维护费、三项附加和工商利润留成5%），以三分之二用于现有设施的养护、改造，三分之一用于安排城市建设方面的基本建设项目。城市公用事业收入留用部分，一半用于正常维护支出，一半用于安排城市公用事业方面的基本建设。"④ 从资金使用思路可以看出，以设施维护为主，新建或改建为辅。

重庆计划单列后，有两笔钱解了重庆城市建设的燃眉之急。第一，养护费的留成。根据重庆市和四川省的协商，公路养护费留市70%，交省30%；河道养护费交省70%，留市30%，称作"两个三七开"。养护费留成增加为重庆交通建设提供了资金保障。第二，

---

① 重庆市人民政府办公厅，重庆市人民政府发展研究中心，重庆社会科学院. 重庆发展六十年. 重庆：重庆出版社. 2009. 198.

② 同上书. 195.

③ 重庆市计划委员会. 重庆市1975—1977年国民经济发展三年规划初步意见. 转引自渝计办（75）第76号. 1975年4月8日. 重庆市档案局. 档案再现：重庆经济社会发展规划历程. 渝内字（2015）009号. 2016.（光盘资料）.

④ 重庆市计划委员会. 重庆市经济、社会发展"六五"规划纲要和"七五"设想（第二次修改草案）. 1982年9月30日. 转引自重庆市档案局. 档案再现：重庆经济社会发展规划历程. 渝内字（2015）009号. 2016.（光盘资料）.

第七章 从改革开放到重庆直辖（1978—1996年）

交通能源建设基金。从1983年起，中央决定对预算外资金征收交通能源建设基金，重庆市每年有1个多亿，除上缴中央外，重庆市能留成几千万元①。

此外，重庆市人民政府积极通过税费和金融手段筹措建设资金。1983年6月27日，重庆市人民政府决定：凡在市内新建住宅的单位（包括中央、省以及外地驻重庆单位），必须拨出总投资额的7%作为新建商业网点的资金，以加速全市商业网点建设。1984年11月20日，重庆市人民政府印发《城市综合配套费暂行实施办法》。办法规定凡在市内城镇新建、改建房屋，一律收取城市综合配套费，费用主要用于新开发区和旧城区改造的配套项目建设。1985年4月4日，重庆市人民政府颁布《重庆市征收城市建设税暂行办法》，从当年1月1日起施行。1989年，重庆市组建重庆市建设投资公司，注册资本5 000万元人民币、500万美元②。建设投资公司成立后，立即为江北机场、珞璜电厂、成渝高速公路、程控电话和通讯网建设、铁路站场建设等项目筹措资金。

时任重庆市委书记廖伯康后来回忆说，"只用了短短几年时间，重庆城市基础设施建设就实现历史性转变，改革前全市基础设施建设总量年均3亿元，而改革试点中达到年均20—30亿元。"③ 1981年到1985年间，重庆市固定资产投资64.99亿元。其中，用于非生产性投资23.03亿元，占投资总额的35.44%。五年中用于城市建设的投资，相当于前三十年累计投资额的70%，比"五五"期间增长67%。固定资产投资的效益是显而易见的，以住宅为例，1981年到1985年间新增城市住房487万平方米，人均居住面积由

---

① 马述林：浓墨重彩谱华章. 转引自重庆市政协学习及文史委员会，重庆市发展和改革学会. 重庆计划单列. 渝内字（2011）085号. 2011年4月. 150.
② 陈之惠. 又踏层峰望眼开：重庆计划单列往事. 转引自重庆市政协学习及文史委员会，重庆市发展和改革学会. 重庆计划单列. 渝内字（2011）085号. 2011年4月. 135.
③ 廖伯康. 风云入壮怀：重庆经济体制综合改革试点回忆. 转引自重庆市政协学习及文史委员会，重庆市发展和改革学会. 重庆计划单列. 渝内字（2011）085号. 2011年4月. 19.

1980年的3.12平方米增加到了4平方米。

但由于历史欠账太多，到1986年城市基础设施问题仍然严重。主要表现在：第一，城市供电严重不足。1986年，重庆地区拥有发电机组能力62万千瓦，而生产生活实际需要至少90万千瓦，缺口达三分之一。第二，城市交通紧张。1986年，重庆城市人均城市道路面积2.17平方米，远低于国内大城市3.6平方米的平均水平。第三，排水设施危、缺、烂。1986年，城市下水道总长度325千米，人均0.15米（国家指标0.5米），服务面44%（国家标准70%），56%的城市建成区没有排水设施。1985年6月27日，市中区（今渝中区）大溪沟罗家院下水道爆炸损失惨重。第四，危岩、滑坡亟待治理。全市共有大型危岩、滑坡59处，分布在城市沿江及主要道路两侧。第五，住房紧张，大量危房急需改造。1986年，重庆城市人均住宅4.2平方米，低于全国大城市6.36平方米的平均水平。第六，环境污染严重。1986年，城区大气中二氧化硫浓度年均值为0.4毫克/立方米，超过国家三级标准3倍，在全国75个大中城市名列第一。[①]

总的说来，改革开放到重庆直辖的近20年间，重庆市人民政府可支配的固定资产投资并不宽裕。因此，同样"缺钙"的能源、交通、通信和原材料等基础设施和基础工业被放到了优先位置。1987年5月，重庆市计委制定的《重庆市国民经济和社会发展第七个五年计划（草案）》在投资结构调整和重大建设项目部署部分关于投资结构调整写道："在生产性和非生产性建设的安排上，要增加生产性投资，适当控制非生产性投资的比重，主要是控制除旅游设施外的楼堂馆所的建设，稳步地进行住宅建设，使同样的投资规模形成更多的生产能力和事业发展能力。城市市政建设要把重点放在为生产、生活服务的基础设施上，其他方面只能量力而行，适当安排。"根据这一思路，重庆市部署27个基本建设大中型项目，

---

① 重庆市地方志编纂委员会. 重庆年鉴. 重庆出版社. 1987. 243.

第七章 从改革开放到重庆直辖（1978—1996年）

涉及能源工业、交通邮电、原材料工业、机械电子工业、轻工业和城市建设等6个领域。城市建设领域共部署3个项目，分别是筹建重庆长江第二公路桥，计划投资1.58亿元或1.82亿元，其中外资1.2亿元，计划"七五"末期完成施工前期准备工作；筹建九龙坡和尚山水厂，一期工程日供水20万吨，一期投资8 000万元；筹建江北梁沱水厂，一期工程日供水20万吨，计划总投资1.38亿元。无论是项目数量占比，还是资金总额占比，都无法和前几个领域相提并论。

（二）公用设施建设

改革开放前后，重庆陆续建设了一批重大基础设施项目。1980年7月1日，长江上游的第一座大型公路桥——重庆长江大桥竣工通车。该工程1977年11月26日动工，总投资6 468万元。桥长1 121米，桥墩高50—60米，桥面宽21米。主航道跨径174米，当时为全国第一。1982年，中国第一条城市跨江客运索道——嘉陵江客运索道建成，车厢最大容量为46人，最大牵引速度为7米/秒。该索道1980年12月15日动工兴建，总投资381万元。

经济体制改革试点后，城市建设投资力度明显加大，为城市"补短板、强弱项"提供了有力支撑。重庆市委原书记廖伯康将重庆的经济体制改革归纳为两件事，"一是把城市搞好，二是把企业搞活。……为了搞好城市，我们主要做了两方面工作，一方面大规模进行基础设施建设，完善和提档城市功能，夯实'硬件'；另一方面，冲破体制藩篱，转变政府职能，实行政、企分开，升级'软件'。"[1] 重大基础设施项目可以直接向中央申请立项，极大提高了立项的效率。

到直辖前，重庆建设的重大基础设施项目有[2]：第一，江北机场建设。1984年12月24日，经国务院、中央军委批准，重庆江北

---

[1] 徐塞声，艾新全. 重庆改革开放口述史. 北京：中共党史出版社. 2018. 16.
[2] 陈之惠. 又踏层峰望眼开：重庆计划单列往事. 转引自重庆市政协学习及文史委员会，重庆市发展和改革学会. 重庆计划单列. 渝内字（2011）085号. 2011年4月. 134.

机场正式立项，1985年11月30日破土动工。国家计委拨款1.9亿元，1990年建成通航。第二，程控电话。重庆在计划单列前用的是纵横制式电话，只有一个通话功能，市内远郊区都要通过长途台接线。副市长刘隆华和市计委从1983年末开始引进了一万门程控电话，紧接着引进瑞典爱立信五万门程控电话，同时进行通信卫星地面站和电话网的建设，使重庆通信现代化水平上了一个大台阶。第三，新扩建电厂。1985年，重庆市与华能国际电力公司合作，新建珞璜电厂一期工程（2×36万千瓦），1991年陆续建成运行；在此期间，利用一部分英国政府捐款建成了装机10.8万千瓦的江北燃机电厂，并在重庆电厂扩建了一台20万千瓦的发电机组，重庆的电力供应紧张大大缓解。第四，成渝高速公路。1985年，重庆市副市长刘志忠与四川省副省长马麟共同签署利用世界银行贷款协议，建设成渝高速公路。第五，民用天然气工程。计划单列前，天然气主要是保工业生产。计划单列后，于汉卿市长亲自抓民用天然气工程建设，方便了居民生活，改善了城市空气质量。

除了这些重大项目以外，重庆市在"六五"期间（1981—1985年）还开辟了沙杨路、中山支路、新建了牛角沱车行全立交道和八一隧道、长江路鹅岭隧道以及两路口人行地道、上清寺人行天桥，新建了磁器口、寸滩、北碚黄桷镇等三座区间桥，改造了人民路、和平路，并于1985年12月动工建设嘉陵江石门大桥等[1]。"七五"期间，建成了石门大桥、望天丘桥、北碚文星湾大桥、海棠溪跨线桥、红黄路、红石路、沙中路、黄桷渡水厂、鹤皋岩水厂、江北燃气电厂；完成了长江大桥南引道、渝中区中干道等12条道路的改造；新建了临江门、中山支路等7座人行天桥，杨家坪、沙坪坝2条人行地下通道，"八一"隧道等[2]。

（三）开发区建设

改革开放后，建设开发区成为一种带动城市产业发展，推动城

---

[1] 重庆市地方志编纂委员会. 重庆年鉴. 重庆出版社，1987. 241.
[2] 重庆市地方志编纂委员会. 重庆年鉴. 重庆出版社，1991. 206.

第七章　从改革开放到重庆直辖（1978—1996 年）

市建设的重要手段。与新中国成立初期的工厂选址不同，城市政府对于城市发展和开发区选址拥有统一的话语权，因而，也便于协调两者的矛盾。不过，由于开发区兴起与我国经济体制改革叠加，各级政府对于市场经济体制对城市发展的影响不甚明晰，尤其大中城市对于 2000 年以后城市的快速扩张估计不足，这也导致后来包括重庆在内的很多城市又面临"退二进三"的艰难抉择。

20 世纪 70 年代，重庆市委、市政府就有集中建设产业区的设想。为了将江北区观音桥一带建成市属电子技术产业地区，重庆市政府先后将无线电工业公司、扩建后的无线电测试仪器厂、市电子研究所、无线电三厂、检测仪表厂等迁到该地区，江北区政府也因此将当地新建的居民区命名为电测村和电仪村①。

1985 年 3 月，《中共中央关于科学技术体制改革的决定》印发。决定提出："为加快新兴产业的发展，要在全国选择若干智力资源密集的地区，采取特殊政策，逐步形成具有不同特色的新兴产业开发区。"文件印发后，许多地方开启第一轮开发区建设热潮。重庆市在有产业基础的观音桥、大坪和南坪分别开办了开发区，到 1985 年末 3 个开发区初具规模②。

1988 年 4 月，重庆市政府批准设立重庆市沙坪坝科技产业开发试验区，是为重庆高新技术开发区的前身。5 月 10 日，国务院印发《北京市新技术产业开发试验区暂行条例》，北京市新技术产业开发试验区成为经国务院批准的第一个新技术园区。此后，各地摩拳擦掌，开始为申请国家级园区做准备。1990 年 6 月，重庆市政府将沙坪坝科技产业开发试验区更名为重庆高新技术产业开发区，由市政府直接管辖，地址搬迁至沙坪坝石桥铺（今属九龙坡区）。此时石桥铺集聚了兵器 59 所、航天机电设计院、机械部第三设计院、中石化润滑油研究院、重型汽车研究所、515 厂、289 厂等一批三线

---

① 重庆新四军史料征集研究会. 铁军战士奋斗在山城. 渝内字（2003）039 号. 2003. 145.

② 重庆市地方志编纂委员会. 重庆年鉴. 重庆出版社. 1987.

迁建企业，具有扎实的电子产业基础。

1991年3月，国务院印发《关于批准国家高新技术产业开发区和有关政策规定的通知》（国发〔1991〕12号），批准重庆高新技术产业开发区等21家为全国首批国家级高新技术产业开发区，由国家科委负责开发区范围、面积的审定等归口管理和具体指导。同年10月，国家科学技术委员会、国家经济体制改革委员会确定重庆高新技术开发区为全国5个综合改革试点开发区之一（注：其他4个为北京、沈阳、武汉、南京）。国家批准重庆高新技术开发区规划面积20平方千米，除占地2平方千米集中新建区石桥铺高科技开发园，其他为政策享受区。

重庆高新技术产业开发区作为重庆对外开放的重要窗口，一直注重招商引资工作。为鼓励开办高新技术企业，重庆市政府先后发布了《重庆高新技术产业开发区税收政策规定的实施办法》《重庆高新技术产业开发区若干政策规定的实施办法》等文件。到1996年重庆直辖前，重庆高新技术产业开发区有科技企业2 000多家，其中高新技术企业280家，"三资"企业216家，合同总投资5.5亿美元，合同引进外资3.5亿美元。其中，1996年，全年新办"三资"企业30家，投资总额1.5亿美元，协议引进外资4 000万美元[1]。1996年，重庆高新技术产业开发区实现技工贸总收入35亿元，实现工业总产值29亿元；实现利税总额4.5亿元；出口创汇2000万美元。

除了高新技术产业开发区外，重庆从20世纪80年代中期开始谋划经济技术开发区。1985年，重庆市计委朱胜在探讨重庆经济技术开发区建设的战略意义、优劣条件、可行模式等基础上，提出建议："未获中央批准以前，市里可先选址，着手筹建一个专门的对外开放区，在已取得的权限范围内制定若干政策和规定以引进外资，引进技术；并设法筹集资金，配备力量，进行基础设施的建

---

[1] 张国林等.大开放促大发展：新重庆发展开放型经济研究.重庆：重庆大学出版社.1999.91.

第七章 从改革开放到重庆直辖（1978—1996年）

设，先搞'七通一平'。"① 1989年，重庆市计委开始筹办经济技术开发区。重庆市计委陈之惠、罗洵和伍源德等人在《重庆经济对外开放研究》一书中设想，在南坪建立经济技术开发区，占地15平方千米，申请国务院批准在该区设1.5平方千米的外商投资区②。1990年4月，重庆市政府经过一年筹办，正式创办重庆经济技术开发区，位置选在南坪地区。

重庆经济技术开发区最初的定位是吸引外资，发展重庆的外向型经济和高新技术产业。1992年2月，《重庆市国民经济和社会发展十年规划和第八个五年计划纲要（草案）》将经济技术开发区建设做为进一步扩大对外开放的重要手段，提出"搞好经济技术开发区建设。重点搞好区内基础设施建设和管理系统建设，形成良好的投资软、硬件环境，增强对外商的吸引力。"同年5月，重庆被列为开放城市后，重庆市委、市政府又针对开发区制定了一系列支持举措，包括：扩大重庆经济技术开发区的范围；在开发区实行特事特办，把开发区办成对外开放的窗口，办成引进国外资金、技术、人才的基地，办成重庆的特区；设立招商局，在开发区划出部分土地招商和批租，并在海外聘请一些社会上有名望、经济上有实力的人士作为招商局的委托代理人，为重庆招商；筹建保税区；扩大开发区办公室的权限，在开发区内尽快形成符合国际惯例的管理体制和运行机制。

在建设的同时，重庆市还积极谋划经济技术开发区的提档升级。从1991年开始，时任副市长刘志忠多次到国务院有关部门请求批准设立重庆经济技术开发区。此前的1984年到1988年间，国务院先后在沿海12个城市建立了14个国家级经济技术开发区。经过不懈努力，1993年4月4日，国务院印发《国务院关于设立重庆经济技术开发区的批复》（国函〔1993〕39号），批准设立重庆经

---

① 朱胜. 建立重庆经济技术开发区初探. 改革，1985年第3期，60-64.
② 陈之惠. 又踏层峰望眼开：重庆计划单列往事. 转引自重庆市政协学习及文史委员会，重庆市发展和改革学会. 重庆计划单列. 渝内字（2011）085号. 2011年4月. 137.

济技术开发区,实行沿海开放城市经济技术开发区的政策。重庆经济技术开发区也成为西部地区第一个国家级经济技术开发区。国务院批复显示,开发区位于南坪地区,北至长江,南至丹龙南路,西至长江电工厂、丹龙路,东至黄桷渡码头、狮子岩、川黔路,总面积9.6平方千米,首期开发3平方千米。到1996年重庆直辖前,重庆经济技术开发区全年实现社会总产值34.62亿元,国内生产总值9亿元,工业产值16亿元;进出口总额1.7亿美元;税收16 710万美元;实现财政收入9 180万元,实际留存5 414万元[①]。

1992年后,各地纷纷"筑巢引凤",一股办开发区的热潮席卷全国。全国各地开发区越办越多,越办越大。据农业部统计,到1992年底,全国共有各类开发区9 000多个,有的县在县城所设的开发区多达十几个[②]。这段时期,重庆也建设了一些园区。如1993年11月4日,重庆第一个非公有制经济园区——沙坪坝区非公有制经济园区挂牌;12月24日,四川省第一个集体经济综合试验区在江北区正式启动;1994年7月26日,规划面积6平方千米的重庆市乡镇企业和科技城在江北区石马河破土动工。

针对开发区盲目建设、盲目扩张带来的土地资源浪费、超出经济承受能力等问题,1993年4月,国务院印发《关于严格审批和认真清理各类开发区的通知》。通知明确规定"设立各类开发区,实行国务院和省、自治区、直辖市人民政府两级审批制度。省、自治区、直辖市以下各级人民政府不得审批设立各类开发区。"同时,通知要求:"凡要兴办上述各类开发区的,有关省、自治区、直辖市人民政府和国务院主管部门应认真做好前期规划和可行性研究的指导工作,并向国务院申报。"此时,中央领导对于开发区的看法也不甚友好。1995年2月,国务院副总理朱镕基在中央农村工作会议上指出:特别要强调"稳定粮田面积"。你把土地都搞开发区了,

---

① 张国林等. 大开放促大发展:新重庆发展开放型经济研究. 重庆:重庆大学出版社. 1999. 90.

② 潘熙宁. 谈开发区"热". 中国软科学,1993年第4期,43-44.

第七章 从改革开放到重庆直辖（1978—1996 年）

摞荒了，早稻也不种了，粮食产量锐减，原来能自给自足，现在大量外购，这怎么行？① 可见，在中央领导看来，当时开发区建设是耕地流失的重要原因之一，开发区过热问题已经不容忽视。

此后，国家对开发区的规划管理逐步规范和严格。1995 年 6 月，建设部以第 43 号令发布《开发区规划管理办法》，要求"**开发区必须依法编制开发区规划，规划应当纳入城市总体规划，并依法实施规划管理。**"1996 年 5 月，国务院印发《关于加强城市规划工作的通知》（国发〔1996〕18 号），针对各地随意调整城市规划、盲目扩大城市规模，擅自设立开发区、招商城，下放规划管理权等突出问题，国务院要求进一步加强城市规划工作，确立城市规划的权威和作用。9 月 16 日，建设部印发《关于贯彻〈关于加强城市规划工作的通知〉的几点意见》（建规字第 525 号），进一步宣传城市规划的重要性，要求规范开发区规划管理。为强化高新区的管理，1993 年 4 月，重庆市规划局和高新区管委会联合成立了高新区规划管理办公室，对高新区集中新建区的建设项目实施规划管理。

（四）环保觉醒

新中国成立初期，发展工业、改善民生是城市的核心任务，这符合"人民的生产的城市"建设要义。厂房、烟囱也成为工业发展的指示剂，甚至是工业发达的标配。1956 年，重庆人民出版社出版的《工厂短歌》专门有一篇名为《我们的烟囱》的赋诗。作者写道，"我们的烟囱/挺立着，白天黑夜，喷吐着浓烟。阴雨的日子，顶破低垂的云雾，我们的烟囱/像在半天云中，呵着热气驱逐寒冷；晴朗的天气，沐浴着阳光，我们的烟囱/向蓝天吐出一朵朵/怒放的黑色的牡丹。在繁星闪耀的夜晚，我们的烟囱没有睡眠；迎着最初的黎明，我们的烟囱和太阳/互道早安！是我们——钢铁工人，日日夜夜战斗在烟囱旁边；是我们用熊熊的烈火，把千万吨钢

---

① 白晓东.新中国土地管理大事记（1949—2008）.北京：中国大地出版社.2009. 214.

铁冶炼！我们骄傲地看见：我们的烟囱在冒烟！我们的祖国在豪迈地呼吸！钢铁的轰响在把我们的劳动称赞！"①

1973年8月5—20日，国务院在北京召开第一次全国环境保护会议，环境保护作为一项重要任务被提上各级政府的议事日程。重庆市的环境保护工作也由此转折②。同年11月，国务院印发《关于保护和改善环境的若干规定》（国发〔1973〕158号），将重庆市列为全国18个环境保护重点城市之一，更促进了重庆的"环保觉醒"。从1974年下半年开始，重庆市抽调人员组建环境保护办公室。不久，时任市委书记钱敏提出："与其建立临时性的环保办公室，不如正式建立环境保护局。"11月21日，经四川省委批准，重庆市组建成立环境保护局，负责组织协调、监督、指导全市的环境保护工作，由市科技局归口管理。

1975年，市革委会决定将市环保局调整为市计划委员会归口管理；1982年7月，又调整到市基本建设委员会归口管理。1979年通过的环境保护法要求各地设立环境保护机构后，重庆市所属区县陆续设立了环境保护办公室。在1983年机构改革中，一些区县的环境保护办公室并入建设部门，环保工作受到很大程度的削弱。1984年9月，重庆市人民政府印发《关于认真贯彻国务院〈关于加强环境保护工作的决定〉的通知》，区县环境保护机构又陆续恢复。除了职能机构外，1984年3月，重庆市人民政府还成立了环境保护委员会，负责环境保护的领导和组织协调工作。

1979年9月，第一部综合性的环境保护法律《中华人民共和国环境保护法（试行）》颁布，标志着我国的环境保护工作进入法治轨道。1982年12月，环境保护内容也被纳入五届全国人大五次会议通过的《中华人民共和国宪法修正案》，第26条规定："国家保护和改善生活环境和生态环境，防治污染和其他公害。"1982年到2003年，全国人大及其常委会制定了《中华人民共和国大气污

---

① 穆仁，杨山. 工厂短歌. 重庆：重庆人民出版社. 1956. 5.
② 重庆市环境保护局. 重庆市环境保护志. 1997.（内部刊物）.

第七章 从改革开放到重庆直辖（1978—1996年）

染防治法》《中华人民共和国水污染防治法》等5件环境保护专门法律，《中华人民共和国森林法》《中华人民共和国草原法》等7件自然资源保护法律，国家环境标准400多项，环境保护行政法规部门规章120多件，构成了我国的环境保护法律体系①。

从1975年开始，重庆市也不断完善环境保护制度建设。1980年5月，印发《重庆市工矿企业事业单位排污收费试行办法》；1982年8月，印发《重庆市环境保护奖惩办法》；1982年12月，经四川省人民政府批准，印发《重庆市环境污染物排放标准》；1990年9月，经四川省人大常委会批准，印发《重庆市环境保护条例》。到1994年，重庆陆续出台了地方法规1件、行政规章12件和规范性文件74件。

环境保护规划是治理环境污染的顶层设计。1975年，国务院环境保护领导小组印发《关于环境保护的十年规划意见》，提出五年内重点解决国务院确定的18个重点城市的环境污染。意见印发后不久，10月14日，重庆市革命委员会召开了市第一次环境保护会议。时任市委书记钱敏做了题为《认真贯彻执行毛主席三条重要指示，做好环境保护工作，为把我市建成一个清洁城市而奋斗》的报告，会议讨论《重庆市环境保护十年规划纲要（初稿）》。11月，市环保局根据《纲要》制定了第一份环境保护长期规划——《重庆市环境保护十年规划（讨论稿）》，此后经历了多次专家讨论、修改。1978年2月，市环保局将其更名为《重庆市1978—1985年环境保护规划（送审稿）》并按要求上报。《规划》提出："到1985年前，全市工业'三废'得到有效的利用和治理，城市生活污水部分得到治理，新的污染源切实得到防治，基本上消除污染。"

与此同时，重庆市在各类发展规划中贯入了环境保护的内容。1980年，在1983年版城市规划编制过程中，市环保局组织编制了城市总体规划中的《环境保护规划》和《环境保护规划说明》；

---

① 国家环境保护法律体系. 新疆环境保护，2004年第2期，48.

1981年，在编制国民经济和社会发展规划过程中，市环保局组织编制了《重庆市环境保护"六五"计划和十年设想的初步意见（讨论稿）》，并最终以《重庆市环境保护"六五"规划》名义印发；1986年，在编制重庆地域国土规划过程中，市环保局提交了《重庆城市环境规划要点（草案）》，完成了国土规划图集的环境规划图表。

大气污染是重庆市环境污染的重头。在国务院环保领导小组办公室编印的《1980年中国部分地区环境质量基本状况》报告中，重庆市的六项评价指标排在首位，即：大气中二氧化硫浓度、酸雨pH值、能源消耗密度、降尘、颗粒物污染和10个"四高"（人口、经济、交通、能耗密度）城市。1981年5月，四川省人民政府批转四川省环保局《关于防治成都、重庆两市大气污染的报告》，要求采取多种有效措施，抓紧大气污染防治。同年10月，重庆市政府印发《关于防治大气污染的通知》，市环保局制定了《重庆市厂矿企业环境保护试行办法》《重庆市燃煤装置排放烟尘暂行管理办法》等文件。

虽然收到一些效果，但是城市以高耗能、高污染等重工业为主的产业结构无法在短期内扭转，环境污染事件时有发生。如上文提到的，1982年5月到6月，重庆地区连续发生3次严重酸雨。1982年12月8—10日，市人民政府召开全市环境保护工作会议，会议提出树立经济建设与环境保护协调发展的思想，控制工业污染，加强环境管理。1983年1月11日，《人民日报》刊登《警惕"空中死神"——酸雨》的文章，引用重庆市的监测资料阐述了酸雨的成因、危害及其防治措施，并指出重庆为酸雨危害严重的地区。文章印发后，2月8日重庆市环保局就防治大气和酸雨污染问题向市政府作紧急报告，提出了工业炉窑改烧洗煤、改革民用燃料结构、实行集中供热等防治措施。

为了治理环境污染，重庆市按照"七五"环境保护计划要求，每年都编制下达各工业部门的主要污染物削减计划和环境保护投资

第七章 从改革开放到重庆直辖（1978—1996年）

计划。"七五"期间，全市污染防治投资约6.8亿元，其中新、扩、改建和技改项目"三同时"环境保护投资4.5亿元，老污染治理和综合治理投资2.3亿元；关、停、并、转、迁87个布局不合理的污染扰民企业；新增民用燃气59.32万户，1990年城市气化率达到56%以上；在城区和郊区县的城关镇建成烟尘控制区186.61平方千米，覆盖率达到97%。"八五"期间，重庆市继续实施污染企业环保搬迁或取缔、关停工作。1991年，搬迁企业2家；1992年，搬迁企业26家，关、停、并、转企业12家；1993—1996年，取缔、关停15类污染严重企业241家（不含"两市一地"），占首批应取缔、关停的97.5%，削减工业废气46 589.1万标准立方米/年。

第八章　中心城市之路
（1997—2011 年）

第一节　重庆直辖与西部大开发

一、重庆直辖

1997年3月14日，第八届全国人民代表大会第五次会议投票表决通过了《关于批准设立重庆直辖市的决定》，至此重庆成为继北京、上海、天津之后第四个直辖市。重庆直辖在某种程度上归功于三峡工程建设。早在1919年，孙中山先生在《建国方略》中就提出过建设三峡工程的设想；1932年，国民政府建设委员会编写了一份《扬子江上游水力发电测勘报告》，拟订了葛洲坝、黄陵庙两处低坝方案；1944年，美国人萨凡奇提出了《扬子江三峡计划初步报告》，大坝选址在宜昌峡口，高出最低基础225米，筑坝长度760米[①]。两个报告的命运如出一辙，一个"存案备查"，一个"奉国府令"，被迫中止。1953年2月，毛泽东主席在听取长江水利委员会（简称"长江委"）林一山关于长江流域水利资源综合利用规划介绍时，首次公开提出在三峡修建水库的可能性，他说，"为什么不在总口子上卡起来，毕其功于一役？就先修那个三峡水库，怎么样？"1956年，毛主席畅游武汉长江，写下"更立西江石壁，截断巫山云雨，高峡出平湖"，向世界展示了修建三峡水利枢纽的决心。此后，长江委按照毛泽东主席"积极准备，充分可靠"的指示，组织三峡工程的论证研究和初步设计[②]。不过，三峡工程真正进入实质性决策阶段还是到改革开放以后。

---

① 三峡水利设计续志. 新世界月刊, 1946年第5期, 11.
② 林一山. 兴建三峡水利枢纽的巨大意义. 中国水利, 1958年第11期, 6-8.

第八章　中心城市之路（1997—2011年）

1979年初，国务院常务会议决定，长江委主持召开三峡大坝选址会议①。此后，三峡工程开始紧锣密鼓地进行。三峡工程立项、动工过程中虽有波澜，但总体稳步推进。1982年10月，万里副总理带队对三峡地区进行实地考察；1983年5月，国家计委组织召开三峡可行性报告审议会；1984年4月，国务院原则批准三峡工程"150方案"；1985年，"三峡工程"在国内外引发巨大争议；1986年4月，李鹏总理在六届全国人大四次会议上答记者问时表示："对这项工程，中国政府采取既积极又慎重的态度，现在还没有对这项工程作出是否开工的决定"；1986年6月，中共中央、国务院印发《关于长江三峡工程论证有关问题的通知》，责成主管三峡工程的水利电力部组织更广泛的论证，重新提出可行性报告，报国务院审查。1989年7月，中共中央总书记江泽民到湖北宜昌，考察了三峡三斗坪坝址；1992年4月，七届全国人大五次会议通过《关于兴建长江三峡工程的决议》；1993年1月，国务院三峡工程建设委员会成立，李鹏总理兼任建设委员会主任；1994年12月14日，三峡工程正式动工建设。根据三峡工程建设方案，三峡大坝建成后将形成一个从宜昌三斗坪到重庆江津，绵延近600千米，水库面积1 084平方千米的河道形巨型水库，库区淹没涉及川鄂两省的20个区市县；全部或部分淹没2座城市，11座县城，114个集镇，1 599家工厂；淹没耕地和园地37万亩，林地5万亩，河滩地6万亩，规划到2008年搬迁人口将达到113.38万②。

移民工作无疑是三峡工程建设的最大难题。1992年3月，国务院副总理田纪云在《关于三峡工程库区移民情况的考察报告》中就指出，三峡工程"单就工程建设来讲，不存在克服不了的难题。最令人担心，最没有把握，最大的难题可能就是移民问题。"1992年11月，国务院总理李鹏在武汉举行的国务院三峡工程建设工作会

---

① 何建明. 邓小平最后的心愿：设立重庆直辖市. 转引自重庆市政协学习及文史资料委员会. 回忆重庆直辖. 重庆：重庆出版社. 2017. 8.

② 俞荣根，张凤琦. 当代重庆简史. 重庆：重庆出版社. 2003. 437.

议上明确指出,三峡移民有 100 多万,移民工作量大,任务艰巨,是三峡工程成败的关键之一。为了解决移民难题,1993 年 8 月 19 日,国务院颁布《长江三峡工程建设移民条例》,提出了三峡工程移民安置工作实行中央统一领导、分省负责、县为基础的管理机制。

但最重要的还是建立行之有效的移民管理体制。1984 年 2 月 17 日,中央财经领导小组在专题研究三峡工程时就决定:"为了便于做好移民工作,可将三峡工程涉及移民的有关地、市、县,统一划为一个三峡行政特区,直接管理。"① 此后,经过"三峡行政特区""三峡特区""三峡行政区"等不同机构名称,最后确定为"三峡省"。1985 年 2 月 8 日,"三峡省筹备组"正式成立。不久,随着"三峡工程"引发的巨大争议,工程暂缓,"三峡省"筹备随之偃旗息鼓。1986 年 5 月 8 日,中共中央、国务院下达《关于将三峡省筹备组改建为三峡地区经济开发办公室的通知》,三峡省筹备组撤销。三峡省虽然没有成功,但重庆直辖由此草蛇灰线。

据国务院原总理李鹏回忆,邓小平同志在 1985 年 1 月 19 日首次透露了其关于重庆直辖的设想。当天,邓小平在参加广东大亚湾核电厂有关合同签字仪式后找到时任国务院副总理、三峡工程筹备领导小组组长李鹏,详细询问三峡工程的情况。当时李鹏说,"正在考虑成立三峡行政区,用行政力量来支持三峡建设,做好移民工作",小平同志提出可以考虑把四川分为两个省,一个以重庆为中心,一个以成都为中心。

1994 年,三峡工程上马,组建新的机构再次提上日程。此时,吸取了大张旗鼓筹备三峡省的失败经验,同年秋,党中央、国务院决定成立一个特别调查小组,秘密调查、论证设立重庆直辖的可能性。设立重庆直辖的直接原因是三峡大坝采用"175 方案"后,川东库区的移民占整个三峡库区移民的比例大幅提高,达到 80%。但

---

① 杨光.从三峡省到重庆市.经济观察报,2007-06-18,第 13 版.

第八章　中心城市之路（1997—2011年）

在中央看来，重庆直辖不只是推动三峡工程建设，正如国务委员李贵鲜在提请审议设立重庆直辖市议案的说明中所言："设立重庆直辖市是国家加快中西部地区经济和社会发展的重大举措。"① 重庆直辖有三个方面考虑：第一，有利于充分发挥重庆市作为特大经济中心城市的作用，带动川东地区以至西南地区和长江上游地区的经济、社会发展；第二，有利于解决四川省辖区过大、人口过多问题，加快四川省经济和社会发展；第三，有利于三峡工程的建设和库区移民的统一规划、安排和管理。

1996年6月19日，中央政治局常委会正式通过了重庆市改为直辖市的方案②。7月5日，重庆召开干部大会，正式传达中央领导关于重庆直辖的讲话精神，明确了在全国人大依法审议批准重庆设立直辖市之前，由四川省委托重庆代管万县市、涪陵市、黔江地区。会后，重庆当即成立了政府衔接、人事安排、发展战略、宣传教育、机构编制共五个工作小组，分别对接中央各部门、四川省和两市一地，各自从不同方面着手，共同推进直辖市的筹备工作。9月5日，中共中央、国务院印发《关于四川省委托重庆市代管万县市、涪陵市、黔江地区的批复》，同意从1996年9月15日起，由四川省委托重庆市代管两市一地。自代管之日起，两市一地的党政工作和政治、经济与社会发展及三峡库区移民工作等，均由重庆市代四川省行使管理职能。

1997年3月14日下午15时50分，全国人大常委会委员长乔石宣布，开始投票表决《关于批准设立重庆直辖市的决定》。15时54分，会场大屏幕显示出投票结果：2 720人出席，其中2 403票赞成，148票反对，133票弃权，36人未按键。乔石宣布："通过"。6月10日，新的重庆市第一届人民代表大会发布公告，陆续公布了

---

① 李贵鲜.关于提请审议设立重庆直辖市的议案的说明.转引自重庆市政协学习及文史资料委员会.回忆重庆直辖.重庆：重庆出版社.2017.6.
② 蒲海清.我亲身经历的重庆直辖.转引自重庆市政协学习及文史资料委员会.回忆重庆直辖.重庆：重庆出版社.2017.17.

第一届重庆市人民代表大会常务委员会人员名单、重庆市人民政府市长、副市长人员名单、重庆市高级人民法院院长和高级人民检察院检察长人员名单。此前一天，政协重庆市第一届委员会选举产生主席、副主席、秘书长和常务委员人员名单。王云龙当选为重庆市一届人大常委会主任、蒲海清当选为市长、张文彬当选为政协主席。

直辖后，重庆站在新的历史起点，也承担起新的历史使命。1997年，国务院在八届全国人大五次会议上作的《关于提请审议设立重庆直辖市的议案的说明》指出："进一步发挥它的区位优势、'龙头'作用、'窗口'作用和辐射作用，带动西南地区和长江上游的经济、社会发展。"1997年6月，重庆市政府编制印发了《重庆市国民经济和社会发展第九个五年计划和2010年远景目标纲要》。《纲要》提出重庆直辖初期15年要解决的四大难题：一是按期完成三峡工程重庆库区百万移民；二是在"九五"期间实现366万农村贫困人口脱贫，基本消除贫困现象；三是搞好国有企业改革、改组、改造，实现老工业基地振兴；四是防治环境污染，保持生态平衡。1998年3月，中共中央总书记江泽民参加九届全国人大一次会议重庆代表团审议时，进一步明确重庆的四项工作任务：完成三峡重庆库区的移民搬迁、振兴重庆国企、基本解决农村贫困人口温饱问题、加强生态保护。

二、西部大开发

为了缩小我国东西部的经济差距，中央从"九五"（1996—2000年）开始对中西部，特别是西部地区采取了一系列的倾斜政策，如实行规范的中央财政转移支付制度，优先在中西部安排资源开发和基础设施建设项目，鼓励国内外投资者到西部地区投资等[①]。对于中西部的开发开放而言，外经贸部制定的倾斜政策最为直接。

---

① 张国林等. 大开放促大发展：新重庆发展开放型经济研究. 重庆：重庆大学出版社. 1999.

第八章 中心城市之路（1997—2011年）

其支持政策包括：第一，进一步扩大中西部地区特别是沿边地区和内陆中心城市对外开放的范围和领域，尤其在开放当地优势资源和加快基础设施建设方面，允许其采取灵活多样的方式。第二，外国政府贷款项目、多边双边受援项目，除有特殊要求外，全部安排在中西部地区。第三，从速、从宽审批中西部地区大中型生产企业和科研院所的对外经营权。第四，在对外贸易方面，结合国家配合、许可证管理制度的改革，对中西部地区实行某些倾斜，对中西部地区为主产地的配额商品，要实行定向招标，将大部分配额分配给该地区，对其他商品则适量予以照顾。第五，在国家对外援助项目的安排上，对中西部地区实行"同等优先"的原则。[1]

上述政策对于中西部地区吸引外资投入，加快基础设施建设，扩大对外开放的效果显而易见。1997年6月，重庆市在制订"九五"计划时提出紧紧抓住国家对中西部的倾斜政策，规划从大力发展对外贸易、多渠道吸引利用外资、加快开发区和开放走廊建设等三个方面深化扩大开放。规划提出对外开放的目标是，"九五"期间实际利用外资总规模35亿—40亿美元；外贸进出口总额年均增长10%，2000年达到24亿美元[2]。

1999年9月，党的十五届四中全会做出实施西部大开发战略的决定，要求通过优先安排基础设施建设、增加财政转移支付等措施，支持中西部地区和少数民族地区加快发展。2000年4月，中央听取"十五"区域经济发展总体思路汇报时，国家计委提出了西部大开发的空间布局思路，即依托亚欧大陆桥、长江黄金水道、西南出海通道等交通干线，发挥中心城市的集聚功能和辐射作用，以线串面，以点带面，点、线、面相结合，实行重点开发，促进西陇海兰新线经济带、长江上游经济带、南（宁）贵（阳）昆（明）经济区的形成，在这些交通干线上重点发展一批城市，带动周围地区

---

[1] "九五"期间国家将向中西部地区实行政策倾斜. 经济工作通讯，1995年第18期，5.

[2] 中共重庆市委研究室. 重庆市情. 重庆：重庆出版社. 2000. 35.

和农村发展。不久,《中共中央、国务院关于转发国家发展计划委员会〈关于实施西部大开发战略初步设想的汇报〉的通知》印发。随后,国务院成立西部地区开发领导小组,总理朱镕基任组长。

2002年初,国家计委、国务院西部开发办印发《"十五"西部开发总体规划》,提出了西部大开发的指导方针、战略目标、主要任务、重点区域和政策措施等内容。整个规划共有6处涉及重庆市,除范围界定外,还包括:(1)重点基础设施建设方面,改扩建重庆干线机场,修建经重庆的西气东输管道;(2)产业结构调整方面,以重庆汽车、摩托车为重点发展交通运输及零部件制造;(3)建设重点区域方面,发挥重庆、成都等中心城市的枢纽作用,依托重庆至湛江公路等交通干线支撑滇黔桂地区经济开发。

中央提出实施西部大开发战略后,重庆旋即成立了开发机构。1999年12月30日,重庆市成立西部开发领导小组,市委书记贺国强任组长;市委副书记、代市长包叙定,市委副书记、常务副市长王鸿举任副组长;办公室主任由分管计划的副市长兼任。2000年1月9日,贺国强召开重庆市西部开发领导小组首次会议,标志着重庆市正式启动西部大开发工作。贺国强在会议上讲话指出,重庆要从两个层面理解中央的这一决策:一是要从全国的大局看重庆的地位和作用,中央设立重庆直辖市,就是充分考虑了重庆在西部地区的重要性;二是西部大开发这一重大举措对重庆是一次非常难得的机遇,我们只要抓住西部大开发这一千载难逢的历史机遇,进一步统一思想,提高认识,把西部大开发提上重要议事日程,精心布局,周密实施,在发展中解决我们经济生活中存在的困难和问题,就一定能够促进重庆经济大发展,实现重庆新的振兴,把重庆建成名副其实的"长江上游经济中心"①。

重庆市在推进西部大开发初期,一手抓西部大开发的思路研究

---

① 张启华,代伟. 重庆市正式启动西部大开发工作——以市委书记贺国强为组长、代市长包叙定、副市长王鸿举等为副组长的重庆市西部开发工作领导小组成立. 交流与协作, 2000年第1期, 22.

第八章 中心城市之路（1997—2011年）

及专项规划编制，一手抓重庆项目的启动和实施。经过近一年谋划，重庆初步形成了实施西部大开发战略的基本思路[①]：坚持五项原则、搞好五个结合、利用九大优势、发挥三大功能、建设三个经济区、抓好七项重点工作、率先实现开发目标。2000年初，经重庆市委、市政府同意，重庆西部办将制定《重庆市实施西部大开发总体规划》纳入2000年度十件大事。但由于西部大开发涉及的面很宽，与发展规划、五年规划和年度计划的关系很难处理，最终不了了之[②]。不过从2001年3月重庆市政府印发的《重庆市国民经济和社会发展第十个五年计划纲要》（渝府发〔2001〕11号）看，西部大开发被作为一项发展战略提出，贯穿于经济社会的各个方面。西部大开发战略的核心内容是巩固重庆在西部大开发中的战略定位，即努力把重庆建设成为长江上游的经济中心，更好地发挥中心城市的战略支撑、对外窗口和辐射带动功能，着力构建市域协调发展的三大经济区。同年9月28日，重庆市委、市政府以通知形式印发了《重庆市实施西部大开发若干政策措施》（渝委发〔2001〕26号）。文件从税收和财政、信贷和融资、土地和资源开发、对内对外开放、人才和科技创新等五个方面，制定了50条鼓励措施[③]。10月17日，常务副市长王鸿举在重庆市实施西部大开发若干政策措施新闻发布会上讲话中指出重庆为推进西部大开发在发展环境整治上的三个措施[④]。第一，制定、颁布、执行和落实优惠政策；第二，硬环境的整治，"现在我们市内市外到处都是工地，这些工程一旦完成，整个城市的景观、城市建设、城市运行效率都会向前推进一步"；第三，干部作风的转变。

[①] 包叙定. 关于重庆实施西部大开发的基本思路. 转引自全国政协文史和学习委员会. 亲历西部大开发（重庆卷）. 北京：人民出版社. 2016. 14.

[②] 杨庆育. 重庆参与西部大开发工作回忆. 转引自全国政协文史和学习委员会. 亲历西部大开发（重庆卷）. 北京：人民出版社. 2016. 89.

[③] 中共重庆市委重庆市人民政府关于印发《重庆市实施西部大开发若干政策措施》的通知. 重庆政报，2001年第21期，14-17+12.

[④] 王鸿举. 在重庆市实施西部大开发若干政策措施新闻发布会上的讲话. 重庆政报，2001年第21期，13.

重庆市是国家西部大开发的重点建设区域，在落实和推进西部大开发战略过程中也得到中央领导的高度关注和关怀[1]。2001年5月，江泽民同志在重庆主持召开西部大开发工作座谈会时，再次提出重庆要做的"四件大事"，即按期完成三峡库区移民任务、振兴老工业基地、加快农村经济发展、加强生态环境保护和建设，使重庆早日建成长江上游的经济中心。2002年6月，江泽民同志视察重庆时指出，"重庆在实施中央关于三峡工程建设和西部大开发这两大决策中处于重要的战略地位，应该充分利用自己的优势条件，抢占先机，有所作为，加快发展，更好地发挥特大城市的作用。"[2] 2007年3月8日，胡锦涛同志参加十届全国人大五次会议重庆代表团审议时发表了重要讲话（即"314"总体部署），希望重庆市紧紧抓住国家深入实施西部大开发战略和老工业基地振兴战略的宝贵机遇，努力把重庆加快建设成为西部地区的重要增长极、长江上游地区的经济中心、城乡统筹发展的直辖市，在西部地区率先实现全面建设小康社会的目标。2010年12月，习近平同志在重庆调研时对重庆在改革发展稳定方面取得的成绩给予了肯定，同时要求各级干部特别是领导干部要进一步察实情、出实招、干实事、出实效，以扎实的作风做好各项工作，推动重庆经济社会又好又快发展。

第二节　城市转型与国土空间规划

一、区划调整和城市转型

（一）区划调整

1975年到2000年是重庆市行政区划调整最频繁的二十多年，也奠定了今天重庆的行政区划和城市地位。1975年3月，国务院决定将江津地区和大足县部分区域划出，成立双桥区，由重庆市管

---

[1] 王佳宁等.潮起巴渝——西部大开发重庆剪影.北京：中国社会科学出版社. 2017. 26.

[2] 同上书. 31.

第八章 中心城市之路（1997—2011年）

辖，重庆市辖9区3县；1976年1月，江津地区江北县划归重庆市，重庆市辖区变为9区4县；1983年4月，永川地区行政公署撤销并入重庆市，重庆市辖区面积由0.98万平方千米增加到1.31万平方千米；1996年7月，四川省委托重庆代管万县市、涪陵市、黔江地区，为重庆直辖做过渡准备。1997年3月，重庆直辖，万县市、涪陵市、黔江地区正式纳入重庆市，重庆市辖区增加到8.24万平方千米，今日重庆"大城市带大农村"的行政架构正式形成。

直辖之初，首先面临的是理顺行政管理体制，即如何平稳实现"四级变三级"的管理体制调整。按照中央提出的"思想领先、平稳过渡"的总体要求，重庆市在1998年和2000年进行了两次大规模的行政管理体制调整。1998年2月，按照《中共中央办公厅、国务院办公厅关于万县市、涪陵市、黔江地区行政体制调整的批复》精神，重庆市对地、市一级行政体制进行调整，决定撤销万县市及其所辖的龙宝区、天城区、五桥区，设立重庆市万县区（后更名为万州区），负责管辖原万县市3个区的行政区域。同时，设立重庆市万县移民开发区（后更名为万州移民开发区），作为市委、市政府的派出机构，代管有移民任务的6个县。没有移民任务的梁平县、城口县由重庆市直管。撤销涪陵市及其所辖的枳城区、李渡区，设立重庆市涪陵区，管辖原涪陵市两个区的行政区域。原涪陵市所辖的4个县（市）由重庆市直管。撤销黔江地区，设立重庆市黔江开发区，作为重庆市委、市政府的派出机构，代管5个少数民族自治县。

2000年7月，重庆市委、市政府印发《关于调整万州移民开发区和黔江开发区行政体制的实施意见》（渝委发〔2000〕28号），撤销万州移民开发区，原代管的6县由市政府直管；撤销黔江开发区和黔江土家族苗族自治县，设立重庆市黔江区，管辖原黔江县的区域范围，原黔江开发区代管的4个少数民族自治县由市直管。由此，重庆市40个区县均由市直管。2011年10月，国务院同意重庆市调整部分行政区划,决定撤销大足县、双桥区,成立新的大足区;撤销綦江县、万盛区,成立新的綦江区。重庆市自此形成38个区(县、自治县)的行政架构,沿用至今。

与此同时,重庆市还整合行政资源,减少行政单位和行政层级,不断推进行政管理体制改革①。第一,合理调整乡镇行政区划,在完善公共服务体系的基础上,按照"人口向城镇集中"的思路,稳步推进乡镇合并(见表6)。第二,主城九区和区域性中心城市采取市—区—街道"两级政府、三级管理体制",远郊区或郊县采取市—区(县)—乡镇"三级政府、三级管理"体制。第三,在规模较大、覆盖镇级行政单元并设立管委会的各类开发区,整合管委会和镇级行政管理机构,探索按功能区为主的管理模式。

表6 重庆直辖以来乡镇级区划调整

年份	乡	镇	街道办事处	年份	乡	镇	街道办事处
1996	780	642	80	2004	418	626	106
1997	778	645	80	2005	316	608	112
1998	829	648	88	2006	306	595	121
1999	833	664	87	2007	308	589	129
2000	809	685	92	2008	291	580	136
2001	568	680	98	2009	267	578	164
2002	563	683	101	2010	252	587	175
2003	505	648	106	2011	225	598	189

数据来源:根据1997—2012年重庆市统计年鉴整理。

(二)城市转型

重庆直辖初期有一个说法:"直辖市的牌子,单列市的底子,中等省的架子。"行政区划的调整,让重庆市由一个都市型的城市

---

① 重庆市人民政府办公厅,重庆市人民政府发展研究中心,重庆市社会科学院. 重庆发展六十年. 重庆:重庆出版社,2009.459.

第八章 中心城市之路（1997—2011年）

转变为一个区域型的城市。1997年2月，国家计委秘书长白和金在国家有关部委专家重庆座谈会上讲到，"重庆升为直辖市后最大的优势在哪里？我认为最大的优势在于创造形成了一个体制创新的行政条件。重庆市实际是市的体制，省的格局，也就是重庆市计委过去研究提出的'都会省'概念。过去我们搞了计划单列，搞了市带县，可以说现在的重庆市某种意义上讲是市带省，重庆市带三峡省，省市一套机构。这种全新的行政体制为经济体制的创新创造了很有利的条件。"①

都市型城市向区域型城市转变最典型的特征是人口结构和产业结构的变化。今天重庆市的各类统计资料已经通过数据回溯、整合，消弭了行政区划调整引起的数据波动。不过，通过历史资料的整理和现状对比，我们还是能够发现其中的差异。以永川划入重庆和重庆直辖两个时间节点为例，整理重庆市区划调整前后的人员变化情况（见表7），可以看出，每一个行政区划的调整都带来了人口的巨大变化。若以非农户籍人口来评判城市的城镇化水平的话，显然随着郊县农业人口的注入，城镇化的统计水平有明显的下降，尤其是重庆直辖时期的调整。马述林也发现了这个有趣的现象。他在一本书中写道，20世纪80年代初重庆市人均指标计算发展水平高于全国平均水平，但与永川地区合并后各项经济指标显著落后，人均指标发展水平下降到全国的70%左右；1996年，各项经济指标基本赶上全国平均水平，但直辖后，人口增加、行政辖区扩大，重庆各项人均指标又下降到全国70%左右的水平②。无怪乎有人感叹说："在城市直辖和转型初期，重庆面临40万下岗职工、103万移民、300万农村贫困人口，这是重庆发展道路上必须翻越的三座大山。"③

---

① 马述林,张海荣.重庆发展和布局研究.重庆：西南师范大学出版社.2013.157.
② 同上书.106.
③ 白杰戈.重庆直辖 曾经不能说的秘密.转引自重庆市政协学习及文史资料委员会.回忆重庆直辖.重庆：重庆出版社.2017.41.

表 7 重庆市行政区划调整前后人口变化

年份	①重庆直辖后统计			②永川划入到重庆直辖			③永川划入前		
	总人口	非农人口	占比	总人口	非农人口	占比	总人口	非农人口	占比
1957	2 005.18	312.41	15.58%	1 005.41	256.10	25.47%	212.00		
1962	1 797.19	268.24	14.93%	948.84	224.33	23.64%	208.00	53.40	25.67%
1965	1 974.89	289.81	14.67%	1 039.96	245.23	23.58%	217.30	48.40	22.27%
1970	2 289.64	299.98	13.10%	1 181.80			221.10	55.50	25.10%
1975	2 592.59	312.20	12.04%	1 312.56	254.25	19.37%	231.90	66.40	28.63%
1978	2 635.56	330.90	12.56%	1 330.98	268.57	20.18%	241.20	68.00	28.19%
1980	2 664.79	373.28	14.01%	1 349.49	288.66	21.39%	254.50	68.30	26.84%
1985	2 768.26	457.37	16.52%	1 405.52	335.70	23.88%	277.90	69.90	25.15%
1990	2 920.90	492.98	16.88%	1 483.68	368.61	24.84%			
1996	3 022.77	577.12	19.09%						
2001	3 097.91	689.52	22.26%						
2006	3 198.87	845.43	26.43%						
2011	3 329.81	1 277.64	38.37%						

注：①来源于《重庆市统计年鉴（2012年）》；②来源于《重庆市统计年鉴（1992年）》；③来源于《中华人民共和国人口统计资料汇编（1949—1985）》，中国财政经济出版社，1988.

面对城市转型，探索城乡统筹发展成为必由之路。2006年6月，重庆发展改革委主任杨庆育总结重庆直辖近10年的成效时认为，由于中央交办重庆的"扶贫、移民、老工业基地改造和生态环境保护"四件大事均带有应急性、阶段性和时效性特征，虽然取得了很大成绩，但总体上发展的主题并不突出①。市发展改革委在对市情深度分析和再认识基础上，从大城市、大农村、大库区到区域发展的差异和城乡居民收入的落差入手，将研究焦点集中在统筹城

---

① 杨庆育. 重庆参与西部大开发工作回忆. 转引自全国政协文史和学习委员会. 亲历西部大开发（重庆卷）. 北京：人民出版社. 2016. 90.

第八章 中心城市之路（1997—2011年）

乡问题上。8月，重庆市委、市政府在全市开展"发挥直辖优势、实现科学发展"研讨活动，研讨过程中萌发了设置试验区探索统筹城乡发展的设想。12月30日，市委书记汪洋、市长王鸿举给国务院总理温家宝写信，申请设立统筹城乡综合配套改革试验区。温家宝第二天就做出批示，安排国家发展改革委对重庆和成都统筹城乡发展所开展的工作进行调研。2007年2月，市政府正式向国家上报在重庆设立国家级统筹城乡综合改革试验区的申请。同年3月两会期间，重庆代表团向全国人大递交关于批准在重庆设立国家级统筹城乡综合配套改革试验区的建议。6月，经国务院批准，国家发展改革委批复重庆为统筹城乡综合配套改革试验区。

2009年1月26日，国务院印发《关于推进重庆市统筹城乡改革和发展的若干意见》（国发〔2009〕3号）文件，重庆统筹城乡改革发展上升为国家战略。《若干意见》除赋予重庆十多项新的"黄金定位"外，提出了加快重庆统筹城乡改革发展的指导思想、基本原则、战略任务和主要目标，还就推进重庆改革发展的重点领域提出了努力方向、主要任务、重大项目和支持政策。同年2月26日，重庆市政府印发《贯彻落实国务院关于推进重庆市统筹城乡改革和发展的若干意见》的通知，要求全市上下以百倍的努力抢抓政策机遇，推进各项目标任务，切实担负起新定位、新使命，绝不辜负中央的支持和厚爱。

从城乡资源要素空间调配看，地票制度无疑是极具代表性的城乡统筹改革手段。2008年8月，国土资源部与重庆市政府签订战略合作备忘录，明确支持重庆设立农村土地交易所。12月4日，重庆农村土地交易所挂牌成立。此后不久，《国务院关于推进重庆市统筹城乡改革和发展的若干意见》明确提出，"设立重庆农村土地交易所，开展土地实物交易和指标交易试验（地票交易）"。关于地票的内涵，《重庆市地票管理办法》规定，"指土地权利人自愿将其建设用地按规定复垦为合格的耕地等农用地后，减少建设用地形成的在重庆农村土地交易所交易的建设用地指标。"截至2021年10

月，重庆市累计实施农村建设用地的复垦项目 1.22 万个、实施规模 44.91 万亩，形成地票交易 33.81 万亩，产生价款 663.99 亿元，农村集体经济组织累计实现收益约 165 亿元，农户获得收益约 380 亿元。地票交易开辟了农民财产变现的通道，让农民真正享受到了改革红利，实现了城市对农村的"反哺"。

在改革探索过程中，重庆市的市域空间结构也不断优化，大体经历了直辖前"多中心、组团式"、直辖初期三大经济区，再到"一圈两翼"。如果说"多中心、组团式"构成的主城区为点状发展，那么"三大经济区"可视为线（轴）状发展，而"一圈两翼"则上升为面状发展。主城区点状发展自不待言。1994 年，成渝高速公路建成通车，缩短了成都和重庆的时空距离，带动了沿线区县城发展，进而催生了一条经济走廊。有研究表明，重庆高速公路每投资 1 元钱，就能为沿线地方带来 0.67 元的直接经济收益[①]，间接经济收益不可估量。随着高速公路通行里程的提升，重庆在直辖初期形成了都市经济圈、渝西经济走廊和三峡库区经济区三大经济区。此后，随着不断深化统筹城乡改革过程，做大做强重庆主城区，实施"一圈两翼"区域发展思路逐步明晰。时任重庆发展改革委主任杨庆育回忆说："随着时间的推移，各种主题越来越往城乡统筹方向集中，也就是在一个不经意的场合下，发改委和规划局同时提出将重庆主城区面积扩大，作为全市经济发展的支撑，汪洋书记又敏锐地抓住了这个信息，果断提出打造'1 小时经济圈'的概念……"[②] 2007 年 5 月 23 日，重庆市第三次党代会报告提出着力打造以主城为核心的一小时经济圈，建设以万州为中心的渝东北地区和以黔江为中心的渝东南地区两翼，构建一圈两翼区域发展新格局。7 月 30 日，重庆市政府印发《重庆市一小时经济圈经济社会

---

① 易超，余巧慧，田翔."二环八射"高速公路的拓荒者. 转引自全国政协文史和学习委员会. 亲历西部大开发（重庆卷）. 北京：人民出版社. 2016. 140.

② 杨庆育. 重庆参与西部大开发工作回忆. 转引自全国政协文史和学习委员会. 亲历西部大开发（重庆卷）. 北京：人民出版社. 2016. 91.

第八章 中心城市之路（1997—2011年）

发展规划》；9月17日，印发《渝东北地区经济社会发展规划》；11月16日，印发《渝东南地区经济社会发展规划》。按照"一圈两翼"规划，"一圈"做加法，用15年时间发展成为西部最大城市群，带动"两翼"发展；"两翼"做"减法"，将人口合理集中转移到"一圈"中。

二、国土空间规划

（一）从城市规划到城乡规划

1997年重庆直辖带来的城市地位提升和城市建设需求都是原城市规划难以估计的。到2002年，主城核心区已完成建设用地209.03平方千米，超出总体规划确定的2000年175平方千米的目标。因此，重庆市城市总体规划修改也被提上日程。2003年12月12日，重庆市委书记黄镇东在主持召开重庆市第二届规委会第二次会议时提出修编《重庆市总体规划》的构想。2004年1月8日，重庆市规划局向建设部递交《关于开展重庆市城市总体规划修编工作的请示》。2月27日，建设部正式发文批准重庆市对1998年版城市总体规划进行修编。建设部要求，重庆市城市总体规划修编在总结1998版城市总体规划实施情况的基础上，针对主要问题，突出重点，注意防止都市区规模过大，做好发展时序安排。同时，基于重庆市市域范围较大的特点，建设部指出有必要组织编制市域城镇体系规划。

为推进规划编制工作，重庆市成立了城市总体规划修编办公室，负责城市总规修编的各项组织工作，并统筹协调总规修编工作中的相关事宜。2004年9月23日，黄镇东主持召开市二届规委会三次全会，审议并通过了《重庆都市区城市总体规划（2004—2020）纲要》；10月30日—11月1日，建设部组织专家工作组对《重庆都市区城市总体规划（2004—2020）纲要》进行审查。11月14日，建设部正式批复重庆都市区城市总体规划纲要。12月4日，《重庆都市区城市总体规划（2004—2020）纲要》正式向社会公示。

在规划编制期间，国家的城市规划管理体系变革和重庆新发展机遇叠加，深刻影响了最终的规划成果。第一，国家层面城市规划变革为城乡规划。2007年10月，《中华人民共和国城乡规划法》正式颁布实施。第二，党和国家领导人不断对重庆的发展提出新的要求和期盼，同时给重庆部署了一系列改革任务。2006年4月和10月，温家宝总理两次视察重庆，要求重庆在"十一五"期间，坚持城乡统筹协调发展，不断增强西部特大中心城市的辐射带动功能，确保中央交办的"四件大事"取得新的重大成果，长江上游经济中心总体框架基本建成，全面建设小康社会取得重要阶段性进展。2007年3月8日，胡锦涛总书记参加十届全国人大五次会议重庆代表团审议时发表了重要讲话（即"314"总体部署），希望重庆市紧紧抓住国家深入实施西部大开发战略和老工业基地振兴战略的宝贵机遇，努力把重庆加快建设成为西部地区的重要增长极、长江上游地区的经济中心、城乡统筹发展的直辖市，在西部地区率先实现全面建设小康社会的目标。第三，重庆市积极争取的城乡统筹配套改革试点获批。2007年6月7日，经国务院同意，国家发展和改革委印发《关于批准重庆市和成都市设立全国统筹城乡综合配套改革试验区的通知》，重庆成为第四个国家综合配套改革试验区。

在推进统筹城乡综合配套改革过程中，重庆市将推进城乡规划管理体制改革作为一项重要改革内容[1]。第一，统筹城乡规划编制。在规划范围上，将过去以城市规划区为规划范围的规划拓展为地区城乡规划；在规划体系上，补充村镇体系规划内容，与原有的城镇体系规划共同构成城镇及乡村体系规划，区县一级城市总体规划和城镇体系规划归并为区县城乡总体规划。第二，统筹城乡规划管理，包括集中规划管理权、健全规划管理机构、建立规划管理行政责任追究制度。第三，统筹城乡规划监察。进一步完善城乡规划督察员制度，建立规划实施的报告和考评制度。第四，统筹城乡规划

---

[1] 重庆市人民政府办公厅, 重庆市人民政府发展研究中心, 重庆市社会科学院. 重庆发展六十年. 重庆：重庆出版社, 2009. 459.

第八章 中心城市之路（1997—2011年）

保障。将《重庆市城市规划管理条例》修订为《重庆市城乡规划管理条例》；建立农村规划的资金和技术保障机制，完善、提高农村规划水平。

到2007年，在全国统筹城乡综合配套改革试验区建设背景下，新的城市规划已经覆盖"城"与"乡"，"城市总体规划"蝶变为"城乡总体规划"。2007年6月27日，国务院第182次常务会议审议并原则通过《重庆市城乡总体规划（2007—2020年）》。在此次会议中，温家宝总理提出，基于本规划具有的城乡统筹发展理念，将《重庆市城市总体规划（2007—2020年）》更名为《重庆市城乡总体规划（2007—2020年）》。同年9月20日，国务院下发《国务院关于重庆市城乡总体规划的批复》，正式批准重庆市城乡总体规划。

《重庆市城乡总体规划（2007—2020年）》包括总则、城市性质和发展目标、市域城镇体系规划、都市区城市总体规划、规划实施措施、附则等6个部分。核心规划内容包括两部分：第一，市域城镇体系规划方面。规划到2010年全市总人口3 000万，城镇人口1 615万；2020年总人口3 100万，城镇人口2 160万。构建"一圈两翼"的区域空间结构。规划到2020年，形成都市区1个特大城市，万州、涪陵、江津、合川、永川、长寿6个大城市，黔江、璧山等25个中等城市和小城市，495个左右小城镇的城镇体系。规划形成以城市为中心，镇乡为节点，各级中心村、基层村有机结合、结构完整、规模适度、功能合理、配套完善的村镇体系。注重土地资源、水资源、风景名胜资源、历史文化资源等保护与利用。构建各种交通方式有机衔接、功能完善、快速便捷、国际国内通达、高效安全的综合交通运输体系。第二，都市区城市总体规划。构建城乡一体、协调发展的格局；都市区空间上分为主城区和郊区两部分；城市主要拓展方向为内环以北、中梁山以西及铜锣山以东；城市空间结构为"一城五片、多中心组团式"。人口规模方面，规划至2020年，都市区总人口980万，城镇人口930万；用地规模方面，2020年城镇建设总用地为865平方千米，人均城镇建设用地为93平方米。以片区为格局有机组织城市人口和功能。

除了城乡总体规划以外，重庆市还组织编制了一系列专业规划和专项规划。专业规划包括对外交通专项规划、城市道路建设规划、城市邮电规划、园林绿化规划、环境保护规划、消防规划、人防工程规划、防洪工程规划和历史文化名城保护规划等；专项规划包括主城区组团隔离带规划、重庆市主城区公交站场规划、重庆市电网专项规划、重庆市环卫设施规划和重庆市住房建设规划等。关于专业规划和专项规划的区别，2015年6月，重庆市政府办公厅印发的《重庆市城乡规划相关专业规划和专项规划编制与报批规定》（渝府办发〔2015〕96号）解释为：专业规划是指由有关行业主管部门和有关单位组织编制，在区域和城市范围内涉及规划用地及空间布局，需要纳入城乡规划进行综合平衡的有关规划。专项规划是指城乡规划主管部门为实施城乡总体规划、城市总体规划的需要，在区域和城市范围内分区域研究深化、对总体规划有关内容进行细化落实、对有关专业规划进行综合平衡、对重大建设项目和实施时序进行综合统筹而编制的相关规划。而根据2019年印发的《中共中央 国务院关于建立国土空间规划体系并监督实施的若干意见》精神，这两类规划被归并为"相关专项规划"。相关专项规划是指在特定区域（流域）、特定领域，为体现特定功能，对空间开发保护利用做出的专门安排，是涉及空间利用的专项规划。

2009年1月，国务院印发《关于推进重庆市统筹城乡改革和发展的若干意见》（国发〔2009〕3号），将重庆改革发展提升到事关全国改革开放、区域协调发展、西部大开发和生态安全等国家战略的重要层面，赋予了重庆在全国及区域发展中诸多重要的职能与定位；2010年2月，国务院批准在重庆设立我国面积最大的综合保税区——重庆西永综合保税区，西永保税区和两路寸滩保税港区一起，成为重庆建设内陆开放高地的重要平台；2010年5月，国务院批复设立重庆两江新区。由于西永综合保税区和两江新区的大部分

第八章 中心城市之路（1997—2011年）

区域，都位于都市区城市总体规划确定的城市建设用地之外，因此需要对2007年城乡总体规划进行修改完善。新修改的规划以"落实国家战略、优化功能布局、做好山水文章、传承历史文脉"为总原则，进一步强化重庆作为国家中心城市的发展目标。

2010年3月12日，国务院办公厅发出《关于印发城市总体规划修改工作规则的通知》（国发〔2010〕20号），进一步明确了报国务院审批城市规划修改的内容要求和程序要求。同月，重庆市向国务院提出修改城市总体规划的请示。7月，住房和城乡建设部会同国家有关部委在重庆召开城市总体规划修改工作部际联席会，审查通过重庆城市规划实施评估报告和强制性内容修改论证报告，并形成《重庆市城市总体规划修改工作审查会会议纪要》（部际联席会纪要2010年第13期），一致同意重庆市开展城市总体规划修改工作。12月17日，经国务院同意，住房和城乡建设部以《关于重庆市城市总体规划修改工作意见的函》（建规函〔2010〕328号）函复，原则同意重庆市开展城市总体规划修改工作。本次修改的内容包括：补充城市职能和修改城市规模共3条；因直接修改内容导致的间接修改则涉及城市发展战略、城市空间结构、综合交通体系、市政基础设施、公共服务设施和绿地系统建设等共25条；同时，按照住房和城乡建设部回函要求，进一步强化了综合防灾减灾、历史文化名城保护、生态环境保护和旅游发展规划等内容共9条。① 2011年，《国务院关于重庆市城乡总体规划的批复》（国函〔2011〕123号）印发，原则同意重庆市城乡总体规划的修订。

（二）第二轮土地利用规划

1997年2月18日，江泽民总书记主持召开中央政治局常委会，专门研究和确立了土地管理特别是耕地保护的大政方针和治本之策，审议通过了《中共中央国务院关于进一步加强土地管理切实保

---

① 重庆市人民政府.重庆市城乡总体规划（2007—2020年）修改说明.2011.（内部资料）.

护耕地的通知》，并决定在冻结非农业建设占用耕地期间完成《中华人民共和国土地管理法》。4月15日，《中共中央、国务院关于进一步加强土地管理切实保护耕地的通知》（中发〔1997〕11号）正式印发。文件强调了土地管理特别是耕地保护的重要性，同时要求："各级人民政府要按照提高土地利用率，占用耕地与开发、复垦挂钩的原则，以保护耕地为重点，严格控制占用耕地，统筹安排各业用地的要求，认真做好土地利用总体规划的编制、修订和实施工作。不符合上述原则和要求的土地利用总体规划，都要重新修订。土地利用总体规划的编制和修订要经过科学论证，严密测算，切实可行；土地利用总体规划一经批准，就具有法定效力，并纳入国民经济和社会发展五年计划和年度计划，严格执行。"为了强力推动土地利用总体规划的编制，文件还冻结非农建设占用耕地一年，规定在修订的土地利用总体规划批准前，原则上不得批准新占耕地。关于文件的重要性，国家土地管理局局长邹玉川在贯彻文件通气会上指出，文件树立了土地利用总体规划的权威，为实施土地用途管制提供了科学依据。此后，全国各级土地利用规划编制、修订工作进入快车道。

1997年7月10日，国家土地管理局印发《关于认真做好土地利用总体规划的编制、修订和实施工作的通知》，要求各地切实编制和修订好各级土地利用总体规划，并加强规划的实施管理。8月20—23日，全国土地利用规划管理工作会议在长春召开。国家土地管理局局长邹玉川在会上强调，以土地利用总体规划编制、修订和实施工作为核心的土地利用的规划和管理已成为当前土地管理的关节点，各地要增强紧迫感，进一步加快土地利用总体规划编制。9月，国家土地管理局选择黑龙江绥化市、吉林省舒兰市、上海市奉贤县、江苏省江都市、河南省濮阳市、湖南省长沙市等6地为全国首批土地规划管理试点，要求1997年11月底前完成土地利用总体规划的编制和修订工作。12月26日，国家土地管理局发出《关于土地利用总体规划编制和修订工作有关问题的紧急通知》，要求

第八章　中心城市之路（1997—2011年）

各地在保证质量的前提下，加快进度，确保规划修编工作的完成。

在此背景下，1997年12月，市政府办公厅下发《关于抓紧做好土地利用总体规划编制工作的通知》，全面部署区县和乡镇两级土地利用总体规划编制工作，要求按照国家有关规定和《重庆市国民经济和社会发展"九五"计划及2010远景目标纲要》编制规划。根据国家土地管理局《关于下发1996—2010年土地利用总体规划编制和修订主要控制目标的通知》要求，重庆市1997—2010年控制耕地减少22.73万公顷，其中建设占用4万公顷，生态退耕18.33万公顷，灾毁0.40万公顷；1997—2010年土地整理开发增加耕地面积4.13万公顷，2010年保有耕地面积235.93万公顷。基于此，本轮规划采取了自上而下、层层控制、逐级细化、上下结合的编制思路，将国家下达的规划控制指标分解下达到各区县，再下达到各乡镇。规划以1996年为基础年，2010年为规划目标年，展望到2030年。在时间方面，要求市级和区县级规划同步进行，必须在1998年3月底前完成，乡镇规划必须在1998年6月底前完成。

1998年3月，国土资源部成立后，继续加快推进土地利用规划修编工作。9月29日，国土资源部印发《关于加强土地利用总体规划工作的通知》，要求各地加快土地利用总体规划修编进程，加强规划审批和实施管理。11月10日，国土资源部印发《关于土地利用总体规划修编工作几个问题的紧急通知》，对土地利用总体规划修编中的基本农田保护区划定、严格确定各级城镇规划建设用地规模和规划用地分类等几个问题提出明确规定，要求各地土地管理部门在修编土地利用总体规划时遵照执行。1998年，我国对《土地管理法》进行修订，细化了土地使用申请流程和土地违法行为查处规定，进一步确立了土地利用总体规划的法律地位，强化了土地利用总体规划对城乡土地利用的整体调控作用。

1999年9月，国务院批准重庆市土地利用总体规划；2000年9月，重庆市政府批复全市40个区县（自治县、市）土地利用总体规划；2001年6月，重庆市政府批准实施全市1536个乡镇土地利用总体规划。根据全市经济社会发展规划要求和国土资源部下达的主要规划控制指标规划，到 2010 年，全市耕地保有量为 237.05 万公顷；全市建设用地（含农业建设和非农业建设）控制在 8 万公顷以内，其中占用耕地 4 万公顷；土地开发复垦整理增加耕地 4.13 万公顷；25 度以上坡耕地退耕 18.33 万公顷；生态环境保护和建设目标方面，全市森林覆盖率由 20.98% 提高到 36%。

除了总体规划以外，重庆市在国家要求下还编制了相关的专项规划。2000 年 5 月，国土资源部下发《关于印发〈土地利用规划实施管理工作若干意见〉的通知》，要求编制土地开发、复垦、整理专项规划，作为总体规划的深化和补充。市土地房屋管理局随即对文件进行转发，并于次年 3 月发出《印发二〇〇一年规划计划统计工作要点的通知》，要求开展市、区县土地开发整理专项规划编制工作。2003 年 4 月，重庆市完成市级和 36 个区县级土地开发整理规划。主要成果包括《重庆市土地开发整理规划》《重庆市土地开发整理规划说明》《重庆市土地开发整理规划编制工作报告》《重庆市耕地整理潜力评价研究》《重庆市农村居民点整理分析研究》《零星地类在重庆市土地开发整理中的潜力研究》。

（三）第三轮土地利用规划

2001 年 3 月 11 日，中央人口资源环境工作座谈会在北京召开。江泽民总书记强调，要切实加强土地管理特别是耕地保护，从严控制各类建设占用耕地。为贯彻落实中央人口资源环境工作座谈会精神，提高土地利用规划的科学性，2002 年 6 月，国土资源部印发《关于开展县级土地利用总体规划修编试点工作的通知》（国土资发〔2002〕189 号），确定重庆市江津市在内的 12 个县（市、区）为县级土地利用总体规划修编试点单位，为第三轮土地利用规划编制储备经验。8 月，国土资源部正式部署县级土地利用总体规划修编试点，要求探索完善社会主义市场经济条件下规划调控的措施和途径，提出符合现阶段我国国情和发展趋势的规划编制方法。

此时，重庆市第二轮土地利用总体规划开始逐渐无法适应社会

第八章 中心城市之路（1997—2011年）

经济发展的需要，规划修改、规划调整总数和面积均呈现逐年上升的趋势。到2003年底，各类建设项目涉及规划修改和调整共182宗。主要原因包括：经济社会的发展远远超过原有的预期；国家实施西部大开发战略，新上或提前实施一批能源、交通等基础设施项目；对直辖以后的经济发展速度估计不足等①。2002年10月，在国家级试点基础上，重庆市国土房管局将渝北区作为市级土地利用总体规划修编试点。

为做好规划修编，重庆市政府将土地利用总体规划纳入市政府工作报告，并专门成立了规划编制领导机构。2004年1月6日，市长王鸿举在2004年重庆市政府工作报告中提出："完成土地利用总体规划修编和申报，严禁乱占、滥用耕地，加强非农用地管理和调控。"3月18日，重庆市政府办公厅印发成立重庆市土地利用总体规划修编工作领导小组的通知，分管副市长赵公卿任组长，市政府副秘书长何智亚、市国土房管局局长张定宇任副组长，相关部门负责人任组员。领导小组办公室设在市国土房管局，具体负责审定基本农田保护面积、建设占用耕地量、生态退耕面积、土地开发整理面积的指标等有关日常工作。2005年5月，市国土房管局成立重庆市土地利用总体规划修编办公室，张定宇任办公室主任，邱道持、程本初任副主任。办公室下设编制组和专家指导组。2006年10月，由于工作需要和人事变动，市政府决定调整重庆市土地利用总体规划修编工作领导小组成员。调整后，余远牧副市长任组长，市政府副秘书长程志毅、市国土房管局局长张定宇任副组长。

第三轮规划修编非常重视前期工作，包括规划实施情况评价和需求分析等。2004年6月21日，国土资源部印发《关于开展土地利用总体规划实施评价和修编前期调研工作的通知》（国土资发〔2004〕133号），要求各地对土地利用总体规划的实施情况进行一次系统评价，并结合当地实际开展规划修编前期调研工作。新一轮

---

① 《重庆市志·国土资源和房屋管理志（1840—2018）》编纂委员会. 重庆市志·国土资源和房屋管理志（1840—2018）. 重庆：重庆出版社. 2020. 195.

土地利用规划修编以2010年为近期规划年,以2020年为规划目标年。8月4日,市国土房管局对该通知进行转发,并要求"凡是要求开展规划修编的区县(自治县、市)必须先对规划实施情况进行全面评价,经市局审查同意后,才能全面开展规划修编工作。"2005年2月,市国土房管局印发《关于开展区县土地利用总体规划修编前期工作的指导意见》,在强调了规划实施评价和调研工作重要性基础上,文件要求各区县认真做好规划修编的"三个查清"前期工作,进一步明确规划的主要任务,把握"三个从严"原则开展规划修编。6月4日,国务院办公厅转发《国土资源部关于做好土地利用总体规划修编前期工作意见》,要求地方各级人民政府要统一思想,进一步提高对开展土地利用总体规划修编前期工作重要性的认识。9月9日,国土资源部印发《关于做好土地利用总体规划修编前期工作中"四查清、四对照"工作有关问题的通知》(国土资发〔2005〕182号),包括对照、查清新增建设用地总量,对照、查清闲置土地和低效用地数量,对照、查清耕地和基本农田保有量,对照、查清违法用地数量及处理情况。

2005年12月26日,国土资源部办公厅印发《关于省级土地利用总体规划修编前期工作成果报送和审定有关问题的通知》,要求各省(区、市)于2005年底前完成省级土地利用总体规划修编前期工作,并报部审查认定有关工作成果。根据国家部署安排,重庆市开展了规划实施评价和"四查清、四对照"情况分析工作,并按要求提交了相关成果报告。在前期研究过程中,市级层面还设置了土地利用现状分析和评价、粮食安全和耕地保护研究、建设用地需求预测与控制模型研究、生产退耕研究、土地开发整理复垦研究、土地利用规划环境影响评价等11个专题,部分区县也开展了一些土地利用重大问题研究。重庆市开展的前期工作也得到了国土资源部的高度肯定。2006年4月,国土资源部在给国务院上报的《国土资源部关于全国土地利用总体修编前期工作开展情况的报告》中提到,包括重庆市在内的9省市上报的前期成果研究较为系统、全

第八章 中心城市之路（1997—2011年）

面，成果质量较高，基本达到了预期目的。

2006年3月，针对区县普遍存在的前期工作重视不够、准备工作不充分、基础工作不扎实、工作成果缺乏深度、专题研究缺乏针对性等突出问题，市国土房管局印发《关于进一步做好区县土地利用总体规划修编前期工作的通知》，要求各区县进一步提高对土地利用总体规划修编前期工作重要性的认识，认真做好"四查清、四对照"和规划实施评价工作，确保规划修编各项前期工作落到实处。2006年，国土资源部、国务院连续印发《关于当前进一步从严土地管理的紧急通知》《关于严明法纪制止土地违法的紧急通知》《国务院关于加强土地调控有关问题的通知》，进一步严格了土地利用规划管理要求，并将土地利用规划执行情况作为执法监察的重点。在此背景下，市国土房管局印发《关于切实做好当前土地规划修编及规划管理工作的通知》，要求各地加快土地利用总体规划修编，为重庆市各类建设依法依规用地提供依据，同时提出严格规划修改程序、严格建设项目用地预审和强化土地利用年度计划管理等要求。

到2008年，重庆市市级土地利用总体规划修编前期工作陆续完成，规划大纲和规划文本基本完成。2008年3月29日，国土资源部办公厅向市国土房管局反馈了重庆市土地利用总体规划修编前期工作成果的审查意见。意见充分肯定了重庆市的前期工作，原文写道："*规划修编前期工作符合土地管理的相关法律、法规要求，体现了国办发32号文件和国务院第149号常务会议的精神。'四查清，四对照'、规划实施评价和重大问题研究等前期工作基础比较扎实，内容丰富，成果齐全，分析研究有一定深度，总体质量高，原则通过审查。*" 12月10日，国土资源部办公厅又向市国土房管局反馈了重庆市土地利用总体规划大纲的审查意见，"*《大纲》结构合理、内容齐全、思路清晰，提出的土地利用调控目标和发展方向符合重庆市资源环境特点。*" 2009年3月30日，重庆市政府第34次常务会议审议通过了《重庆市土地利用总体规划（2006—

2020年)(送审稿)》。9月28日,国务院函复重庆市政府(国函〔2009〕120号),原则同意经修订后的《重庆市土地利用总体规划(2006—2020年)》。

第三节 城市建设与城市发展

尽管重庆开展经济体制改革较早,但是以重工业为主的城市在城市面貌方面并没有根本变化。关于重庆直辖初期的城市面貌,原国务院副总理曾培炎也回忆道,"到重庆调研时看到,嘉陵江两岸还有大片的棚户危房,污水横流,垃圾满地。"[1] 重庆设立直辖市和国家实施西部大开发战略,为城市建设跨越式发展提供了重大转机。此时,城市建设的内容极大丰富。首先,从空间上不局限于城市建成区,还包括广大农村地区。市域交通建设密切了农村与主城区的联系,拓展了主城区的经济腹地。其次,建设内容上也不再局限于市政设施,还包括了开发区建设、环境保护等内容。限于篇幅,这里着重介绍交通建设、环境保护和内陆开放高地建设三个方面。

一、交通建设

(一)交通建设规划

交通建设在重庆城市扩展过程中有重要塑形作用。有学者研究近代重庆交通建设和城市发展的关系发现,交通不仅奠定了城市早期的空间格局,也直接推动城市从传统到现代的空间演进[2]。上文提到,由于各种历史原因导致重庆交通投资低、欠账多,交通建设和发展长期滞后。重庆直辖之初,这些问题也被集中披露出来。第一,铁路方面。1999年,市域内仅有"一枢纽三干线一支线",即

---

[1] 曾培炎. 西部大开发决策回顾. 北京:中共党史出版社. 2010. 120.
[2] 马梦迎. 近代重庆的交通建设与城市空间演进研究(清末—1949). 重庆大学,2017.

第八章 中心城市之路（1997—2011年）

襄渝铁路、川黔铁路、成渝铁路3条干线铁路，三万南铁路（綦江三江镇—万盛—南川）1条支线铁路，营运里程仅445千米[①]。第二，公路方面。"一环四射"的骨架公路建设刚刚起步，出口通道不畅，县际干线公路等级低、路况差。一句谚语"公路好像鸭肠带，坐车不如走路快"生动反映了当时堪虞的公路状况。第三，水运方面。重庆虽然坐拥长江水道，但航运条件十分落后，朝天门码头承载了主城区几乎所有的水运运载量。第四，空运方面。1999年10月，江北国际机场旅客吞吐量已达到270多万人次，远远超过最初120万人次的设计容量。时任市长包叙定看到机场拥挤的景象后感叹："江北国际机场的扩建刻不容缓，否则影响重庆经济发展。"

面对层出不穷的交通问题，直辖之初，重庆市委、市政府将1998年至2000年作为交通建设年，并提出了"五年变样，八年变畅"的目标[②]。此时，关于交通的规划和谋划不再局限于主城区，而是着眼于构建市域综合交通运输体系。1997年6月，重庆市政府印发《重庆市国民经济和社会发展第九个五年计划和2010年远景目标纲要》，提出了交通运输发展目标："以铁路干线、公路主干道、长江黄金水道、空中航线为重点形成交通运输体系的骨架，实现快速便捷、内外通达、各种运输方式有机衔接，初步形成功能完善和高效运行的综合交通运输体系。"与此同时，1998版城市总体规划专门设置了对外交通专项规划，细化了2020年交通运输发展各项建设目标要求。公路方面，规划建设"二环八射"的高速公路网；铁路方面，提高对外输送能力，新建渝怀铁路、兰渝铁路等；港口运输方面，优化港口布局、完善配套、强化基础、协调发展，建设形成长江上游的主城区枢纽大港；民航机场方面，扩建重庆江北机场为国际机场，预留第二民用机场场址，建设万州五桥机场，

[①] 全国政协文史和学习委员会. 亲历西部大开发（重庆卷）. 北京：人民出版社. 2016. 66.

[②] 岳顺. 直辖十五年 公路大发展. 中国公路，2012年第13期，38—41.

做好黔江舟北机场前期准备等。

2000年8月,重庆市委书记贺国强等新一届市委、市政府领导多次考察调研交通建设,进一步深化交通建设的具体目标,提出将"8小时重庆,半小时主城"作为"十五"交通建设的奋斗目标。"8小时重庆",即在2004年底前,重庆要建成一个以高速公路为主骨架,由高速公路、高等级公路和一般公路构成,横贯东西、沟通南北的快速通道网,从重庆辖区内任何一个区县的政府所在地出发,利用现有的陆上交通工具,能够在8小时内到达主城区的城市外环高速公路。"半小时主城",即在主城九区范围内,区政府或任何一个重要节点到重庆人民广场或者市政府都不超过半小时。根据目标要求,2001年3月,市政府印发的《重庆市国民经济和社会发展第十个五年计划纲要》规划了一批国道、高速公路、县际干线公路等交通综合体系建设和城市快速道路网、城市轨道交通系统建设项目。

2002年10月,原交通部部长黄镇东调任重庆市委书记。上任不久,黄镇东就召集市交委有关负责人,听取重新编制的重庆交通发展规划。当时,市交委大胆提出了2020年"二环八射"的高速公路规划目标。但黄镇东听后并不满意,他表示"规划内容我都同意,但时间要提前十年。"① 按照黄镇东的设想,重庆目标是2010年建设成为"长江上游的交通枢纽"。2003年2月19日,他在重庆市交通建设工作会议上讲话指出,"**要建设长江上游经济中心,必须首先把重庆建设成为长江上游的交通枢纽。通过交通枢纽,对区域范围内发挥辐射带动作用,这就要求重庆具有发达的综合运输体系。**"在此次会议上,黄镇东重点规划了公路和水运。公路方面,规划到2010年左右,形成"二环八射"的主骨架体系,使重庆成为国家西部公路主干线的重要"节点",实现"8小时重庆",同时,加快县际公路建设;水运方面,2010年以重庆主城、万州两

---

① 易超,余巧慧,田翔. "二环八射"高速公路的拓荒者. 转引自全国政协文史和学习委员会. 亲历西部大开发(重庆卷). 北京:人民出版社. 2016. 138.

第八章 中心城市之路（1997—2011年）

个主枢纽港口和涪陵、江津、奉节、合川、彭水等5个重要港区为中心，以其他区县城和集镇等中小港口为基础，形成大中小结合的港口群。

2005年底，新任重庆市委书记汪洋提出了"一圈两翼"发展战略，对重庆交通起到需求带动作用。黄伟宏等研究认为交通要支撑"一圈两翼"发展，应采取"提高一圈内部交通效率—促进圈翼之间运输融合—升级重庆对外通道能力"的发展策略[①]。2006年2月，重庆市政府印发《重庆市国民经济和社会发展第十一个计划纲要》，统筹规划交通基础设施体系建设，各项目标较"十五"计划有大幅提高。公路方面，规划2020年建成"三环十射三联线"高速公路骨架；铁路方面，规划2020年建成"一枢纽十干线一专线七支线"的铁路架构；水运方面，以长江、乌江和嘉陵江"一干两支"高等级航道，主城、涪陵、万州三大枢纽港区及永川、江津、合川、奉节、武隆5个重点港区的建设为重点，打造区域性枢纽港，基本建成长江上游航运中心；航空方面，规划建设"一大两小"的机场格局。

2008年7月，重庆市将加快建设成为大西南综合交通枢纽作为加快发展、扩大开放的首要任务，提出打造便捷高效的水、陆、空立体交通网络，增强重庆市的辐射和集聚功能。其中，"8小时周边"、"8小时出海"和"4小时重庆"成为极具代表性的交通建设目标。《重庆市城乡总体规划（2007—2020年）》中的对外交通专项规划将有关建设要求细化。发展目标方面，以高速公路、铁路、水运通道和空中航线为骨架，构建各种交通方式有机衔接、功能完善、快速便捷、国际国内通达、高效安全的综合交通运输体系，把重庆建设成为国家级综合交通运输枢纽。公路方面，规划建成覆盖所有区县（自治县）的"两环十射多联线"的高速公路网基本骨架；铁路方面，规划建成辐射各个方面"一枢纽十干线三专线四支

---

① 黄伟宏，王晓凯，胡兴华. 打造重庆"一圈两翼"交通发展新格局. 综合运输，2008年第8期，24-28.

线"铁路基本网络；港口航运方面，以长江、乌江和嘉陵江"一干两支"高等级航道为骨架，形成以主城、万州、涪陵 3 个大枢纽港区为中心，永川、江津、合川、奉节、武隆 5 个重点港区为依托，其他港区为基础的内河水运体系，建成长江上游航运中心；航空方面，新增渝东北支线机场，构建"一大三小"的民航格局。

（二）交通体系建设

第一，铁路干线。直辖初期，重庆多条铁路干线开工。1997 年，达万铁路首先开工，随后渝怀铁路（2000 年 12 月）和遂渝铁路（2003 年 2 月）相继开工。其中，渝怀铁路的建设最为曲折。1989 年，重庆市就开始谋划渝怀铁路；1990 年 4 月，重庆市计委在国家计委召开的全国"八五"及十年交通规划座谈会上正式提出项目建议；1996 年，铁道部把渝怀铁路列入"九五"前期工作计划；1998 年 11 月，铁道部向国家计委发出《关于报送新建重庆至怀化（渝怀线）项目建议书的函》；2000 年 12 月，渝怀铁路开工建设。渝怀铁路沿线地形地质复杂，工程异常艰巨，建设过程中遭遇了高水压、高地应力、煤层、瓦斯、高地温等一系列难以想象的困难[①]。2005 年 4 月，渝怀铁路全线贯通；2007 年 4 月，全线开通客运业务。"十一五"期间，重庆又陆续开工或建成万宜铁路（2003 年开工，2010 年建成）、兰渝铁路（2007 年立项，2019 年建成）、襄渝二线（2005 年开工，2009 年建成）等干线铁路。到 2010 年，重庆市铁路营运里程达到 1 342 千米，建成了"一枢纽五干线两支线"的铁路网，综合铁路交通枢纽加快形成[②]。

第二，公路干道[③]。1997 年为重庆第一个"交通建设年"，此

---

① 全国政协文史和学习委员会. 亲历西部大开发（重庆卷）. 北京：人民出版社. 2016. 189.
② 同上书. 126.
③ 同上书. 138.

第八章 中心城市之路（1997—2011年）

后连续三年确定交通建设年。3年间，重庆相继开工建设渝黔公路（一期）、长涪路、上界路、渝合路、万梁路5条高速公路，总里程约270千米，构建了"一环四射"建设格局雏形。2002年，黄镇东任重庆市委书记后，重庆交通建设迎来井喷式发展。2003年3月10日，全市公路工作会议召开，会议指出"五年变样，八年变畅"目标基本实现；2003年底，随着长万高速公路建成通车，"8小时重庆"的目标变成现实。2005年冬，重庆高速公路建设8个项目同时开工，创造了18个高速公路项目同时在建的历史记录。"十五"期末，重庆高速公路里程达到748千米，对外高速公路通道增加至4个。2007年5月，重庆市委提出"建设大西南综合交通枢纽"后，交通建设再次加速。2009年12月31日，全长187千米的外环高速公路建成通车，标志着重庆开启城市发展新时代——"二环时代"。到2010年9月，重庆市已完成投资1 189.8亿元，建成通车30个项目，通车总里程达到1 856.3千米，高速公路网密度由直辖之初的0.14千米/100平方千米增加到2.46千米/100平方千米。到2011年底，全市一二级公路里程达到7 577千米（不含高速公路），比直辖初的740千米增加6 837千米。同时，在西部率先取消公路收费，每年让利百姓20亿元，区域间物流运输成本大大降低①。

第三，长江黄金水道。三峡工程建成后，水库回水到重庆主城，形成深水航道，平均水深70米，水库平均宽度约1100米，比建库前航道拓宽约1倍，回水区流速减少50%，河道比降减少70%，万吨级船队每年有半年左右的时间可以从上海直达重庆②。三峡工程无疑推动了重庆水运黄金时代的到来。2003年6月，三峡五级船闸试通航成功，断航67天的长江黄金水道复航。次年，重庆水路货运周转量增幅高达80.18%，达到284.30亿吨公里，并首

---

① 岳顺.直辖十五年 公路大发展.中国公路，2012年第13期，38-41.
② 周双超."黄金水道"的黄金时代.中国三峡建设，2003年第6期，7-9.

次超过铁路货运周转量（196.23 亿吨公里）①。其主要原因就是物流成本的下降。据当时测算，到 2009 年，长江航运成本将降低 35%，长江单向通航能力将扩大 5 倍。从 2003 年底开始，重庆加快了港区建设步伐。2003 年 12 月，重庆长江上游航运中心的标志性工程——寸滩港区动工建设；2008 年 4 月，果园港动工建设；2011 年 3 月，重庆东港港区集装箱码头正式开港。2002 年至 2010 年间，重庆市水运建设累计完成投资 150 亿元，重庆建设成为长江上游唯一拥有一级航道、5 000 吨级深水码头、水运一类口岸和保税港区的地区②。港口建设在降低物流成本的同时，也深刻改变了重庆市的物流结构。自 2003 年，水路坐上货物周转量头把交椅后，这种趋势不断增强。2005 年，水路货物周转量占比超过 50%，达到 64%；2010 年，水路货物周转量首次突破 1 000 亿吨公里，达到 1 219.27 亿吨公里；2011 年，再次突破 1 500 亿吨公里的大关，达到 1 557.67 亿吨公里，占总货物周转量比例达 61.57%。

第四，航空建设③。西部大开发伊始，重庆市就开始谋划江北国际机场航站楼扩建工程。经过一年多的积极争取，国家计委终于把该项目列为西部大开发重点项目，同时被国家民航总局确定为"十五"期间的重点建设项目。2001 年，经国务院总理办公会研究批准，江北国际机场航站区扩建工程正式破土动工。在航站区建设过程中，市委书记贺国强又指示实施跑道延长工程，并要求和航站区同步竣工投入使用。2004 年 12 月 2 日，新航站楼正式投入使用，结束了重庆不能直飞欧美的历史。为提升重庆窗口形象，迎接 2005 年 10 月在重庆召开的亚太城市市长峰会（AAPP），2005 年初，重庆按照计划又启动了 1 号航站楼改造为国际航站楼的工程，工程投资 8 000 万元。2005 年后，江北国际机场客运吞吐量以年均 20% 的

---

① 重庆市统计局. 重庆市统计年鉴（2005）. 北京：中国统计出版社. 2006.
② 重庆市交通委员会. 长江黄金水道优势凸显 助推重庆经济又好又快发展. 科学咨询（决策管理），2010 年第 3 期，6–7.
③ 全国政协文史和学习委员会. 亲历西部大开发（重庆卷）. 北京：人民出版社. 2016. 273.

第八章 中心城市之路（1997—2011年）

速度增长，2007年客运突破1 000万人次，比预计时间提前了三年。2008年9月，江北国际机场第二跑道及配套设施扩建工程（"三期扩建工程"）开工建设，工程累计投资37亿元，2010年12月工程完工并投入使用。到2010年，江北国际机场已经成为西部地区率先实现双跑道实质运行的国际性枢纽机场；2011年，江北国际机场旅客吞吐能力达到1 900万人次，跻身全国十大、世界百强机场行列。除了江北机场扩建工程外，重庆市还陆续建设了万州五桥机场（1999年12月开工，2003年5月通航）、黔江舟白机场（2005年1月开工，2010年11月通航）。

二、环境保护[①]

（一）环境综合整治专项行动

重庆所在的长江上游地区是我国生态环境脆弱地区，长期存在自然生态系统退化严重、农耕地衰退严重、水土流失加剧、水资源和水环境形势严峻、地质灾害频繁等重大环境问题[②]。随着三峡水库建设和移民工作的全面展开，三峡库区成为长江流域生态环境变化最剧烈和环境压力最大的地区[③]。从三峡工程建成后的统计看，三峡水库干流和支流库岸总长5 423.93千米[④]，大部分库岸（4 578.68千米，占比84.42%）位于重庆市辖区内。从城市内部看，由于重工业比重高、空间布局不合理、前期环境治理投入偏低等各种因素影响，重庆直辖前的空气环境质量堪忧。国家公布的1992年至1999年城市环境综合治理定量考核结果显示，重庆市排名一直比较靠后，分别为倒数第1、2、3、6、7、3、4（1996年未

[①] 重庆市生态环境局. 重庆市志·环境保护志（1991—2010）. 重庆：西南师范大学出版社. 2019.

[②] 刘照光，包维楷，吴宁等. 长江上游的生态环境问题、根源及其治理方略. 世界科技研究与发展，2000年第S1期，32-35.

[③] 钟章成，王力. 三峡库区的生态安全问题及其重要性. 转引自生态安全与生态建设——中国科协2002年学术年会论文集，2002年，20-23.

[④] 重庆市规划和自然资源局. 重庆自然资源概况（2019版）. 内部刊物. 2020. 34.

公布)。因此,重庆设立直辖市时,中央将环境治理和保护作为交办重庆的四件大事之一。

2000年3月,市政府发布《实施清洁能源工程严格控制大气污染的通告》(简称"清洁能源工程"),要求2001年6月以内,主城区所有以煤为燃料的茶水炉和10蒸吨/小时以下的锅炉必须改造为电、天然气、液化气等清洁能源。2001年6月,主城区清洁能源工程全面完成,累计投入3.8亿元,2 653台锅炉、茶水炉全部改用清洁能源,每年减少燃煤136万吨,直接减少7.6万吨二氧化硫和3.4万吨烟尘、34万吨煤渣排放。此后,重庆市又巩固和扩大清洁能源工程成果,一直持续到2010年。2002年,市政府印发《重庆市主城区五管齐下净空措施实施方案》和《关于控制主城区采(碎)石场和小水泥厂尘污染的通告》,出台一系列优惠政策,并安排5 500万元专项资金实施"五管齐下"净空工程。2003年,市政府发布《关于进一步控制主城区尘污染的通告》和《进一步控制主城区尘污染实施方案》,深化"五管齐下"净空工程。2005—2010年,重庆市围绕主城区大气污染防治和三峡库区水污染防治两大重点,启动实施"蓝天、碧水、宁静、绿地"环保行动。

随着主城区环境质量的不断改善,2008年重庆市提出创建国家环保模范城市的要求,随后部署实施优化发展系列工程、空气质量达标系列工程、水环境质量达标系列工程、基础设施建设系列工程、企业环保达标系列工程、环境能力建设系列工程、城乡环境整治系列工程和公众满意度提升系列工程等8大创建国家环保模范城市系列工程。2010年,重庆市把主城9区整体创建国家环保模范城市作为促进民生改善的重要内容。2011年,进一步建立和完善了创模工作机制,形成了"党委政府领导、人大政协监督、环保部门牵头、政府部门履职、企业落实责任、公众广泛参与"的齐抓共管工作格局[1]。2012年12月12日,重庆市(主城区)

---

[1] 重庆市环境保护局. 2011年重庆环境质量公报. 2012年5月. 内部刊物. 3.

第八章 中心城市之路（1997—2011年）

创建国家环保模范城市通过国家环境保护模范城市考核验收组考核验收。

（二）退二进三

在20世纪90年代末，重庆市政府开始实施退二进三、腾笼换鸟战略，但由于认识不到位、资金制约、政策不配套等种种原因，迁出企业一直处于被动的小规模状态[①]。西部大开发实施后，市委、市政府将污染企业搬迁、实施退二进三作为优化城市空间结构和城市环境的重要手段。首先启动搬迁的是位于江北区董家溪的重庆嘉陵化工厂。根据市长包叙定提出的加强环保执法、限期解决嘉陵公司停产搬迁问题要求，市环保局制定了两步走方案：先限产，停掉污染最严重的氯化钾电解车间和氯乙酸车间，然后通过土地置换实施搬迁。2004年9月，嘉陵公司实现企业老厂整体搬迁，掀开了主城区企业外迁的序曲。到2007年，重庆市陆续关停污染最重的朝阳化工厂、长江化工厂，治理改造了黄桷坪电镀厂，搬迁了油墨厂、广厦一建商品混凝土搅拌站、原西南制药一厂、新华化工厂、电池总厂、灯头厂、西南制药二厂、天原化工总厂、天原造纸厂、天厨味精厂等29家重污染企业。搬迁耗资26亿元，减少排放二氧化碳4 000吨。

虽然取得不错成就，但是受资金、政策等各方面制约，重庆市一直未能将污染最严重的重钢列入搬迁计划。当时，重庆钢铁一家企业的污染物排放量就占重庆主城区工业污染物排放量的60%以上。2006年12月，经重庆市委书记汪洋和市长黄奇帆批准，重钢环保搬迁定址在长寿区江南镇。2009年1月8日，重庆市政府将重钢搬迁纳入当年的政府工作报告，明确提出"突出抓好工业投资'一号工程'重钢环保搬迁和信息产业'一号工程'惠普40万台笔记本电脑生产基地项目。"此后不久，《国务院关于推进重庆市统

---

① 全国政协文史和学习委员会. 亲历西部大开发（重庆卷）. 北京：人民出版社. 2016. 366

筹城乡改革和发展的若干意见》印发,意见强调"优化提升材料工业,做好重钢环保搬迁和产品结构升级工作。"重钢环保搬迁工程上升为统筹城乡的"国家战略"。2011年9月,随着老重钢最后生产线关停,标志着扎根重庆73年的重钢大渡口老厂区钢铁生产正式全面关停。重钢搬迁后,老重钢所在的大渡口区积极探索后钢铁时代的发展,重新定位城市功能[1]。关于重钢老厂区的更新改造,2012年1月,重庆市政府工作报告提出:"加快朝天门片区、江北嘴中央商务区、化龙桥片区、钓鱼嘴半岛和老重钢片区、九龙半岛片区、西永组团核心区、龙洲湾滨江片区、龙兴复盛片区、悦来会展中心和中央公园片区、礼嘉片区等十大城市片区开发,形成高品质商务集聚区。"

三、内陆开放高地建设

(一)开发区建设高潮

直辖前,重庆先后成立了高新技术开发区(1991年)和经济技术开发区(1993年)。两个开发区为重庆的经济发展做出了许多贡献,但由于批准面积小、可开发面积更小、选址位于主城区、空间拓展受限,对于全市经济增长贡献比例始终不高。直辖之初,重庆市实施"北移东下"战略,专门成立了北部城区开发建设办公室,负责江北、渝北两区交界处的北部城区建设工作。北部城区定位为行政中心、信息中心、文化艺术中心、交通枢纽等,总体属于消费和服务型。到1999年,北部城区规划面积76平方千米,实际已建成50平方千米,扣除道路和绿地等,剩余不足10平方千米,不具备带动全市经济快速发展的条件[2]。从产业结构调整的需求看,重庆市的工业刚刚经历了大规模产业结构调整和企业组织结构调整,亟须走出困境。1996年,全市有工业企业2 332户,从业人员

---

[1] 全国政协文史和学习委员会. 亲历西部大开发(重庆卷). 北京:人民出版社. 2016. 391.

[2] 雷彬. 北部新区:未来经济增长极. 重庆商报,2001-07-03,第5版.

第八章 中心城市之路（1997—2011年）

147.44万，工业总产值730.41亿元。到2000年，全市工业企业下降到2 040户，从业人员下降到90.79万，工业总产值仅有962.33亿元①。在此背景下，重庆市政府决定在渝北区划出一个更大区域，举全市之力、集各方优势、高起点、高标准、高质量建设"以高新技术为基础的现代产业基地"。2000年12月10日，市长包叙定在全市经济工作会议上宣布，将北部新区的开发建设，搞好出口加工区和大学科技园区的规划建设作为市政府"十件大事"之一②。

2000年12月18日，北部新区宣布成立；2001年4月25日，正式挂牌。北部新区代管渝北区人和、天宫殿、鸳鸯、翠云、大竹林、礼嘉、金山和康美等8个街道。为了确保北部新区开发地块纳入国家开发区管理体系，重庆市采取了置换方式。2001年，对外贸易经济合作部、国土资源部致函重庆市政府，同意《重庆市人民政府关于调整重庆经济技术开发区规划用地布局的函》提出的方案，调整部分建设用地规划布局，即从经批准的9.6平方千米开发区用地规划面积中，把已建成商贸住宅区的4.6平方千米土地划出开发区，将渝北区鸳鸯镇的4.6平方千米规划建设用地划进开发区作为开发区规划用地。通过置换，北部新区成立之初拥有两个国家级开发区和一个出口加工区的头衔，从而成为重庆经济发展的新引擎。根据规划，北部新区以光电产业、软件产业和汽车工业为主体，以现代农业、绿色食品产品为示范，以金融中心、商务中心、涉外服务、康居娱乐为支撑。开发重点包括"五区一中心"，即光电产业园区、软件产业园区、汽车工业园区、重庆出口加工区、现代农业示范区和重庆国际商业技术中心。

北部新区开发建设的目标是：以2000年为基础，通过10年的努力，力争使北部新区及两个国家级开发区的工业总产值到2010年达到1 500亿元，实现再造一个重庆工业的目标，其中，北部新

---

① 马述林，张海荣. 重庆发展和布局研究. 重庆：西南师范大学出版社. 2013. 122.
② 包叙定. 在全市经济工作会议上的讲话（2000年12月11日）. 重庆政报，2001年第1期，19-24.

区工业总产值力争实现1 000亿元①。围绕这一目标，重庆市政府积极寻求国家支持，陆续采取了一系列政策措施。2003年，重庆市政府实施了5条上档提速的硬措施②：第一，修改北部新区总体规划。把北部新区范围扩大到140平方千米，新增的20平方千米土地50%用于工业，50%用于三产服务业。第二，明确开发模式。探索以三产用地补二产用地，以未来税收补工业用地当期缺口，以土地储备的信用来为基础建设融资的开发模式。第三，进一步下放六大权力。把规划权、土地批租权、招商引资项目审批权、财政税务管理权、社会管理权等凡是省级政府享有的权力都下放给开发区。第四，下决心加快整体开发，筑巢引凤，创造投资环境。改变过去采用的滚动模式，实施整体布局开发。第五，机场、寸滩港、火车站开发提速。2007年12月27日，重庆市政府印发《关于北部新区、经济技术开发区、高新技术产业开发区实行"三区合一"管理体制的决定》，即三区实行"合一"的管理体制，统一领导，统一人财物管理，统一规划建设。2009年2月，《国务院关于推进重庆市统筹城乡改革和发展的若干意见》决定"设立重庆北部新区内陆开放型经济示范区，形成高新技术产业研发、制造及现代服务业集聚区。支持北部新区在土地、财税、金融、投资、外经外贸、科技创新、管理体制等领域先行先试。"

到2010年，北部新区基本实现了"再造一个重庆工业"的构想。资料显示，2010年北部新区GDP达到约310.90亿元，工业总产值达到882.15亿元；次年，北部新区工业总产值正式突破1 000亿元，达到1 003亿元，GDP达到365亿元③。2010年6月18日，两江新区挂牌成立，原北部新区职能职责划归两江新区管理。关于

---

① 吴培伦. 再造成一个重庆工业——重庆市北部新区发展纪实. 经贸世界，2003年第3期，61-62.

② 黄奇帆. 在北部新区开发建设上档提速动员大会上的讲话. 重庆市人民政府公报，2003年第23期，8-12.

③ 北部新区去年GDP每天平均1个亿 今年GDP预增15.2%. （2012-01-20）[2022-03-02]. http://news.cntv.cn/20120120/117747.shtml

第八章 中心城市之路（1997—2011年）

北部新区的成就，时任重庆市市长黄奇帆坦言，两江新区成立的意义，实际上是北部新区的延伸、扩张和拔高。从北部新区到两江新区是一个蝶变的过程，一个升华的过程①。

在建设北部新区的同时，重庆市政府也开始谋划重庆大学城建设。2001年，重庆市委印发《关于加快实施科教兴渝的决定》，提出了"科教兴渝""人才强市"战略。2003年6月18日，重庆市政府正式宣布开工建设"国内一流，西部领先"的大学城。规划和建设面积33平方千米，规划人口50万。但是重庆大学城并不是简单的大学集中区，而是一个综合型的城市片区。根据大学城规划，三分之一是大学校园，三分之一是市政设施，三分之一是商业楼盘②。2010年9月9日，黄奇帆在重庆大学城建设领导小组第十次会议上宣布，重庆大学城基本建成。彼时，大学城共完成投资90多亿元，建校舍410万平方米，入驻高校11所，师生达15万人。大学城建设为高新技术产业发展提供了人才保障和智力支持。在大学城开工不到两年后，重庆市政府决定投资在大学城附近打造"西部硅谷"——西永微电园。2005年8月，西永微电园成立，规划面积约30平方千米，它是中西部地区首家通过国家发展改革委审核的微电子产业专业园区。到2010年，累计引进项目近110个，引进了惠普、富士康、微软、IBM等知名企业，形成了个人电脑制造产业、集成电路产业、软件与服务外包产业和电子元器件配套产业等四大产业集群。此后，根据产业配套需要，西永微电园逐步壮大，形成"一区五园"的格局，即西永综合保税区、软件及服务外包产业园、集成电路产业园、基础电子产业园、创新创业产业园和企业服务园。同时，根据电子产品出口需要，2007年，重庆市又成立了西部现代物流园，规划面积33平方千米。在多个功能片区建设基础上，重庆西部新城逐步成为重庆市6个城市副中心之一。2020年1月3日，习近平总书记在中央财经委第六次会议上专题部

---

① "十二五"北部新区再腾飞. 重庆与世界，2010年第14期，16-17.
② 全国政协文史和学习委员会. 亲历西部大开发（重庆卷）. 北京：人民出版社. 2016. 399.

署成渝地区双城经济圈建设时指出，要支持两地以"一城多园"模式合作共建西部科学城。自此，重庆西部新城蝶变成为西部（重庆）科学城。

除上述园区外，据不完全统计，1997—2011年间重庆市主城区共设立各级各类园区16个（见表8），这些开发区后来也成为重庆打造"内陆开放高地"的重要支撑。

表8　重庆主城区园区统计表

序号	园区名称	设置时间（年）	规划面积（平方千米）
1	重庆高新技术产业开发区	1991	73.00
2	重庆经济技术开发区	1993	—
3	茶园新区	2000	75.00
4	北部新区	2000	65.31
5	重庆出口加工区	2001	2.80
6	渝北国家农业科技园区	2001	27.46
7	港城工业园区	2002	11.00
8	重庆建桥工业园	2003	10.00
9	九龙园区	2003	32.67
10	重庆大学城	2003	33.00
11	重庆花溪工业园	2005	8.00
12	西永微电园	2005	30.00
13	西部现代物流园	2007	35.00
14	重庆两路寸滩保税港区	2008	8.37
15	台资信息产业配套园	2009	7.56
16	两江新区	2010	1 200

资料来源：根据园区网站及相关介绍资料整理。

（二）内陆开放高地崛起

2008年7月，重庆市在进一步扩大开放的决定中提出了"开放高地建设"的主题。开放高地是一个全新的理念，其实质是发展

第八章 中心城市之路（1997—2011年）

开放型经济，指要素、商品与服务可以较自由地跨国界流动，从而实现最优资源配置和最高经济效益①。围绕打造内陆开放高地建设目标，重庆市着力从大平台、大通道、大通关、大产业和大环境五个方面推进建设②。

重庆内陆开放高地建设最大的平台即两江新区。2010年5月5日，国务院正式印发《关于同意设立重庆两江新区的批复》（国函〔2010〕36号），批准设立重庆两江新区。6月18日，两江新区正式挂牌成立，成为继浦东新区、滨海新区之后全国第三个开发开放新区。两江新区范围包括江北区、渝北区和北碚区3个行政区部分区域及北部新区、两路寸滩保税港区，总面积1200平方千米。根据国家批复，两江新区的定位是统筹城乡综合配套改革试验的先行区、内陆重要的先进制造业基地和现代服务业基地、长江上游金融中心和创新中心、内陆地区对外开放的重要门户、科学发展观的示范窗口。黄奇帆对于国家给两江新区的定位给予高度期许。两江新区成立后不负众望，2013年两江新区GDP、进出口、实际利用外资分别占全市的13%、44%和30%。

两江新区成立后，重庆市的开放平台体系初步形成。尽管后来重庆陆续增加一些开发平台，但两江新区始终位于重庆开放平台的最高层级。2018年5月，重庆市政府办公厅《关于印发重庆市开放平台协同发展规划（2018—2020年）的通知》显示，在党中央、国务院的大力支持下，重庆已初步形成"1277"国家级开放平台体系。其中，"1"指两江新区；"2"指中国（重庆）自由贸易试验区、中新（重庆）战略性互联互通示范项目；第一个"7"指重庆高新技术产业开发区、重庆经济技术开发区、万州经济技术开发区、长寿经济技术开发区、璧山高新技术产业开发区、荣昌高新技

---

① 孔云峰. 重庆市建设内陆开放高地与政府绩效评估. 重庆行政, 2008年第10卷第6期, 21-23.
② 全国政协文史和学习委员会. 亲历西部大开发（重庆卷）. 北京：人民出版社. 2016. 72.

术产业开发区、永川高新技术产业开发区；第二个"7"指两路寸滩保税港区、西永综合保税区、江津综合保税区3个海关特殊监管区域，铁路保税物流中心（B型）、南彭公路保税物流中心（B型）、万州保税物流中心（A型）3个保税监管场所，以及重庆检验检疫综合改革试验区。

在建设开放平台的同时，打通对外运输通道，解决运输瓶颈成为现实需求。在国家有关部委支持下，重庆开通的中欧班列（"渝新欧"）成为一条重要通道。2009年，重庆市抓住以笔记本电脑为代表的智能终端产业大发展的机遇，积极谋划笔电产业发展。到2010年，重庆聚集了惠普、宏碁、华硕三大品牌商，广达、纬创、和硕、英业达、富士康、仁宝六大代工商，一举成为亚洲最大的笔记本电脑生产基地。面对笔记本电脑产业集群快速成长，一半左右的产品销往欧洲的需求，重庆尝试开通了到上海和深圳的"五定班列"，但仍然解决不了海运带来的交货期过长问题。2010年8月，重庆市政府向海关总署、铁道部提出开行重庆至欧洲铁路大通道"五定班列"的请求，得到了海关总署和铁道部的支持。所谓"五定班列"，即定起点、定终点、定运行路线、定运费、定运输时间，相当于欧盟跨国家的运输模式。与此同时，8月30日，德国铁总牵头，在柏林召开欧亚铁路会议，重庆首次建立了与辛克物流公司、TEL（德铁和俄铁合资公司）等机构的联系。11月23日，在温家宝总理访俄期间，中国、俄罗斯、哈萨克斯坦三国联合签署了两项海关便捷通关协议。2011年9月27日，重庆市举办"五国六方联席会议"，与会各方签署了《共同促进"渝新欧"国际铁路常态开行合作备忘录》，就建立"渝新欧"平台公司、提高列车运行速度和换装效率、共同做好列车的安全保卫工作、进一步降低运输价格等内容达成一致。2014年4月8日，首趟公共班列正式开行，5月23日开行首趟回程班列。中欧班列（"渝新欧"）每周3班常态运行，货运量占经阿拉山口对欧贸易货运量的80%以上。2013年9月和10月，国家主席习近平分别提出建设"新丝绸之路经济带"和

第八章 中心城市之路（1997—2011年）

"21世纪海上丝绸之路"的合作倡议。"一带一路"是我国与有关国家积极建立经济联系的务实合作平台，自此中欧班列（"渝新欧"）成为中国对外经济合作的重要组成部分。2014年3月29日，习近平迎接渝新欧班列到站，并发出"中德是渝新欧铁路的起点和终点，两国应加强合作，推进丝绸之路经济带建设"的倡议[①]。

2010年，在实施西部大开发战略10周年之际，《中共中央、国务院关于深入实施西部大开发战略的若干意见》印发。该意见提出："全面推进西部地区对内对外开放，打通陆路开放国际通道，打造重庆、成都、西安等内陆开放型经济战略高地。"这表明重庆提出的"开放高地"被国家采纳，围绕内陆开放高地进行的探索也得到了国家认可[②]。重庆市直辖和西部大开发以来，围绕中心城市建设开展的工作远不止上文提到的交通建设、环境保护和内陆开放高地建设，还包括住房改革、社会民生改善等诸多内容。但限于篇幅，这些内容不再一一赘述。重庆围绕"中心城市"开展的一系列工作，最终成就了"中心城市"的梦想。2010年2月，住房和城乡建设部编制的《全国城镇体系规划（2010—2020年）》中，首次明确北京、天津、上海、广州和重庆为国家五大中心城市[③]。虽然被列为国家中心城市，但是重庆在建设成为真正的国家中心城市上还有很长的路要走。有学者研究表明，重庆和武汉、天津位于国家中心城市竞争力的第二层级，和第一层级的上海、北京和广州有较大差距[④]；也有学者研究认为："重庆虽然被国家确定为西部地区的国家级中心城市，但是其经济辐射能力依然有限，地区间文化上的差异以及地域的隔离，致使重庆对于西北地区的经济辐射能力十分有限，甚至无法通过次级中心城市如西安、兰州、西宁等城市扩展

[①] 全国政协文史和学习委员会. 亲历西部大开发（重庆卷）. 北京：人民出版社. 2016. 426.
[②] 同上书. 44.
[③] 重庆广州向国家中心城市进军. 领导决策信息，2010年第8期，19.
[④] 郭志强，吕斌. 国家中心城市竞争力评价. 城市问题，2018年第11期，28-36.

自身的影响力。"① 即便建设成为国家中心城市，又需要代表国家参与全球城市竞争。根据全球城市实验室（Global City Lab）发布的2021年《全球城市500强》报告，我国位于2021年全球城市排名前十的城市仅上海和香港，分列第9位和第10位②。在这份报告中，重庆排在全球第106位，中国第12位。

归根到底，城市的发展只有起点，没有终点。

---

① 赵娴，林楠. 中国国家中心城市经济辐射力分析与评价. 经济与管理研究，2013年第12期，106-113.

② 2021年《全球城市500强》报告. [2022-06-21]. http://globalcitylab.com/file/2021report.pdf

尾　声

2011年在重庆城市发展的历史长河中是一个普通得不能再普通的年份。笔者将其作为收尾年，除了因为距离开埠整好120年以外，还因为这一年是重庆市城乡总体规划、重庆市土地利用总体规划和国民经济社会发展规划的一个重要节点。2010年是《重庆市土地利用总体规划（2006—2020年）》的近期目标年，是重庆市"十五"国民经济社会发展规划的收官年；2011年是《重庆市城乡总体规划（2007—2020年）》调整年。因此，虽然2011年是本书的止点，但不能将其视为重庆城市空间变迁历史的分界点。

从国家层面看，2012年，中国共产党第十八次全国代表大会在北京胜利召开，以习近平同志为核心的党中央引领我们在生态文明制度建设体系下，深入推进国家治理体系和治理能力现代化。作为生态文明制度体系下的一项改革探索，我国国土空间规划体系改革逐步由试点走向纵深领域。2014年8月，国家发展改革委、国土资源部、环境保护部、住房和城乡建设部四部委联合下发《关于开展市县"多规合一"试点工作的通知》（发改规划〔2014〕1971号），在全国28个市县开展"多规合一"试点；2017年1月，国务院印发《全国国土规划纲要（2016—2030年）》，确定了我国国土空间开发保护的指导思想、基本原则、主要目标和战略格局等内容；2018年3月，党和国家机构改革方案通过，整合多个部委的空间类规划职能，新组建自然资源部；2019年5月，《中共中央 国务院关于建立国土空间规划体系并监督实施的若干意见》印发，文件提出将主体功能区规划、土地利用规划、城乡规划等空间规划融合为统一的国土空间规划，建立国土空间规划体系并监督实施；2019

年6月，自然资源部印发《关于全面开展国土空间规划工作的通知》（自然资发〔2019〕8号），要求各地全面启动国土空间规划编制，国土空间规划由设想走向实践管理。

从重庆层面看，2016年4月12日，国务院印发《关于成渝城市群发展规划的批复》（国函〔2016〕68号），批复同意成渝城市群发展规划；2017年4月，国土资源部印发《关于贯彻落实〈全国国土规划纲要（2016—2030年）〉的函》（国土资函〔2017〕189号），将重庆市作为先期启动的部市联合编制试点省市，2017年12月又组织专家对重庆市国土规划成果进行评审；2018年7月，国务院审批重庆市生态保护红线，全市生态保护红线管控面积2.04万平方千米，占比24.82%；2018年9月，《重庆市人民政府办公厅关于印发重庆市新总体规划编制工作方案的通知》（渝府办发〔2018〕124号）公布，重庆市新总体规划编制工作启动；2018年10月，经党中央、国务院批准，中共中央办公厅、国务院办公厅印发了《重庆市机构改革方案》，将市规划局的职责，以及市国土资源和房屋管理局、市发展和改革委员会、市水利局、市农业委员会、市林业局等部分职责整合，组建市规划和自然资源局，作为市政府组成部门；2020年4月，《中共重庆市委 重庆市人民政府关于建立重庆市国土空间规划体系做好新时代国土空间规划的意见》印发，提出构建统一规范、责权清晰、科学高效的国土空间规划体系，强化国土空间规划在全市规划体系中的基础性作用，提升空间治理能力。

目前，重庆市正在按照国家统一部署，有条不紊地推进市级和区县级国土空间规划编制工作。相信随着国土空间规划编制和审批工作完成，国土空间规划实施监督体系不断完善，我国国土空间治理体系和治理能力现代化水平将实现跨越式提升。

后　记

　　写到后记，本书也进入了收尾阶段。这本书断断续续，大概写了七年的时间。本书在我的博士后出站报告基础上进一步加工而成。2015年7月，当我进入北京大学博士后工作站之际，正值国土空间规划体系改革的储备期。在导师林坚教授指导下，我选择跳出自己熟悉的土地利用规划领域——"进城"。2017年7月，顺利完成题为《重庆市城市扩展与城市规划管理研究》的博士后出站报告。

　　博士后出站报告完成后，林坚老师认为很有学术价值，鼓励我继续深化研究。写作过程中，总希望尽善尽美，因而经历了不少坎坷。幸有林坚老师一路指导，从博士后研究工作的关键时点和关键环节，到博士后出站报告的撰写，再到本书的设计和写作。林老师拨冗垂阅，一一指教，为我理清了研究思路和写作思路，提升了本书的学术性和趣味性。本书写作过程中也发生了很多变化。正如本书尾声所言，2018年，自然资源部组建成立；2019年，《中共中央国务院关于建立国土空间规划体系并监督实施的若干意见》印发，建立了"多规合一"的国土空间规划体系。国家的这些变化让我更增强了本书写作的信心和决心，也尽可能多地将重庆的规划和建设历史融入国家改革洪流当中，更加全面、准确地记录这段历史。2019年10月到2020年10月间，我有幸到自然资源部国土空间规划局借调一年，近距离地体验了国土空间规划改革的历程，更加切身地了解了整个行政管理的逻辑体系。这段经历使我能够更加娴熟地按照时间轴和空间轴梳理重庆市产业发展、城市规划和建设事件的逻辑关系。

在成书之际，非常感谢林坚老师对笔者的悉心指导和大力支持。桃李不言，下自成蹊。感谢博士后研究期间北京大学城市与环境学院各位老师的大力支持，特别感谢冯长春、曹广忠、楚建群等教授对选题的指导；感谢北京大学冯长春、李双成、赵鹏军、曹广忠，以及北京师范大学黄大全等教授对博士后出站报告的指导；感谢自然资源部国土空间规划局借调期间，张兵局长、李枫副局长等各位局领导和地方规划处杨挺、潘海霞、臧华等处领导对我的帮助；感谢工作单位重庆市规划和自然资源调查监测院刘晓瑜、鲁豫川、陈华刚、熊先才、胡渝清、赖传芳等院领导的支持和厚爱。感谢北京大学出版社郑月娥、王斯宇编辑认真细致的工作，极大提高了书稿质量。本书封面、封底和章节插图主要引自《重庆历史地图集（第一卷）》《重庆年鉴》《红岩春秋》等文献，特此感谢！

最后，感谢哥哥郭文军、嫂子李丽、侄女郭奥楠在我求学期间及工作以后的大力支持。感谢爱人庞静、大女儿郭奥渝、小女儿郭奥华给我带来温馨的家庭生活，每每想起都是暖暖的。感谢岳母在家庭生活和子女教育上的大力支持。感谢父母亲对我的养育之恩。正是家庭的温暖让我勇敢前行。谨以此书献给我的家人。

郭欢欢

2022 年 12 月